민주화·세계화 '이후' 한국 민주주의의 대안 체제 모형을 찾아서

A Pursuit of An Alternative Regime Model in the Aftermath of
Democratization and Globalization in Korea

이 책은 성공회대학교 사회문화연구원 민주주의와 사회운동연구소가
한국학술진흥재단의 지원으로 수행한 1999년 중점연구소 지원과제 <한국 자본주의
발전과 사회구성의 변화> (KRF-99-005-C00020> 가운데 (통합) 제1세부 과제의 3단계
연구인 <민주화·세계화 '이후' 한국 자본주의와 민주주의의 '대안'적 체제(regime) 모형
연구> (KRF-2003-005-B00025)의 성과물입니다.

민주화·세계화 '이후' 한국 민주주의의
대안 체제 모형을 찾아서

A Pursuit of An Alternative Regime Model in the Aftermath of
Democratization and Globalization in Korea

신영복·조희연 편

함께읽는책

책 머리에

1.

이 책은 한국학술진흥재단의 지원을 받아 6년 동안 진행해온 성공회대 사회문화연구원 <민주주의와 사회운동 연구소> 팀의 공동연구 성과를 묶은 다섯 번째 성과물이다. 앞선 네 번의 연구 성과들은 『한국 민주주의와 사회운동의 동학』(2001), 『국가폭력, 민주주의 투쟁, 그리고 희생』(2002), 『한국의 정치사회적 지배담론과 민주주의 동학』(2003), 『한국의 정치사회적 저항담론과 민주주의 동학』(2004)이라는 제목으로 각각 출간되었다. 동시에 이 책은 지난 6년간 전체 프로젝트의 마지막 열두 번째 결과물이기도 하다.

이전 네 권의 책들이 한국 민주주의와 사회운동을 주제로 1945년 해방 이후 정치사회와 사회운동의 '역사'와 '담론'을 정리하고 분석했다면, 이번 책은 그 성과를 바탕으로 민주화와 세계화라는 역사적 충격의 과정에서 우리 사회의 대안적 체제 모형을 탐색하고자 했다. 3단계에서 '대안'을 주제로 공동 연구를 시도하려 한 기본적인 배경과 목적은 다음 세 가지였다.

첫째, 민주화 '이후' 한국 민주주의의 심화와 확산 정도에 대한 비판적인 문제의식이다. 1987년 이른바 민주적 개방 이후 6공화국과 문민정부 시기가 개발독재 모형의 해체의 시기라고 한다면, 국민의 정부와 참여정부의 시기는 민주적인 제도적 대안모형의 형성 시기로서의 역사적 위상을 지닌다고 할 수 있다. 물론 1987년 이후 한국사회는 부분직으로 개별정책이나 개별영역 수준에서 새로운 정책적 실험들이 이루어져 온 것이 사실이다. 문제는 한국 사회의 대안적인 체제(regime)·제도적 운영모델을 창출하는 데 실패해 왔다는 사실이다. 즉, 포스트-개발독재 시대로의 진입에는 성공하였으나, 민주적인 (체제·제도적) 대안모형의 형성과 정착에는 성공하지 못하고 있는 것이다.

둘째, 시장의 영향력에 대한 비판적 문제의식이다. 민주화 이후 시장 역시 급성장하여 강력한 경제사회적 힘을 갖는 상태에 이르렀다. 이는 과거 시기의 국가-시장-시민사회의 관계를 전제로 한 개발독재형 체제·제도모형이 유지될 수 없게 되었다는 것을 의미하고, 실제 1987년 이후의 민주화과정에서 과거의 모형은 해체되었다고 할 수 있다. 그러나 새로운 국가-시장-시민사회의 관계를 전제로 한 민주적 체제·제도모형은 아직도 정착되지 못하고 있는 것이 사실이다. 이제 본격적으로 '새로운' 민주적 체제·제도 모형'을 본격적으로 개발해야 할 단계에 이르렀다는 것이 우리 공동 연구자들의 판단이었다.

셋째, IMF로 상징되는 신자유주의 세계화와 그것의 무비판적인 국가적 수용과정, 그리고 그에 따른 민주주의의 심각한 위기 상황과 사회공동체의 해체적 파괴 상황에 대한 비판적 문제의식이다. 이 문제들은 그 충격의 심대함으로 인해 진지한 공동의 고민과 심도 있는 분석이 시급히 요구된다고 할 것이다.

2.

성공회대 사회문화연구원은 학술진흥재단 프로젝트의 일환으로 대안 연구를 해왔고 그 성과는 이미 『혁신과 통합의 한국경제모델을 찾아서』(유철규 편, 함께읽는책, 2006)와 『시민사회의 구성원리 전환과 사회정책의 대안적 프레임』(이영환 편, 함께읽는책, 2006)으로 출간되었다. 이 책은 소개된 2권과 함께 성공회대에서 만들어낸 대안 연구 3권 중 한 권인 셈이다.

아래 그림에서 보듯이 우리의 대안 연구는 3가지 측면을 다루고자 하는 것이었다. 하나는 대안적인 경제 프레임의 모색, 다른 하나는 대안적인 국민국가와 민주주의의 재구축 방안, 또 다른 하나는 대안적인 사회정책 프레임에 대한 연구이다. 이미 출간된 책들이 경제와 사회정책을 다루고 있다면

이 책은 국가와 민주주의의 문제를 다루고 있는 것이다. 물론 이 책에서도 대안적 사회정책을 다루고 있지만, 대안적인 정치와 국가의 재구축의 일부로서의 정책적 전환의 문제로 다루고 있다고 할 수 있다.

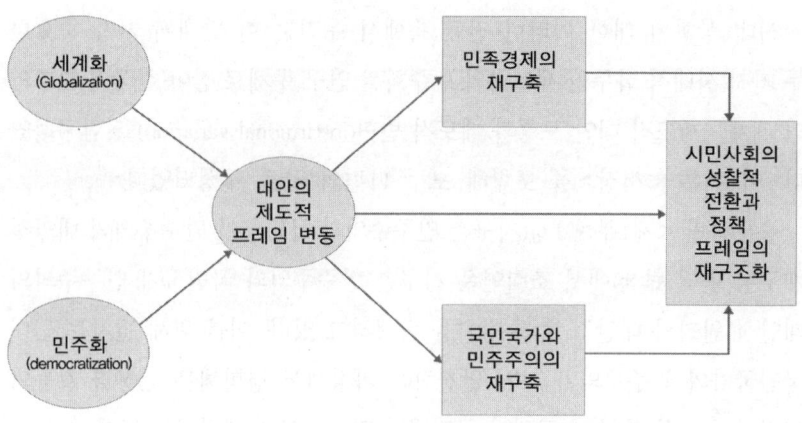

우리는 이 책의 제목을 "민주화 · 세계화 '이후' 한국 민주주의의 대안체제 모형을 찾아서"라고 붙였다. 여기서 "세계화 · 민주화 '이후'"라는 표현을 사용하는데, 최장집 교수는 일찍이 그의 책 <민주화 이후의 한국 민주주의>(휴마니타스, 2002)에서 사용한 바 있다. 여기서 '이후'라고 하는 것은 민주화가 완성되었다는 의미보다는, 민주화가 시대적 대세로 진행되고 있고 그것이 일정한 수준까지 진행되었으며, 나아가 새로운 단계로 확산되고 있는 상황에서 현재까지의 민주화를 성찰하고 새로운 민주화 단계에 대한 대안적 원리를 탐색해야 한다는 의미를 담고 있다. 민주화 이후는 '포스트(post)-민주화'의 의미라고 해석하면 될 것이다. 그리고 세계화 이후라고 하는 것도, 세계화 이전과 구분되는 새로운 맥락 속에서 대안이 탐색되어야 한다는 의미를 담고 있다. 민주화와 세계화가 동시적 · 결합적으로 진행되고 있고, 대안도 이러한 결합적 과정의 맥락 속에서 이루어져야 한다는 점에서,

"세계화 · 민주화 '이후'"라는 표현을 사용하고 있다.

3. 각 논문들의 주요 논지

시대 상황에 대한 이러한 진단 속에서 우리는 현 단계에 가장 중요한 두 가지 시대적 화두인 세계화와 민주화를 연구 주제로 삼아 한국 민주주의의 체제 · 제도적 대안 모형과 제도적 변형(instituional variation)을 탐구하였다. 이 책은 <서장>을 포함해 모두 11편의 글로 구성되었다.

총론격인 <제1부> 1장(지구촌 민주주의와 국민국가 민주주의의 대안적 재구성 원리 탐색)에서 조희연은 지구촌 민주주의와 국민국가 민주주의의 대안적 원리와 대안적 발전 방향을 탐색하고 있다. 이를 위해 필자는 근대 국민국가의 민주주의가 자기 발전하는 과정에서 경험해온 긴장과 갈등의 지점들에 대한 분석, 지구화가 국민국가 민주주의에 제기하는 도전, 그리고 현 시기 지구화의 맥락에서 민주주의의 심화를 위한 과제들을 제시하고 있다. 이러한 지구화의 도전을 염두에 둘 때, 민주주의의 발전은 지구적 차원과 국민국가적 차원에서 이중적으로 시도되어야 한다고 말하면서, 국민국가에서 확립된 민주주의의 원리를 확장한 지구촌 민주주의를 실현하기 위한 제도적 기제들을 마련하는 것이 그 하나라면, 다른 하나는 그러한 지구촌 민주주의의 실현 노력과 함께 국민국가의 한계지점들을 진보적으로 극복하기 위한 제도적 기제들을 만들어가야 한다는 것이다. 필자가 특히 강조하고 있는 것은, "민주주의의 허구화를 막고 민주주의를 발전시키는 힘은 아래로부터의 민중들의 진보적 동력"이라는 사실과, "한국 민주주의의 현장에서 논란이 되는 많은 이슈들을 국내적인 정쟁의 이슈가 아니라 보다 보편적인 관점에서 파악하는 변화가 필요"하다는 사실이다.

2장(민주화 · 세계화 이후의 대안민주주의 논의)에서 김호기는 민주화와 세계화 이후의 대안민주주의에 관한 논의를 검토하면서, 대안민주주의에 대한 이론적 모색은 대의민주주의의 문제점과 한계를 성찰하게 한다는 점에서 현재 민주주의가 직면한 상황을 돌파하는 데 하나의 중요한 출발점을 제공한다고 말한다. 이러한 문제의식 아래 이 글은 전자민주주의와 심의민주주의, 생태민주주의, 지구민주주의 등을 고찰한 뒤, 최근 신자유주의 세계화가 대안민주주의의 모색에 주는 함의에 대해 숙고하고 있다. 필자는 시장경제의 문제점을 보완하고 해결할 수 있는 새로운 대안경제를 어떻게 구축할 것인가의 문제가 대안민주주의의 모색에 핵심적 관건이라고 말하면서, "대안경제 패러다임이 일국 수준의 참여민주주의와 생태민주주의, 세계적 수준의 지구민주주의와 생산적으로 결합할 때 대안민주주의의 설득력은 더욱 높아질 수 있을 것"이라는 견해를 밝히고 있다.

<제2부>는 <민주화·세계화 '이후' 대안 정치 모형>을 주제로 세 편의 논문이 실려 있다.

3장(민주화·세계화 '이후' 대안 정당정치 모형 연구)에서 조현연은 "'민주' 정부가 연이어 들어서고 또 진보정당이 원내 진출에 성공했음에도 불구하고, 많은 사람들은 1987년 민주화 이후 도대체 변한 것이 무엇인지 반문하거나, 또는 변한 것을 전혀 실감할 수 없다고 말하는 데 주저하지 않는다"고 말하면서, "'민주화의 역설 내지는 배반'의 사태 속에서 '위기에 처한 민주주의'"라는 압축적인 표현으로 2006년 오늘의 한국 상황을 진단하고 있다. 필자는 "위기의 근원이자 발전의 병목지점인 정치를 정치답게 만드는 것이 오늘날 한국사회가 처한 위기 극복의 실마리이자 그 핵심은 바로 정당정치에 있다"는 전제 아래, 민주화 '이후' 한국 정당정치의 특징을 살펴본 뒤, 대안적 정당정치 모형 창출과 관련한 몇 가지 고민을 던지고 있다. 갈등 범위의 확장과 보수독점의 정치적 대표체제의 혁신적 변경, 참여·대표·책임 원리의 제고와 정치적 신뢰 회복을 위한 제도 도입, 국가관료체제의 극복, 새로운 정치 리더십의 발전, 새로운 정당정치 전형의 창출 등이 바로 그것이다.

4장(한반도 평화 과정과 '진보')에서 구갑우는 진보의 시각에서 한반도 평화과정의 철학적·이론적·실천적 기초를 마련하려 했다. 필자는 진보의 시각에서 한반도 평화의 대안적 체제를 구상하기 위해서는 다원다차 방정식의 해를 찾아야 한다면서, ① 남북미관계의 재구조화를 통해 한미관계의 민주화와 북미관계의 정상화가 이루어져야 하고, ② 남북미관계와 상호작용하고 있는 동아시아 차원에서 한반도 평화를 보장할 수 있는 안보협력이 중국과 북한에 대한 설득을 통해 만들어질 수 있어야 하며, ③ 남북한관계 및 남북한 내부에서 분단체제를 개혁하고 변혁할 수 있는 제도적 장치들이 만들어져야 한다는 것을 제시한다. 끝으로 이 글은 신뢰구축의 경로에 대한 기능주의적 접근을 넘어서는 고민이 필요하다고 하면서, 평화와 통일은 어떤 관계를 가지고 있으며 통일이 평화를 보장할 수 있을 것인가라는 물음을 던지고 있다.

5장(민주화·세계화 이후 지방자치의 제도적 대안)에서 이광희는, 지방자치의 실시가 지역 수준에서의 민주주의 발전을 저절로 가져오지는 않으며, 지나친 낙관과 기대에 의존해서는 안된다고 말한다. 즉, 참여와 다원성의 제약이 대의민주제의 실효성을 약화시키고, 지방의회는 지역유지 등 기득권 집단의 이권이 조정되는 장으로 변질되는 경우가 많으며, 지방 시민사회는 아직 낮은 수준에서 불균등하게 형성되고 있다는 것이다. 필자는 대안의 형성과 관련하여, ① 분권화운동의 지향점을 자치적 지방분권에 두고 지방의 자율성을 확대해야 하고, 중층적인 행정단위를 지역의 특성에 맞게 단층제로 바꾸어야 한다는 것, ② 기관대립형으로 단일화되어 있는 정부구성 모형을 기관통합형 등 다양한 모형으로 전환할 수 있어야 하고, 직접참정제의 실효성을 높여 참여민주주의를 확대해야 한다는 것, ③ 지역의 구성원들은 성장 위주의 후원자형에 입각한 정치체제보다는 다양한 세력의 참여를 보장하고 지방의 잠재력을 동원할 수 있는 정치체제를 구축해야 한다는 점 등 세 가지 차원의 개선방안을 제시하고 있다.

<제3부>는 <민주화·세계화 '이후' 대안 사회·운동 모형>을 주제로 구성하였다.

<한국사회 노동체제 변동과 대안노동체제 모색>을 주제로 한 6장에서 오건호는 IMF 금융위기 이후 도전에 직면한 '87년 노동체제'를 진단하고, 한국사회에서 바람직한 대안적 노동체제의 형성 방향을 모색하고 있다. 필자는 1987년 노동체제의 특징으로, 민주화의 진전이라는 정치적 조건에 기초한 것, 민주노조운동이 크게 부상한 것, 여전히 기업별 교섭체제에 머물러 있다는 점, 노동시장의 분절화가 출현한 점, 노사관계의 제도화가 불균형적으로 이루어진 점, 노동운동은 성장하였지만 이에 조응하는 정치적 진출은 미미한 점 등을 꼽고 있다. 필자는 대안노동체제의 기본방향은 탈시장화로, 그 발전전략으로는 사회공공적 노동운동을 제안하면서, 대안노동체제 형성을 위한 개혁 과제로 비정규직과 정규직의 통일적 주체 형성, 산업별·사회적 교섭체제의 구축, 노동자의 의사결정 참여의 확대, 노동운동의 탈국민국가적 연대의 확장 등을 제시하고 있다.

7장(신빈곤 극복의 대안적 복지체제 모형 연구)을 통해 노대명은 민주화 이후 정치사회체제에 대한 이론과 전략의 빈곤이 매우 심각한 문제를 야기한다고 진단한다. 즉, 사회·경제체제에 가해지는 외부 압력은 경제양극화와 사회통합성의 해체 등 다양한 위험을 증가시키고 있으나, 이에 대한 내부의 대응 전략은 사회적 합의를 토대로 강력하게 추진되지 못하고 있다는 것이다. 대안적 복지체제 모형과 관련해 필자는, 현재 우리 사회는 사회지출을 확대함으로써 취약한 사회보장체계를 강화해야 하는 상황에 처해 있다고 진단하면서, 사회지출 확대가 불가피한 상황에서 어떠한 방식으로 어떠한 부문에 재정을 투입해야 하는지를 가장 중요한 문제로 꼽고 있다. 이 글은 사회서비스 공급확대, 특히 민간지출이 아니라 공공지출의 우선적 확대에 초점을 맞추어 사회지출을 확대하는 것이 대안적 복지체제의 중요한 고리가 될 것임을 시사한다.

8장에서 김정훈은 풀뿌리 민주주의를 중심으로 <민주화·세계화 '이후' 생활세계의 변화와 시민참여적 대안>을 모색하고 있다. 이 글은 서구의 대의민주주의를 완성하면서 동시에 그것의 관료제적 한계를 극복하는 것, 또한 일방적인 시장주의적 세계화에 저항하면서 동시에 세계시민으로서 살아가는 것, 이것이 가능한가라는 물음에서 출발한다. 이 질문에 대한 대답을 찾기 위해 필자는 생활세계에서 출발하는데, 그 이유는 정치와 경제라는 체계를 변화시킬 주체는 생활세계에서 형성된다는 점에 주목하기 때문이다. 필자는 생활세계의 관점에서 보면 민주화, 세계화 이후의 새로운 대안은 풀뿌리 민주주의라 할 수 있으며, 한국의 관점에서 보면 지역의 민주화라고 할 수 있다고 말한다. 즉, 풀뿌리 민주주의에 기반한 지역공동체의 형성이 민주화, 세계화 이후의 새로운 대안모델이라는 것이다. 아울러 풀뿌리 운동의 한계를 극복하기 위해 특히 중요한 것은, 자치공동체를 발전시키기 위한 다양한 운동 및 제도 개선들이 고려되어야 한다는 것을 강조한다.

9장(지속가능한 사회와 생태민주주의)에서 허상수는 환경위기와 자원 부족과 에너지위기로 나타나고 있는 생태위기가 우리 시대 인류에게 새롭게 주어진 중차대한 과제라는 대전제 아래, 민주주의의 재구축은 생태적 대안에 대한 성찰이라는 프리즘을 통한 것이어야만 지속가능한 것일 수 있다고 말한다. 필자는 지속가능한 발전론을 넘어 생태적 근대화를 추구하고 생태보장을 통해 환경보전과 경제성장과 사회통합을 국가가 책임져야 하는 이유로, 개발연대의 종식을 통해 성장패러다임을 청산하고 환경-경제-사회의 통합을 넘어 생태패러다임으로의 전환이 시대적 화두이자 백성들의 살 길이기 때문이라고 주장한다.

끝으로, 10장(자유화, 세계화 이후 운동정치의 대안)을 통해 이광일은 극단적인 경쟁과 이윤추구에 추동되는 신자유주의가 그 어느 때보다 계급문제를 중요하게 부각시키고 있다고 말한다. 나아가 이제 계급은 현실적으로 일국적 수준에서뿐만 아니라 지구적 차원에서 동시에 고민되어야 한다는 점, 그리고 계급과 더불어 '자율을 통한 연대'라는 것이 운동정치의 새로운 방향을 모색하는 데 있어 여전히 놓을 수 없는 화두라는 점을 강조한다. 이러한 맥락에서 필자는 자유화와 세계화의 진전으로 변화된 상황에 직면해 있는 운동정치의 과거 궤적을 비판적으로 성찰해 본 뒤, 향후 재편의 방향에 대해 탐구하고 있다. 대안의 모색과 관련해 이 글은 ① 그 어떤 실천도 유일 척도이고자 하는 자본을 우회해서는 의미 있는 성과를 거둘 수 없다는 것을 자기화해야 한다는 것, ② 자본의 극복과 밀접히 연관되어 있는 민주주의가 운동을 매개로 끊임없이 재구성되는 상이한 사회관계들의 총화 그 자체라는 점을 자기화해야 한다는 것을 제기한다. 결국 필자가 강조하는 것은, "현실의 사회관계들은 다만 운동에 의해 재구성될 때 그 존재가치가 있을 뿐이며, 그럴 때만이 비로소 숨쉴 수 있는 또 다른 세계가 가능하다"는 것이다.

4.

지난 6년 동안 총 12권의 책이 세상의 빛을 보기까지에는 많은 분들의 땀과 노력이 담겨 있다. 전체 연구프로젝트의 관리책임자인 성공회대 사회문화연구(소)원의 소장과 원장을 지낸 이종구, 이영환, 유철규 교수, 현 원장인 정원오 교수, 지난 6년간 작업을 함께 진행해온 많은 연구교수들과 공동연구진, 연구를 보조해 온 석·박사 과정 연구원들, 그리고 책을 출간한 도서출판 <함께읽는책> 직원들께도 심심한 감사의 말씀을 드린다.

지난 책들을 통해 언급한 것처럼, 아무쪼록 성공회대 사회문화연구원과 민주주의와 사회운동연구소가 진행해 온 <한국사회 재인식> 시리즈가 21세기의 새로운 시대 현실 속에서 한국 사회에 대한 의미 있는 분석을 하고, 동시에 그것을 통해 한국 현대사를 더욱 풍부하게 재인식할 수 있는 토대와 대안적 패러다임의 실천적 모색을 위한 밑거름이 될 수 있기를 기대해본다.

우리는 새롭게 <'민주화 이후 민주주의'의 복합적 갈등과 위기에 대한 아시아 비교연구 — '민주주의와 사회운동 관계론'의 아시아적 재구성 및 민주주의 지표 개발을 중심으로>라는 연속 주제를 탐구하고 있다. 정치적 독점, 경제적 독점, 사회적 독점 개념을 중심으로 하여 민주주의 이행과정에 있는 많은 다양한 민주주의들의 '한계'(limit)를 조명해보려는 시도를 하고 있다. 이 연구를 통해서 보다 나은 연구 성과로 향후 9년간 독자 여러분들과의 새로우면서도 알찬 만남을 소망하며 글을 맺는다.

2006년 8월 어느 날
여전히 계속되는 여름과 고투하면서
서울 구로구 항동골에서
필자들을 대신하여
신영복·조희연

차 례

책 머리에 / ⅴ

서 장 대안담론과 '생태평화 사회민주주의' / 1

제1부 총 론 / 33

제1장 지구촌 민주주의와 국민국가 민주주의의 대안적 재구성 원리 탐색 ―지구촌
　　　민주주의론 서설 / 35
　　1. 머리말 / 35
　　2. 근대 국민국가 민주주의의 세 가지 한계 및 갈등지점 / 41
　　3. 지구화와 민주화의 이중적 진행: 근대 국민국가 민주주의에 대한 지구화의
　　　새로운 도전 / 56
　　4. 한국 민주주의의 대안적인 원리와 재구성의 방향―지구촌 민주주의와 국민국
　　　가 민주주의의 재구축 / 63
　　5. 요약과 맺음말 : 아시아의 민주주의 선도국이 되자 / 90

제2장 민주화·세계화 이후의 대안민주주의 논의 / 99
　　1. 문제 제기 / 99
　　2. 전자민주주의와 심의민주주의 / 101
　　3. 생태민주주의 / 105
　　4. 지구민주주의 / 111
　　5. 결론 / 118

제2부 민주화·세계화 '이후' 대안 정치 모형 / 123

제3장 민주화·세계화 '이후' 대안 정당정치 모형 연구 / 125
　　1. 들어가는 글 / 125
　　2. 왜 정당정치인가? / 128
　　3. 민주화·세계화 '이후' 한국 정당과 정당정치의 특성 / 131
　　4. 대안적 정당정치의 제도 모형 / 137
　　5. 맺는 글 / 155

제4장 한반도 평화 과정과 '진보' / 161
　1. 문제 설정 / 161
　2. 진보와 평화 / 162
　3. 한반도 평화과정의 국제정치: '이론적 해석' / 173
　4. 평화 과정과 평화운동 / 183
　5. 결론 / 189

제5장 민주화 · 세계화 이후 지방자치의 제도적 대안 / 193
　1. 민주화 · 세계화 · 지방화 / 193
　2. 지방의 자율성 / 200
　3. 지방 민주주의 / 209
　4. 지방 정치체제 / 221
　5. 결론 / 226

제3부 민주화 · 세계화 '이후' 대안 사회 · 운동 모형 / 231

제6장 한국 사회 노동체제 변동과 대안노동체제 모색 / 233
　1. 시작하며 / 233
　2. 1987년 노동체제의 특징 / 235
　3. 1987년 노동체제의 불안정성과 변화를 향한 활동 / 240
　4. 대안노동체제 형성을 위한 길 찾기: 탈시장화를 향한 사회공공적 노동운동
　　/ 246
　5. 대안노동체제 형성을 위한 개혁 과제 / 252
　6. 맺음말 / 266

제7장 신빈곤 극복의 대안적 복지체제 모형 연구 / 271
　1. 들어가며 / 271
　2. 복지체제에 대한 이론적 검토 / 273
　3. 한국 복지국가 성격 규정을 위한 논의 / 283
　4. 한국 복지국가의 실태 / 299
　5. 한국의 대안적 복지체제를 위해 / 309

제8장 민주화 · 세계화 '이후' 생활세계의 변화와 시민참여적 대안 ─풀뿌리 민주주
　　의를 중심으로 / 321
　　1. 문제 제기 / 321
　　2. 민주화 · 세계화 이후의 생활세계의 변화 / 324
　　3. 민주화 · 세계화 이후의 민주주의와 한국 사회 / 332
　　4. 지역공동체와 풀뿌리 민주주의를 위하여 / 345

제9장 지속가능한 사회와 생태민주주의 / 349
　　1. 문제 제기 / 349
　　2. '지속가능한 발전' 명제에 대한 비판적 고찰과 종합 / 352
　　3. 지속가능한 민주주의와 녹색국가의 가능성 / 363
　　4. 논의의 요약: 결론을 대신하여 / 380

제10장 자유화 · 세계화 이후 운동정치의 대안 / 387
　　1. 들어가는 말 / 387
　　2. '자유화'와 '세계화' 시대의 역설: 자유의 풍요와 민주주의의 빈곤 / 390
　　3. 진보운동의 궤적: 정체성의 정치와 한계 / 397
　　4. 운동정치의 재구성: '적대'와 '차이', 그리고 민주주의 / 405
　　5. 새로운 야만과의 대결: 계급, 자율을 통한 연대 / 413

대안담론과 '생태평화 사회민주주의'

조희연
(성공회대 사회과학부 · 사회학)

대안에 대한 논의들이 최근 풍성해지고 있다. 특히 '사회운동의 위기'에 대한 논의와 맞물리면서 대안담론을 둘러싼 논의는 점차 수면 위로 떠오르고 있다.

'성공의 위기'

주지하다시피 1960 · 1970년대 박정희 정권이 개발이라는 목표와 명분을 가지고 독재체제를 운영했던 시기가 있었다. 그 시대가 종결된 이후 박정희에 반대했던 반(反)박정희 세력이 민주화 시대를 주도하여 왔다. 지난 10년 동안의 민주정부 아래 우리 사회의 민주화는—불완전하지만—폭넓게 진행되어 왔다. 보수의 입장에서 '과잉민주화'를 이야기할 정도로 민주화가 진척되었다. 이제 한국사회는 민주화의 시대에서 포스트-민주화 시대로 이행하는 '전환적 위기'에 처해 있다고 생각한다. 대안에 대한 논의는, 한국사회가 독재에서 민주화의 시대로 이행하고 다시 '포스트-민주화' 시대로 이행하는 데 따른 새로운 비전에 대한 요구를 나타낸다고 생각한다.

물론 우리는 이러한 전환적 위기를 '실패의 위기'로 보지 않고 '성공의 위기'로 본다. 사실 박정희 체제도 자신이 독재의 명분으로 내세웠던 개발을 성취하지 못해서가 아니라 오히려 성공함으로써 위기에 처했었다. 개발을 '성공적'으로 성취함으로써 개발이 동반하는 새로운 '성공의 위기'에 의해 직면하였고 그것을 적절히 응전하지 못함으로써 박정희 정권은 붕괴하였던 것이다. 마찬가지로 이제 민주세력은 자신들이 주창했던 민주주의가 '성공적'으로 성취되면서 나타나는 새로운 도전과 위기에 직면하고 있다. 역사란 참 아이러니한 것이다—여기서 내가 민주주의의 '성공적' 실현에 따옴표를 붙이는 것은 '사회경제적 민주주의'라는 견지에서 보면 한국의 민주주의는 철저히 불완전하고 갈 길이 멀다는 생각 때문이다. 그러나 1987년 6월 항쟁에 대중들이 참여하면서 요구하였던 절차적 민주주의나 혹은 1990년대 시민단체가 추동하였던 참여민주주의라는 기준에서 보면 아시아의 여러 민주화 국가들에 비해 한국의 민주주의는 상당히 '성공적'으로 진전되어 있다.

보수는 보수대로, 진보는 진보대로

대안 부재의 문제는 보수와 진보의 경계를 넘어서 다양한 정치적 · 사회적 집단 모두의 문제로 되고 있다. 우리는 사실 국민들의 짜증을 자아내는 정치권의 낮은 수준의 정략적 대결도 어떤 의미에서는 대안 부재가 자아내는 위기현상의 하나라고 본다.

포스트-민주화 시대의 대안과 비전을 만들어야 하는 과제는 현재 민주정부 시기를 경과하고 있기 때문에 일차적으로 민주진보세력에게 더욱 절박한 과제가 되고 있다. 보수세력에게는 '잃어버린 10년'이 되는 지난 10년간 민주세력은 집권함으로써 오히려 그 한계지점에 도달해 있는 셈이다. 지난 20년에 이르는 동안 민주진보세력은 분명 과거 독재의 유산을 척결하는 운동을 성공적으로 수행하여 왔고, 정치개혁, 반부패개혁 등의 영역에서 큰 성과를 내 온 것이 사실이다. 그러나 과거의 반독재세력 혹은 현재의 보수세력에 대항하는 반대의 모델(negative model)로서만 존재하지 적극적인 긍정적인 대안적 모델을 제시하지 못하고 있다. 즉, '박정희식은 안 된다'는 것을 명확하게 제시할 수 있으나, '박정희식이 아닌' 방식으로 '박정희 시대보다 인간다운 삶을 보장하는 구체적인 모델'을 대중에게 제시하지 못한 셈이다.

　민주화의 시기라고 할 수 있는 1987년 이후의 시기는 구권위주의 정권을 일정하게 계승하는 6공화국·문민정부 시기와 국민정부·참여정부 시기로 나눌 수 있다. 전자가 개발독재 모형의 해체의 시기라고 한다면, 후자의 시기는 민주적 대안모형의 형성시기가 되었어야 했을 것이다. 그러나 주지하다시피 국민의 정부는 '민주주의와 시장경제의 병행 발전'이라고 하는 원칙적인 방향만을 제시하였을 뿐, 대안적인 운영모델의 형성 및 정착에는 성공하지 못하였다. 물론 국민정부 하에서 노사정위원회나 국가인권위원회의 성립 등 중요한 제도적 실험도 있었다. 그러나 통합적인 대안적인 체제·제도 모형의 정립에는 성공하지 못하였다. 참여정부 하에서도 '참여'민주주의라고 하는 방향성을 제시하기는 하였으나 마찬가지의 문제에 직면하고 있다.

　흥미로운 것은 민주정부하에서 오히려 박정희 정권의 '특장(特長)'이라는 성장과 개방의 문제가 도전으로 나타났다고 하는 점이다. 성장은 근본적으로는 대중들이 먹고사는 문제이다. 박정희는 박정희적 방식으로 수출과 산업 진작을 중심으로 하는 '외연적 산업화' 방식을 통해서 이 문제를 해결하려고 했다. 그러나 보수에게 '잃어버린 10년'이 되는 시기 동안 민주정부는 박정희와 다른 방식으로—물론 신자유주의적 세계화라고 하는 박정희 시대와는 전혀 다른 조건이 민주정부를 규정하고 있지만—대중들이 먹고사는 문제를 해결하지 못하였고 이것이 큰 도전으로 나타나고 있다. 박정희를 비판하면서도 박정희와 다른 방식으로 박정희 시대를 운영할 수 있는 대안과 비전이 부재했다고 이야기할 수 있는 것이다.

위기와 도전은 보수세력에게도 예외는 아니다. 박정희를 계승하는 보수세력은 상대적으로 유리한 위치에 있다. 저항세력이기 때문에 민주정부의 위기의 반사이익으로 2006년 5.30 지방선거에서도 압승을 거둘 수 있었다. 그러나 보수세력은 포스트-민주화 시대를 주도하기 위한 대안이나 비전을 적극적으로 제시하고 있지는 않다. 그처럼 대안이나 비전 제시를 적극적으로 하지 못하는 장애물을 든다면 먼저 민주정부 10년이 흐를 정도로 민주주의가 시대정신이 되었음에도 불구하고 이를 충분히 내부화하여 '민주주의적 보수' 혹은 '자유주의적 보수'로 거듭나지 못하고 있다는 것이다. 박정희 정권 하에서 구성된 한국의 보수의 내재적 성격, 즉 반공주의와 반북(反北)주의에 편하게 기대어 자신을 재생산하고 있는 것이다. 또 하나는 박정희의 '정신'을 계승한다고 하더라도 박정희 시대와는 다른 조건에서 한국사회를 유지·운영할 대안적 방식을 제시하고자 하는 노력을 해야 하는데 그러하지 못하고 있다는 것이다. 신자유주의적 세계화라는 박정희 시대와는 다른 조건, 1987년 6월 민주항쟁을 일으킬 정도로 권리의식이 높아진 조건, 시민단체의 감시역량이 증대된 조건 등을 고려할 때, 시장우선적 정책이나 재벌 등에게 더 많은 자율을 부여하는 정책, 기업에 대한 각종 부담을 줄이는 정책 등만으로 포스트-민주화 시대를 주도할 수 없다. 만일 그러한 상황이 온다면—진보세력이 직면하는 '경제적 혼란'과는 정반대로—보수세력은 곧바로 '정치적 혼란'에 직면하게 될 것이다. 왜냐하면 우리 사회의 많은 문제들이 박정희 시대로 돌아감으로써 해결되는 것이 아니라, 박정희 시대와는 달라진 경제와 사회—비록 박정희 정신을 계승하고자 하는 보수에게서조차—를 박정희와 다른 방식으로 운영해야 하는 과제에 직면해 있기 때문이다. 보수에게 '잃어버린 10년'이 분명 보수에게 새로운 기회를 제공하고 있지만 단순히 진보의 위기에서 오는 반사이익이 아니라 박정희 시대와 다른 '선진화된 보수'의 비전을 만들어내지 못하는 데서 오는 위기에 직면하고 있다.

대안모델을 찾는 여러 노력들

이렇게 되면 결국 우리는 박정희가 추동한 성장과 개발 이후의 조건에서, 민주세력이 추동한 민주주의라는 새로운 조건에서, 그리고 우리의 의사와는 관계없이 우리의 삶을 규정하고 있는 신자유주의적 세계화의 엄혹한 조건 속에서, 한국사회를 새로운 방식으로 유지 · 운영할 '포스트-박정희 모델'의 문제에 직면하게 된다. 실제적으로 작동가능한 포스트-박정희 모델, 혹은 대안적인 국가운영모델을 구체화하는 과제에 직면하게 된다는 것이다.

이런 대안에 관심이 절박해지면서 다양한 논의들과 노력들이 제기되고 있다. 최근 다양한 싱크탱크 운동이 이루어지고 있는 것도 이러한 현상을 반영한다. 기존의 정당, 기업, 정부 부문의 싱크탱크 외에 희망제작소, 세교연구소, 새로운 사회를 연구원 등도 만들어졌다. 새로운 사회를 여는 연구원이 펴낸 『새로운 사회를 여는 상상력』(시대의 창, 2006), 백낙청 등이 쓴 『21세기 한반도 구상』(창비사, 2006)도 그러한 노력의 성과물이 될 것이다. 보수의 대안 논의의 혁신을 시도하는 박세일의 『대한민국 선진화전략』(21세기북스, 2006)도 이러한 예가 될 것이다[1].

민주화와 세계화의 동시적 진행 속에서

그런데 이러한 대안탐색의 과제는 민주화와 세계화의 이중적 도전에 응전하는 방식으로 이루어져야 한다. 먼저 민주화는 대안탐색이 이루어져야 하는 정치사회적 조건을 심대하게 변화시켜 왔다. 과거의 개발독재적 국가는 이제 지나치게 혼란스럽다고 할 정도로 민주화된 국가로 변화되어 왔다.

---

[1] 우리가 대안이라고 할 때에도 그것은 여러 수준이 있을 수 있다. 거시체제적 수준에서의 대안도 있을 수 있으며 중범위적 수준에서의 대안적인 레짐(regime) · 제도적 모형 등도 있을 수 있으며 나아가 개별영역에서의 미시적인 정책대안 등도 있을 수 있다.

그동안 박정희식 개발독재 체제 하에서는 '강력한 이니셔티브(initiative)와 통제력을 행사하는 국가—(강력한 국가의 통제적 지원을 받으면서) 빠르게 성장하는 시장—억압되고 왜소화된 시민사회(노동 및 민중블록 포함)'의 구도가 존재하였다. 그러나 반독재 민주화운동의 성장과 함께 시장 역시 급성장하여 강력한 경제사회적 힘을 갖는 상태에 이르렀으며, 시민사회 역시 독재를 뚫고 저항적으로 활성화되면서 강력한 정치사회적 힘을 갖는 상태에 이르렀다. 이는 과거 시기의 국가-시장-시민사회의 관계를 전제로 한 개발독재형 체제·제도모형이 유지될 수 없게 되었다는 것을 의미하고, 실제 1987년 이후의 민주화 과정에서 과거의 모형은 해체되었다. 그러나 새로운 국가-시장-시민사회의 관계를 전제로 한 민주적 체제·제도모형은 아직도 정착되지 못하고 있다. 대안을 탐색할 때 민주화가 가져온 사회집단들 간의 관계 변화를 고려하는 속에서 이루어지지 않으면 공허한 것이 될 수밖에 없다. 보수세력이 단순히 박정희 시대로 돌아가는 것이 아니라 '선진화된' 대안을 만들어내기 노력해야 하는 지점도 바로 여기이다.

그런데 이러한 민주화는 신자유주의적 세계화의 흐름 속에서, 혹은 그것에 규정되면서 전개되어져 왔다. 예컨대 1960·1970년대처럼 서구에서 복지국가가 전개되는 속에서 민주화가 진행되었다면 민주정부의 경제정책적 내용들은 훨씬 다른 방식으로 전개되었을 것이다. 어떤 의미에서 신자유주의적 세계화는 민주화의 내용을 구성적으로 규정하였다고 할 수 있다. 민주화가 촉진된 지난 10년 동안, 신자유주의적 세계화의 파괴적 영향의 결과로, 또한 그에 대응하는 효과적인 사회정책을 민주정부가 구사하지 못함으로써, 민주화의 결과에도 불구하고 대중의 삶의 조건은 더욱 열악한 조건에 놓여 있다. 어떤 의미에서 민주정부가 신자유주의정책의 담지자가 되는 현실이 나타나고 있다. 그 결과 사회적 양극화가 더욱 강화된 것은 물론이고 노동자들의 압도적 다수는 비정규화로 고통받고 있다. 교육을 둘러싸고는 불평등이 심화되었고 이제 교육 불평등을 통해서 계급적 불평등이 재생산되는 상황으로 가고 있다. 나아가 계급적 분리의 중요한 경제적 근거인 부동산 소유문제를 둘러싸고는 독재 정부보다도 민주정부 하에서 토지주택 불평등이 더욱 고착화되었고 세금정책을 통해서 이의 악화를 간신히 방지하는 수준에 놓여 있다. 신자유주의적 세계화의 맥락 속에서 전개되는 민주화가 역설적으로 투명성이나 민주성을 높였지만, 더욱 악화된 불평등과 경제적 고통에 놓여 있다는 점에서, 우리는 '민주적이고 투명한 계급사회'가 출현했다고 표현한다. 더구나 세계화는 국민국가의 조정기능 및 개입능력을 제한함으로써 이러한 현실에 적극적으로 응전하는 것마저도 일정하게 제약하고 있다. 어떤 의미에서 세계화라는 조건은 민주진보세력에게는 자신들의 기본가치—민주주의, 분배나 인간다운 삶 등—를 실현하기가 더욱 어려운 조건을 제시하고 있는 셈이다.

이렇게 보면, 신자유주의적 세계화가 가져오는 파괴적 결과를 적극적으로 상쇄하는 대안, 그리고 일국적 차원을 넘어 전지구적 수준에서 신자유주의적 세계화의 흐름을 규율할 수 있는 대안을 탐색할 필요성을 우리에게 제시하고 있다. 이것이 '민주화·세계화 이후'의 조건을 전제로 한 대안연구의 과제가 될 것이다.

21세기적 동아시아 생태평화 사회(적) 민주주의

이런 전제적 논의 위에서, 대안적 프레임에 대한 논의를 제시하여 보기로 하자.

거시적 차원에서 민주화와 세계화와 관련된 다양한 현재적 도진을 염두에 둘 때, 대안담론—특히 국가와 민주주의와 관련하여—의 현재적 재구성이 필요한데, 현 단계 대안담론의 기본지향을 우리는 총괄적으로 '생태평화 사회(적) 민주주의'(eco-and peace-oriented social democracy)로 표현하고자 한다. 이 사회(적) 민주주의는 20세기의 역사적 경험을 재성찰하는 21세기적 유형의 것이어야 하며, 또한 동아시아의 특수성과 보편성을 담는 것이어야 한다는 점에서 "21세기적 유형의 동아시아 생태평화 사회민주주의'라고 표현할 수 있다.

　20세기의 현존 사회주의의 붕괴와 20세기 서구 사회민주주의의 왜곡을 전제로 할 때 우리는 20세기의 민주진보적 실천을 통해서 확연히 드러난─붕괴와 왜곡에도 지속된─대안적인 원리들을 내포화하는 방식으로 대안담론이 재구성되어야 한다고 생각한다. 그런 점에서 우리나라는 21세기적 사회민주주의라고 하는 표현을 사용한다. 이것은 몇 가지 기존의 사회민주주의에 대한 대안적 지향을 담기 위해서이다. 먼저 21세기적 사회민주주의는 20세기의 사회민주주의의 붕괴와 왜곡에 대한 성찰적 극복을 담고 있어야 한다. 다음으로 생태주의와 평화주의를 내포한 것이 되어야 한다. 여기서 생태주의와 평화주의가 사회민주주의가 재구성되는 경로는 생태주의 · 평화주의의 사회적 확장의 경로가 있고 기존의 사회민주주의의 생태주의 · 평화주의적 재구성의 경로가 있을 수 있다고 생각된다. 나의 경우, 사회민주주의의 생태주의 · 평화주의적 확장과 재구성에서 이러한 생태평화 사회민주주의를 이야기하고자 한다[2]. 다음으로 민주주의를 사회민주주의의 새로운 구성 원리로 받아들이면서 민주주의와 시장의 관계에 대한 새로운 해석을 내포화해야 한다. 그리고 양자의 관계가 신자유주의적 세계화의 조건에서 실효성을 갖는 것이어야 한다. 또 한 가지 우리가 발을 딛고 선 한국 및

─────────────

2) 사회민주주의와 생태주의의 결합에 대해서 다양한 논의들이 존재한다. 사회민주주의의 혁신을 주장하는 '제3의 길'론자인 앤터니 기든즈(2001)는 현대 사회민주주의의 5가지 딜레마의 쟁점영역으로, 세계화, 개인주의, 좌파와 우파, 정치적 행위, 생태환경적 쟁점을 지적하고 생태환경적 쟁점과 관련하여 사회민주주의의 생태적 현대화를 주장하고 있다. 물론 그는 현존 사회민주주의의 '현대화'에 대해서 이야기하지, 그것의 20세기적 한계와 왜곡에 대해서 이야기하지 않는다. 서구의 대표적인 사회민주주의자이자 조절이론가였고 현재는 녹색당 유럽의회 의원으로 활동하는 알랭 리피에츠(2002)는 정치적 생태주의야말로 모든 사회변혁운동의 상이한 입장과 지향들을 종합시키고 조화시키는 '큰 틀'이 될 수 있다고 본다. 그는 여기서 '노동운동과 정치적 생태주의 사이의 관계, 생태정치적 전략의 문제, 그리고 사회주의와 정치적 생태주의 간의 화해가 갖는 잠재적인 이론적 근거들'에 대해서 탐색한다. 리피에츠의 논의는 생태주의를 주 패러다임으로 한 생태주의와 사회민주주의의 종합을 이야기하는 셈이다.

동아시아의 특수조건을 보다 보편적인 관점에서 해석하고 우리의 창조성을 결합하는 어떤 대안적 프레임이 되어야 한다.

19세기의 복합적 사회민주주의를 출발로

우리는 대안 프레임을 이상과 같은 여러 가지 점을 중심으로 부언해보고 자 한다. 첫째, 21세기적 유형의 사회민주주의이어야 한다는 점을 지적할 수 있다.

먼저 이러한 전환은 한국사회의 이념지형에서도 그 필요성을 찾아볼 수 있다. 현재 한국사회는 보수주의와 개혁자유주의의 기본 대립구도 속에 존 재하고 있다. 남북 간의 반공주의적 대립은 한국사회의 대안논의의 지평을 협애화하고 있다. 특히 보수주의가 반공주의와 반북주의에 의해서 그리고 개혁자유주의가 지역주의에 의해서 그 발전이 질곡당하고 있는 상황에서, 이러한 기본 대립구도를 넘어서는 새로운 돌파구를 마련하여야 할 필요가 있다. 이런 점에서 우리는 한국 민주주의운동과 진보주의의 지평을 사회민 주주의로 확장하는 것이 필요하다고 생각한다.

그런데 여기서 사회민주주의라고 할 때 20세기적 의미에서의 사회민주주 의—혁명적 공산주의와 대립되는 것—로서가 아니라 19세기 사용되던 포괄 적인 의미에서의 사회적 민주주의(social democracy)를 말한다. 19세기적 사 회민주주의라고 할 때 이는 개량적 사회민주주의만이 아니라 혁명적 공산수 의, 국제주의 등을 포함하였다. 개량과 혁명의 흐름으로 분화되기 이전의 복합적 지향을 내포하는 혁명적 급진주의로 사회민주주의가 존재하였다. 우리는 바로 그러한 복합적 의미의 사회민주주의를 전제로 하여 사회민주주 의를 사용하고자 한다. 21세기의 새로운 사회민주주의, 혹은 새로운 좌파적 사회민주주의를 사고하기 위해서는 역설적으로 20세기적 굴절을 넘어서서 19세기적 사회민주주의의 '원석(原石)'을 재검토해보아야 한다.

주지하다시피 20세기에 들어서면서 사회민주주의는 서구에서의 개량적 사회민주주의와 동구에서의 혁명적 사회민주주의—스스로를 사회민주주의가 아니라 혁명적 공산주의라고 개념화하고 있지만—로 분화되고 양자가 모두 국가권력의 담지세력으로 존재하였다. 그러나 국가권력화된 사회민주주의는 관료주의와 국가주의, 성장주의, 군사주의의 틀에 얽매이면서 그 생동력을 상실하여 버렸고 국가적 지배의 일부로 편제되어 버렸다3).

19세기에 맑스주의가 다양한 도전 속에서 긴장을 가지고 존재하였다고 한다면, 19세기 말부터 맑스주의가 지배적인 혁명적 담론으로서 '이론적 패권'을 갖게 되면서, 그리고 이러한 이론적 패권이 1917년 러시아혁명 이후 '국가적 패권'으로 발전하게 되면서, 사회민주주의는 여러 가지 굴절을 경험하게 되었던 것이다. 이러한 권력화에 따른 왜곡은 서구의 사회민주주의와 동구에서의 혁명적 사회민주주의 모두에서 표현되었으며, 이는 일국주의와 군사주의, 국가동원이데올로기화 등의 모습을 보이게 된다.

이런 점에서 21세기적 유형의 사회민주주의는 바로 이러한 20세기적 왜곡을 성찰적으로 극복하는 것이어야 한다. 이런 점에서 여기서 내가 이야기하는 사회민주주의는 '몰락 이후에' 일반적으로 사용되는 광의의 '민주사회주의'라고 하는 표현과도 일치한다고 해야 할 것이다4).

여기서 사회민주주의가 민주적 사회주의이기도 하지만 민주주의의 급진적 확장의 의미를 담게 될 때, 우리는 사회주의적 급진주의자와 민주주의적 급진주의자가 만날 공간을 인정하고 확보하게 된다고 생각한다. 여기서 20세기적 굴절을 다시 상기한다면, 사회주의적 급진주의자와 민주주의적 급진주의자가 만나게 될 때, 사회주의적 급진주의자들이 프롤레타리아의 존재론적 특권을 연역적으로 주장하고 다른 운동을 도구화하는 것이 아니라, 자신의 급진성과 민주주의적 급진성, 생태주의적 급진성, 반전(反戰) 평화주의적

---

3) 역사적 사회주의의 실패원인과 트로츠키주의, 시장사회주의, 기금사회주의, 생태주의적·공동체주의적 대안 등에 대한 논의에 대해서는 신정완(2002) 참조.
4) 이런 의미에서 우리는 생태평화 사회민주주의를 넓은 의미에서 생태평화민주 사회주의라고 표현과도 혼용되는 것으로 사용한다.

급진성을 인정하고 손을 잡는 계기가 마련될 것이다. 사회민주주의라고 할 때 거기에는 다양한 급진적 진보들과 자신을 급진화하고자 하는 자유주의적 진보까지를 끌어안는 것을 의미한다.

사회민주주의의 21세기적인 과제들

이와 같이 19세기의 사회민주주의 정신으로 돌아간다고 할 때 그것은 복고적인 것을 의미하는 것이 아니다. 반대로 20세기를 넘어, 21세기적인 과제를 내포하는 사회민주주의여야 한다. 그렇다면 그러한 과제들에는 어떤 것들이 있는가.

둘째, 21세기의 사회민주주의는 20세기의 사회민주주의가 직면하지 못하였던 생태주의와 결합하는 것이어야 한다. 20세기의 맥락에서 사회민주주의는 생태주의적 '현대화'를 하지 못하였다. 20세기의 사회민주주의는 생태주의의 거대한 도전을 자기화하지 못하면서 환경관리주의적 사회민주주의로 전락되어 갔다. 동유럽의 혁명적 사회민주주의는 체르노빌 사태에서 보여지듯이 국가주의와 성장주의의 신화 속에서 생태주의 자체를 사회주의 권력이 억압되는 전도된 모습을 보여주었다. 이제 20세기적 사회민주주의가 보수주의나 자유주의와 동일하게 공유하는 '자연약탈적' 이념으로 존재해왔음을 성찰해야 한다. 생태주의와 사회민주주의가 어떻게 만나는가 하는 것에 대해서는 다양한 경로가 있을 수 있다. 앞서 지적하였듯이 사회민주주의의 생태주의·평화주의적 재구성의 경로와, 생태주의의 사회적 확장의 경로가 있을 수 있다. 여기서는 사회민수수의의 재구성의 의미에서 생태평화사회민주주의를 이야기하고자 한다[5].

현 단계 신자유주의적 세계화는 경쟁력 지상주의, 시장 절대주의를 부추

---

5) 우리의 전통 속에서 서구적인 생태주의 자체까지도 포괄하는 '생명사상'을 길어 올리기 위한 새로운 노력들이 장일순, 김지하 등을 포함하여 다양한 흐름들로 전개되고 있다. 이런 점을 고려한다면 생태평화 사회민주주의는 생명평화 사회민주주의로 표현할 수 있을 것이다.

기면서 성장주의적 지향을 지배적인 것으로 만들고 있고, 이것은 다시 반생태주의적 개발주의를 전면화하는 것으로 나타난다. 한국에서 이는 더욱 전면적으로 표현되고 있다. 한국에서 단순히 사회민주주의 혹은 민주사회주의가 단순히 경제적 차원의 문제로만 파악되어서는 안 되는 이유는, 신자유주의적 세계화의 상황에서 기존의 성장주의가 새로운 의미의 개발주의로 재강화되고 있기 때문이다. 기존의 박정희 모델에서 국가는 노동자와 농민을 억압하는 국가였으며 동시에 전 국토를 개발주의적 광풍에 포섭해 들이는 '토건국가'로서 재생산되었다(홍성태 2005 참조). 그러나 이러한 토건국가적 모델은 90년대 혹은 2000년대에도 변형된 형태로 재생산·확대되고 있다. 어떤 의미에서 1960·1970년대의 '신축적 개발주의'였다고 하면 이제 '재건축적 개발주의'로 확대재생산되고 있다고 할 수 있다. 예컨대 우리가 경험하고 있듯이, 청계천 복원사업은 생태주의적 복원이 아니라 새로운 재개발사업의 하나로 이루어졌다. 또한 서울 집중주의를 극복하기 위한 수도 분할 혹은 행정수도 이전 작업도 지역의 부동산투기를 재현하는 형태로 진행되고 있다. 이것은 환경친화적이라고 일컬어지는 정책들이 사실은 새로운 개발주의의 틀 내에서 전개되고 있음을 의미한다.

국민국가적 군사주의를 넘어서는

셋째, 21세기형 사회민주주의는 국가주의적 군사주의에 의해서 포로가 된 사회민주주의를 '반전평화주의'적인 방식으로 재구축하는 것이어야 한다. 20세기에 사회민주주의세력이 국가권력 담당세력이 되면서 그것은 국민국가적 군사주의와 결합된 국가주의의 포로가 되어 버렸다. 결국 사회민주주의세력은 국민국가의 한계를 넘는 것이 아니라 국민국가의 기능적 담지세력이 되고, 여기서 20세기의 사회민주주의는 일국적 군사주의의 담지자로 타락하였던 것이다. 이러한 타락은 동구의 혁명적 사회민주주의—여기서는 넓은 의미에서의 사회민주주의라는 표현을 사용하고 있다—역시 국가화된 사회주의에서도 전혀 예외가 아니었다. 동서 간의 냉전 적 대결구도 속에서 현존 사회주의는 오히려 더 철저하게 군사주의를 내재화하고 군사주의를 증폭하는 방식으로 작동하였다.

21세기의 맥락에서의 사회민주주의, 그 일부로서 서구의 사회민주주의— 동구의 사회주의는 붕괴하였고—는 현 단계에서 또 다른 타락을 하고 있다고 우리는 이야기하고자 한다. 즉, 20세기의 맥락에서 제국주의 전쟁 시기, 민족국가 간의 군사적 대립에서 서구의 사회민주주의, 그것이 기반으로 하는 노동자계급의 진보주의가 민족주의와 국가주의의 포로가 된 것과 동일하게, 현존 신자유주의적 세계화가 '무장한 세계화'로 진행되는 상황에서 서구의 사회민주주의가 세계화의 군사주의적 방어기제로 작동하는 것을 의미한다. 이라크전에서 영국 사회민주당이 부시의 반테러전쟁의 '푸들'(poodle)로 전락하게 되는 과정은 사회민주주의의 타락한 현실을 잘 보여준다. 이 점은 사실 20세기 초반 제국주의 전쟁과정에서 유럽의 노동자계급이 국가주의와 민족주의에 굴복하게 되는 과정과 맥을 같이 한다.

통상 신자유주의적 세계화는 시장자율을 극대화하는 체제이기 때문에 '평화적' 방식으로 진행된다고 인식된다. 그러나 실제에 있어서는 패권적 '불량국가'에 대한 다층적인 저항—과거의 민족국가 간 갈등이 억제되는 대신 비국가적 행위자들, 예컨대 테러집단과 같은 저항—이 제기되면서 이를 억제하기 위하여 신자유주의적 세계화는 '저항의 범죄화'와 '반테러전쟁'과 같은 군사주의적 위협을 수반하면서 진행된다. 이런 의미에서 우리는 '무장한 세계화'(armoured globalization)를 이야기하게 된다(조희연 2004, 8장 참조).

이런 점에서도 21세기적 사회민주주의는 20세기의 국민국가적 군사주의를 넘어서는 것과 함께 세계화시대의 군사주의를 넘어서는 방향에서 평화주의적으로 재구성되어야 한다. 20세기의 사회민주주의적 제국주의적 전쟁의 구도에서 군사주의와 결합되었고, 이제 무장한 세계화의 구도에서 군사주의와 결합되었다고 한다면, 이제 사회민주주의는 이러한 결합은 근본적으로 해체하는 방향에서 재구성되어야 한다.

한국에서도 개발독재 국가의 가장 핵심적인 특성 중의 하나는 남북 간의 냉전적 대결 위에서 작동하는 준전시적인—일상적인 전쟁상태를 가정한—군사주의적 대결이었다. 한국전쟁 이후에 한국사회는 준전시적인 상태를 가정하고 편제되었으며 군사적 목표가 생존이라는 명분으로 여타의 정책지향들을 압도하는 방식으로 작동하였다. 1970년대의 중화학공업화가 동시에 군수산업의 발전과 연결되어 있으며, 대표적인 중화학공업들이 군수산업의 시장수요에 일정하게 의존하면서 발전하였다. 이는 '경제의 군사화'라고 하는 성격이 한국자본주의의 핵심적인 특징으로 자리잡았음을 의미한다.

그런데 문제는 1960·1970년대의 개발독재가 미군 주둔과 미국의 군사동맹 위에서 기초하고 있었다고 한다면 자주국방을 외치는 민주정부 역시도 이러한 한국자본주의의 군사적 재생산구조를 전제하면서 재생산되고 있다는 점이다. 한국 국가의 친미 군사동맹적 현상 자체는 일정한 변화를 동반했지만 그 구조는 변형된 형태—'전략적 유연성'을 수용하고 그에 부응하는 형태—로 재구조화되고 있다는 것이다.

이런 점에서 21세기적 사회민주주의는, 19세기적 맥락이나 20세기 전반기의 맥락에서 정면으로 쟁점화되지 않았던 생태주의적 도전과 반전 평화주의를 내포화하면서 새롭게 재구성된 사회민주주의여야 한다.

시장과 민주주의의 관계

넷째, 우리는 21세기적 사회민주주의는 민주주의를 도구화하는 것이 아니라 목적가치로 하면서 사회민주주의의 구성적 원리로서 포괄하는 것이어야 하며, 민주주의의 급진적 확장을 통한 세계화 시대 시장의 공적·사회적·정치적 규율을 제도화하는 것이어야 한다고 생각한다.

먼저 20세기적 사회민주주의의 왜곡성을 극복하는 것의 출발점은, 민주주의의 원리 위에서 재구축된 사회민주주의를 지향하는 것이다. '민주주의의 민주화'라는 표현이 역설적이듯이, 사회민주주의의 민주주의적 재구축이라고 하는 것도 역설적이다. 그러나 20세기 사회민주주의와 현존사회주의의 역사를 성찰할 때 이는 회피할 수 없는 과제이다. 민주주의는 근대이전의 인류역사를 통해서도 그러하지만 근대 이후의 민주주의를 부정하는 모든 반(反)민주주의적 흐름에도 불구하고, 심지어 공산주의체제 하에서의 민주주의의 도구화에도 불구하고 인류사회의 부정할 수 없는 정치원리적 자산으로 자리잡았다. 그러나 20세기 사회민주주의 혹은 혁명적 공산주의의 역사가 민주주의를 도구화하고 수단화함으로써, 민주주의 없는 사회 민주주의 혹은 사회주의로 달려갔던 점을 성찰하면서, 민주주의를 사회주의의 구성적 원리로 내포화하는 것이어야 한다6). 민주주의는 사회주의를 동반하는 것은 아니지만 사회주의는 민주주의 위에서 확립되지 않으면 안 된다. 사회주의를 민주주의의 급진적 확장과 연결시키는 것은 19세기적인 '사회'민주주의의 정신을 회복하는 것이기도 하다. 사회주의자가 급진민주주의를 내포하는 것이 바로 19세기적 사회민주주의의 진정한 의미라고 생각한다.

다음으로 신자유주의적 세계화의 맥락에서 어떻게 민주주의의 급진적 잠재력을 사회적 방향으로 확장하여 새로운 일국적 · 세계적 사회민주주의 모델을 만들 것인가 하는 것이 관건이 된다. 이런 점에서 근대성 속에 내재

---

6) 랄프 밀리반드(1994, 33)는 "사회주의자들의 주된 과제 가운데 하나는, 자본주의체제 속에서 얻어진 민주적인 성과물을 가장 단호하고 설득력있게 수호하는 것이요, 자본제 민주주의의 결함을 가장 비타협적으로 비판하는 것이며, 나아가 자본주의적 지배가 가한 속박에서 마침내 민주주의를 해방시킬 그런 사회질서를 가장 잘 선전하고 주창하는 것이다"고 말하고 있다. 이는 사회주의와 민주주의의 새로운 관계를 간명하게 잘 말해준다. 단순히 민주주의를 시장에 대한 '외재적' 규제메카니즘을 넘어서서, 미국의 대표적인 맑스주의자인 우드(Ellen Meiksins Wood 1995, 290)도 다음과 같이 말하고 있다. "자본주의시장은 경제적 공간일 뿐만 아니라 정치적 공간, 자유와 선택의 공간일 뿐만 아니라 지배와 강압의 공간이다. 민주주의는 단순히 정치적 범주가 아니라 경제적 범주로도 파악될 필요가 있다는 점을 나는 제시하고 싶다.…민주주의를 경제적 규제자가 아니라 경제를 움직이는 메카니즘 자체라고 생각한다."(Democracy against Capitalism: Renewing Historical Materialism, Cambridge: Cambridge Univ Press, p. 290).

한 민주주의와 시장의 긴장과 모순을 적극적으로 파악하고 이를 세계화의 맥락에서 새롭게 구현할 수 있어야 한다.

돌이켜 보면, 시장은 19세기와 20세기를 거치면서 거대한 도전을 받았다. 특히 자본주의적으로 조직화된 시장에 대항하여 반(反)시장적인 계획경제를 수립하고 실험하였던 공산주의체제의 실험도 있었다. 그러나 공산주의 체제의 붕괴 이후, 공산주의가 시장경제로 이행하고, 중국 사회주의가 시장 사회주의로 이행하면서 시장에 대해서 다른 인식들도 출현하게 되었다. 현존사회주의가 계획경제물신화로 치달았던 시기처럼, '시장=자본주의, 계획=사회주의'와 같은 고전적인 등식에 기초하여 계획경제인 사회주의가 실현되면 극복되고 소멸되어야 할 범주로서 인식되고 있지는 않다. 중국에서의 사회주의적 시장경제, 심지어 북한에서의 개혁개방정책 같은 경우도 시장적 요소를 도입하여 기존의 체제의 하위기제로 결합시키려는 시도도 나타났다. 많은 사람들은 이러한 시장의 확산은 시장에 대한 어떠한 규제도 불필요한 일종의 무조건적인 시장자율주의 인식을 만들어내고 있다.

그러나 시장, 특히 자본주의적으로 조직화된 시장7)에 대해서, 그 자체가 선이 아니라 민주주의에 의해서 공적·정치적·사회적으로 규율되어야 할 대상으로 파악되어야 한다. 자본주의는 시장의 근대적인 특수한 조직양식이다. 근대체제는 바로 이러한 자본주의와 특수한 형태의 민주주의가 결합한 형태였다고 할 수 있다. 어떻게 보면 특수한 방식으로 인식되고 작동한 시장경제와 특수한 방식으로 인식되고 작동한 민주주의의 특수한 결합 형태였다고 해야 할 것이다.

그런데 여기서 시장과 민주주의의 결합에는 정합적(整合的) 측면과 모순적 측면이 공존하였다. 기존의 자유주의적 인식에서는 정합적 측면은 간과

---

7) 시장과 자본주의를 분리하는 사고는 브로델에서 잘 보여진다. 그는 자본주의는 시장경제에서 비롯되지만 경쟁원리를 기본으로 시장과 달리 독점을 원리로 하는 일종의 반(反)시장경제로 파악된다(페르낭 브로델 1995, 2001); 김응종(2006) 참조.

하고 모순적 측면만을 유일한 측면으로 간주하였다고 하면, 맑스주의적 인식에서는 모순적 측면은 간과하고 정합적 측면만을 유일한 측면으로 간주하였다고 생각된다. 즉, 맑스주의에서는 민주주의는 기본적으로 시장경제체제를 정당화하고 그 문제점을 은폐하는 정치적 껍데기(shell)로 간주하면서, 민주주의가 자본주의로 환원될 수 없는 독자적인 의의를 갖고 있음을 간과하였다. 자본주의를 극복했다고 하는 사회주의체제에서 민주주의가 독자적인 의의를 갖지 못하고 주변화되고 그 결과 '원리적인' '프롤레타리아'독재가 '현실적인' 프롤레타리아'독재'로 전락해버린 것도 바로 이러한 인식과 무관하지 않다. 반면에 자본주의체제에는 시장과 민주주의의 모순적 측면 때문에—즉, 민주주의라는 최소한의 정치공간에 의해 민중들이 사회경제적 권리투쟁이 소기의 성과를 거두면서—시장경제의 모순이 완화되고 순치되는 결과를 가져왔다. 바로 이처럼 맑스주의가 지적하는 시장의 극단적인 수탈적 성격에도 불구하고 시장과의 관계에서 민주주의가 갖는 견제 효과를 주목하지 못하였다. 자유주의적 인식의 경우에는 반대의 문제점이 드러나고 있다. 즉, 자유주의적 인식은 민주주의의 독자적인 의의와 자본주의와의 부정합성을 인식하고 설정하기는 했지만, 자본주의의 모순에 의해 민주주의가 허구화되고 부단히 위협받게 되는 점을 주목하지 못하였다.

20세기의 사회민주주의는 민주주의의 급진적 확장에 의한 시장 및 자본주의에 의한 20세기적 규율체제라고 할 수 있다. 경제적 민주주의나 산업민주주의 같은 표현이 이를 상징한다. 20세기를 거치면서 민주주의는 '법 앞에서의 만인의 평등', '1인 1표제', '대표의 선출절차'와 같은 협소한 의미로만 인식되지는 않게 되었다. 경제적 민주주의, 산업민주주의, 사회민주주의, 민중민주주의 등과 같이 그 자체가 정치적 차원을 넘어, 사회경제적 차원에까지 관철되는 보편적인 원리로 변화되었다. 이는 민주주의의 확장을 통한 시장의 사회적 규제와 규율이 이루어지는 것을 의미한다.

그런데 이러한 20세기적 질서—민주주의의 의미질서까지 포함하여—는 현 시기 신자유주의적 세계화의 맥락에서 해체되고 있다. 세계화는 기존에 근대적 국민국가의 틀 내에서 '타협적'으로 고정화되고 고착되었던 시장과 민주주의의 관계를 여지없이 변화시키고 있다. 이른바 신자유주의적 세계화라고 불리는 최근의 세계화의 과정은 시장과 민주주의의 관계를 전자에 압도적으로 유리한 국면을 조성하고 있다. 세계화의 과정은 이러한 민주주의적으로 규율되는 시장경제가 이전보다 훨씬 더 자유시장적으로 작동하게 만드는 힘으로 작용하고 있는 것이다. 현재까지의 과정을 놓고 볼 때 세계화의 성격은 신자유주의적 세계화라는 말에서도 나타나듯이—근대사회의 기본 범주인 시장과 민주주의 중에서—민주주의에 대한 시장의 힘의 우위를 압도적으로 강화하는 방향으로, 더 나아가 시장이 표방하는 경쟁력, 일자리 창출, 효율성 등이 지배적인 가치가 되도록 하는 방향으로 작용하고 있다.

이런 점에서 우리는 시장에 대한 민주주의의 모순적 측면을 주목하면서 민주주의의 급진적 확장의 관점에 서서 세계화 시대의 시장 및 자본주의를 새롭게 규율할 수 있는 기제를 찾아야 한다. 시장을 자본주의와 동일시하지는 않지만, 시장의 탈자본주의적 작동양식을 민주주의와의 연관 속에서 탐색해야 한다. 이렇게 보면 우리는 한편에서는 민주주의의 독자적 의의—도구화하지 않으면서—를 인정하고 나아가 민주주의가 시장 및 자본주의와의 긴장의 측면을 주목해야 하면서, 다른 한편에서는 민주주의의 급진적 잠재력을 확장하여 신자유주의적 세계화 시대에 시장과 자본주의에 대한 새로운 규율체제를 구현하는 방향으로 사고하여야 한다.

즉, 신자유주의적 세계화에 대한 새로운 응전으로서의 사회민주주의로 재구성되어야 한다는 것이다. 이것은 신자유주의적 세계화의 도전 속에서 일국적 수준에서 사회민주주의를 재구축하며, 다른 한편에서는 세계적 수준에서 사회민주주의를 확장적으로 재구축하는 것으로 나타난다. 특히 후자는 21세기 사회민주주의를 구축하기 위한 새로운 도전의 과제이다. 20세기의 신자유주의적 세계화는 사회민주주의를 무력화시키면서 새로운 신자유의적 시장절대주의에 굴복하도록 하고 있다. 혁명적 사회주의는 그 자취도 없는 채로 서구식 시장주의로 매진해가고 있으며 서구의 사회민주주의 역시 신자유주의의 거대한 외압 속에서 무력해지고 있다. 이러한 무력화를 해결하는 것은 일국적 차원에서 해결될 수 없다. 신자유주의적 세계화라고 하는 초국민국가적 흐름에 어떤 형태로든 규율체제를 만들지 않으면 안 된다.

이런 점에서 21세기적 사회민주주의는 현 단계 지구적 질서 자체의 급진적 재구축을 의제로 하는 것이어야 한다. 20세기의 맥락에서 서구 사회민주주의세력이 국민국가의 집권세력이 되면서 일국주의의 포로가 되어갔다고한다면, 이제 신자유주의적 세계화는 탈민족국가적인 국제주의에 기초한것이 되어야 한다. 이제 사회민주주의는 단순히 일국적 차원에서뿐만이 아니라 글로벌 체제의 차원에서도 구현되는 어떤 것이어야 한다. 글로벌 거버넌스(global governance) 자체의 급진적 민주화를 통해서 사회민주주의가 글로벌한 차원에도 구현될 수 있도록 해야 한다. 대안 레짐에 대한 연구는 불가불 이른바 글로벌 거버넌스에 대한 급진적 대안 모색과 함께 가지 않을수 없다. 여기에 민주주의는 중요한 원리가 된다. 국민국가적 수준에서의 민주주의를 초국민국가적 차원으로 재해석하고 재설정하는 방식을 통해서이러한 글로벌 시장에 대한 공적·사회적·정치적 규율을 만들어내야 하기때문이다. 21세기의 사회민주주의는 그런 점에서 '글로벌 사회민주주의'가될 수밖에 없다. 이는 신자유주의적 세계화 시대에 민주주의 원리를 급진적으로 확장하여 글로벌 체제─그 일부로서의 글로벌 시장─의 사회적 규제를 실현하는 것이 된다.

한국과 동아시아의 특수한, 아니 보편적 조건 위에서

다섯째, 생태평화 사회민주주의를 이야기할 때, 이것을 한국이 속하고 있는 동아시아적 맥락에서 어떻게 구성할 것인가 하는 것이 중요하다. 그랬을 때 이러한 모델을 제약하고 있는 동아시아적 조건과 그 잠재적 요인들을 적극적으로 동원하는 것이 필요할 것이다.

비교사회적 혹은 비교문명적 시각에서 볼 때 동아시아는 독특한 성격을 지니고 있다. 2차 대전 이후 동아시아는 거대한 '친미적 공간'으로 존재하여 왔다. 즉, 2차 세계대전 이후 동서냉전의 질서 속에서 동아시아는 최극단적 인 반공주의가 지배하는 공간이었으며 반대로 친미주의가 강력하게 존재하는 공간이었다[8]. 남미가 지리적으로는 미국에 가깝게 있으나 '반미적 공간'으로서의 성격을 지니고 있는 것과 대비된다. 동남아시아가 친미적 공간 + 반미적 공간으로서의 성격이 복합되어 있는 것을 고려한다면, 또한 이슬람문명권이 반미적 지대로 존재하는 것과 대비한다면, 동아시아는 독특한 성격을 지니고 있다고 할 수 있다.

이는 역사적 경험에서 직접적으로 미국의 지배를 받지 않은 지역이며, 오히려 일본제국주의나 유럽의 제국주의와 달리 미국이 '해방자'적 이미지를 갖고 있기 때문이기도 한다. 대만이나 남한에서 미국이 '강력한 해방자'의 이미지를 갖고 있는 것을 상기하면 될 것이다. 이런 점에서 동아시아는 전후 동서냉전 속에서 가장 친미주의적으로 재구조화되어 있으며 친미적 전략이 가장 광범위한 대중적 기반을 갖는 지역이라고 할 수 있다. 이는 식민주의와 탈식민주의의 조건이 상이함을 상기시켜주는 것이기도 하다.

어떤 의미에서 이러한 반공주의=친미주의 속에서 1960·1970년대의 '성공적인' 경제적 근대화도 가능하였다고 할 수 있다. 1960·1970년대 동아시아의 경제적 성장은 친미적인 경제성장 모델이 일본을 필두로 하여 확산되는 과정이었다. 가장 친미적인 공간인 동아시아에서 미국의 경제적 근대화 모델이 성공적으로 작동하는 것은 어떤 의미에서 '필연적'인 것이기도 하였다. 신자유주의적 세계화가 바로 미국 주도적인 과정이라는 점을

---

8) 반공주의가 한편에서는 반노동자주의를 내포하고 다른 한편에서는 친미주의를 내포한다고 할 때, 동아시아는 바로 이러한 반공주의, 반노동자주의, 친미주의가 강력하게 존재하는 공간이었다고 할 수 있다.

상기할 때, 가장 친미적인 공간에서 미국식의 신자유주의적 모델이 높은 수용성을 갖게 되는 것은 당연하다고까지 말할 수 있다. 이런 점을 고려한다면, 동아시아, 그 일부로서의 한국에서 생태평화 사회민주주의를 실현하고자 하는 것은 거대한 구조적·문화적 제약을 넘어서야 하는 것임에 틀림없다.

그럴 때 거대한 제약을 넘어서는 힘은 아래로부터의 민중의 주체화된 저항력, 또한 시민사회의 공적인 힘의 강화를 통해서 비로소 가능하다고 할 수 있다. 다행스럽게도 비교사회적 견지에서 볼 때 한국은 시민사회의 역동성과 전투적 노동자운동이 존재하는 지역이다. 이것은 동아시아에서 새로운 대안적 프레임이 구체화되는 물질적 힘이다. 중국의 노력 여하도 동아시아의 새로운 대안 구현의 중요한 동력이 될 수 있다. 중국이 시장사회주의화의 경로를 달려왔지만 중국의 공산당 주도의 정치적 질서를 유지하기 위해서도 현재의 신자유주의적 시장경제 성장모델에는 변화가 도입되지 않으면 안 될 것이다. 시장'경제'와 공산당 주도의 '정치'의 모순, 개발의 성공적 수행 자체가 가져오는 새로운 모순—각종 도시, 환경 문제 등—과 대중의 새로운 정치경제문화적 감수성과 체제의 긴장 등은 더욱 강화될 것이다. 자신의 개발 '성공'이 몰고 올 새로운 변화와 기존 체제의 긴장을 해결하기 위해서도 어떤 형태로든 자신의 체제를 미래지향적인 방향으로 변화시키지 않으면 안 된다. 이런 점에서도 중국은 동아시아에서 새로운 모델을 만들어야 하고 그렇지 않으면 정치적 위기에 직면하게 될 것이다. 1997년 외환위기 이후 일련의 정치적 불안정—예컨대 인도네시아의 수하르토 체제의 붕괴—이 현존 신자유주의적 모델의 동아시아적 적용과정에서 제기되었던 점을 감안한다면, 1960·1970년대식의 근대화 모델을 답습하는 신자유주의적 모델은 큰 도전을 맞고 있다고 할 수 있다. 이런 점은 한편에서 동아시아에 친미적인 신자유주의적 모델—그것은 단순히 경제적 모델일 뿐만 아니라 반생태주의적이고 군사주의적 모델이기도 하다—이 강력하게 작동하고 있지만, 다른 한편에서 그것에 저항하면서 새로운 출구를 찾고자 하는 잠재력들도 광범하게 존재하고 있음을 의미한다. 이런 것들을 활성화하고 수렴하는 데에 대안적인 모델도 중요한 결집력으로 작용할 것이다.

물론 이러한 대안적 동력과 대안적 모델의 구현은 비단 동아시아의 문제만이 아니다. 오히려 더욱 강력한 동력들이 전세계적으로 존재하고 있다고 할 수 있다. 주지하다시피 사회주의체제의 붕괴 이후 1990년대에 전세계적으로 신자유주의로 상징되는 시장만능주의와 이른바 TINA(There is no alternative, 대안 부재) 증후군이 압도적으로 존재하였다. 그리고 그 신자유주의적 물결은 질풍노도처럼 전세계를 '제패'해 가는 것처럼 보였다. 그러나 1999년 시애틀의 반세계화 투쟁은 이것의 전환을 반영한다. 시애틀 투쟁은 그 자체가 하나의 조직화된 저항이기도 했지만, 다른 한편에서는 1990년대 신자유주의적 물결의 파괴적 결과들이 확산되고 있었고 그것이 대중들의 삶을 위협하고 있다는 것을 의미하였다. 이미 1994년 1월 NAFTA에 반대하는 멕시코 농민투쟁도 신자유주의적 물결의 파괴적 결과와 그것이 초래할 저항을 예견적으로 상징하고 있었다. 실제 개방, 경쟁, 국제경쟁력 강화, 구조조정, 유연화 등으로 상징되는 신자유주의적 흐름이 확산되고 자본 주도의 신자유주의적 세계화가 확산되면서 또한 그 물결이 압도적인 것으로 인식되지만 다른 한편에서는 그에 대한 저항도 확산되고 있었다. 신자유주의적 세계화의 물결은 WTO와 같은 다자주의적 틀을 통해서도 추진되지만 FTA와 같은 쌍무적 틀을 통해서도 진전된다. 다자주의적 틀이건 쌍무적 틀이건 이러한 신자유주의적 개방과 정책노선을 추동하는 많은 나라의 정부들이 심대한 정치적 도전을 맞았다.

사실 1990년대를 풍미했던 신자유주의적 세계화의 물결은 여전히 압도적이지만 이미 한계에 도달했다고 생각한다. 이미 신자유주의적 세계화의 물결에 대항하면서 다른 대안을 찾는 노력들이 전세계적으로—비록 통일된 형태를 취한 것은 아니지만—다양한 형태로 나타나고 있다. 남미에서 볼리

비아 등 좌파정권들의 등장과 반미네트워크의 형성과 대안적 개발전략에 대한 논의도 하나의 예가 될 것이다. 풍부한 석유자원을 기반으로 하는 남미의 반(反)신자유주의 블록은 현재의 신자유주의적 세계화와는 다른 경로에 대한 지향을 반영하고 있음은 틀림없다. 소련 및 동유럽에서도 민주화와 시장화로 상징되는 '이중적 전환'의 과정에서 많은 문제들이 제기되었고 이는 새로운 진통을 몰고 왔다. 과거 사회주의체제의 국가복지의 초라함에 분노하면서 시장경제로 달려가던 대중들은 이제 시장의 가혹함에 새로운 정치적 지향들을 표출하고 있고 그것이 때로는 구 좌파정권이 복귀한다거나 민족주의적 정권이 등장하는 등의 현상으로 표출되었다. 이러한 현상은 신자유주의적 시장대안과는 구별되는 새로운 대안을 추구하는 동력으로 작동하고 있다. 현존 신자유주의적 시장 대안과 구별되는 새로운 대안의 동력은 소련과 동유럽에서도 존재한다.

사실 새로운 대안은 '상상'함으로써 만들어지는 것은 아니다. 그것은 대중들의 역동성과 결합될 때 현실적 흐름이 된다. 이런 점에서 1990년대 이후 신자유주의적 시장 대안이 압도적인 시기를 지나 이제 그것을 뛰어넘는 대안 추구가 대중적으로 세계 여러 곳에서 표출하고 있다고 우리는 생각한다. 이러한 현상 중에 한국에서의 다양한 아래로부터의 운동들도 존재한다.

'우리 안의 보편성'과 대안모델

이렇게 보면, 한국과 동아시아의 진통들은 단순히 특수적인 것이 아니라 세계적인 대안모델을 찾는 선도적인 동력일 수 있다. 우리가 서구와는 다른 모델과 경로를 찾으려는 적극적인 노력이 필요하다. 이것이 우리 안에 잠재적으로 존재하는 '우리 안의 보편성'(신정완·이세영·조희연 외 2006 참조)을 구성하는 것이다. 앞서 이야기한 생태평화 사회민주주의의 관점에서 볼 때, 서구는 생태주의와 사회민주주의 혹은 민주사회주의가 분리된 경로를 겪었다. 서구에서 사회민주주의는 국가주의적 군사주의의 포로로 되었다. 이러한 서구가 밟아온 길을 넘어서서, 한국과 동아시아의 여러 나라들이 세계사적 모델을 만들 수 있어야 한다고 생각한다. 이는 물론 '미지의 경로이다'. 서구의 사회민주주의의 패배, 동유럽의 혁명적 사회민주주의의 패배를 성찰하면서, 동아시아의 친미주의를 성찰하면서 동시에 동아시아의 문화적 전통 속에 있는 공동체주의를 미래지향적 에너지로 전환시켜 내는 노력이 필요하다. 서구의 신자유주의적 모델은 이미 한계에 도달하였다. 현재의 반세계화 운동 등의 저항을 고려할 때 서구식의 신자유주의적 모델은 글로벌 거버넌스 모델로서의 효용성을 상실했다고 보아야 한다. 이런 점에서 신자유주의적 모델을 뛰어넘는 새로운 모델을 구성해낼 수 있어야 한다. 이런 점에서 동아시아, 그 일부로서의 한국은 중요한 실험의 현장일 수 있다고 우리는 믿는다.

포스트-박정희 모델과 신자유주의 세계화 시대의 새로운 사회적 국가

이러한 대안적 모델 속에서 핵심적인 것은 대안적인 국가모델의 재구성이다. 이를 우리는 압축적으로 '신자유주의 세계화 시대의 새로운 사회적 국가모델'로 표현하고 싶다. 한국의 민주진보세력이 '포스트-박정희 모델'을 추구하는 고투의 과정에서 바로 이러한 새로운 모델을 구체화하고 구현할 수 있어야 한다고 생각한다.

앞서 서술한 대로 한국사회의 위기의 근저에는 박정희 시대가 종결되었고 박정희에 맞서 싸웠던 반독재민주세력이 주도하는 민주정부가 만들어졌음에도 불구하고, 그 민주정부가 박정희 모델의 틀 내에 머무르고 실제적으로 작동가능한 포스트-박정희 모델을 만들어내지 못하고 있다는 사실이 존재한다. 민주진보세력이 정작 '진보적 국가운영모델'을 찾지 못했다는 데 가장 근본적인 위기요인이 존재한다는 것이다. '박정희식'은 안 된다는 것을 명확하게 제시할 수 있으나, '박정희식이 아닌' 방식으로 '박정희 시대보다 인간다운 삶을 보장하는 구체적인 모델'을 국민에게 제시하지 못한 셈이다.

이는 신자유주의적 세계화라고 하는 거대한 구조적 조건 때문이기도 하지만 그것은 숙명주의적으로나 정당화할 수 있는 것이고 결국은 주체적인 문제 때문이기도 하다. 세계적 과제로서 존재하는 신자유주의 세계화 시대의 대안모델에 대한 추구는 바로 우리의 현실에서 포스트-박정희 모델의 추구와 정확히 일치된다.

돌이켜 보면, 박정희 모델—폭압적 독재에 의해서 결국 구조화된 것이기는 하지만—은 나름대로 잘 짜여진 모델이다. 그 박정희 모델에 의해 경제성장이 실현되고 그 박정희 모델에 저항하면서 시민사회가 활성화되고 노동자와 농민 등 민중이 주체화되었음에도 불구하고, 그러한 변화된 조건에 부응하는 새로운 포스트-박정희 모델은 구현되지 못하고 있는 것이다. 오히려 이러한 박정희 모델과 지향들은 신자유주의적 세계화의 맥락에서, 동아시아라고 하는 친미적 공간, 그 일부로서의 한국에서, 가장 전형적으로 그리고 가장 '돌격대적'으로 재생산되고 있으며, 반독재 민주정부 역시 이러한 거대한 흐름의 일부로 재편제되고 있다.

어떤 의미에서 반독재 민주세력은 포스트-박정희 모델을 제시하지 못하는 것은 물론, 과거 박정희를 정점으로 하는 독재세력이 주도하는 박정희 모델에서, 반독재 민주세력도 그 일부가 되는 거대한 변형된 박정희 모델의 재생산으로 가고 있다고 말할 수 있다. 문제는 변화된 조건은 바로 박정희 모델의 숙자적인 시행과 불일치하면서 불안정성을 만들어내고 정치적·사회적 균열을 만들어내고 있으며 그 경제적 재생산 자체도 위협하고 있다는 것이다. 사실 박정희 모델에 대한 저항 속에서 대중은 민주주의 있는 경제, 민중들의 삶이 나아지는 성장, 다양한 성장의 모순들이 해결된 상태를 희구했었다. 그러나 이러한 희망이 실종된 것이고, 민주정부가 이를 전혀 해결하지 못하고 있는데서, 반동의 물결이 나타나고 있는 것이다. 민중들은 독재가 물러갔으나, 무자비한 인간이 없는 '1차 근대화'에서 무자비한 '인간이 없는 2차 근대화'를 대면하게 되면서 오히려 보수적인 방향으로 자신의 정치적 지향을 표현하고 있다.

이렇게 보면, 박정희 모델에 저항했던 반독재 민주진보세력이 박정희 모델의 패러다임적 구조를 뛰어넘어서 적극적인 포스트-박정희 모델을 제시하지 않으면 자신들의 위기상황도 극복할 수 없는 상황이 출현하고 있는 것이다. 여기서 보다 적극적으로—그것이 급진적이건 아니건—포스트-박정희 모델을 사고할 필요가 있고 이런 점에서, 생태평화 사회민주주의적 인식지평에서 포스트-박정희 모델을 접근해야 한다고 생각한다.

사회민주주의 모델은 포스트-박정희 모델을 사고함에 있어서 현재 한국의 인식적 한계의 지점을 돌파하는 하나의 지점이 된다고 생각된다. 생태평화 사회민주주의적으로 재구성된 포스트-박정희 모델은 다양한 내용적 요소들을 가질 수 있을 것이다. 다양한 상상을 해본다면, 예컨대 사회민주주의가 지향하는 '사회적 국가'의 실현을 통하여, 경제적으로는 1960년대식의 미국의 수출모델이 아니라 수출-내수의 재균형 모델을 구축해갈 수도 있을 것이다. 현재의 신자유주의적 세계화가 요구하는 경쟁력 지향적 국가가 아니라, 우리는 신자유주의 시대의 새로운 '사회적 완충국가'(social bumper state)를 구현하는 식으로 나타나야 한다고 생각한다. 이것은 박정희 시대와 현재의 보수세력이 추구하는 '취약한 시장과 자본을 지원하는' 국가에서 신자유주의의 파괴적 결과를 완충하는 사회적 국가를 지향하는 것을 의미한다.

전후의 일국적인 포디즘적 조건 위에서 사회복지국가가 정립되었다면 신자유주의적 세계화의 조건 속에서 이는 해체되어가고 있다. 그러나 반세계화 투쟁과 반신자유주의 투쟁의 새로운 고양 속에서 신자유주의시대의 신개발국가모델이나 새로운 경쟁력 지향적 국가 모델을 뛰어넘어 새로운 공적 기능이 강화된 사회적 국가모델이 모색되어야 한다. 이것은 1960·1970년대 사회민주주의적 복지국가를 세계화의 조건 속에서—개방을 불가피한 조건으로 강제하는—구현하는 것이 될 것이다. 한국에서는 박정희 시대로부터 국가가 시장, 수출, 기업, 산업의 이해를 최우선으로 해서 작동해야 한다고 하는 '친자본적' 국가인식이 지배적이다. 더구나 박정희 시대를 통하여 강화된 경제적 기득권층과 자본가층은 국가의 사회성을 견제하고 지속적으로 친자본적 국가로 기능하도록 하는 구조적 제약으로 작용하고 있다. 신자유주의적 세계화의 물결은 이러한 국가의 탈사회화의 경향을 강화하고 있다. 신자유주의적 세계화의 압도적인 흐름은 대안의 지형 자체를 크게 제약하는 셈이다. 바로 이러한 조건 속에서, 우리는 대안적인 체제모델, 그 중에서도 핵심적으로 대안적인 사회적 국가모델을 만들어내야 한다.

기업과 자본의 '거시적 합리성'을 위해서도

이러한 대안적 사회국가 모델을 사고함에 있어서, 기업과 자본의 입장에서도 '미시적 합리성'이 아니라 '거시적 합리성'을 주목해야 한다. 기업과 자본이 미시적 합리성의 관점에서 대응하기 때문에, 정부가 또 적절한 중재적 역할을 수행하지 못하기 때문에, 오히려 거시적으로는 엄청난 낭비를 치루고 있는 것이 우리 사회의 현실이다. 예컨대 현재 기업과 자본은 현재 민주정부가 지나치게 친노동적이라고 항변한다. 그리고 그런 인식 속에서 사회적 완충장치로서의 사회보장제도 등을 확대하려는 정책들을 비판한다. 어느 지점이 적절한 지점이냐에 대해서는 정답이 있는 것이 아니다. 그러나 세계12대 무역대국에서 기업과 자본이 어느 정도의 사회적 비용을 치러야 하느냐에 대해서는 고민이 필요하다. 예컨대 사회보장제도가 없으므로, 구조조정 시 인력조정은 더욱 어려워지고 노동자의 입장에서는 인력조정 자체를 반대하는 투쟁을 '극렬하게' 해야 하는 불가피성이 구조적으로 주어진다. 노동자로 하여금 '사생결단'의 구조조정 반대투쟁을 하도록 만드는 구조 자체를 변화시키는 것이, 더구나 신자유주의 하에서 비정규직이 양산되는 조건을 변화시켜 정치경제적 불안정성을 줄이는 것이 기업과 자본의 '거시적 합리성'에도 부응하는 것이라고 우리는 생각한다. 어떤 점에서 한국의 기업과 자본이 미시적으로는 자신의 '계급적' 이해에 부응하는 것 같으나 거시적인 면에서는 자신의 이해에 반하는 행동을 하는 경우도 많다고도 표현할 수 있다.

　반독재 민주화 운동을 계승한다고 하는 민주정부 하에서도, 1960·1970년대와 같이 성장을 추동하고 그러면 성장 속에서 시장과 고용이 절대적으로 팽창하면서 대중들의 삶의 조건이 개선될 것이라고 하는 식의 인식이 강하고 그런 방향에서 정책이 취해지고 있다. 박정희 모델은 절대시장의 팽창 속에서 이전보다 대중들의 삶의 질이 높아지는 효과가 있었지만, 사실 그 모순 때문에 그 모순에서 촉발되어 나오는 저항 때문에 붕괴된 것을 상기할 필요가 있다. 신자유주의는 더욱 극단적인 양극화모델이다. 그 속에서 대중들의 삶이 이전보다 더욱 불안정한 상태에 놓여 있게 되고 그런 점에서 더욱 정치적 불안정이 큰 체제이다. 예컨대 중소기업과 대기업의 단절 현상도 신자유주의적 세계화의 시대에 구조적 현상이다. 즉, 대기업의 성장이 중소기업과 공유되는 점이 많았으나 이는 오히려 단절이 일반화되고 있다. 이런 점에서도 국가가 신자유주의의 '경제적 단절효과'를 상쇄하면서 적극적인 보완정책을 확대할 수 있다. 또한 반전 평화주의적 관점을 급진적으로 확장하여 남북 간의 군사적 대결을 획기적으로 완화하고 그를 기초로 한 복지국가의 재원조달도 가능할 것이다. 물론 이는 보수적인 사회적 저항을 넘어서는 전제 위에서 비로소 가능할 것이다. 또한 토건국가를 통하여 한국경제의 재생산 기제 속에 내재화된 부동산 투기를 적극적으로 규제하는 시스템을 만들 수도 있을 것이다. 부동산을 투기의 대상으로부터 획기적으로 탈각시키는, 예컨대 '1가구 2주택 소유금지 조항'과 같은 현재로서는 급진적인 정책도 사고해 볼 수 있다. 이러한 것들은 단순히 공상만이 아니다. 전지구적인 에너지 고갈상황에서 환경친화적인 대체에너지 개발도 적극적인 국가정책목표로 삼는 것은 경제적으로 충분히 검토해볼 수 있다. 생태주의적 관점은 포스트-박정희 모델의 지속가능한 순환구조의 유기적인 일부로 파악될 수 있다.

다행스럽게도 한국사회는 시민사회, 사회운동, 민중운동, 시민운동, 민주주의를 추구하는 다양한 역동적인 흐름들이 존재하는 사회이다. 주지하다시피 한국사회는 1980년대 이후 민주화의 거대한 흐름을 경험하고 있다. 이민주화의 과정은 반공주의와 군사주의의 압도적인 우위 속에서 부정되어왔던 왜곡되어 왔던 사회집단 및 구성원들 간의 관계를 변화시키고 있다. 추상적인 수준에서 민주화는 국가와 시장, 시민사회의 관계를 일방적으로 국가의 패권이 작동하던 상태에서부터 시장과 시민사회의 힘이 상대적으로 강화되는 방향으로 변화하여 왔다. 그런 점에서 민주화 과정은 우리의 관점에서 보면, '절대'국가로부터 자율성과 자유를 획득한 시장과 시민사회가 대안적인 체제에서의 지위와 상호관계를 둘러싸고 긴장하면서 격돌하는 과정이라고 볼 수 있다. 그러나 우리 사회의 민주화의 거대한 흐름은 국가로부터 자유로워진 시장과 시민사회 간의 각축에서 시민사회의 힘을 강화하는 방향으로 작용하여 왔다. 민주주의라는 것이 국가로부터의 시민사회의 분리 및 국가에 대한 시민사회의 힘의 강화 위에서 성립한 근대정치체제라고 할 때, 80년대 이후의 시민사회의 강화는 우리 사회의 민주주의를 실질화하는 기초적인 힘으로 작용하여 왔다고 할 수 있다.

많은 아시아의 나라들에서 볼 수 없는 이러한 아래로부터의 역동성을 기초로 하면서 새로운 대안모델을 구성하기 위한 다양한 지적·현실적 노력이 경주되어야 한다. 우리는 그러한 노력이 강화될 것으로 믿는다.

이러한 노력은 근대성을 성찰하면서 대안의 경제원리 및 대안의 정치사회원리를 탐색하는 의미를 담고 있다고 하겠다. 근대성에 대한 성찰적 재인식에는 물론 근대성의 긍정적 측면의 계승이라고 하는 측면과 근대성의 부정적 측면에 대한 극복의 의미를 담고 있는데, 이 때 근대성이라고 할 때 고정화된 것으로 인식하고 출발해서는 안 된다. 근대성 자체의 구성적 내용이 19세기와 20세기의 변화 속에서 변화해 왔다. 19세기와 20세기의 다양한 사회적·계급적 투쟁과 체제실험을 통해서 우리는 많은 통찰력의 근거들을 보유할 수 있게 되었다. 이러한 통찰력에 기초하면서 20세기적 사회민주주의를—그 굴절과 폐해를 반성하면서—민주화와 세계화 이후의 조건 속에서 새롭게 재구성해야 하는 과제 해결을 위해 우리 모두가 노력해야 할 것이다.

참고문헌

김웅종. 2006. 『페르낭 브로델』. 살림.

신정완. 2002. "사회주의의 어제 · 오늘, 그리고 내일". 김수행 · 신정완 편. 『현대 마르크스주의경제학의 쟁점들』. 서울대 출판부.

신정완 · 이세영 · 조희연 외. 2006. 『우리 안의 보편성: 학문주체화의 새로운 모색』. 한울아카데미.

조희연. 2004. 『비정상성에 대한 저항에서 정상성에 대한 저항으로』. 아르케.

홍성태 편. 2005. 『개발공사와 토건국가』. 한울아카데미.

랄프 밀리반드. 1994. "공산주의 정권의 위기에 관한 성찰". 로빈 블랙번 편저. 김영희 외 역. 1994. 『몰락 이후』. 창작과 비평사.

알랭 리피에츠. 박지현 · 허남혁 옮김. 2002. 『녹색 희망—아직도 생태주의자가 되길 주저하는 좌파 친구들에게』. 이후.

앤터니 기든즈. 한상진 · 박찬욱 옮김. 2001. 『제3의 길』. 생각의나무.

페르낭 브로델. 주경철 옮김. 1995/2001. 『물질문명과 자본주의 1권/2권』. 까치.

Ellen Meiksins Wood. 1995. *Democracy against Capitalism: Renewing Historical Materialism*. Cambridge: Cambridge Univ Press.

제1부
총 론

제1장
지구촌 민주주의와 국민국가 민주주의의 대안적 재구성 원리 탐색
—지구촌 민주주의론 서설
제2장 : 민주화·세계화 이후의 대안민주주의 논의

1

지구촌 민주주의와 국민국가 민주주의의 대안적 재구성 원리 탐색
—지구촌 민주주의론 서설

조희연
(성공회대 사회과학부·사회학)

1. 머리말

이 글은 지구화라고 하는 거시적 맥락 속에서 지구적 차원과 국민국가적 차원에서 민주주의가 어떻게 대안적으로 발전되어야 하는가를 탐색하는 시도이다. 이른바 신자유주의 지구화 시대의 '지구촌(지구적) 민주주의론'의 제시이다. 이는 지구화의 도전을 받으면서 1987년 이후 격렬한 민주화의 도정에 처해있는 한국—나아가 제3세계의 많은 나라들—의 민주주의가 어떻게 대안적으로 발전해야 하는가를 탐색하는 시도이기도 하다. 이를 위해서 근대 국민국가의 민주주의가 자기 발전하는 과정에서 겪고 있는 긴장과 갈등지점들에 대한 분석, 지구화가 국민국가 민주주의에 제기하는 도전, 현 시기의 지구화의 맥락에서 민주주의의 심화를 위한 과제들을 제시하고자 한다.

　오늘날 진행되고 있는 지구화(globalization)는 '자본'의 지구화를 지배적인 측면으로 하고 있으며, 구체적으로는 국제적 금융자본을 필두로 하는 초국적 기업의 자유화로 진행되고 있다. 세계경제의 불안정이 확대되는 가운데, 지구화를 경제 개방과 같은 의미로 받아들여야 하는 대다수 국민경제들에 있어서 지구화는 축복이 아니라 재앙이 되고 있는 것처럼 보인다. 지구화의 혜택과 위험은 각 국민 경제에 대단히 불균등하게 작용하고 있으며, 그 혜택은 지구화를 주도하는 소수의 국가들에게 집중되는 경향이 강하다. 더 나아가 많은 경우에 지구화는 새로운 성장주의를 강화함으로써 국민국가 내부에서의 민주주의를 둘러싼 제반 사회적 관계를 왜곡시키게 되고 그 결과 민주주의에 중대한 도전을 제공하는 것으로 보인다. 여기서 우리는 지구화의 맥락에서 민주주의는 어떤 의미를 갖는가, 또한 국민국가의 민주주의는 지구화의 맥락에서 어떻게 재조정되어야 하는가, 하는 물음을 갖게 된다. 사회주의 붕괴 이후, 자유주의적 민주주의가 전 지구적 패러다임으로 전환되고 있는 것처럼 보이는 현 단계에서, 우리는 역설적으로 민주주의는 무엇인가 하는 물음, 민주주의의 발전 전망이 무엇인가 하는 새삼스런 물음을 갖게 된다.

　우리 사회 내부에 시선을 옮기면, 1987년 이후의 민주화 과정을 거쳐 최근에는 일종의 '포스트-민주화' 시기를 경과하고 있다. 1987년 6월 민주항쟁 이후 한국 사회의 시대적 과제는 구 권위주의체제의 '민주개혁'(democratic reform)이었는데, 구 독재 혹은 권위주의를 대체하여 민주주의의를 실현하는 과제를 말한다. 민주주의로의 이행 과정을—권위주의 체제와의 연속성을 갖는—과도기적 시기와 반독재 민주세력의 집권기로 나눌 수 있다면, 반독재 민주세력의 집권 하에서 민주개혁이 진행되고 있다고 하는 지금, 역설적으로 한국 민주주의는 위기에 처해 있는 듯이 보인다. 1987년 이후 지속되어온 한국의 민주개혁 혹은 민주주의의 실현이라는 과제는 어떤 한계에 도달해 있는 것으로 보인다.

그러나 어느 지점이 진정한 위기지점인가, 어느 지점이 한국 민주주의의 진정한 한계지점인가에 대해서는 다양한 견해들이 존재하는 것으로 보인다. 그 하나의 시각은 일종의 '과잉개혁론'의 입장이 있을 수 있다. 예컨대 과거청산과 같은 이슈에서 보여지듯이 국민들의 합의범위를 넘는 과도한 개혁을 추동함으로써 한국 사회의 혼란이 가중되고 있다는 것이다. 이런 점에서 개혁을 축소·조정하는 방식으로 혹은 민주주의적 가치보다는 성장과 같은 가치를 중시하는 방향으로 '균형'을 찾아야 한다. 이것은 주로 보수적 입장으로, 뉴라이트 같은 입장도 여기에 포함될 것이다. 반면에 여전히 개혁과제가 상존하고 있으며 개혁은 앞으로 전진해야 한다는 시각이 있다. 일종의 '과소개혁론'의 시각이다. 여기에는 개혁 과제를 보는 시각에 따라 다양한 입장들이 있을 수 있다. 예컨대 최장집 교수(2005)와 같이, 극우반공주의에 의해 강화된 뿌리 깊은 보수성은 민주개혁의 진전을 가로막고 있는데, 그 핵심적인 문제는 시민사회의 분화와 변화를 반영하지 않는 제도정치의 후진성으로 나타나고 여기서 '대표체계의 민주화'가 시급한 과제라고 본다. 또 다른 예로서는 백낙청(1994; 2006)과 같이, 분단체제의 규정성이 한국 민주주의의 발전을 질곡하고 있다고 보는 견해를 들 수 있다. 또한 손호철(2006)은 '97년 체제'의 제약성을 강조하고 있다.

그러나 이러한 과소개혁론의 입장에 신 견해들은 개혁의 한계성과 거시구조적 제약성을 적절히 지적하고 있다. 나는 기본적으로 이 입장에 서지만 '위기의 복합성'에 대한 천착이 필요하다고 본다. 이런 점에서 볼 때 나는, 한국 민주주의의 위기를 1987년 이후 민주개혁의 '성공적 진전'에도 불구하고 한국 민주주의가 도달한 한계지점에서 더 이상 전진하지 못하기 때문에 나타나는 것으로 본다. 현 단계 한국 민주주의는 '실패의 위기'가 아니라 어떤 의미에서는 성공의 한계에서 나타나는 위기, 즉 '성공의 위기'로 파악되어야 한다. 민주주의의 확산을 지향하는 민주개혁의 성공적 진전에도 불구하고 한계지점에서 한국 민주주의의 정체로 나타나는 위기라는 것이다.

그렇다면 한국 민주주의의 성과에 안주하자는 것인가. 그렇지는 않다. 반대로 한국 민주주의는 지금까지의 성과로 도달한 '한계' 지점에 머물지 않고 그 한계를 돌파하는 방식으로 위기를 극복해가야 한다. 이러한 한계의 돌파는 여러 가지 지점에서 이루어져야 한다. 첫째는, 1987년 이후 민주개혁이 주로 중앙정치적 수준, 그것도 정치경제적 차원에 한정되어 있으므로 민주주의가 지역적 · 풀뿌리적 수준으로, 나아가 사회문화적 · 생활세계적 수준으로 확장되어야 한다는 것이다. 돌이켜 보면 1987년 이후의 민주주의의 확장은 주로 중앙정치적 · 국민국가적 수준(national level of democratization)이었고 지역적 · 풀뿌리적 수준(local and grassroots level)의 민주주의는 충분히 뿌리내리지 못하였다. 풀뿌리 보수주의 혹은 지역수준의 보수주의가 여전히 강고하게 존재하고 있음은 지역수준에서 지역토호들의 기득권체제가 변형된 채로 재생산되고 있는 데에서도 확인할 수 있다. 민주주의는 여전히 중앙정치적인 민주주의로 머물러 있다. 한국 민주주의는 386세대들에게 중앙정치권력을 분여(分與)하였지만 지역적 · 풀뿌리 수준의 민주주의는 아니다. 또한 1987년 이후 정치경제적 수준의 민주주의만이 주목되었지 사회문화적 · 생활세계적 수준에서의 민주주의는 주목되지 못했다는 것이다. 예컨대 민주적 세대라고 하는 386세대들의 경우 정치경제적 권력 민주화는 주목하였지만 생활세계적 수준에서의 비민주적 관행과 권력관계에 대해서는 충분히 시선을 보내지 못하였다[1].

둘째는, '대안 부재'에서 오는 한계이다. 박정희에 반대했던 세력이 박정희식 독재체제의 정치적 민주화에서는 상당한 성공을 거두었으나, '박정희와 다른 방식으로 대중을 먹고 살게 하는' 지혜로운 방법—신자유주의적 지구화의 조건 속에서—을 개발 · 제시하지 못하였다. 총론적 모델 문제에 대해서는 서장에서 다루고 있으며, 이 책 전체가 다루고 있다.

---

1) 이에 대해서는 조희연(2004b)과 조희연(2006) 참조.

셋째는, 대안 부재의 한계를 넘기 위한 새로운 과제로서, 민주주의의 원리가 여전히 일국적 수준의 민주주의로 한정되어 있으므로 민주주의의 원리를 초국민국가적 혹은 지구적 수준으로 확장해야 한다는 것이다. 사회주의 붕괴 이후 1990년대의 신자유주의적 지구화는 '민주화의 제3의 물결'에 속하는 나라들에서의 민주개혁 과정을 형식화·무력화하는 방향으로 작용해 왔다. 단적으로, 많은 나라에서—한국을 포함하여—민주개혁이 진전되었음에도 불구하고 시민들이나 민중들의 삶은 1990년대에 비해서 더욱 열악해졌고 사회경제적 양극화는 오히려 심화되고 있는 현실이 바로 그 반증이다. 민주성과 투명성은 증대되었지만 계급적·경제적으로 더욱 양극화된 현실이 출현하고 있는 것이다. 이런 점에서 일국적 수준의 민주주의를 왜곡하는 지구적 수준의 구조 자체에 대한 민주적 개혁 노력, 즉 국민국가적 수준의 민주주의의 원리를 지구적·초국민국가적 수준으로 확장하는 노력이 필요하다. 물론 이는 후술하겠지만 단순히 WTO나 UN, IMF와 같은 글로벌 거버넌스의 기구들의 민주화 문제만은 아니다. 이는 동시에 개별 국가 내부에서의 정책적 의제이기도 하다. 즉, 현 단계 민주주의는 여전히 '대한민국'의 민주주의로 존속하고 있다. 그것은 외국인 노동자의 민주주의는 아니며 이 땅에 존속하는 중국교포와 화교의 민주주의는 아니다. 한국의 사회운동은 국내적 이슈에 집중하고 있으나 글로벌 체제의 민주화와 개혁 자체를 민주주의의 이름으로 관심을 갖지는 않는다.

우리는 현 단계 한국 민주주의가 이러한 점들에서 한계지점에 도달했다고 보고, 1987년 이후의 '성공'의 기반 위에서 한국 민주수의 한계지점을 돌파하기 위한 쌍방향적인 노력이 필요하다고 본다. 이 글에서는 이 두 가지 과제 중 후자의 과제, 즉 민주주의의 지구적 차원으로의 확장 문제를 '지구촌(지구적) 민주주의'(global democracy)라는 이름으로 주장하고자 한다.

이런 점에서 이 글은 한국 민주주의의 대안적 전망을 탐색하는 연구로서의 성격을 띤다고 하겠다. 민주주의 이행기를 거쳐 이른바 '포스트-민주화'

시기를 경과하고 있는 한국 사회가 어떤 민주주의적 발전전망을 가질 것이며 그것은 어떤 대안적인 형태로 실현될 수 있는 것인가 하는 점이 이 글의 문제의식이다. 여기서 나는 구체적인 제도적 대안보다도, 대안적인 제도적 모형을 탐색하는 데 있어서의 원리적 지향을 탐색하는 것에 초점을 맞추고자 한다. 그런데 한국의 민주화가 지구화의 맥락 속에서 전개되고 그것에 의해 규정되면서 전개되고 있기 때문에, 대안적인 제도적 전망은 지구화 문제에 대한 성찰을 내포하지 않을 수 없다. 그런 점에서 나는 여기서 지구촌(지구적) 민주주의에 대한 보다 적극적인 주장을 하고자 하며, 지구적 차원의 민주주의 실현과 더 나아가 지구화의 맥락에서 국민국가 민주주의의 확장을 위한 여러 가지의 과제를 제기하고자 한다. 현재 우리는 지구화라고 하는 객관적 흐름 속에서, '민주주의의 지구적 확장이냐 민주주의의 지구적 허구화냐'에 직면하고 있다는 점을 지적할 것이다.

이를 위해서, 먼저 민주주의의 개념적 논의부터 시작하여 민주주의의 근대적인 제도적 형태인 국민국가의 대의민주주의가 내포하는 세 가지 한계지점이자 갈등지점들을 지적하고자 한다. 이러한 지점들은 국민국가 민주주의의 심화가 일어나는 지점이기도 하다. 또 근대 이후의 정치사회 변동과정에서 이러한 한계지점들을 둘러싼 갈등이 어떻게 전개되고 그 결과 민주주의의 내용적 구성이 어떻게 변화·발전하는가를 분석하게 된다. 다음으로 이러한 국민국가 민주주의의 내적 구성이 지구화와 민주화의 진행 속에서 어떤 도전에 직면하게 되는가를 분석하게 된다. 마지막으로 이러한 논의들에 기초하여, 지구화의 맥락에서 민주주의의 새로운 과제들을 지구적 차원과 국민국가 민주주의의 차원으로 나누어 서술하고자 한다.

2. 근대 국민국가 민주주의의 세 가지 한계 및 갈등지점

1) 국민국가적 민주주의의 기본 원리

'민의 자기통치'(self-rule of people)라고 하는 정신 위에 존립하는 민주주의는 하나의 주어진 정체(polity)의 구성원들이 자신이 속한 사회의 정치적 의사결정의 과정에 동등한 지위로 참여하도록 하는 제도이다. 정치라는 것이 근본적으로 규칙과 자원이 배분되고, 생산되고, 제정되는 방식에 관한 것이라고 할 때, 민주주의는 바로 정치의 주체이자 객체가 되는 민중이 직접적으로 참여하는 정치 제도라고 할 수 있다[2]. 이 근대 민주주의는 국민국가라는 공간적 범위를 정체의 범위로 하여 진행된다는 점에서 물론 국민국가적 민주주의(national democracy)라고 할 수 있다.

주지하다시피 민주주의는 근대의 시대적 맥락에서 이른바 대의민주주의(representative democracy)로 구현되었다. 이러한 대의민주주의적 성격은, 제도적으로는 선거를 통해서 국민들이 자신을 대행해서 결정을 내리는 정치적 대의자를 뽑는 절차와 전제조건으로 표현된다. 예컨대 법 앞에서의 만인의 평등을 포함하는 시민적 자유의 보장, 시민권과 피선거권의 평등한 보장, 자유롭고 공정한 선거의 주기적인 존재 등이 그것들이다. 이런 의미에서 근대 민주주의는 그 전제로서의 시민적 권리, 정치적 참정권, 선거 등의 제도적 구성 속에서 작동하는 정치체제라고 할 수 있다. 이렇게 볼 때, '민의 자기통치'라고 하는 민주주의의 '이상'은 모든 구성원들이 시민권으로 명명되는 기본 권리를 보편적으로 향유하고 국민 자신이 선거권과 피선거권을

---

[2] 주지하다시피 그리스어에서 민주주의는 '민의 통치'(rule by the people)의 의미를 갖는다. 민주주의는 자신들의 삶에 영향을 미치는 결정을 스스로—혹은 스스로를 대표하는 대의자들—가 하는 제도를 의미한다. 정치제도로서의 민주주의는, 하나의 경제적 관계에 속하는 존재들이 단일한 정치적 공동체를 구성하고(영토라는 이름으로의 정치의 공간적 범위 획정), 스스로가 정치의 주체와 객체가 되는 평등한 관계에 기초하여 정치적 결속을 하는 것을 의미한다. 민주주의의 이러한 개념적 문제에 대해서는 R. Harrison(1993) 참조.

갖는 조건에서 선거를 통해 대의자들이 선출되고 이들이 국민들의 삶에 영향을 미치는 결정을 내리는 '현실'로 표현된다. 그런데 이러한 규정은 민주주의를 '최소주의'적으로 규정하는 것이라고 할 수 있다[3]. 최소주의적 관점에서 민주주의를 보게 되면, 민주주의는 모든 국민에게 보편적으로 적용되는 시민권과 모든 국민이 선거권과 피선거권을 갖는 정치참정권에 의해 구현된다. 최소주의적 관점에서 민주주의를 정의하는 경우에, 시민들이 형식적으로 평등한 시민적·정치적 권리를 부여받는가, 혹은 대의자를 선출하는 선거절차가 존재하는가 등의 절차가 중시된다. 최소주의적 의미에서 볼 때 근대 대의민주주의는 평등한 권리를 갖는 주체로서의 국민들이 정치적 대의자를 자신들의 의사에 따라 선출하는 경쟁 절차가 존재하느냐가 관건이 되기 때문이다[4].

---

3) 최소주의적 민주주의관의 고전적 입장에 서 있다고 평가되는 슘페터는 "민주주의적 방법이란 정치적 결정에 도달하기 위한 제도적 틀인데, 이 틀 속에서 사람들의 지지를 획득하기 위한 경쟁적 투쟁이 전개되고 이에 의해 권력획득이 결정된다"고 말한다(J. A. Schumpeter 1943, 269). 이러한 최소주의적 민주주의는 법의 지배, 시민적·정치적 자유의 보장, 자유롭고 공정한 선거를 동반하는 체제이다(Iris Marion Young 2000, 5). 맑스주의적 관점은 민주주의를 자본주의의 '정치적 외피'로 보는 도구주의적 사고를 갖는 것으로 평가된다. 그러나 후술하겠지만 그것은 민주주의가 토대적 수준에서의 자본주의적 계급관계와 대립하지 않고 공존함으로써 자본주의의 정치적 정당화 기제로 형식화되는 것을 비판하는 것이지, 파리꼬뮨을 보는 관점에서도 드러나듯이 대중의 직접 통치 혹은 직접 민주주의를 지향하는 것으로 보아야 할 것이다(David Held 1996, ch. 4 참조). 제3세계의 민주화 이행을 연구하는 대부분의 연구들은 이러한 최소주의적 민주주의 모델을 전제로 하고 있다. 여기에 최소주의적인 선거민주주의의 형식을 넘어서 일정한 실질적 내용성을 포괄하는 의미에서, 군부 등 피통치자에 책임을 지지 않는 세력에 의한 권력독점의 부재, 통치자의 피통치자에 대한 책임성, 정치적·시민적 다원주의, 실질적인 법치 등을 포함하는 내용을 '자유민주주의'(liberal democracy)로 확대·규정하고자 하는 시도도 있으나(Larry Diamnond 1999, 10~13 참조), 이 역시 기본적으로는 최소주의적 모델이라고 할 수 있다.

4) Richard Swift는 취약한 민주주의(weak democracy)와 강한 민주주의(strong democracy)를 구분하고 있는데, 여기서 취약한 민주주의는 "소유적 개인주의(possessive individualism)에 기초한 민주주의로서, 대중의 주권이 사적 재산권에 의해 제약되는 민주주의"라고 할 수 있으며 이를 자유민주주의 모델과 동일시하고 있다. 반대로 강한 민주주의는 "급진적 공화주의(radical republican tradition)에 기초하는 것으로서, 정치적 공동체의 자기통치와 민주적 의사결정과정에서의 권력의 평등을 강조하는 민주주의"라고 보고 있다(Richard Swift 2002, 35~56 참조). 당연히 취약한 민주주의관은 민주주의를 최소주의적 방향에서

이러한 최소주의적 민주주의는 근대 이전의 인류역사를 통해서도 그러하지만 근대 이후의 권위주의적 흐름—파시즘 등—에 의해 도전을 받으면서도 인류사회의 부정할 수 없는 정치원리적 자산으로 자리잡았다. 자본주의의 정치적 정당화 기제 혹은 '정치적 외피'로서의 '도구적' 성격(J. 하버마스 1994 참조)을 강조하던 맑스주의적 전통에서도 사회주의 붕괴 이후 민주주의적 기초 위에서 사회주의를 전망하는 방식으로 민주주의에 대한 접근이 변화하기 시작했다.[5]

그런데 민주주의의 최소주의적 조건들은 그 자체가 인간 사회의 모순들을 해결하는 것은 아니지만, 민중들이 자신의 요구를 정치의 장에서 표출하고 실현하는 최소한의 도구적 공간을 제공하게 된다. 즉, 민중들이 자신들의 요구를 공론화하고 이를 지배집단에 대해서 강제할 수 있는 아래로부터의 힘을 조직하는 최소공간을 제공한다. 근대 민주주의 하에서, 민주주의는 정치공동체에 속한 성원들의 상호관계에 의해서 부단히 변화하고 그 실질적 내용이 변화해 가는 '그릇'과 같은 역할을 해 왔다. 근대 민주주의가 비록 최소주의적인 정치제도로 출발했지만, 국가와 사회, 국가와 경제의 관계에 있어서 대단히 중요한 전환의 출발점적 성격을 띠는 이유도 여기에 있다.

2) 계급적·사회적 투쟁과정으로서의 민주주의

근대 민주주의의 최소주의적 공간에는 두 가지 대립되는 힘이 각축해

파악하려고 한다. 이와 유사하게 Frank Cunningham은 자유민주주의에 대한 얇은 견해(thin view)와 두터운 견해(thick view)를 구분하고 있는데, 전자는 민주주의를 형식적 절차, 개인의 권리를 중시하고 공적 영역에서 가급적 제약을 적게 두고자 하는 견해이며, 후자는 집단적 권리를 인정하고 공적 영역에 대해서 유연하고 폭넓은 제약을 두려고 하며, 권리를 효과적으로 사용하기 위하여 자원제공과 조건 부여에 큰 의미를 두는 견해라고 할 수 있다(Frank Cunningham 2003, 47 참조).
5) 사회주의 붕괴 이후 사회주의에서의 민주주의의 중요성에 대한 강조에 대해서는, 랄프 밀리반트(1994) 참조. 맑스주의에서의 민주주의의 쟁점에 대해서는 손호철(1992) 참조.

왔다고 생각된다. 하나는 최소주의적 민주주의를 '최대주의'적인 것으로 확대하거나, 형식적인 민주주의를 실질적인 민주주의로 확장하고자 하는 아래로부터의 힘이다. 다른 하나는 민주주의를 퇴행적인 방향으로 되돌리거나 혹은 민주주의를 현존하는 사회경제적 체제와 대립되지 않는 형식화된 제도로서 존치하게 하려는 힘이다. 근대 민주주의는 이러한 의미에서의 두 가지 힘이 각축하는 과정이라고 할 수 있다. 이런 의미에서 본다면 민주주의는 참여의 실질화와 형식화, 참여의 최대화와 최소화, 민주주의를 전 사회적 차원의 원리로 확장하려는 지향과 정치적 차원으로 한정하는 지향이 각축하는 속에서 존재해 왔다고 할 수 있다.

저항의 입장에서 근대 이후의 정치 변동 과정을 보게 되면, 근대 민주주의의 형식화를 넘어서, 그것을 사회적 차원에서, 제도적 차원에서, 경제적 차원에서 실질화하기 위한, 혹은 민주주의를 단순히 정치 절차에서 사회적인 것, 경제적인 것으로, 그리고 실질적인 내용성을 담보하는 것으로 만들기 위한 투쟁과 갈등의 역사였다고 할 수 있다. 이런 점에서, 나는 민주주의를 사회적·계급적 각축 과정 혹은 투쟁 과정이라고 규정한다(조희연 2001, 1장 참조)6). 이런 성격 때문에, 근대 민주주의는 형식적으로는 동일한 외양을 띠고 있지만 질적 측면에서는, 이러한 사회적·계급적 관계와 투쟁에 영향을 받으면서 큰 편차를 보이며 변화해 왔다고 할 수 있다. 예컨대 현재의 민주주의는 19세기 초의 그것과 형식적으로는 동일하지만 실체적 내용에서는 크게 변화하여 왔다. 각 시기의 계급적·사회적 투쟁의 과정은 민주주의의 내용성과 형식적 평등성의 범위와 형태를 부단히 변화시키는 방향으로 작동하여 왔다. 이제 민주주의는 이미 '법 앞에서의 만인의 평등', '1인

6) 헬드는 민주주의 발전에 대한 역사적 사실로서, "거의 모든 사람들이 민주주의자라고 고백"하고 있지만, 민주주의의 정착은 대단히 최근의 현상이며, "20세기 유럽의 역사만 보더라도, 민주주의라는 것이 대단히 창출하고 유지하기가 어려운 정부 형태라는 것이 명확하다"라고 말하면서, 민주주의라는 것이—파시즘이나 나치즘, 스탈린이즘 등을 고려할 때—사회적 투쟁을 통해서 발전해 왔으며 종종 그러한 투쟁 속에서 희생되었다고 이야기하고 있다(David, Held, 1996, 1 참조).

1표제', '대표의 선출절차'와 같은 협소한 의미로 인식되지 않으며, 경제적 민주주의, 산업민주주의, 생태민주주의, 양성평등, 사회적 민주주의, 민중민주주의 등과 같이 정치적 차원을 넘어 경제사회문화 등 전 생활영역에 관철되는 보편적인 원리로 변화되었다.

이런 점에서 근대의 민주주의는 국민국가라는 영토적 범위 내에서 시민권이나 참정권, 정기적 선거와 같은 최소주의적 조건을 기초로 하는 대의민주주의형태로 존재하면서 국민국가 내의 다양한 사회적·계급적 각축 과정에 의해서 그 실질적 내용성이 부단히 변화하는 정치제도로 파악될 수 있다.

3) 국민국가적 민주주의의 세 가지 갈등지점

이러한 각축 과정으로서의 근대 국민국가적 민주주의는 다음과 같은 3가지 긴장지점 혹은 갈등지점을 갖고 있었다. 근대 이후 정치적 변동과정은 바로 이러한 3가지 지점을 중심으로 하는 갈등과 변화 과정이었다고 해도 과언이 아니다. 이 3가지 갈등 지점은 서구 근대 민주주의가 갖는 내적 괴리 지점이기도 하며, 국가와 시민사회, 지배와 저항, 자본과 노동의 갈등지점이라고 할 수 있다. 물론 이러한 3가지 지점들은 동시에 근대 국민국가의 민주주의가 초기의 상태에서부터 현재의 상태로 부단히 '심화'되는 지점들이기도 하다.

첫째, 국민국가 민주주의의 '대의성'의 형식화와 실질화 간의 갈등이다. 이것을 대의민주주의와 광의의 직접민주주의(직 요구) 간의 갈등, 민주주의의 형식성과 실질성의 괴리에서의 제도적 차원이라고 표현할 수 있다[7].

앞서 서술하였듯이, 근대 국민국가의 민주주의는 '대의'민주주의 형태로

---

7) 여기서 광의의 직접 민주주의를 이야기하는 것은 직접 민주주의는 다양한 형태가 존재할 수 있기 때문이다. 자유민주주의에 시민참여를 결합시키고자 하는 참여민주주의, 이해당사자 민주주의(stake-holder democracy), 파리꼬뮨 형태의 직접 민주주의, 노동자 자주관리 등에 이르기까지 다양한 형태가 가능할 것이다.

구체화되었다. 이는 '주권재민'과 '민의 통치'라고 하는 민주주의의 기본 정신이 근대의 정치적 맥락에서 '대의자'를 뽑아 그러한 정신을 구현하는 대리 혹은 위임 민주주의 형태로 구체화된 것을 의미한다. 여기서 현실의 민주주의는 그 기본정신으로서의 민(民)의 자기통치라고 하는 것과 현실적 형태로서의 '대의' 간의 괴리를 내재적으로 갖게 된다. 비판적 시각에서 보면, 근대 대의민주주의는 부단히 대의기관과 대표들의 민주주의로 전락하게 되는 것이 일상적 과정이다. 일종의 민 혹은 민의 참여가 존재하지 않는 민주주의의 딜레마가 일상적으로 제기될 수 있다.

이러한 내적 갈등을 내포하고 있는 근대 국민국가의 대의민주주의는 민중들의 권리의식이 고양되면서 변화하게 된다. 대의민주주의의 형식성은, 사실 민중이 근대 초기에 획득된 민주주의에 만족하고 그것을 비판적으로 대면하지 않았다면 쟁점화되지 않았을 것이다. 그러나 자신들의 삶의 문제에 대한 주체적 결정을 하고자 하는 민의 요구는 높아져 갔고 민 스스로가 자기 변화를 하게 되면서 쟁점화되었다. 어떤 점에서 근대 초기의 민중들과 현재의 민중들은 다른 민중이라고 할 수 있다. 사실 형식적 민주주의와 실질적 민주주의의 괴리—정확하게는 민주주의가 실질적 민주주의와 괴리되는 형식적인 것으로 존재하는 것—는 민중들 자신의 이러한 변화에 의해 촉진된 것이라고 할 수 있다.

둘째, 근대 민주주의와 사회 속에 존재하는 다양한 사회적 차별 간의 관계이다. 이는 소수자(의 권리)와 정치적 민주주의의 관계, 민주주의의 형식적 평등성과 실질적인 사회적 차별구조 간의 관계, 정치적 민주주의와 사회적 민주주의 간의 괴리, 혹은 민주주의의 형식성과 실질성의 괴리에 있어서의 사회적 차원이라고도 표현할 수 있다. 즉, 근대 민주주의는 한편에서는 '시민권적 동등성' 위에 작동하고 있음에도 불구하고 다른 한편에서는 다양한 사회적 분할 요인들을 중심으로 유지되는 사회적 차별구조를 내포하면서 유지된다. 예컨대 성, 인종, 지역, 종교, 종족, 사상 등 다양한 사회적 분할선을 따라 소수자가 존재하고[8] 이러한 소수자에게 차이가 차별로 전화된 구조로 존재하는데, 민주주의는 이를 침식하면서도 동시에 이러한 차별요인과 병존하며 작동된다. 이것이 민주주의의 또는 내적 갈등 지점이다. 민주주의 연구가이자 여성 정치학자인 영(I. M. Young)의 표현을 따르면 '외적 배제'와 구별되는 '내적 배제'가 작동하는 것이라고 할 수 있다(I. M. Young 2000, 53~57 참조)[9]. 이러한 분할선에서의 지배적 지위를 점하는 집단들은 부단히 이러한 분할선을 둘러싼 차별을 민주주의에 의해 도전받는 것을 최소화하면서, 민주주의를 부단히 형식화하는 방향에서 유지하고자 하게 된다. 차별의 구조는 지배적 집단에게는 사회적 독점을 제공하는 것이고 그만큼 종속적 집단에서는 배제와 차별이—민주주의적 프레임에도 불구하고—주어지는 것이 된다. 이러한 분할에서의 지배적 지위를 점하는 집단들이 민주주의의 대의구조 자체를 왜곡하여 대의성 자체를 독점하는 경우도 나타날 수 있다.

모든 현존하는 민주주의는 시민권의 형태로 개인의 형식적 평등성을 보장하고 있지만, 실질적인 차원에서 사회 내에 존재하는 다양한 차별적 집단들이 평등성을 보장받는 것은 아니다. 그런 점에서 이러한 괴리는 모든 민주주의에 내재한 것이라고 할 수 있다.

셋째, 정치적 민주주의와 경제적 불평등 간의 관계이다. 민주주의와 자본주의의 관계, 정치적 평등과 경제적·계급적 불평등의 관계, 정치적 민주주의와 경제적 민주주의 간의 관계, 혹은 민주주의의 형식성과 실질성 간의

---

8) 물론 사회적 분할선을 따라서 존재하는 차별에서 지배적 지위를 점하는 집단이 수적으로 소수자인 경우도 존재할 수 있을 것이다. 대만의 국민당 체제하에서 대만인들과 중국 본토인(내성인과 외성인)간의 관계, 남아프리카의 아파르헤이트 체제하에서의 백인과 흑인의 관계를 예로 들 수 있을 것이다. 그러나 사회적 차별구조에서의 종속집단이 소수자인 경우를 일반적인 경우로 상정하고 논의하는 것이 무리가 없을 것이다.

9) 그녀는 '외적 포섭'(external inclusion)과 '내적 포섭'(internal inclusion)을 구분하고 있다. 전자는 형식적 포섭이 이루어진 경우이며, 후자는 형식적 포섭은 이루어져 있으나 상호작용의 과정이 특정한 참여자를 특권화하는 방식으로 작동하는 경우를 말하고 있다.

괴리에 있어서의 경제적 차원이라고도 표현할 수 있다. '1인 1표주의'의 형태로 작동하는 근대 민주주의는 경제적으로는 '1원 1표주의'로 작동하는 시장 위에서 작동하게 된다. 여기서 시민권적 동등성에도 불구하고, 민주주의는 시장에서의 불평등한 경제적 차별구조에 의해서 부단히 허구화되고 형식화되는 상황에 직면하게 된다. 자본주의와 결합되어 존재하는 상태 혹은 민주주의가 그 자본주의적 토대와 결합되어 존재하는 상태를 자본주의적 민주주의라고 한다면, 이 속에서는 정치적 평등을 지향하는 민주주의와 경제적 불평등을 내재적 속성으로 하는 자본주의가 긴장관계 속에 공존한다고 할 수 있다.

[표 1-1] 근대 국민국가 민주주의의 세 가지 내적 한계 및 갈등 지점

개 념	성 격	내 용
국민국가 민주주의의 대의성의 형식화와 실질화 간의 갈등	대의민주주의와 광의의 직접 민주주의(적 요구) 간의 갈등. 민주주의의 형식성과 실질성의 괴리에 있어 제도적 차원.	근대민주주의의 대의적 기제들이 형식화되면서 민중들의 정치참여 요구와 괴리됨. 아래로부터의 다양한 직접 민주주의적 요구가 제기됨(직접 민주주의는 참여민주주의에서부터 맑스주의적 직접 민주주의까지 다양하게 규정될 수 있음).
민주주의와 사회적 차별 간의 갈등	소수자(의 권리)와 정치적 민주주의의 관계, 민주주의의 형식적 평등성과 실질적인 사회적 차별구조 간의 관계, 정치적 민주주의와 사회적 민주주의 간의 괴리, 혹은 민주주의의 형식성과 실질성의 괴리에 있어 사회적 차원.	다양한 사회적 차별들이 존재하는 조건 속에서 민주주의가 그것들을 침식하지 않고 공존함. 그러나 사회적 소수자들로 인하여 사회적 차별에 대한 도전이 강화됨.
정치적 민주주의와 경제적 불평등의 갈등	민주주의와 자본주의의 관계, 정치적 평등과 경제적·계급적 불평등의 관계, 정치적 민주주의와 경제적 민주주의 간의 관계, 혹은 민주주의의 형식성과 실질성 간의 괴리에 있어 경제적 차원.	자본주의가 내장하는 경제적 불평등은 정치적 민주주의가 보장하는 부단히 '시민권적 평등'을 무의미한 것으로 만들게 됨. 자본주의에 대한 도전이 강화되면서, 자본주의와 민주주의 간의 긴장이 나타나게 됨.

이 3가지 갈등지점은 각각 제도적 · 사회적 · 경제적 차원에서 나타나는 민주주의의 형식성과 실질성의 괴리를 의미한다고 할 수 있다. 국민국가적 민주주의 혹은 근대 국민국가의 민주주의를 부단히 불안정한 것으로 만들고 있는 것은, 이처럼 바로 국민국가의 정치적 대의민주주의가 '민의 자기통치'라고 하는 민주주의의 이상을 구현하지 못함으로써, 나아가 사회적 분할과 배제구조에 의해 부단히 형식화됨으로써, 그리고 경제적 차별구조에 의해 부단히 허구화됨으로써 나타나게 되는 괴리라고 할 수 있다[10].

이러한 3가지 근대 민주주의의 내적 괴리 및 갈등지점들은 자본주의적 민주주의를 근거로 한 것이나, 다른 차원에서 사회주의적 정치도 직면하는 문제라고 할 수 있다. 사회주의적 민주주의—사회주의 '독재'가 아니라 사회주의 민주주의가 가능하다면—역시 이러한 문제들을 어떻게 해결하면서 사회주의 정치를 실질화할 것인가 하는 과제를 가지고 있다고 생각된다[11]. 자본주의적 민주주의에서는 이러한 민주주의의 실질화가 아래로부터의 민중의 투쟁에 의해 '강요된 개혁'으로 실현되었다고 하면, 사회주의체제에서는 내적 개혁의 계기가 봉쇄된 채로 이러한 여러 차원에서의 민중들의 투쟁이 반(反)사회주의적 동력으로 수렴되면서—계획경제의 내적 문제점과 경직화로 인한 문제는 차치하더라도—결국 체제붕괴로 갔을 뿐이다.

---

10) 자유주의 입장에서는 이러한 세 차원이 독립적인 지위를 갖는 것으로도 볼 수 있고, 맑스주의적 입장에서 보면 무산자 혹은 프롤레타리아의 직접 민수수의적 요구의 정치적 차원이 첫 번째와 두 번째가 될 수 있고 경제적 차원이 세 번째가 될 것이다.

11) 이런 점에서 상대적으로 원칙적 입장을 견지하고 있는 우드(E. M. Wood) 같은 맑스주의자가 민주주의를 사회주의와 적극적으로 결합시켜 사고하고 있는 것도 긍정적이라 하겠다. 우드는 자본주의는 부르주아민주주의라는 형태로 민주주의를 증진하기도 하지만 반대로 민주주의를 제한한다고 보고 있다. 그녀는 자본주의에 대한 최대의 도전은 바로 이러한 민주주의의 협소화와 형식화를 넘어서서 민주주의를 급진적으로 확장하려는 것이라고 말하고 있다. 그러면서 이렇게 급진적으로 확장된 "민주주의는 사회주의와 동의어가 될 수도 있다"고 말하고 있다(E. M. Wood 1995, 15).

4) 민중 주체화의 진전과 근대 민주주의의 '강제된 개혁'

근대 이후의 민주주의 역사는 앞서 서술한 세 가지의 갈등 지점들을 둘러싸고 민중들이 주체화되고, 이에 따라 세 가지 갈등 지점에서 민중들의 요구를 반영하는 제도적 기제들이 발전되는 과정이었다고 할 수 있다. 민중들의 주체화에 따라 세 가지 갈등지점에서 일종의 '강제된 개혁'이 일어나면서 민주주의가 근대 초기의 형태에서 실질성이 보완되는 과정이었다.

모든 사회적 질서는 그 질서 내에서 약자의 위치에 있는 민중들이 자신의 약자적 지위를 쟁점화하지 않는 한 문제 없이 유지된다. 사실 하나의 차별은 차별 받는 약자들이 차별을 문제 삼을 때 비로소 차별이 되며 차별 극복이 의제가 된다. 이처럼 민중들의 자신의 존재를 규정하고 있는 차별과 억압 등을 주어진 것이 아니라 구성된 것으로 인식하고 이를 극복하기 위한 다양한 행위를 조직화하는 성찰적·저항적 존재로 변화되어가는 것을 '주체화'(self-empowerd subjectification)라고 표현하고자 한다. 이것은 민중들이 변화하는 과정적 측면을 강조한 것이다. 여기서 중요한 함의는 민중들이 결코 고정된 존재가 아니라고 하는 점으로, 즉 부단히 의식성과 성찰성, 비판성이 고양되어 가는 존재로서 민중이 파악되어야 한다는 것을 의미한다. 어떠한 차별과 배제도 그것이 민중들 자신에 의해서 쟁점화되고 쟁론화되지 않는 한 극복의 대상이 되지 않는다는 것이다. 앞서 서술하였듯이, 민주주의는 계급, 계층, 사상, 성, 인종, 부, 종교 등의 차이에도 불구하고 모든 국민들이 시민권적 평등을 향유하는 체제이다. 이런 점에서 다양한 차별의 실질적 존재와 민주주의로 표상되는 형식적 평등이 공존하는 상태에서 다양한 차별이 쟁점화되면서, 민주주의가 그 실질적 내용에서 변화되는 과정이었다고 할 수 있다.

여기서 민주주의를 최소주의적인 형식성에서 실질적인 것으로 변화시키는 힘은 제도가 아니라 제도를 통해서 작용하는 시민사회의 힘, 사회의 힘,

노동자의 힘 혹은 민중의 힘이라는 점이 강조되어야 한다. 사회적 차별들이나 경제적 차별 모두가 이러한 질서 내에서 약자가 되는 민중 스스로 이를 비판적으로 인식하고 이를 극복하기 위한 투쟁, 나아가 최소한 그러한 질서의 존재를 감내하지 않는 주체화된 자세를 가지지 않는 한, 그러한 질서는 특별한 도전 없이 유지된다. 국가는 부단히 민중을 특정한 정체성을 갖는 존재로 호명하고, 규정하고 동원하면서 현존하는 차별들을 재생산하는 방식으로 존재한다12). 그런 점에서, 민주주의라는 제도적 틀 내에서 민중이 부단히 주체화되면서, 사회적 차별과 경제적 차별에 대항하면서 이를 교정하기 위해 투쟁하는 과정들이 바로 근대 정치사 혹은 민주주의 역사라고 해야 할 것이다.

이러한 민중 주체화와 투쟁을 통해서, 민주주의는 한편에서는—국가를 통해서 담보되는—사회적 차별의 제도적 형태로서의 각종 사회적 배제들과, 다른 한편에서는 경제적·계급적 차별의 제도적 형태로서의 자본주의와 긴장을 가지면서 존재하게 되는 것이다. 나아가 국민국가의 대의민주주의의 한계를 뛰어넘는 민중들의 주체화가 진전됨으로써, 민주주의는 그 실질적 내용성에서 자기 변화의 계기를 갖게 되는 것이다.

이런 점에서의 19~20세기 민주주의의 동학은 민주주의의 세 가지 내적 갈등 지점 모두에서 찾아볼 수 있다. 먼저 민중들의 주체화에 따라, 대의민주주의의 한계성이 더욱 문제로 되고 대의민주주의의 형식화에 도전하는 여러 가지 아래로부터의 투쟁들이 전개되었으며, 그 결과 대의민주주의의

---

12) 예컨대 "자본진영과 국가는 노동자계급의 정체성을 제약하고 노동자계급이 저항적 주체로 나아가며 혁명적 주체로 발전하는 것을 제약하는 다양한 현실적·담론적 실천을 행하게 된다. 이를 통해 노동자계급의 정체성을 약화시키고 노동자는 근로자로, 종업원으로, 분절화된 직공으로, 여공으로 탈(脫)정체화되게 된다. 노동자는 이런 식으로 국가와 자본이 규정한 '주체'로 부단히 호명되고 그것을 내면화된 자기정체성으로 수용하게 된다. 또한, 국가와 자본에 의해 부단히 어떤 존재로 혹은 어떤 '주체'로 규정되고 호명되게 된다. 이것을 나는 노동자계급의 '탈주체화적 해체' 전략이라고 표현하고 싶다"(조희연 2005 참조).

형식성을 보완하는 여러 기제들이 제도화되었다. 광의의 직접 민주주의적 요소들이 아래로부터의 요구에 의해 강제되는 방식으로 도입되게 된다.

민중들이 주체화됨에 따라, 대의민주주의는 민을 대의하는 대의자들을 뽑는 과정이 아니라 정기적으로 자신들을 '소외'시킬 '지배자'를 뽑는 과정으로 전락하였다는 비판적 인식이 확산되게 되고, 여기서 다양한 투쟁들이 전개되었다. 이는 참여민주주의운동 같은 형태로도 표출되었고, 한국에서 보는 바와 같이 제도권 정치를 감시하기 위한 시민사회운동으로도 표출되었으며, 국민발의와 국민투표와 같은 제도적 장치를 확장하려는 노력으로도 표출되었다. 사실 근대 초기의 민주주의는 유산자 민주주의였다. 많은 여성, 노동자들은 참정권을 제대로 갖지 못하였다[13]. 이러한 것들이 아래로부터의 투쟁을 통해서 쟁취됨으로써 민주주의 자체를 변화시키는, 곧 대의민주주의 자체의 한계를 정정하려는 노력으로 나타나게 되었다. 이 과정에서 단순히 헌법조항으로만 존재하던 제도들—국민투표제도 등—이 더욱 중요한 의미를 갖게 되었으며, 다층적인 통로로 민의 의사를 제도권에 반영하고자 하는 위로부터의 시도도 촉발되었다.

또한, 다양한 사회적 차별구조하에서의 약자들이 저항적 주체로 전화되고 그 과정에서 차별들이 쟁점화되면서, 민주주의의 틀 내에서 이를 보완하기 위한 다양한 제도적 장치들이 만들어지게 되었다. 사실 근대 초기의 민주

---

13) 프랑스 혁명 시기에 일정한 재산과 학식을 갖는 남성 유산자들에게만 피선거권이 주어졌던 것이, 노동자계급의 참정권 투쟁을 통해 전 국민적 참정권이 주어지게 된다. 영국에서도 여성의 참정권이 온전히 주어진 것이 1929년이고, 프랑스에서는 프랑스혁명으로부터 150여 년이 지난 1944년에 이르러서야 여성에게 온전한 참정권이 주어졌다는 것은 민주주의 자체도, 심지어 최소주의적 민주주의 자체도 아래로부터의 투쟁을 통해서 실현되는 것으로 보아야 할 것이다. 이러한 점과 관련하여 발리바르(E. Balibar)는 다음과 같이 말하고 있다. "프랑스 혁명은 그들을 '시민들'로 환영했지만, 그들의 완전한 정치적 권리가 승인되기 위해서 그들은 1945년까지 기다려야만 했다. 그 이전에는 여성선거권이라는 관념 그 자체가 어떤 이들에게는 우스꽝스럽게 보였고 다른 이들에게는 터무니없는 것으로 보였다.…프랑스와 같은 나라에서조차(알제리, 일본, 이란 등은 말할 것도 없고), 여성의 시민권은 따라서 기성의 사실이 아니라 하나의 도전이요, 변화의 원천이자 대상이었다"(E. Balibar 1988, 723~730 참조).

주의는 사회 속에 존재하는 다양한 사회적 차별구조 및 사회적 분할 위에서 그것들이 쟁점화되지 않으면서 존재하였다. 그러나 민중들의 다양한 주체성들이 쟁점화되게 되면서, 기존에 문제시되지 않았던 차별들이 쟁점화되게 된다. 이런 점에서 근대 이후의 과정은 '시민권적 평등성'을 넘어서 다양한 사회적 차별의 기제들이 정치적 쟁점으로 전화되고 그에 대한 정치적 보완조치들이 발전되는 과정이었다.

예컨대 20세기 후반의 신사회운동의 출현이나 다양한 형태의 풀뿌리운동의 확산, 소수자 정체성의 등장은 쟁점화되지 않았던 사회적 차별들이 쟁점화되는 것을 의미하였다. 이른바 생활세계 영역의 많은 차별구조들은 그 차별의 객체가 되는 민중들 자신이 그에 적응하여 존재하다가 점차 주체화의 진전으로 쟁점화되는 과정을 밟게 되었다고 할 수 있다. 여기서 소수자 우대조치(affirmitive action), 소수자집단의 정치적 대의 권한을 보장하는 비례대표제도 등 다양한 보완적 장치들이 개발되게 된다. 나아가 성적 소수자, 인종적 소수자, 종교적 소수자 등 다양한 소수자들이 제도정치의 장에서 대의되는 기회가 증대된다[14].

5) 자본주의와 민주주의의 정합성과 모순성

경제적 차원에서 나타나는 민주주의의 형식성과 실질성의 괴리 역시 부단히 도전을 받고 변화하게 된다. 주지하다시피 초기 자본주의는 시장에

---

14) 예컨대 여성학자인 아이젠스타트는 국가의 이중적 성격으로서 성차별에 대한 국가의 억압적 성격과 후원적 성격을 지적한다. 한편에서 국가는 가부장적 질서를 재생산하고 이차적 노동시장에의 여성의 참여를 조직하는 방식으로 여성에 대한 억압적 기능을 수행하지만 반대로 과도한 여성착취를 억제하고 여성의 정치참여를 지원하는 등 후원적 기능도 수행한다(오장미경 1999, 3부 2장에서 재인용). 그러나 이는 현상적 분석이라고 할 수 있다. 사실 성적 소수자의 민주주의적 공간을 통한 오랜 투쟁을 통해서 국가의 후원적 성격이 강제되어 가는 것으로 보아야 한다. 국가의 가부장적 성격이 아래로부터의 투쟁을 통해서 통제되는 데서 국가의 이른바 이중적 성격이 출현하는 것이지, 국가의 본래적 성격이 이중적인 것이 아니다. 모든 소수자와 국가의 관계 역시 마찬가지이다.

대한 국가개입의 최소화를 지향하는 자유방임주의 기조하에서 운용되었고 개인의 사적 소유권은 불가침의 권리로 보호되었다. 이러한 조건 위에서 초기 자본가들은 이윤의 극대화를 지향하면서 유아노동, 여성노동을 포함하는 노동자계급에 대한 가혹한 수탈을 행하였다. 정글법칙이 작용하는 가혹한 구조 속에서, 시민권적 평등성을 보장하는 민주주의는 지극히 허구적인 것으로서 전락하게 되었다. 이는 민주주의의 물적 토대로서의 자본주의가 민주주의가 보장하는 형식적 평등성을 무의미하게 하거나 무력화하는 것을 의미하는 것이었다. 여기서 민주주의를 무력화하는 자본주의의 가혹한 수탈에 대한 노동자계급의 저항이 가속화되었다.

이처럼 경제적 불평등에 저항하는 노동자를 비롯한 민중들의 투쟁이 강화되고 그것이 민주주의적 공간에서 조직화된 힘으로—예컨대 거대한 참정권 운동으로 혹은 사회주의 운동으로—표출되면서, 정치적 민주주의와 경제적 민주주의, 자본주의와 민주주의 관계에 새로운 긴장이 출현하게 되었다.

이러한 긴장으로 인해, 자본주의와 시장의 경제적 폭력을 견제하기 위한 장치들이 만들어지게 되었다. 이는 시장의 공적 규율형태, 시장논리의 가혹성을 규율하는 형태, 시장의 결과로서의 불평등을 사후적으로 보완하는 복지제도의 확충 같은 형태로 나타나게 되었다. 이른바 '시장의 폭력'이 민주주의에 의해서 규율되는 상황으로 나타나게 된 것이다.

이러한 새로운 규율은, 계급적 차별에 저항하는 노동자들의 투쟁이 민주주의라는 통로를 통해서 '국가 의지'로 전환됨으로써 가능하였다. 이런 점에서 우리는 '민주주의와 자본주의의 모순적 결합'을 이야기할 수 있다[15].

---

15) 마샬은 시민권의 확장을 통해서 이러한 변화를 설명하고 있다. 그에 따르면 시민적 권리가 먼저 설정되었는데, 이는 1832년 제1차 개혁입법(The First Reform Act)이 통과되기 전까지의 시기로 본다. 다음에 정치적 권리가 확립되었는데, 그것의 확장은 19세기의 주된 특징이었다. 보편적인 정치적 시민권이 확립된 것은 1918년이 되어서였다. 반면에 사회적 권리는 18세기와 19세기 초에는 거의 존재하지 않았고 의무교육(public elementary education)이 발전되면서 부활하였다. 그러나 그것이 시민권의 다른 시민적, 정치적 권리와 동등한 위치를 갖게 되는 것은 20세기에서였다고 보고 있다. 마샬이

이러한 모순적 결합을 나는, 자본주의 자체의 내적 속성이 아니라 민주주의를 자본주의에 모순적으로 만드는 노동자와 민중들의 투쟁력에 의해서 나타나게 된 것이라고 본다. 자본주의와 민주주의는 본래 발생계보가 다른 것이기는 하지만, 이 양자 간의 관계가 본래부터 대립적이지는 않았다. 그것을 대립적인 것으로 만든 것은, 아래로부터의 투쟁을 통해서 민주주의를 최소주의적인 형식성에서 최대주의적인 내용성으로 확장하고자 하는 노동자들과 민중들의 투쟁이었던 것이다.

이런 점에서 20세기의 전 과정은 노동자와 민중의 투쟁이 계기가 되어 민주주의의 원리가 확장되면서 자본주의와 시장에 대해서 공적 규율이 출현·확장되는 과정이었다고 할 수 있다. 주지하다시피 20세기 후반의 사회민주주의 시대는 '복지의 권리화'를 포함하여 시장과 자본주의에 대한 사회 '민주주의'적 다양한 공적 규제장치가 제도화되는데 큰 변화를 보이는 시기였다. 물론 이러한 공적 규제장치에도 불구하고 민중의 주체화에 따르는 욕구상승으로 인하여 자본주의는 한편에서 이전의 긴장이 해결되면서 다른 한편에서 새로운 긴장이 출현하는 관계로 존재하였다. 민중의 주체화에 따른 노동자계급을 비롯한 민중의 아래로부터의 투쟁이 본래의 민주주의를 확장하여 각종 사회적 차별을 교정하고 자본주의에 대한 공적 규제 투쟁을 전개하였다고 한다면, 자본주의의 지배적 집단은 그러한 확장에도 불구하고 자본주의와 각종 사회적 차별제도가 본질적으로 침해되지 않고 재생산되도록 하는 노력을 전개하였다고 할 수 있다.

볼 때, 사회계급은 불평등의 체계이고 시민권은 평등의 체계이며 이 양자 사이에는 갈등관계가 존재한다. 그래서 그는 "20세기에 시민권과 자본주의 계급체계는 전쟁상태에 있었다"고 말하고 있다. 그러면서—다소 낙관적으로—"시민권 개념 속에 내재된 평등성은 비록 그 내용이 제한되기는 하지만 원칙적으로 전면적인 불평등을 특징으로 하는 계급체계의 불평등을 붕괴시켰다"고 말하고 있기도 하다(T. H. Marshall, 1964, 84~85 참조).

3. 지구화와 민주화의 이중적 진행: 근대 국민국가 민주주의에 대한 지구화의 새로운 도전

그런데 이러한 국민국가적 민주주의의 변화와 발전은 지구화의 맥락에서 새로운 도전을 맞고 있다. 지구화는 국민국가 민주주의와 관련하여 이중적 효과를 가지고 있다고 생각된다. 먼저 지구화는 현재 자본이 주도하는 경제적 지구화를 지배적인 성격으로 하여 진행되고 있다. 이 지구화는 앞서 서술한 3가지 차원 모두에서, 지배적 집단을 강화시키는 힘으로 작용하고 있다. 사실 민주주의의 변화과정은 민주주의적 공간을 이용한 아래로부터의 민중의 힘이 강화됨으로써 가능한 것이었는데, 현재의 지구화는 경제적으로는 자본 운동의 초국경화를 동력으로 하여 진행되는 만큼—또한 이데올로기적으로 사회주의의 붕괴를 계기로 하여 진행되는 만큼—아래로부터의 민중의 힘을 약화시키면서 위로부터의 지배적 힘을 강화시키는 방향으로 작용하고 있다고 보인다. 이런 점에서 현존 지구화는 국민국가적 민주주의에서 실질적 민주주의와 형식적 민주주의의 관계에서, 시장과 민주주의의 관계에서, 지배적 집단과 종속적 집단의 관계에서 전자를 강화하는 방향으로 작용하고 있다는 것이 지구화로 인한 새로운 상황이라고 할 수 있다.

1) 지구화가 국민국가 민주주의의 약화요인으로 작용

그러나 지구화는 자본에게도 위기의 과정이라는 점이 인식되어야 한다. 지구화는 지배적인 자본의 질서로서의 국민국가적 질서가 해체되고 동시에 초국민국가적 질서로 재편되어 가는 과도기적 혼란도 동반한다. 이런 점에서 지구화를 대자본가들의 '음모적' 과정으로 보아서도 안 된다. 초국적 자본들이 지배적 지위를 갖고 있지만, 이들도 초국경화 혹은 자본의 탈영토화가 동반하는 격렬한 경쟁 속에서 위기적 과정으로 지구화를 대면하고 있다. 이 위기에 잘 적응하면 더 큰 이윤과 축적이 물론 가능하다는 점에서 이것은 대자본에게는 더 큰 기회로 주어지지만, '파국'의 위기를 내장하는 국면이라는 것이 정확한 분석일 것이다.

이렇게 지구화가 위기적 성격을 자본에게도 내장하는 것은, 지구화가 자본의 공세적인 확장으로 보이지만 '축적의 정치적 한계'에 도달한 '자본의 탈영토화'(아리프 딜릭 1998 참조)라고 할 수 있다. 이것은 물론 사회주의 붕괴로 인해 촉진되어 진행되고 있다. 사회주의 붕괴를 계기로 '자본의 탈영토화'는 정치적 한계를 피해서 자유로운 축적을 진행하기 위한 자본운동의 국민국가 탈출의 성격을 지니고 있다고 해야 할 것이다. 사실 이러한 축적의 정치적 한계는 앞서 서술한 민주주의의 여러 차원에서 아래로부터의 노동자와 민중의 주체화와 조직화로 인하여 자본축적에 대한 '과도한' 정치적·사회적 한계가 주어진 데에 따른 것이다. 이런 점에서 이러한 축적의 과도한 한계를 초국경화를 통해서 극복하려는 시도로서 지구화는 더욱 촉진되는 것이다. 역설적으로 자본운동의 초국경화는 앞서 서술한 바와 같은 차원들에서의 국민국가적 민주주의의 발전의 '결과'인 것이다. 이런 점에서 네그리와 하트(2001)는 "20세기의 혁명은―패배한 것이 아니라―계급갈등의 조건을 변형시켰으며, 새로운 정치적 주체성, 즉 제국에 대항하는 반란적 다중의 조건을 설정하게 된다. …제국의 구성은 새로운 다중의 권력 출현의 원인이 아니라 결과이다"라고 말한다.

지구화는 이렇듯 자본에 의한 국민국가적 경계의 탈출에 의해 추동되지만, 이는 앞서 서술한 바와 같이 민주주의의 확상에 의해서 구축된 공적 규율질서를 해체시키고 새롭게 국가의 친자본적 정책을 촉진한다는 점에서 민주주의의 약화요인으로 작용한다. 이 친자본적 정책에는 각종 공적 규제의 약화를 통한 자유시장의 확대, 노동시장의 유연화, 탈규제, 작은 정부 등을 지향한다는 점에서 이른바 '신자유주의'적인 성격을 물론 지니고 있다. 위에서 서술한 근대 민주주의의 세 가지 괴리지점에서 민중의 주체화로 인하여 생겨나는 다양한 민주주의적 기제들이 자본 운동에는 질곡으로 작용함으로써 자본 운동의 초국경화를 촉진하는 요인으로 작용하였던 만큼, 자본 운동의 초국경화는 역으로 국내의 민주주의적 흐름에 대한 공격으로 나타나게 된다. 이런 점에서 지구화는 일차적으로 국민국가적 지형 내에서 발전하였던 민주주의 힘의 약화로 이어질 가능성이 크다.

2) 지구화에 따른 국민국가의 '상대화'

그러나 다른 한편으로, 지구화는 국민국가의 상대화(relativization)를 통해서 국민국가에 의해 억압되고 있었던 다양한 사회적 약자들 혹은 시장에서의 주변적 존재들의 요구를 표출시킬 가능성도 열어 놓고 있다는 점도 주목해야 한다. 사실 근대 이후의 질서 속에서 국민국가 혹은 민족국가는 당연히 주어진 것으로 인식되고 있었다. 그러나 이러한 국민국가 자체가 구성적 질서라는 점은 이제 널리 인식되고 있다. 전통적인 주권의 개념은 여타의 국민국가로부터의 배타적 존재성, 즉 분리에서 구해지나 지구화 시대에는 국가의 주권능력은 나머지 세계에 대한 연계능력이나 국제체계 내에서의 관계적 행위자가 될 수 있는 능력에서 주어진다[16]고 이야기하는 이유도 여기에 있다.

국민국가와 민중의 관계에서 전자의 독점적 지위가 약화되기 때문에, 국민국가에 의해서 억압되고 있는 다양한 소수자적 정체성 혹은 경제적 약자의 주체성을 강화시킬 가능성이 있다. 특히 경제적 지구화가 국민국가 틀 내에서 투쟁을 통해 확보된 다양한 민주주의적 기제를 약화시키기 때문에, 이에 대한 다양한 차원에서의 민중의 저항이 나타날 소지를 안고 있다. 어떤 의미에서 그동안 민주주의 발전의 동력은 국민국가적 질서를 전제로 한

---

16) 이런 점에서 '분해된 주권'(disaggregated sovereignty)을 이야기한다(Slaughter, Anne-Marie 2005 참조).

진보적 동력―차별에 저항하는 소수자이든 시장의 폭력에 저항하는 노동자들이든 간에―을 배경으로 하고 있었다. 이제는 국민국가적 질서 자체에 의해서 억압되고 있었던 아래로부터의 요구들도 분출시킬 가능성이 있다고 하겠다. 예컨대 멕시코 차파티스타의 반란 같은 것은 이의 상징적인 예라고 하겠다. 1994년 NAFTA가 발표되던 날 차파티스타의 반란이 공개되었다는 것은 지구화와 소수자의 반란 간의 상호관계의 일단을 상징해 주는 것이기도 하다.

사회주의 붕괴와 관련해서도 이러한 이중성을 확인할 수 있다. 주지하다시피, 사회주의의 붕괴는 냉전시대에서 포스트-냉전시대로의 이행을 동반하였다. 그런데 사회주의의 붕괴는 분명히 지구적 차원에서 진보적·좌익적 힘의 약화와 주변화를 가져왔지만, 다른 한편에서 냉전시대에 이데올로기 대립이라는 이름으로 주어지던 국민국가의 절대화가 균열되고 이로써 좌우 이념의 틈바구니에서 표출되지 못하던 새로운 진보적 혹은 넓은 의미에서의 새로운 좌익적 힘을 표출시킬 가능성도 존재한다. 특히 포스트-냉전시대에는 냉전시대에 우익적 국가와 좌익적 국가에 다양한 형태로 주어지고 있었던 미·소의 지원이 약화되고 이는 냉전적 국민국가에 의해 억압되고 있었던 다양한 민중적 흐름들을 분출시킬 가능성을 내장하게 되는 것이다.

여기서 물론 우리는 약소국의 민족주의가 가졌던 긍정적인 측면, 즉 자결의 권리 옹호 혹은 국민국가 구성원들의 총체적 권리 옹호의 측면들을 생각할 수 있다. 현재도 민족주의는 분명 약소국이 패권국가들에 대해 갖는 적극적 기능이 있다. 그런 의미에서 국민국가의 상대화를 무차별적으로 이야기해서는 안 될 것이다. 문제는 바로 그러한 패권국가와 패권국가적 배경을 갖는 초국적 자본들의 지구화가 이미 국민국가를 상대화시켜가고 있다고 할 때, 약소국의 입장에서 혹은 약자의 입장에서, 어떻게 이 지구화된 질서를 변화시켜 갈 것인가 하는 점이다. 약소국과 약소국 민중의 권리 옹호 자체도 국민국가의 강화만으로 이루어질 수 있는 것이 아니다. 네그리와 하트(2001, 434 참조)에 따르면, "국민국가의 쇠퇴는 구조적이고 불가역적인 과정이다. 국민은 문화적 형성체, 소속감, 공동유산이었을 뿐만 아니라 또한 주로 사법적·경제적 구조였다. 이러한 구조가 지닌 효과가 쇠퇴한다는 것은 확실히 GATT와 WTO, 세계은행 그리고 IMF와 같은 완전하게 전 지구적인 사법적·경제적 기구들의 진화를 통해 추적할 수 있다. 이러한 초국적인 사법적 토대에 의해 지탱되는 생산과 유통의 전 지구화는 일국적인 사법구조들이 지난 효과를 넘어선다"고 할 수 있다.

3) 시민권이 융합의 범주에서 배제의 범주로

그런데 이러한 지구화의 이중적 효과하에서, 국민국가의 민주주의에 대한 보다 직접적인 도전은 지구화가 정치공동체의 구성변화를 동반하게 된다는 점이다. 즉, 초국경적인 노동 이동의 증가로 인하여 민중의 구성과 경계가 변화되고, 민주주의를 표방하는 정치적 공동체의 인종적·민족적·종교적·사회적 이질성을 강화시키게 된다는 것이다. 더구나 자본이 허용하는 노동 이동은 합법이지만 노동이 하고자 하는 자유로운 이동은 불법이다. 이처럼 초국경적 인구이동이 자유로운 것은 아니지만, 초국경적 노동 이동은 하나의 정치적 공동체의 이질성을 강화시키게 되고, 내부의 분할선을 더욱 복잡하게 구성하게 된다. 특히 이러한 초국경적 노동이동이 민주주의에 도전이 되는 것은 후진국에서 선진국으로의 노동 이동이다. 단적으로 외국인 노동자나 외국인 영주자들이 증대하게 되고 이들을 기존의 민족집단의 하위집단으로 존재하게 한다. 이들은 민주주의 틀 내에서 사회적으로 차별받는 새로운 하위집단으로 위치하게 되며 정치공동체의 영토에 거주하나 대의민주주의의 프레임 속에서 대의되지 않는—시민권의 한계 속에서—집단으로 존재하게 된다. 더구나 이들은 시장에서 2차 노동시장 혹은 3차 노동시장의 형태로 하위 노동시장을 형성하게 된다. 이들은 내국인과 동등하게 노동기본권을 부여받지 못함은 물론, 보건의료, 주거 등의 여러 차원에서도 불이익을 당해야 하는 상황이 된다. B. 제솝이 이야기하는 것처럼 국민국가의 지배가 '두 개의 국민 프로젝트'에 의해서 운영된다고 하면, 이제그 두 개의 국민을 상층으로 하는 하층 국민 프로젝트가 존재하게 되는셈이다. 국민국가의 영토 내에 존재하나 민족국가적 정체성에 의해서 부여되는 시민권의 외부에 있는 이러한 존재들에게는, (국민국가의) 민주주의가어떤 의미를 갖는지를 묻게 만든다. 이는 근대의 맥락에서 시민권이 국민국가적 경계 내에 존재하는 모든 구성원들에게 권리를 보편적으로 적용하는'융합'의 범주로 작용하고 있었다면, 이제 지구화 시대에 시민권―민족주의적인 입장에서 폐쇄적으로 규정된 바의 시민권―이 배제의 범주로 작용하게되었음을 의미한다. 이것은 어떤 의미에서 국민국가 민주주의의 기본 매트릭스를 변화시키는 방식으로 국민국가 민주주의에 새로운 도전을 제시하고있다고 하겠다. 그동안 국민국가의 민주주의가 앞서 서술한 세 가지 차원에서 '동일한 경계' 내에서 부단히 심화되었다면, 지구화는 이제 민주주의의'경계'를 확장해야 하는 도전을 제시하고 있는 셈이다.

4) 한국 민주화의 맥락에서 민주주의의 갈등 지점의 현재화

서구의 근대사 속에서 진행된 근대 민주주의의 내적 괴리는 사실 한국을포함한 제3세계의 맥락에서는 최근까지 크게 쟁점화되지 않았다. 민주주의의 확립 혹은 회복이 이슈였지, 즉 독재냐 민주주의냐의 대립 속에서 투쟁이전개되었지 민주주의 자체의 한계를 진보적으로 확장하는 과제는 별로 쟁점이 되지 않았다.

그러나 이른바 민주화의 '제3의 물결'은 아시아와 남미, 남유럽의 많은나라들에서 민주주의적 제도가 본격화되고 독재의 민주화 과정에서 위에서서술한 민주주의의 내적 괴리가 본격적으로 쟁점화되는 단계로 이행하고 있다고 할 수 있다.

한국 현대사의 정치변동을 보게 되면, 이것이 보다 분명히 드러난다. 특히 1987년 이후 한편에서는 형식적 민주주의 자체를 회복하기 위한 투쟁과 형식적 민주주의 자체의 한계와 내적 갈등 지점을 새롭게 쟁점화하기 위한 투쟁이 동시에 전개되고 있다고 생각된다.

사실 해방 공간에서 헌법제정과 함께 이식된 미국식 민주주의—그 자체가 큰 내적 한계를 내장하고 있는 것인데—는 그 내적 한계지점이 쟁점화되어 극복과 확장의 계기를 갖기보다는, 1987년 이전까지의 시기에 있어서 서구식 민주주의 자체가 전반적인 민중들의 민주주의 의식의 부재로 인하여 그리고 이를 악용하는 지배권력에 의해서 민주주의가 왜곡·축소되는 방식으로 전개되어 왔다고 할 수 있다. 민주주의가 보장하는 형식적인 시민권적 평등성과 권리 자체가 '사치스러운' 것으로 치부되고 오히려 '현실'에 맞추어 축소·조정되는 과정이었고, 이를 독재 국가가 촉진하는 과정이었다. 그나마 존재하는 형식적 대의민주주의 제도들마저 무력화되었고, 그래서 다양한 사회적 차별이 민주주의의 이름으로 문제시되거나 하지 않았다. 또한 근대화라는 명분하에 친자본주의적인 논리로 민주주의를 압도하였다. 이것은 형식적 민주주의 자체도 왜곡·축소되는 과정 속에서, 형식적 민주주의의 한계 지점들은 거의 문제가 되지 않았다는 것을 의미한다.

그러나 독재에 저항하는 과정에서 민중들의 주체화가 진전되었고 민중들의 권리의식과 민주주의에 대한 귀속감이 강화되었다. 반독재 민주화 운동이 정점에 이르는 1980년대 이후, 해방공간에서 이식된 민주주의의 축소과정이 반전되는 경향이 나타났다. 즉, 형식적 민주주의가 회복되고 동시에 형식적 민주주의의 내적 괴리지점들—앞서 서구의 세 가지 차원들—이 동시에 문제가 되는 상황을 1987년 이후 한국 사회가 맞고 있다고 하겠다. 이는 형식적 대의민주주의의 내적 괴리들을 쟁점화할 수 있을 정도로, 한국의 시민사회, 노동자, 민중들의 주체화와 조직화된 힘이 성장하였음을 의미한다. 예컨대 1990년대 이후 시민운동의 발전은—비록 자유주의적 성격이 지배적이었지만—대의민주주의의 한계성을 드러내는 운동들이었다(조희연 2004a, 1부 3장 참조). 대의민주주의가 '위임' 민주주의로 작동하는 것에 대항하여, 민중들이 정치의 주체로 자신을 내세우는 과정이었다. 또한 1987년 이후의 민주주의 이행 과정에서, 다양한 사회적 차별들은 국가의 억압을 뚫고 다양하게 쟁점화되었으며, 계급적 차별구조 역시 쟁점화되었다. 나아가 노동자들의 투쟁을 포함하여 자본주의에 반대하거나 개혁을 요구하는 투쟁은 확산되었고, 이는 천민적 자본주의와 시장을 공적으로 규율하는 각종 기제들을 요구하는 방향으로 작동하였다.

이처럼 민주화의 과정이 민중의 주체화 진전을 동반함으로써, 근대 민주주의의 한계 지점을 성찰하면서 그것을 극복하기 위한 다양한 동력을 창출한다고 하면, 반대로 앞서 서술한 바와 같은 이중적 효과를 갖는 지구화의 물결이 한국 사회 내부에서도 민주주의를 추동하는 동력들을 약화시키는 방향으로 작동하면서 긴장관계에 놓여 있다고 볼 수 있다. 한국의 경우는 바로 이러한 조건에서 국민국가의 민주주의를 발전시키는 과제를 안고 있다고 하겠다.

4. 한국 민주주의의 대안적인 원리와 재구성의 방향—지구촌 민주주의와 국민국가 민주주의의 재구축

이상의 논의에 기초하여 한국 민주주의의 대안적 원리와 방향을 서술해 보기로 하자. 이러한 대안적 논의를 함에 있어서, 우리는 앞서도 지적하였듯이 민주주의를 사회적 · 계급적 투쟁과의 관계에 의해서 그 실질성이 변화해 가는 과정적 개념으로 보아야 한다.

현 단계의 지구화 과정을 고려할 때, 민주주의의 바람직한 재구축은 지구적 차원과 국민국가적 차원 모두에서 이중적으로 진행되지 않으면 안 된다. 이런 점에서 두 가지 차원의 노력이 동시에 진행되어야 할 것이다. 첫째, 국민국가에서 확립된 민주주의의 원리를 지구적 수준으로 확장하여 지구촌 민주주의를 실현하기 위한 제도적 기제들을 마련해 가는 것이다. 둘째, 그러한 지구촌 민주주의의 실현 노력과 함께 국민국가의 한계지점들을 진보적으로 극복하기 위한 제도적 기제들을 만들어 가는 것이다. 전자는 지구적 차원의 과제이고 후자는 지구적 차원과 연계된 국민국가적 차원의 과제라고 할 것이다. 전자가 민주주의를 지구적 차원에서 '형성'하고 구성하는 과정이라고 할 수 있다면, 후자는 국민국가에서 실현된 민주주의를 급진적으로 '심화'하고 '확장'하는 것이라고 할 수 있을 것이다.

1) 지구적 차원에서의 민주주의의 재구축

전자와 관련해서, 현 단계의 지구화는 기존 근대 국민국가의 틀 내에서 '타협적'으로 고정화되고 고착되었던 형식적 민주주의와 실질적 민주주의의 관계, 특별히 그 일부로서 자본주의와 민주주의의 관계를 크게 변화시키고 있다. 이른바 '신자유주의적 지구화'라고 부르는 최근 지구화의 과정은 자본주의와 민주주의의 관계를 전자에 압도적으로 유리한 국면을 조성하고 있다. 19세기의 근대 사회에서는 민주주의가 정치적 차원으로 협애화되고 시장은 '자유경쟁적인' 시장으로 작동하고 있었다고 한다면, 20세기의 근대 사회에서는 민주주의가 사회경제적 차원으로 확장되면서 민주주의적으로 규율되는 시장경제가 작동하고 있었다. 그러나 지구화의 과정은 민주주의적으로 규율되는 시장경제가 이전보다 훨씬 더 자유시장적으로 작동하게 만드는 힘으로 작용하고 있는 것이다. 이것은 민주주의에 대한 시장의 힘의 우위를 강화하는 방향으로 더 나아가 시장이 표방하는 경쟁력, 일자리 창출,

효율성 등이 지배적인 가치가 되도록 하는 방향으로 작용하고 있다고 생각된다.

민주주의가 다양한 정치적·사회적 집단들—지배적 집단과 소수자적 집단들—이 상호경쟁하고 각축하는 공간으로서의 성격을 지니고 있다면, 이제 민주주의의 성격 자체가 국민국가를 넘어선 외부적 힘들이 복합적으로 상호작용하는 지구적 복합성을 갖는 공간으로 변화되고 있다. 과거와 달리 국민국가적 폐쇄공간에서 지배와 저항이 각축하는 것이 아니라, 지구화로 인하여 초국경적인 변수들이 복합적으로 상호작용하는 속에서 지배와 저항이 각축해야 하는 상황이 출현하고 있다고 하겠다. 더구나 신자유주의적 지구화는 이러한 복합적 상호작용 상황을 강자 집단에 유리한 방향으로 영향을 미치고 있다.

이런 점에서 국민국가적 수준에서의 민주주의를 초국민국가적 차원으로 재해석하고 확장하지 않으면 민주주의는 지구화의 맥락에서 과거와 같은 의미를 가질 수 없을 뿐만 아니라, 국민국가 민주주의가 초국적 흐름들에 의해 위협받는 상황이 조성될 수 있다. 실제 그러한 상황에 직면하고 있다고 볼 수도 있다. 그것은 코스모폴리탄(cosmopolitan) 민주주의라고 부르건, 글로벌 민주주의라고 부르건 지구촌 민주주의라고 부르건, 지구촌을 망라하는 초국민국가적 민주주의 질서가 필요한 것은 부인할 수 없다.

(1) 지구적 민주주의의 필요성에 대한 논의들

이러한 초국민국가적 민주주의 혹은 지구촌 민주주의의 필요성은 다양한 학자들에 의해서 검토되고 있다. 영(2000)은 "민주주의적 결정의 규범적 정당성은 결정에 의해서 영향을 받는 사람들이 의사결정에 참여하는 정도 또한 결과에 영향을 미칠 수 있는 정도에 의해서 영향을 받기"(5~6) 때문에, "정체(polity)의 범위는 '정의의 의무 범위'(range of obligation of justice)에 상응하는 방식으로 설정되어야 한다"고 본다. 이런 점에서 "현재 수많은 사회적, 경제적 상호작용이 지구적으로 확장되고 있기 때문에, 포섭적 민주주의(inclusive democracy)—저자가 자신의 입장을 개념화한 것이다(인용자)—의 원칙도 지구적 차원으로 확장되어야 한다"(275)고 본다. 국민국가의 경계를 넘어서서 정의의 의무 영역을 확장하는 것이 필요하다고 보고 있다. 그녀는 기존에 민족국가를 배타적인 정의의 의무범위로 보는 시각들을 '국민국가에 긴박된 정의관'(state-specific understanding of justice)으로 비판하면서, 이미 국경을 넘는 상호의존성과 상호영향이 존재하는 상황 속에서 민주주의의 경계를 국민국가로 한정하는 것은 시대에 뒤떨어진 것이라고 보고 있다. 이런 점에서 "정의의 원칙이 적용되는 관계의 범위가 지구적"(249)이어야 한다고 주장하고 있다.

또 다른 측면에서, 헬드는 일련의 저작을 통해서 초국민국가적인 민주주의 모델을 주장하고 있다(D. Held 1996; 2004; 2005 참조). 1868년 근대의 국민국가체제를 규정한 베스트팔렌 모델(Westphalian model)이 출현하였다고 하면, 이 모델은 지구화하는 세계경제의 맥락에서 민족국가의 관할권(jurisdiction)을 벗어나는 권력 중심과 네트워크가 무수히 나타남으로써 균열을 맞고 있다. 1945년 출현한 유엔 모델(UN Charter model) 역시 현 단계 초국민국가적 대립과 균열을 관리하는 초국가적 거버넌스 체제로서 작동하지 못하고 있다(1995, 73~98). 여기서 헬드는 국민국가적 민주주의의 원리를 지구적 공동체로 확장하고자 하는 자신의 시도를 코스모폴리탄 민주주의(cosmopolitan democracy) 모델로 개념화하고 있다. 그는 초국가적 상호연계성과 상호영향에 의해 국민국가적 범위 내에서 이루어지는 민중의 '자율'이 규정받고 있는 상황에서 권리와 의무를 규정하는 초국적인 민주주의적 공적법(democratic public law)이 성립되어 정치적 행위의 공통구조가 재확립되어야 한다는 점에서 초국가적 민주주의의 필요성을 지적하고 있다(1995, 221~238). 그에 따르면 민주주의의 기본 원리라고 할 수 있는 자율과 자유, 민의 자기 결정이 실현되기 위해서 정치공동체의 모든 행위자들이 준수해야 하는 공적 법이 필요한데, 이제 초국경적인 요인들이 국민국가를 규정하고 있는 상황에서, 지구적인 공통법치가 필요하다고 보고 있다. 이는 자율과 자유, 민의 자기결정에 직접적으로 영향력을 갖는 권력(자)을 공적으로 규제하는 프레임이 된다. 그의 코스모폴리탄 모델의 핵심적인 주장은, 초국민국가적 수준에서 민주주의적 원리를 구현하는 제도적 기제들이 만들어져야 하고, 동시에 이러한 지구적 질서의 협의적·대의적 기제에 대한 보완으로, 지역적 수준에서의 집중적이고 참여적인 민주주의의 회복이 필요하다는 것이다. 그에게 있어 민주주의를 아래로는 지역 수준으로, 위로는 지구적 수준으로 확장하는 것이 중요한데, 이는 민주적 협의(deliberation)의 유일한 장으로서의 민족국가의 독점을 종식시키는 것을 의미한다(Richard Swift 2002, 91 참조).

이들과는 다른 맥락에서, 네그리와 하트의 '제국'론은 사실 초국민국가적 질서에 대한 급진적 분석인 셈이다. 그들은 지구적 민주주의 자체를 직접적으로 다루지 않지만, 국민국가적 주권형태가 제국적 주권 형태(imperial form of sovereignty)에 의해 대체되고 있으며 이는 전 지구적 수준에서 그리고 인간 삶의 전 영역—생체적 생산—에까지 이러한 제국적 주권이 행사되고 있다고 보고 있다. 그들은 식민지체제의 붕괴와 현존 사회주의의 붕괴 등의 요인을 계기로, 경제적 교환과 문화적 교환의 지구화가 되돌릴 수 없는 방식으로 전개되고 있다고 보고 있다. 이러한 지구화로 인하여 전 지구적 시장 및 전 지구적 생산회로의 등장뿐만 아니라 전 지구적 정치지배질서, 새로운 지배구조로서의 제국적 주권(imperial sovereignty)이 등장해 왔다고 분석하고 있다. 전 지구적 시장질서와 전 지구적 교환들, 전 지구적 상호소통을 관리하는 정치적 질서, 즉 세계를 통치하는 주권 권력이 등장해 왔고, 이것이 이른바 제국이다. 이런 네그리와 하트의 논의는 기본적으로 국민국가를 단위로 하는 베스트팔렌체제의 '균열'을 이야기하고 있는 헬드의 논의보다도 더 나아가는 것이다. 즉, 현 단계의 초국민국가적 질서의 존재를 더욱 적극적으로 인정하고 있는 셈이다. 그는 "오늘날 지구적 차원에서 민주주의의 가능성이 최초로 출현하고 있다. …민주주의는 근대의 전 시기를 통하여 모든 민족적·지역적 형태를 망라하여 불완전한 프로젝트였다. 현 시기의 지구화과정은 분명히 새로운 도전을 제시하였다"(Michael Hardt and Antonio Negri 2004, p. xi)고 말한다. 네그리와 하트의 논리에 따르면 당연히 국지적 투쟁전략, 민족주의에 기초한 투쟁전략은 퇴행적인 것이 된다. 그들은 민중들의 생존권과 민주주의적 권리투쟁이 국민국가를 둘러싼 지형 속에서만 이루어질 수 없음을 분명히 하고 있다. 나아가 네그리와 하트의 책에서 우리가 지구적 차원의 민주주의와 관련하여 주목하는 것은, '제국에 대항하는 다중'이 무엇을 요구하는가 하는 점이다. 이는 정확히 현재의 지구화의 맥락에서 민주주의의 확장을 위해 요구하여야 할 것들이라고 할 수 있다. 글로벌 시민권, 사회적 임금권, 재전유권으로 정식화된 다중의 요구들은 지구화 시대의 일반 민주주의적 요구라고 할 수 있다. 이러한 요구가 진정으로 실현된다면 현재의 국민국가적 민주주의 혹은 제국적 질서 자체의 변화가 전제되어야 한다.

지구화의 과정을 근대화의 과정과 비교하면, 이러한 필요성을 역사적 관점에서 이해할 수 있다. 즉, 근대로의 이행 과정을 보게 되면, 사실 국민경제적 통합과정, 국지적 시장권을 넘는 경제의 '초국경화'(trans-borderization)가 먼저 진전되고 그것을 물적 토대로 하여 정치적 통합이 진전되는 과정을 밟았다. 그런 의미에서 보면, 현재의 경제적 지구화 과정, 즉 경제의 '초국민국가적 초국경화'가 진전됨에 따라 국민국가의 통제를 벗어나는 정치사회적 현상들이 증대하고, 그 결과 경제적 토대에 상응하는 경계를 갖는 정치적 상부구조의 필요성에 직면하게 된다고 할 수 있다. 이런 점에서 경제적 지구화 과정의 진전은 불가피하게 현재의 국민국가적 정치적 권위체를 넘는, 초국가적 정치적 권위체의 창출 욕구를 출현시키게 되리라고 생각된다.

이것의 과정은 과도기적으로는―서구를 기준으로 볼 때―1868년 베스트팔렌 조약 이후 전개되는 국민국가 질서를 전제로 하면서도 국민국가적 관할과 권한을 초국가적 질서로 이양하는 형태로 전개될 것으로 생각된다.

(2) 지구촌 민주주의와 UN 개혁

이러한 지구촌 민주주의에 있어 현재의 유엔(UN) 질서의 급진적 재구축은 중요한 출발점이 될 것이다. 현재 유엔은 모순적 위치에 놓여 있다. 한편에서 유엔은 인권, 환경, 여성, 아동 등 다양한 영역에서 국민국가적 관할을 넘는 초국적인 규범을 형성하는 데 일정하게 기여하였다. 1990년대 이후 유엔이 매개한 여러 가지 국제적인 회의들은 바로 이러한 영역들과 이슈들에서 초국적인 민주적 규범들—비록 한계가 있지만—을 형성하는 데 기여하였다. 그러나 이러한 규범들은 실체화되지 못하고, 권고사항이나 당위성으로 존재하고 있는 것이 사실이다. 반대로 유엔 자체는 유엔 안보리의 거부권과 같은 제도들에서 상징되듯이 패권강대국들의 입장, 특히 미국의 의사에 의해 강력하게 영향을 받는다. 유엔은 한편에서는 현실 패권국들의 정치경제군사 논리와, 다른 한편에서는 새롭게 부상하는 인도주의적 · 민주주의적 규범 사이의 긴장 속에 놓여 있고 타협적 방식으로 존재하고 있다[17]. 유엔 자체에 이러한 모순성이 내재화되고 있다고 할 때, 새롭게 부상하고 있는 미래지향적 규범과 현실의 권력구조 간의 타협구조를 아래로부터의 요구에 의해 급진적으로 변화시키는 것이 필요하다. 이런 점에서 지구촌 민주주의의 시도는 그 하나의 의제로서 유엔의 모순성을 민중적 요구의 방향으로 개혁하는 것을 포함한다. 이를 위해서는 1990년대 국제회의를 통해서 지구촌 민주주의의 새로운 규범으로 합의되어 온 것들이 '현실주의적' 논리에

---

17) 규범적 이상과 현실 간의 타협적 공존의 대표적인 사례가 있다고 하면 아마도 바로 핵확산금지조약(NPT; Non-Proliferation Treaty)이다. NPT는 비핵화라고 하는 중장기적인 목표 혹은 규범적인 목표임과 동시에, 현실 핵보유국가의 기득권 인정이라는 괴리가 존재한다. 이런 괴리 지점에 어떤 의미에서는 북한의 '핵 보유' 주장도 존재하고 있는 셈이다(Michael Brzoska 1992, 215~220 참조).

따라 운영되는 국제 정치의 구속력이 있는 제도로 정착하는 방향으로 발전하는 것이 일차적으로 필요하다[18].

유엔 안전보장이사회의 최근 개혁과 일본의 상임위원회 진출 문제도 이러한 딜레마를 잘 보여주는 것이다[19]. 유엔 안전보장이사회의 거부권은 2차 세계대전 이후의 권력구조가 초국적 질서에 반영된 것이다. 그러나 2차 대전 이후의 많은 변화들은 이러한 거부권 질서를 변화시킬 것을 요구하고 있다. 그러나 현재의 안보리 개혁안은 현재의 안보리 구조를 개혁하는 방향이 아니라 타협적 재편의 방향으로 가고 있다. 타협적인 방안은 2차 대전 이후 새롭게 부상한 현실적인 패권국가들을 안보리의 상임이사국의 지위로 편입하는 것이다. 여기서 물론 지역 안배라고 하는 명분과 결합될 것이다. 여기서 물론 신규 상임이사국이 거부권을 가질 것인가 아닌가도 쟁점이다. 그러나 지구촌 민주주의의 핵심은, 민주주의의 원리를 구현하는 방향에서의 초국적 규범들이 현실적인 정치 · 경제 · 군사논리를 통제하는 데 있다. 앞에서 서술하였듯이 민주주의의 핵심적인 발전의 방향은 시민권과 참정권의 논리가 시민권과 참정권 속에 담겨 있는 민의 자기 통치의 정신을 위협하는 현실의 권력관계를 변화시키는 방향으로 확장되어 실현되는 것 속에 존재한다. 그러나 안보리의 개혁안은 현실논리의 타협적 방향을 담고 있다는 점에서 반(反)개혁적인 방향으로 가는 것이 된다. 어떤 점에서 거부권을 초국적인 인도주의적 · 민주주의적인 원리에 따라서 규제하는 것을 담지 않는 어떠한 개혁논리도 현재의 지구촌 민주주의의 구현 방향과는 거리가 멀다고

---

18) 이러한 방향의 한 예로, 국제형사법정((International Criminal Court)을 들 수 있다. 국제형사법정이 국제사법재판소(international court of justice)와는 별개로 존재하게 되는 것도 바로 인권, 반인도주의적 범죄와 같은 '지구적 합의'가 이루어지는―정치적 과정―영역에서 국민국가적 관할이 제약되고 초국가적인 질서가 출현하는 것으로 이해할 수 있다. 비록 대단히 낮은 수준이고 그 관할영역이 제약되어 있지만, 국민국가적 관할을 넘어서는, 초국가적인 규범에 의한 보편적 관할이 생겨나게 되는 것이다. ICC의 내적 딜레마와 현실에 대해서는 Spyros Economides(2003)와 Tochilovsky (2003, 291~299) 참조.

19) 안전보장이사회의 개혁에 대해서는 김원수(2001) 참조.

하겠다.

헬드는 자신의 코스모폴리탄 민주주의 모델을 실현하기 위한 중단기적인 제도적 과제로서, 정치적 차원에서는 유엔 안전보장이사회의 개혁, 유엔에 정부대표만이 아닌 민중을 대표하는 의회적 차원의 설치(second chamber), 유럽연합과 같은 정치적 지역화의 확장(유럽연합 등), 글로벌 협약을 위한 초국적인 국민투표제의 사용, 국제법정의 강제적 관할, 새로운 국제적인 인권법원의 설립, 지역과 지구적 수준에서 새로운 경제적 조정기구의 설립, 효과적이며 책임성 있는 국제적인 군사력의 확립, 유엔 내 가칭 '경제사회안전보장이사회'의 설치 등을 들고 있다(D. Held 1995, 278~83; 1996, 353~360 참조). 장기적인 관점에서 보면, 다양한 정치, 경제, 사회 권력 영역에 적용되는 새로운 권리와 의무 헌장 제정을 포함하여, 지구적인 민주적 법의 확립, 다양한 지역, 국가들에 연결된 지구적 의회의 창설해야 한다. 또한, 공공 이슈 전반을 다루는 국제법원 설립, 전 지구적 수준에서 민중들의 의사를 묻는 지구촌 국민투표제도의 도입, 현재의 국제형사법정의 실질화를 포함하여 강제적 관할권을 갖는 지구촌 법치 질서의 확립, 지역적 수준이나 지구적 수준 등 초국민국가적 수준에서 국제적, 초국적인 경제기구들이 의회적 기구에 의한 공적 구속을 받도록 하고 이를 위한 초국가적인 경제적 조정기구를 설립해야 한다. 장기적으로 국제적인 평화유지군을 대체하는, 국민국가의 군사력이 부분적으로 위양되고 초국적인 군사적 통제권을 갖음으로써 국민국가 간의 전쟁체계를 초월케 하는 계기가 되는 지구촌적인 군사체계의 확립 등의 문제를 의제화하고 논의해야 한다고 생각된다.

나는 이러한 초국적 질서의 형성과정이─중장기적인 관점에서 보면─이미 진행되고 있는데, 단지 그것이 '위로부터' 진행되고 있을 뿐이라고 생각된다. 문제는 이러한 초국가적 질서가 민중들의 요구를 반영하는 형태가 되는 것은 아래로부터의 투쟁에 의해서 강제되는 과정을 밟도록 하는 것이다. 사실 초국가적 질서가 경제의 초국가화에 상응하여 형성되더라도 그것은 권력자의 요구에 부응하는 형태로 구체화된다. 그러나 국민국가의 민주주의의 진전과정을 보더라도, 민주주의의 확산, 경제에 대한 공적 규율 등은 사실 노동자계급의 투쟁 등 아래로부터의 투쟁에 의해 강제되는 과정을 밟았다. 마찬가지로 지구적 차원에서도 지난한 과정을 거쳐서 이러한 아래로부터의 투쟁이 결집될 때 비로소 초국가적 질서의 사회적·정치적 성격이 각인되는 식으로 나타나게 되리라고 생각된다. 이런 점에서, 아래로부터 그리고 약자의 입장에서 지구촌 민주주의를 형성시켜 가는 것은 약자의 인권과 권리를 옹호하기 위해서도 현 단계 지구화 시대에 회피할 수 없는 과제라고 할 것이다.

2) 국민국가적 차원에서의 민주주의의 재구축

둘째, 지구화와 관련하여 국민국가 민주주의의 내적 한계지점들 역시 영향을 받게 되기 때문에, 지구촌 민주주의 기제의 형성 노력과 함께 국민국가 민주주의의 내적 한계지점들을 적극적으로 극복하기 위한 새로운 노력들이 필요하다.

(1) 정체의 광역화에 따른 다층적인 대의 기제를

이와 관련하여, 먼저 직접 민주주의와 대의민주주의의 괴리와 관련하여, 국민국가 대의의 기제를 보완하는 다층적인 직접 민주주의적 기제가 필요하다는 점을 지적할 수 있다.

인류의 정치적 발전과정은 정체(polity)의 단위가 광역화되는 과정이었다. 이러한 광역화는 주권자와 대의자의 사회적 거리를 확장하고 그 결과 대의민주주의의 형식화를 동반하게 된다. 더구나 지구화는 국민국가의 통합과정에서 나타나는 것보다 훨씬 높은 수준에서 민주주의의 형식화를 동반할 수 있다. 헬드는 19세기와 20세기 근대 정치철학이 자유민주주의적 사고의 핵심에 투표자와 대의자, 대의자의 결정과 국민 사이의 조화로운 대칭적 관계를 상정하고 있다고 이야기하고 있다. 그러기 위해서는 동등한 권리를 갖는 시민들과 그들에 의해서 선출되는 대의자 간의 책임성(accountability)이 실현되어야 하고, 또한 의사결정의 결과가 국민들에게 미치는 과정에서 나타나는, 결과적 문제들이 회귀(feedback)되는 과정이 필요하다(David Held 1995, 224 참조). 지구적 차원에서도 이러한 메카니즘이 필요하다고 할 수 있다. 지구화에 따라 민주주의 정체의 범위를 광역화하게 되면서 투표자와 대의자 간, 투표자의 결정과 민중 간의 사회적 거리가 광역화하게 되는데, 이는 자신의 삶에 영향을 미치는 결정이 더욱 자신과 먼 지점에서 결정되면서도 자신들은 이러한 결정에 참여할 수 없다는 것이다. 민주주의의 실질화를 위해서는 보완적 기제들이 마련되어야 한다. 더구나 정체의 광역화는 한 개인에 대해서 다층적인 구속이 주어지게 되는 것을 의미한다. 자유주의에서의 오랜 이상은 개인이 부당한 제약을 받지 않고 자율을 실현하는 것을 기본 목표로 한다. 그러나 지구화로 인해 이러한 제약이 초국가적 수준에서, 즉 지역적 수준에서 그리고 지구적 수준에서 더욱 많아지게 된다. 이러한 초국가적 수준에서 개인의 자유와 자율을 제약하는 변수에 대한 적극적 규제가 없으면 국민국가 민주주의의 기본원리인 개인의 자유와 자율은 불가능하게 된다. 이런 점에서, 지구화의 맥락에서 민주주의의 실현을 위해서는 참여와 협의의 기제가 다층적으로 마련될 필요가 있다.

다행스럽게도 앞에서 서술한 대로, 대의민주주의에 도전하는 시민사회의 힘이 강화되어 왔고 민중들의 다층적인 주체화가 진전되어 왔다. 이에 부응하기 위해서도 시구화에 따라서 국민국가를 넘는 힘에 대해서 지구촌 민주주의의 형성을 통해서 민중적 참여가 이루어져야 함과 동시에, 국민국가의 프레임 내에서도 직접 민주주의적 요소를 강화하기 위한 노력이 필요하다.

그러한 것들의 예로서는, 현재 근대적 대의민주주의에서 보장하고 있는 국민투표와 소환제도, 발의제도 등 직접 민주주의적 통로를 '예외적인' 것이

아니라 정상적인 것으로 활용할 수 있어야 할 것이다. 예컨대 소환제도는
선출된 대의자를 시민사회가 일상적으로 통제하는 운동이 될 수 있을 것이
다. 이러한 소환제도는 중앙정부적 수준과 함께 지방자치제의 수준에서도
광범위하게 도입하고 국민투표제도도 주민투표제도와 함께 그 적용범위를
확대하는 것과 함께 폭넓게 활용될 수 있도록 해야 할 것이다[20]. 직접 민주
주의적 기제의 대표적인 것은 민이 자신의 대표에 대해서 다층적인 수준에
서 다양한 통로를 통해 직접적인 영향력을 행사하는 것이라고 할 때, 투표,
소환, 발의 외에도 직접적인 참여의 기제를 확대할 필요가 있다[21]. 국민국가
의 민주주의에서는 투표, 소환, 발의 등의 경우에도 그것이 '중대한 사안'으
로 한정하는 한계를 설정하고 있다. 그러나 이러한 한계는 더욱 낮아져야
한다. 국가기관이나 지방자치단체, 정당 등 권력기관 등의 권력행위, 정책시
행행위에 대해서, 주민들의 삶에 광범위한 영향을 미치는 경우에는, 다양한
기제로 주민들이 자신의 의사를 표현하는 기제를 만들어야 한다. 시민포럼
(civil forum) 같은 형태로 민중들이 직접 참여할 수도 있을 수 있으며, 각종
위원회 같은 형태로도 참여가 이루어질 수 있을 것이다[22].

---

20) Philip Resnick(1984)은 지역공동체의 수준에서 월례민회, 주민투표, 주민발의와 같은
   식의 직접 참여제도를 활성화하는 방식을 통해서, 대의민주주의와 직접 민주주의를
   공존케 하는 방식을 제안하고 있다(Parliaments vs. People, Vancouver, New Star Books).
   시민포럼 형태의 직접 민주주의적인 참여의 시도로서, 2001년 주 선거에서 집권자유당
   이 57.6%의 정당득표를 했음에도 불구하고 97%(77석)을 차지하게 되는 불균형이 나타
   나게 된 것을 계기로 160여명으로 구성된 시민의회(BC Citizens' Assembly)를 구성하여
   (http://www.citizensassembly.bc.ca), 현재의 다수득표자 제도(FPTP, First-Past-The- Point)
   를 단일전환선거제(single transferable vote) 방식의 투표방식을 제안하여 2005년 5월
   주민투표에 부치는 활동을 전개한 바 있다. STV에 대해서는 Benjamin Reilly(2001, 18∼
   19) 참조.
21) 후에 파리꼬뮨으로 이어지는, 직접 민주주의적 이상이 프랑스대혁명 당시에는 상뀔로드
   집단 등에 의해 급진적인 방식의 직접 민주주의 요구들이 제시된 바 있다. 예컨대 대표
   들이 제안한 법을 민중들이 민중의회에서 결정하는 것, 민중들이 대의자를 통제하고
   소환할 수 있는 권리를 갖는 것, 민중들이 신원(伸寃)자가 아니라 주권적 기구의 한
   성원으로서 대의자나 꼬뮨의 행정적 대변자와 함께 심의에 참여할 수 있는 것, 반란의
   권리가 신성한 것으로 인정되는 것 등이다(Philip Resnick 1997, 78).
22) 직접 민주주의적 기제에 대한 다른 나라의 사례에 대해서는 J. F. Zimmerman(1986);

대의민주주의의 한계를 보완하는 또 하나의 노력은, 대의민주주의 하에서 제도적 위임기관뿐만 아니라 시민사회 조직들을 비제도적인 위임기구로서 인정하고 활동하도록 하는 노력이 필요할 것이다. 사회적 차별을 감시하고, 직접 민주주의의적 특성을 실현하는 것은, 선거를 통한 위임뿐만 아니라 일상적으로 위임기관들을 자발적으로 감시하는 여러 시민사회의 기구들의 활동을 통해서 가능하게 된다. 이를 위해서는 이러한 기구들의 대의적 성격을 인정할 수 있어야 한다. 이들이 물론 영이 이야기하는 것처럼 대의기관이나 국가기관을 대체할 수는 없지만(2000, 180~188 참조), 대의기관들이 대의의 실질화와 투표자들의 의사에 일상적으로 긴박되도록 하는 데 있어서 이러한 시민사회기구들의 역할은 대단히 중요하게 된다. 이를 위해서 이른바 '헝가리 모델'과 같이 국민들이 세금을 낼 때, 세금의 일정 부분을 자발적으로 선택하여 시민사회의 권력감시기구들에 기부할 수 있도록 하는 방안도 가능할 것이다. 국고에 의해서 선거공영제가 이루어지는 것과 마찬가지로, 국민들이 자신들이 선출한 대의기관을 일상적으로 감시할 기구에 대해서 공적으로 지원할 수 있는 제도를 만드는 것은 중요한 하나의 예라고 할 수 있겠다.

나아가 다양한 사회집단들이 제도정치의 장에서 차별화된 대표성을, 그리고 그 내부에서도 분화된 대표성을 실현할 수 있도록 하는 장치들이 필요하다. 이런 점에서는 예컨대 노동자들이 다층적인 수준에서 자주적 결정, 자율적 결정에 참여할 수 있는 구조를 만드는 것이 필요하다. 노동자 자주관리의 제도들, 외국인 노동자 밀집지역에서 외국인 노동자들이 시역 의사결정에 참여하는 것 등 다양한 방식이 실험될 수 있다.

(2) 국경을 넘는 시민권

다음으로 정치적 민주주의와 사회적 민주주의의 관계, 혹은 민주주의와

P. Boyer(1992) 참조.

사회적 차별과의 관계이다. 지구적인 차원에서 정치적 공동체를 구체화해가야 한다고 하면, 국민국가의 차원에서도 새로운 도전들이 나타나게 된다. 그러한 도전과 그에 따른 과제는 두 가지를 포함하는데, 첫째, 새로운 진입집단—인종, 종교, 종족, 역사, 문화 진입자들—으로 인하여 국민국가의 정치공동체가 사회적으로 위계화하는 상황에 어떻게 대응할 것인가 하는 점이다. 국민국가의 민주주의의 진보의 새로운 과제는 바로 이러한 이질화되는 국민국가적 사회를 국민국가가 성취한 평등과 민주주의, 시민권의 수준에 맞추어 평등화하는 것을 핵심적으로 포함한다. 둘째, 민중의 주체화에 따라 기존에 문제가 되지 않았던 사회적 차별이 더욱 폭넓게 문제시되는 만큼 이러한 차별과 독점의 구조를 상응한 방식으로 민주화시켜가는 것이 필요하다는 것이다.

첫 번째 문제와 관련하여, 지구화에 따라 새로운 하위 구성집단들이 존재하게 되는 상황에서 민주주의가 사회적 차별을 극복하는 힘으로 작용하도록 하기 위해서는 시민권의 초국경적 확장이 필요하다. 이것은 지구화에 따라 초국경적 인구 이동이 증대하고 그 결과 불가피하게 구성원들의 차이가 증대되는 것에 대하여 국민국가 민주주의가 어떻게 변화되어야 하는가 하는 점이다. 앞서 서술한 것처럼, 국민국가들 자체가 사실 동질적인 지역공동체가 광역의 국가적 공동체로 통합하는 과정이었고, 이는 이질성의 증대 혹은 이질적 공동체로의 전화 과정이었다. 여기서 역으로 그 이질성—인종, 지역, 종교 등—을 가로지르는, 또한 이질적인 공동체 구성원을 동등하게 대우하는—그래서 통합하는 계기가 되는—시민권이 중요하게 되었다. 이런 점을 연장해 보면, 지구화의 과정은 국민국가적 통합과정을 뛰어넘는 이질성의 증대과정이고 이질성 간의 충돌이 증대되는 과정이다. 이것은 포스트-냉전 시대에 더 큰 지구적 갈등—이른바 '문명충돌'을 포함하여—이 출현하게 되는 것에서도 확인된다. 이런 점에서도 정체의 광역화에 따르는, 그리하여 구성원의 이질성이 증대하는 조건에 대응하는 동질화의 보편적인 기준이 설정될 필요가 있다. 이는 지구화 시대의 갈등을 축소하기 이질적인 지구적인 정치공동체의 구성원들을 통합하기 위해서도 필요하다. 이러한 점은 지구화에 따라 복합적인 요소들이 집결되는 공간적 장에서는 더욱 절박한 과제가 된다.

지구화는 이런 점에서 국민국가 민주주의에 대한 도전으로 된다. 영이 분화된 연대성 혹은 차이를 전제로 한 연대성을 강조하는 것도 그런 의미가 된다(2000, 221~228 참조). 지구화에 따른 이러한 이질화는, 국민국가 내에서 투쟁을 통해서 획득해온 사회적 차별을 위한 다양한 상쇄기제들이 민족적 동질성을 갖는 집단 내에만 한정되는 결과를 가져오게 된다. 즉, 외국인 노동자는 자신이 일하는 사회의 민주주의의 대상이 아니게 된다. 이러한 상황은 결과적으로 지구화 시대에 국민국가의 민주주의가 시민권을 공유하는 패권적 민족집단 내부의 민주주의로 전락하게 됨을 의미한다. 미국의 민주주의가 백인만의 민주주의로 전락하는 것도 이와 같다. 이것은 시민권이 근대화의 맥락에서 이질적인 국민국가 구성원 모두에 적용되는 보편적인 권리와 의무체계였던 것에 비하면, 앞서 서술하였듯이 이제 시민권이 '배제의 범주'로 작용하게 됨을 의미한다. 이런 점에서 지구화의 맥락에서 어떻게 소수자의 권리들을 확장할 것인가 하는 점이 문제로 된다. 하버마스가 이야기하는 것처럼 "현존 자유민주주의에서 권리규정은 고정된 것이 아니라, 의사소통 과정을 통하여 규범적 요구를 현실의 실제적인 논리에 관철시키거나 후자를 전자의 관점에서 변화시켜가는 과정이 현대 민주주의의 협의적 성격"(Jurgen Habermas 1998, 1장 참조)[23]이라고 판단해야 할 것이나.

(3) 단일국적주의를 넘어서

이런 점에서 지구화 시대에 국민국가 민주주의는 바로 이러한 점을 보완

---

23) 하버마스가 자신의 책을 사실과 규범의 사이에서, 즉 사실성과 타당성 사이라고 명명한 것도 바로 이 때문이다.

하는 여러 가지 기제를 만들어야 한다. 국민국가의 민주주의를 구성하는 의사결정의 다층적인 수준에 새로운 사회적 외(外)집단이 어떻게 참여할 수 있도록 할 것인가는 중요한 문제로 된다. 이를 위해서는 이들이 자신들이 일하고 존재하는 국민국가의 새로운 의미의 구성원이라는 것이 받아들여질 필요가 있다. 이런 점에서 시민권을 국민국가와 배타적으로 결부시키는 시각은 이제 극복되어야 하고, 외국인 노동자들, 외국인 정주자들이 자기가 위치한 공간적 영토 내에서 민주주의적 과정에 참여할 수 있는 권리가 주어져야 한다. 지구화 시대의 민주주의는 '차이의 도전'에 직면하고 있다고 할 수 있다. 시민권은 이런 점에서 '보편적인 인권'과 '차이의 권리'를 내포하는 것으로 확장되어야 한다(Muarice Mullard 2004, Ch. 3 참조). 이런 점에서 "다양성이 더욱 관용되고 정치적 공동체의 독립성과 차별성이 도덕적 가치로서 존중되고, 그러한 공동체 사이의 불완전하지만 평화로운 관계가 가능하도록 하기 위해서는, 주권적 존재들이 순치된 세계(K. J. Holsti 2004, 323 참조)가 불가피하다고 생각된다." 국민국가가 기본적으로 '동일성의 독재'의 위험성을 내포하고 있었다면, 지구화 시대에 민주주의의 발전을 위해서는 차이의 법적 인정이 국내 민주주의의 틀 내에 내재화되어야 한다. '법 앞에서의 만인의 평등'이 국경이라는 한계를 넘지 못한다면, 법 앞에서 일부는 평등하고 일부는 불평등하게 된다. 이제 시민권의 개념은 특정한 국민국가의 구성원에게 특정한 권리와 의무를 부여하는 협소한 개념으로부터, 개인들의 삶의 요구와 이해에 영향을 미치는 상호연계된 의사결정영역에서의 동등한 권리와 의무를 갖는 세계질서의 대안적 원칙으로 확장되어 이해될 필요가 있다(D. Held 2004, 114~116 참조). "시민권을 가질 수 있는 기회는 이제 사람들이 중대한 연관성을 가지고 있는 모든 정치공동체에까지 확장되어야 한다." 자신들의 삶에 영향을 미치는 조건을 결정하는데 자유롭고 평등하게 참여할 수 있어야 하고, 이는 작은 도시로부터 지구적 조직체에까지 적용되어야 한다. 이런 점에서 국민국가의 시민권과 지구촌 시민권은 하나의 연속체를 형성하는 것으로 파악되어야 한다(J. Habermas 1996, 514~515 참조)[24]. 이렇게 본다면 지구화의 맥락에서 근대적 시민권의 개념은 지구적 시민권으로 확장될 필요가 있다고 하겠다. 지구화 시대의 갈등과 충돌의 극복을 위해서도, 지구화 시대 공존가능성을 증대시키기 위해서도, 국가적 차이에도 불구하고 보편적 인간으로서의 권리가 존중되고 동등한 권리와 의무를 갖는 지구적 시민권 문제를 사고할 필요가 있다. 사회운동적 측면에서도 이는 대단히 중요한 의의를 갖는다. 즉, 네그리와 하트의 표현으로 하면, 세계를 분할하는 선이 민족국가적 경계를 따라 작동하지 않는 상황에서, 그 결과 국지적 저항전략 혹은 민족주의적 저항전략의 실효성이 약화되는 상황에서, 그리고 복수성과 구성적 저항성을 갖는 다중이 출현하고 있는 상황에서, 전 지구적 시민권은 제국의 새로운 복수적인 저항주체로서의 다중(多衆)이 공간적 한계를 넘어서, 자신을 정치적 주체로 조직화하기 위한 과정이자 그것의 조건을 만드는 요구이며, "탈근대성의 조건 속에서, 근대의 근본적인 헌법원리—권리와 노동을 연결하고 자본을 창조하는 노동자에게 시민권으로 보상하는 그러한 근대적 원리—를 주장하는 것이다"(2001, 506 참조).

이와 같이 보편적 인권과 차이의 권리를 기초로 하는 지구적 시민권으로 가는 과도기에 일차적으로 우리는 단일국적주의를 넘어서서 이중 정체성, 삼중 정체성을 적극적으로 사고하는 고민이 필요하다. 그렇게 되면 정체성의 법적 표현으로서의 '이중 국적', '삼중 국적' 문제도 제기될 것이다[25].

---

24) 하버마스는—비록 구조적 제한성을 가지고 있지만—자유민주주의를 소수자의 권리가 헌법적으로 보장되고 있는 권리의 체계로 보고 있는데, 이러한 체계의 내재적인 속성을 급진적으로 확장하는 것을 통해서, 공공영역에서의 공론형성이 왜곡되는 것을 막고, 자유민주주의의 틀 내에서라도 시민의 권리를 확장하는 것이 가능하다고 보고 있다.
25) 실제적인 이중 국적 문제에 대해서는 최경보(2001) 참조. 여기서는 국적 문제의 실무적인 차원보다는, 정치철학적 견지에서 지구화에 대응하는 국적 혹은 국민국가적 시민권의 상대화와 넘어서기라는 차원에서 문제 제기를 하는 것이다. 캐나다에는 Zainichi라는 재일교포 중에서 캐나다로 이주한 한 그룹이 존재한다. 일본적 정체성, 한국적 정체성, 그리고 캐나다적 정체성이 공존하는 이런 경우는 이미 근대 국민국가의 정체성의 일치

물론 이것은 민주주의 원리의 지구적 확장이라는 차원에서 검토되어야 한다. 이것은 한국이라는 영토에 거주하는 외국인 정주민들을 '권리 주체'로—물론 권리의 주체로 받아들이는 것은 '의무 주체'로 받아들이는 것과 동시에 진행된다—받아들이는 문제로 바라보아야 한다. 그동안 국적이나 시민권은 일정한 공간적 거주와 혈통적 동일성이 일치하는 것을 의미하였다. 그러나 이것은 우리 모두가 경험하듯이 지구화의 맥락에서는 불일치된다.

한국 사회에서는 이중 국적은 상류층이 미국 국적 등을 취득하여 병역을 기피하는 수단으로 활용하는 문제로만 바라보고 있다. 실제 한국 사회에서는 이중 국적이나 삼중 국적 그 자체보다는, 우리 사회의 상류층이 이를 악용하여 병역 회피 등 자신이 속한 사회의 '의무'를 수행하지 않으려는 '회피용'으로 악용하는 경우 때문에 문제가 된다. 물론 이에는 적절한 대책이 필요할 것이다. 그러나 병역회피라는 '일탈적' 부대현상에 의해서 국적의 '절대화'의 방향으로 가서는 안 된다. 병역 회피[26]의 문제에만 집중하여

―거주지역, 인종 혹은 민족, 언어, 국적의 일치―가 존재하지 않는 것을 의미한다. 주지하다시피 유럽연합의 구성으로 국민국가의 정체성 외에 유럽적 정체성이 출현하고 있고, 그것을 상징화하기 위한 다양한 역사적·문화적 자원이 동원되고 있다. 아시아의 민중들의 경우 '아시아적 정체성'이 민족적 정체성과 함께 적극적으로 강화될 수도 있다. 그러나 많은 아시아―특히 동아시아―나라들의 국민들은 '지역적 정체성'을 갖기보다는, 개별 나라별로 미국에 지적·문화적으로 통합되어 '친미적 정체성'이 강하게 존재하는 것이 현실이다. 어떤 점에서 아시아적 정체성은 미국패권적 질서 속에서 주변화되고 있다. 물론 일본이 전쟁 전에 동원하였던 '대동아공영권적 정체성'이나 중화주의적 정체성이 아닌, 아래로부터 국경을 넘어서서 형성되는 진보적인 아시아적 정체성이 사고될 수도 있다(Cho, Hee Yeon 2004 참조). 물론 단기적인 것은 아니며 현재로서는 '상상'의 영역에 속하지만, 유럽연합과 같은 아시아공동체가 만들어질 경우 아시아적 정체성이나 아시아 구성원으로서의 초국경적 권리와 의무와 같은 이슈들이 제기될 수도 있을 것이다.
26) 사실 한국에서 한국 남성의 유일한 평등성이 확인되는 것은 험한 군대생활 경험이다. 거기서 3년 썩는 것은 누구에게도 보편적으로 적용되는 의무가 된다. 이런 점에서 이중 국적을 통해서 병역을 회피하는 것에 대해서 강력한 거부감이 있다. 그러나 군복무의 '평등성'을 유지하는 방향에서만 사고하는 것은 현재의 군복무제도의 진보적 개혁을 간과하는 것이 된다. 현재의 병역제도 자체의 문제, 그것을 유지시키는 남북 간의 군사적 대결구조의 문제 등 보다 진보적인 방향에서 현재의 병역제도의 개혁을 사고해야 할 것이다. 이런 점에서도 나는 한국 군대문화가 곧 한국의 지배적 문화와 일체화되는 것을 극복하기 위해서도, 모병제가 갖는 '군 복무의 계급적 선택화'라는 단점에도 불구

국적의 폐쇄성을 당연시하는 인식으로 가서는 안 된다고 생각된다. 그리고 병역이라는 것도 남북 간 군사적 대결구조, 전 지구적 전쟁구조의 개혁이라는 맥락에서 바라보아야 한다. 이런 점에서 남북 간의 전면적인 군축, 개병제의 모병제로의 전환, 양심적 병역 거부의 인정 등의 새로운 프레임 속에서, 지구화 시대에 민족주의적 폐쇄성을 넘어설 것인가 하는 고민을 해보아야 한다. 이것의 상징적인 쟁점이 이중 국적 혹은 상징적으로 삼중 국적의 문제일 수도 있다.

그러나 사실 이중 국적 문제는 상류층의 문제보다 더욱 중요하게는 우리가 혈통적 순수성에 대한 폐쇄적 자세를 넘어서서, 한국 사회에 진입하려는, 혹은 한국이라는 영토에 거주하는 외국인들을 '권리의 주체'로 받아들여야 하는 문제를 내포하고 있다. 즉, 한국이라는 영토 속에 거주하는 외국인 노동자를 포함하는 외국 출신 정주민(定住民)에게 국적 혹은 준(準)국적을 허용하는 문제로 된다. 이에 대해서 우리와 동일한 혈통주의적 원칙을 채택하고 있는(오윤경 외 2001, 211~217 참조)─우리가 그 폐쇄성을 비판하는─일본보다도 더욱 폐쇄적이다. 일본인들이 재일교포에게 참정권을 거부하고 여러 가지 차별을 행하는 것에 대해서는 분노하면서, 우리 스스로가 외국인 노동자와 외국인 정주민에게 갖는 배타성과 거부성을 성찰하지 못하는 것이 우리의 솔직한 현실이다. 이 점에서 '혈통적 순수성'을 부각시키는 우리의 민족적 자부심도 성찰해 볼 필요가 있다[27]. 약소국 시절에 우리의 혈통적 순수성에 대한 집착은 약소민족의 권리를 지키는 방어적 단결의

───────────────

하고 모병제의 문제를 적극적으로 검토할 때가 왔다고 생각한다.

[27] 이 점에서 한국이 이미 세계 체제 상에서 일정 측면에서 약소국이면서 동시에 중간 '수탈국'의 지위에 있다는 인식이 필요하다. 한국민이 일본이 재일교포에게 참정권을 부여하지 않는 것을 비판하면서 외국 출신 정주민에게는 참정권과 시민권을 부여하기에 대단히 배타적이라는 것은 우리가 성찰해 볼 지점이다. 일본 국민의 폐쇄성에 비해서 한국민이 타민족에 대해서 얼마나 개방성을 가질 수 있느냐는 도전에 한국이 처해 있다고 생각된다. 이런 점에서 지구화 시대에 '역지사지'의 성찰력이 필요하다고 생각한다.

성격이 강하였다. 그러나 지금은 우리보다 약소국에 속한 외국 출신의 정주민을 배제하는 계기로 작용하고 있다. 물론 한국 민주주의의 의사결정 수준이 다양하기 때문에 중단기적으로 어느 수준에 참여하도록 할 것인가 하는 문제는 현실적 검토를 요하는 것도 사실이다. 그러나 지구화의 맥락에서 자신이 정주하는 공간에서 이루어지는 정치적 결정에 민주주의의 이름으로 참정권을 가지는 것이 바로 지구촌 민주주의의 기본 정신이라고 할 수 있다. 이런 점에서 지방자치체 수준의 의사결정에서부터 중앙정부 수준의 결정에 이르기까지 점차 참여가 확대되는 방향에서 정주 시민권의 문제를 중단기적으로 적극 검토해 볼 필요가 있다. 앞서 지적한 대로 민주주의의 '경계'를 확장하여 그 경계 내에 존재하는 이질적인 구성원들을 '권리의 주체'로 수용하려는 적극적인 논의가 필요하다.

외국인 노동자 문제와 관련하여, 현재의 지구화의 맥락에서 자본이 요구하는 노동의 초국경적 이동은 합법화되지만 노동의 자발적인 초국경적 이동은 불법이 된다. '고용허가'라는 이름으로 자본이 요구하는 노동은 통제된 상황에서의 합법적 이동이 되지만, 자본이 요구하지 않는 노동의 활동과 노동은 불법이 된다. 사실 이것은 이미 지구화의 맥락에서 보편적 적용성을 가지는 권리적용이 차별적으로 적용되고 있음을 의미한다. 비록 강자에 의한 악용에도 불구하고 현재의 국민국가적 정체성—혹은 법률적으로는 국적—은 상대화될 필요가 있으며, 시민권이라는 이름으로 정식화된 권리는 초국경적 권리로 확장되어야 한다[28]. 사실 상층만이 '악용'하거나 '향유'하는 권리를 하층에게도 보편적으로 확대하는 것이 근대 이후의 권리투쟁이었음을 상기할 수 있다. 설령 국적문제는 현실적인 복잡성을 수반하기 때문에

28) 이라크 파병반대운동 과정에서 임영신 등 이라크반전평화팀의 일원이 한 때 '국적 포기 의사'를 언급한 적이 있다. 현재의 지구화된 세계에서 국적이 없이 사는 모습은 어떤 모습일까를 생각해 보자. 물론 상징적인 의미를 갖는 것이지만, 국적의 상대화를 의미하는 상징성을 갖는 것이라고 생각한다. 불법 체류 외국인 노동자의 축출을 반대하기 위한 국내 활동가들의 노력 속에는 이미 국적을 넘는, 초국경적인 연대성이 존재한다. 나는 국적을 넘는 이러한 지구적 연대성이 확장되어야 한다고 생각한다.

보다 신중한 검토가 필요하다고 생각하는 경우라도—국적이라고 하는 법적 차원을 뛰어넘어—폐쇄적인 국민국가적 정체성을 넘어서기 위해서도 이중 정체성이나 삼중정체성은 부정적으로 보기보다는 오히려 권장되어야 할 것으로 생각된다.

두 번째와 관련하여, 새롭게 쟁점화되는 다양한 사회적 차별들이 민주주의에 의해 보완되는 다양한 기제들이 만들어져야 한다. 패권적인 사회적 집단이 공식적인 방식을 통해서건—국가를 통해서—비공식적인 방법을 통해서건, 차별을 유지하고 이 차별의 구조를 통해서 기득권을 향유하는 구조가 성찰되고 보완, 극복되는 일상적인 기제를 만들어야 한다. 근대 국민국가는 시민권적 평등이 보장되면서 실질적인 차원에서, 혹은 비공식적인 차원에서 사회적 차별이 유지되는 방식으로 작용되어 왔다. 그러나 지구화에 의해서 수반되는 사회적 권력관계의 변화는 지구적 정치의 결과가 다양한 방식으로 전개될 가능성도 동시에 열어놓고 있다(Don Kalb 2000,. 16 참조).

이런 점에서 두 가지 필요하다고 생각된다. 하나는 패권적인 사회적 집단에게 주어지는 '사회적 독점'이 정기적으로 검토되면서 그것이 보완되는 기제를 만들어야 한다는 것이다. 예컨대 국가인권위원회 같은 기구의 의제가 확대되어 이러한 것이 이루어질 수도 있을 것이며 별도의 국가적 위원회가 만들어질 수도 있을 것이다. 이를 통해 기득권 구조가 쟁점화되고 구속력을 가지고 정정되는 기제가 만들어져야 한다. 그런 점에서 경제적 독점과는 구별되는 사회적 독점의 균열도 중요한 민주주의의 의제가 되어야 한다. 물론 사회적 독점은 경제적 독점과 결합되어 있다. 그러나 성, 종교, 지역, 학벌 등 다양한 사회적 분할 기준을 경계로 하여 존재하는 사회적 독점의 성찰과 극복이 경제적 독점에 대한 극복과 함께 중요한 민주주의의 의제로 간주되어야 한다[29].

---

29) 생활세계에서 다양한 방식으로 사회적 독점이 출현하고 이는 사회적 차별을 재생산하는 기제가 된다. 학벌을 중심으로 하는 사회적 독점도 생각할 수 있다. 예컨대 서울대

다음으로 약자 집단들이 비례대표제나 쿼터제 등을 통해서 대표성이 보완되는 기제들을 만들어야 한다는 것이다. 대의성이 정치의 장에서 확보되도록 하는 조치가 필요하다. 쿼터제는 이런 점에서 대단히 중요하다. 사회적 약자집단으로서 새로운 외국인 노동자 정주민 같은 경우, 시민권으로 배제하는 것이 아니라, 정치의 장에서 이들이 대표되는 기제를 만들어야 한다. 이것은 시민권의 초국경적 확장의 맥락에서 보완되어 갈 수 있다.

세 번째로 지구화의 맥락에서 정치적 민주주의와 경제적 민주주의의 관계, 자본주의와 민주주의의 관계가 어떻게 재설정되어야 할 것인가 하는 문제를 보기로 하자. 지구화의 맥락에서 자본주의와 민주주의의 관계, 시장과 민주주의의 관계는 새로운 도전을 받고 있다고 생각된다. 지구화는 자본주의와 민주주의의 관계에서, 이른바 '신자유주의'적인 효과를 가져오는데, 이는 전자의 힘을 강화시키는 것으로 나타나게 된다. 이러한 도전 속에서, 국민국가의 민주주의를 지구화의 맥락에서 심화시키기 위해서는 여러 가지 과제들이 실현되도록 해야 한다.

(4) 지구적 차원에서 자본주의에 대한 공적 규제

현재의 세계화는 과거의 국민국가체제를 전제로 한 글로벌 체제를 무력화시키면서 '1달러 1표주의'(one dollar-one vote)에 기초한―WTO로 대표되는―지구적 자유무역질서가 출현하고 있으며, IMF나 세계은행 같은 초국적인 경제조직들이 정치적·사회적 규제를 받지 않으면서―국민국가체제의 이완과 초국민국가적 체제의 과도기에―자신의 논리를 관철시켜 가고 있다[30].

입학은 학업의 수월성에 대한 정당한 보상의 성격을 넘어서서, 이미 무수한 기득권과 연결된 사회적 독점 범주에 참여하는 것이 된다. 각종 사회적 자격증이 역으로 신규자의 진입을 원천적으로 제어하는 사회적 독점기제로 작용하는 경우도 많다. 지방분권도 이러한 맥락에서 중요한 의미를 갖는다.
30) IMF 같은 조직이 바로 대표적으로 투자지분에 따라서 결정권을 갖는 대표적으로 반민

이런 속에서, 앞서 서술하였듯이 국민국가 내부에서 경제적 차원으로 확장되었던 민주주의는 역진(逆進)하거나 무력화의 위험에 노출되어 있다. 현재 지구화는 국민국가 내부에서 자본주의와 시장에 대한 공적 규제들을 무력화시키면서, '자유시장주의'적 방향으로 국민국가의 내부 관계를 변화시키고 있다. 지구화는 국가정책을 시민에 의한 민주적 의사결정의 대상이 되게 만들었던 것을 해체시키고 있다. 나아가 앞서 서술한 대로, 자본운동의 '탈영토화'는 역으로 국민국가들 내에서 조성된 공적 규제장치를 철회하고 오히려 친자본적, 친시장적 정책을 국민국가에 강요하고 있다. 어떤 이는 이를 '어떻게 지구화로부터 민주주의를 구출할 수 있을 것인가'라는 물음으로 표현한다(Claude Ake 1997, 282~296 참조).

이런 점에서 국민국가에서 발전되어 온 자본주의와 민주주의의 균형, 더 나아가 민주주의의 심화는 바로 이러한 자본운동에 대한 초국경적 프레임을 발전시키지 않으면 안 된다. 현재 국민국가적 편제 속에서 허점이 존재하는 영역에서 자본은 여러 가지 특혜—예컨대 자본이득에 대해 어떤 세금도 내지 않는다던가 하는 식으로—를 누리고 있다. 이는 현재의 경제적 차원에서의 글로벌 거버넌스에 심대한 문제점이 있다는 것을 의미한다. 현재의 경제적 지구화의 과정을 보게 되면, 경제적 지구화가 세계무역기구와 같은 형태로 자유시장주의적인 경제적 흐름을 촉진하는 형태로 나타나고 있는데, 이것의 파괴적 결과가 주체할 수 없는 상황으로 가고 그래서 정치적 규율이 불가피하게—경제의 존립을 위해서도—필요한 상황이 나타나게 되리라고 생각된다. 주지하다시피 글로벌 거버넌스와 관련해서, 효율성만 중시되지 책임성은 전혀 고려되지 않는 상황으로 전개되고 있다. 글로벌 경제운용에 있어서도 예컨대 세계무역의 거버넌스가 공적 감시를 받지 않고 있으며, 다양한 이해당사자들—이해당사자 자본주의의 관점에서 보더라도—의 관심이 WTO 같은 조직에 반영되지 않고 있으며, 국내적 민주주의에 존재하는

주주의적인 조직이다.

약자적 참여자들에 대한 배려가 전혀 존재하지 않고 순전히 경제적 정글의 논리로만 작동하고 있다(Patrizia Nanze and Jens Steffek, 2005 참조). 세계은행에 직접 근무했던 스티글리츠(Joseph Stiglitz)같은 학자들도 책임성의 관점에서 IMF와 세계은행—그 중에서도 특히 IMF—의 문제점을 지적하면서 운영양식의 전환, 권한과 의제의 재조정, 거버넌스의 민주화 등의 개혁을 주장하기도 하고 있다(Joseph Stiglitz 2003, 111~139 참조)[31].

이러한 자본운동에 대한 사회적 규제는, 가까이는 토빈세와 같이 초국경적 금융자본 이동에 대해서 세금을 물리는 것에서부터, 제3세계의 외채를 탕감한다거나 하는 노력으로도 나타날 수 있다[32]. 국제투기자본의 이동에 대해서 어떤 형태로든 초국경적 규제가 필요하다는 것은 반세계화운동을 통해서 광범위하게 쟁점화된 바 있다. 현존 경제적 지구화에 대한 공적 규제는 무역, 원조, 새로운 세수의 흐름(revenue), 금융, 다국적기업의 활동 등 전반에 걸쳐서 이루어져야 한다. 이러한 대책은 기본적으로는 지구적인 자유시장주의를 선도하고 있는 WTO의 해체적 재편과 함께 가야 할 것이다. 현재와 같이 세계무역기구, 세계은행이나 IMF와 같은 조직들이 글로벌 거버넌스의 중심이 되어서는 안 된다. 만일 유엔총회 같은 것이 더욱 강화된다

---

31) 지구화에 대한 적극적 찬성론자인 바그와티는 "지구화가 국민국가 내의 민주적 정책선택에 참여하는 시민들의 능력을 약화"시킴으로써 후진국의 민주주의에 부정적 영향을 미친다는 견해에 반대하여, 지구화는 인구와 사상의 더욱 자유로운 이동(freer mobility of people and idea)—특히 민주주의 가치의 확산 등—을 수반하고, 무역과 투자의 확산 속에서 후진국 엘리트들로 하여금 더욱 더 민주주의와 접하게 되고 민주주의에 대한 요구를 촉진하게 되며, 외국에서의 교육, TV 등을 통한 정보의 확산이 후진국에서의 여러 주변적 집단을 더욱 각성된 집단이 되도록 하기 때문에, 지구화는 민주주의에 긍정적 영향을 미친다고 주장하고 있다(Jagdish Bhagwati 1997 참조). 바그와티는 더 나아가 반세계화 운동이 주장하는 것처럼 "지구화가 인간적 얼굴을 결여하고 있다"라는 견해는 잘못되었다고 주장하면서, "지구화는 긍정적이다. 그러나 충분히 긍정적이지 않다"(ch. 3)라고 말하고 있다. 그러면서도 지구화를 더욱 잘 작동하도록 하기 위해서도 제도적인 안전장치들이 필요하다고 하면서, 구조조정 지원, WTO에서의 분쟁 조절 기제의 보완, 농업분야의 불안정성 보완, 경제적 불안정성에 따른 국내적인 제도적 보완(Jagdish Bhagwati 2004, 231~239 참조).
32) 글로벌 거버넌스의 이슈들에 대해서는 주성수(2000) 참조. 또한 반세계화운동의 글로벌 거버넌스 이슈로는 조희연(2004a, 2부 7장) 참조.

면, 세계은행, IMF, 세계무역기구와 같은 조직들의 거시적 조정권을 가질 수 있을 것이다. 예컨대 UN 경제사회이사회가 강화되어 안전보장이사회와 같이 국제경제 및 금융에 대해서 통제권을 갖는 것도 생각해 볼 수 있을 것이다[33]. 물론 이러한 과정에서 기업의 책임성을 강화하기 위한 조치들도 강화되어야 할 것이다. 모든 정부들이 다국적 기업들의 투자기회를 확대하도록 다양한 압력을 받고 있는데, 그에 상응하는 책임성에 대한 언급은 없다. 다국적 기업은 현존 국제법의 관할을 벗어나 아무런 의무를 이수하지 않은 채 이윤만을 향유하고 있는데도 말이다. 이런 점에서 인권, 노동, 환경 등에 대한 구체적인 요구를 담은 기업의 책임성을 규정하는 국제적인 규약 같은 것도 가능할 것이다[34].

(5) 지구화의 부정적 영향을 상쇄하는 국내적 조치들

다음으로, 이러한 국제적 규제조치의 마련과 함께, 지구화의 부정적 영향을 상쇄하는 국내적 조치들이 필요하다. 기존의 국민국가적 투쟁을 통해서 확립된 경제적 평등화가 지구화에 의해서 역전되는 양상이 나타나고 있는

---

33) 2004년 4월 1일 발표된 ''(또 다른 세계를 가능하도록 하기 위한 국제기구체계의 개혁)은 다음과 같이 말하고 있다. "현재 여러 부문에서 광범한 지지를 받고 있는 제안에 따르면, 유엔 경제사회이사회를 변화시켜 각종 유엔 기구들, 프로그램, 브레튼 우즈 기구들, WTO에 대해서 효과적인 통제권을 갖는 경제사회환경안전보장이사회(Economic, Social and Environmental Security Council)를 만드는 것, IMF와 세계은행의 경우 설립 당시의 원래 과제들(IMF의 경우 세계 화폐, 거시경제적 균형 유지, 세계은행의 경우 재건설과 발전)로 복귀하고 내부에 민주적 민주적인 의사결정과정을 확립하고 그것이 유엔 내에 효과적으로 통합되도록 해야 한다. WTO는 유엔 내에 재설립되어야 하며, UNCTA와 협력하에 인권 및 세계의 사회적·환경적 기준에 부응하는 세계무역정책을 수립해야 한다. 나아가 동시에 유엔은 세계금융거래를 규제하기 위한 프레임을 확립하기 위해서 긴급한 조치를 취해야 한다"(http://www. reformcampaign.net).
34) 지구화의 과정에서 나타나는 새로운 현상은 기업의 활동, 이윤추구활동에서 투명성과 같은 '보편적'인 규범과 기준들이 구체화되어 가고 있다는 것이며, 또한 기업의 행동준칙이 단순히 경제적 이윤만이 아니라, 건강, 유아노동 금지, 노동조합 활동 보장, 환경보호 등 사회적 기준들을 내포화하게 되었다는 것이다(D. Held 2004, 155~156). 엠네스티가 'the UN Human Rights Norms for Business by the UN Sub-Commission on the Promotion and Protection of Human Rights'를 채택한 것을 예로 들 수 있다.

것이다. 지구화라고 하는 새로운 맥락 속에서, 국민국가 내적 투쟁에 의해서 규율되었던 '시장의 폭력'이 부활하는 형국이라고 할 수 있다. 이러한 시장의 폭력이 적절히 규제되지 않을 때 국민국가의 민주주의의 기반 자체가 균열될 수 있다. 헬드가 지적하는 대로, 다양한 권력의 센터, 다양한 권력의 영역에서 이루어지는 불평등은 민주주의적 기본 권리에 의해서 보장되는 평등성을 허구화하게 된다(D. Held 1996, 175~185 참조). 여기서 민주주의적 원리가 새로운 경제적 상황에 대응하는 식으로 확장되지 않으면 안 될 것이다. 민주주의가 기본적인 출발점으로 삼는 자유와 자율을 실현하기 위해서도 이를 불가능하게 하는 양극화 촉진적 경제구조에 대한 공적 규제가 새롭게 모색되어야 한다.

특히 노동시장의 유연화 속에서 비정규직 노동자의 확대는 민주주의의 기반 자체를 위협하는 단계에 이르고 있다고 생각된다. 시장의 폭력은 조직화되지 않은 비정규직 노동자들에게는 조직노동자보다 더 강력하게 작용하고 있다. 국제경쟁력 강화라는 명분하에서, 기존에 국민국가적 계급관계 속에서 확립된 자본주의와 시장에 대한 안전망조차도 붕괴되는 상황이 나타나고 있다. 이른바 '20 대 80 사회'라는 양극화 현상이 국내적·국제적으로 확대되고 있음은 주지의 사실이고, 이에 대한 새로운 규제책들이 모색되어야 한다.

다음으로 '시장의 폭력'은 내집단, 즉 국민국가의 노동자들에게는 규율된 형태로 적용되기도 하지만 외집단, 즉 외국인 노동자에게는—비정규직 노동자보다도—훨씬 폭력적으로 관철된다. 지구화는 초국경적인 노동 이동을 통하여 새롭게 착취자의 집단을 하위에 배치하는 식으로 나타나게 된다. 하나의 민족국가의 구성원들 간에 국내적 경계를 중심으로 노동시장이 분절화되는 것과는 달리, 외국인 노동자의 경우처럼, 민족적 경계를 중심으로 '분절화된 노동시장'의 하위에 민족적 하위 노동시장이 형성되는 방식으로 나타나게 된다. 어떤 점에서 시민권을 경계로 분절화된 외국인 하층 노동시장에서는 자본이—고용허가제와 같이 국가를 매개로—가혹한 조건을 강요하고 있다. 이런 의미에서 보면, 시민권의 경계를 넘어서서, 노동기본권과 사회적 임금을 보장받을 수 있는 민주주의의 확대가 이루어져야 한다. 최저임금제나 노동자에 대한 각종 사회적 보호장치들은 사실 국민국가의 동일구성원에 대한 자본의 착취를 정치적으로 규율하는 것이다. 지구화의 맥락에서 타 민족국가의 구성원에 대해서는 이러한 규율의 기제가 적용되지 않는다. 이런 점에서 국적을 넘어 민주주의의 원리를 확장하는 새로운 시도가 이루어져야 한다. 지구화에 있어서 국민국가 민주주의의 세 번째 괴리가 지구화의 맥락에서 더욱 확장될 수 있다. 이런 점에서, 국민국가 수준에서 달성된 경제에 대한 정치적 규제가 지구화의 맥락에서 나타나는 새로운 이슈들에 적용되는 방식으로 확장될 필요가 있다.

물론 이러한 자본주의에 대한 새로운 공적 규율은 앞서 서술한 바와 같은 지구적 차원의 민주주의의 실현과 함께 갈 수밖에 없다. 이런 점에서 초국경적인 규율체계를 확립하려는 노력이 진행되어야 하고, 동시에 지구화의 영향으로 국내적 지형에서 나타나는 현상들에 대한 민주주의적 대응 노력이 필요하다고 할 수 있다.

여기서 국민국가 자본주의에 대한 민주주의적 규제와 지구적 차원에서의 민주주의적 규제가 어떻게 제도적으로 구현되어야 할 것인가에 대해서는 여전히 공백상태에 있는 것이 사실이다. 2차 대전 이후 국민국가 자본주의에 대한 민주주의적 규제모델로서는, 사회민주주의적 복지국가모델과 소련과 동유럽의 국가사회주의의 모델이 병존하고 있었다. 그러니 국가사회주의적 계획경제의 불구화되고 작동하지 않아, 체제적 붕괴가 발생하였고, 사회민주주의적 모델은 내적인 차원에서의 관료화와 외적 차원에서의 신자유주의적 지구화의 영향하에서 무력화되고 균열되고 있다. 이에 대응하여, '아래로부터의 계획론'(Pat Denie 1988 참조). '시장사회주의론'[35], '시장의 사회

35) 시장사회주의론은 다양한 조류가 존재하는데, 그 중 대표적인 것은 알렉 노브의 '실행가

화론'(the socialized market)(Diane Elson 2000), 결사적 민주주의(associative democracy)[36] 등 다양한 시도들이 존재하고 있다. 이러한 모델은 기본적으로는 국민국가적 모델에 기초하고 있다고 할 수 있고, 이러한 국민국가적 모델이 지구적 모델로 어떻게 확장, 혁신될 것인가 하는 것은 비판이론의 새로운 과제로 존재한다고 하겠다.

5. 요약과 맺음말 : 아시아 민주주의의 선도국이 되자

이상의 논의를 요약한다면, '민(民)의 자기통치'라고 하는 정신 위에 존립하는 민주주의는 하나의 주어진 정체의 구성원들이 자신이 속한 사회의 정치적 의사결정의 과정에 동등한 지위에서 참여하도록 하는 제도이다. 이러한 민주주의는 근대의 시대적 맥락에서 이른바 대의민주주의로 구현되었다. 이 근대적 대의민주주의는 보편적인 시민적 권리, 정치적 참정권, 선거 등의 제도적 구성 속에서 작동하게 된다. 이러한 최소주의적 민주주의관은 이제 모든 사회에 보편적인 것이 되었다. 그런데 근대 민주주의의 '최소주의'적 요건 속에서, 민주주의는 대립되는 사회적 힘이 작용하는 공간으로 작용하면서, 그 공간에서의 투쟁의 결과에 의해서 규정되면서 부단히 자기 변화를 해 왔다고 할 수 있다. 즉, 참여의 실질화와 형식화, 참여의 최대화와 최소화, 민주주의를 전 사회적 차원의 원리로 확장하려는 지향과 정치적

능한 사회주의'(feasible socialism)를 들 수 있다(알렉 노브 2001 참조). 노브의 이 책은 사회주의에 대한 맑스 자신의 암묵적인 가정들—포스트자본주의 사회에서의 물질적 재화의 풍족, 노동분업의 폐지, 중앙계획기구에 의한 수요와 욕구의 사전적 파악—의 현대산업사회의 현실과 맞지 않음을 분석하면서, 대안적 사회주의의 제도적 상을 탐색하고 있다.

36) 이러한 대안들의 공통된 측면은 자유주의적 시장이 아니라 시장의 사회적 규제이며 또한 민주화된 계획이다. 결사적 민주주의론은 대안적 체제를 비시장적인 부문의 확장을 통해서 사고하고 있으며, 대안으로서 '결사적·연방적 복지국가'(associational and confederal welfare state)를 제시하고 있다(Paul Hirst 1996 참조).

차원으로 한정하는 지향 및 그러한 힘들이 각축하는 속에서 존재해 왔다. 이런 점에서 민주주의는 사회적·계급적 각축과정 혹은 투쟁과정이라고 규정될 수 있는데, 이러한 계급적·사회적 투쟁에 매개되면서 민주주의는—예컨대 산업민주주의 혹은 생태민주주의 등으로—부단히 확장되어 왔다.

이러한 각축과정으로서의 근대 국민국가적 민주주의는 자연히 다음과 같은 3가지 한계지점이자 갈등지점을 갖고 있었다. 첫째, 국민국가 민주주의의 '대의성'의 형식화와 실질화 간의 긴장, 혹은 대의민주주의와 광의의 직접 민주주의(적 요구) 간의 갈등이다. 둘째, 근대 민주주의와 사회 속에 존재하는 다양한 사회적 차별 간의 긴장, 혹은 소수자(의 권리)와 정치적 민주주의의 긴장이다. 셋째, 정치적 민주주의와 경제적 불평등 간의 긴장, 혹은 민주주의와 자본주의의 긴장이다.

근대 이후의 민주주의 역사는 앞에서 서술한 세 가지의 갈등지점들을 둘러싸고 민중들이 주체화되고 이에 따라 세 가지 갈등지점에서 민중들의 요구를 반영하는 제도적 기제들이 발전되는 과정이었다고 할 수 있다. 민중들의 주체화에 따라 세 가지 갈등지점에서 일종의 '강제된 개혁'이 일어나게 되면서 민주주의가 근대 초기의 형태에서 실질성이 보완되는 과정이었다고 할 수 있다. 구체적으로 민중들의 주체화에 따라 대의민주주의의 한계성이 더욱 문제로 되고, 대의민주주의의 허구성을 보완하는 여러 시도들이 나타나게 되었다. 나아가 다양한 사회적 차별구조하에서의 약자들이 저항적 주체로 전화되고 그 과정에서 그 차별들이 쟁점화되면서, 대의민주주의의 틀 내에서 이를 보완하기 위한 다양한 제도적 장치들이 만들어지게 되었다. 나아가 경제적 불평등에 저항하는 노동자를 비롯한 민중들의 투쟁이 강화되고 그것이 민주주의적 공간에서 조직화된 힘으로—예컨대 거대한 참정권 운동으로 혹은 사회민주주의 정당운동으로—표출되면서, 정치적 민주주의가 경제적 불평등을, 혹은 민주주의가 자본주의를 규제하는 힘으로 작용하게 되었다. 이런 변화는 국민국가 민주주의의 심화라고 표현할 수 있을 것이다.

그런데 이러한 국민국가적 민주주의의 변화와 발전은 지구화의 맥락에서 새로운 도전을 맞고 있다. 지구화는 국민국가적 민주주의와 관련하여 이중적 효과를 가지고 있는데, 한편에서는 경제적 성격을 지배적인 것으로 하는 지구화는 세 가지 국민국가 내부 민주주의 차원 모두에서 지배적 집단을 강화시키는 힘으로 작용하고 있으며, 다른 한편에서는 국민국가의 상대화를 통해서 국민국가에 의해서 억압되고 있었던 다양한 사회적 약자들, 시장에서의 약자들의 요구를 표출시킬 가능성을 열어놓고 있다는 것이다.

　　이와 함께 나는 지구화가 동반하는 국민국가의 이질화가 민주주의에 대한 새로운 도전으로 제기되고 있음을 지적하였다. 즉, 초국경적인 노동 이동의 증가로 인하여 민주주의를 표방하는 정치적 공동체의 인종적·민족적·종교적·사회적 이질성을 강화시키게 된다. 예컨대 외국인 노동자나 외국인 영주자들이 새로운 집단들은, 정치공동체의 영토에 존재하나 대의민주주의의 프레임 속에서 대의되지 않는—시민권의 한계 속에서—집단을 출현케한다. 이것은 근대의 맥락에서 시민권이 국민국가적 경계 내에 존재하는 모든 구성원들에게 권리를 보편적으로 적용하는 '융합'의 범주로 작용하고 있었다면, 이제 지구화 시대에 시민권—민족주의적인 입장에서 폐쇄적으로 규정된 바의 시민권—이 배제의 범주로 작용하게 되었음을 의미한다. 이런 의미에서 국민국가의 민주주의가 '동일한 경계' 내에서 부단히 심화되었다고 한다면, 이제 민주주의의 '경계' 자체를 확장해야 하는 도전에 직면하고 있다는 점을 지적하였다.

　　이러한 지구화의 도전을 염두에 둘 때, 민주주의의 발전은 지구적 차원과 국민국가적 차원에서 이중적으로 시도되어야 한다. 첫째는 국민국가에서 확립된 민주주의의 원리를 확장한 지구촌 민주주의를 실현하기 위한 제도적 기제들을 마련하는 것이고, 둘째는 그러한 지구촌 민주주의의 실현 노력과 함께 국민국가의 한계지점들을 진보적으로 극복하기 위한 제도적 기제들을 만들어가야 한다. 첫 번째와 관련해서는 지구적 민주주의를 제도적으로 실현하기 위한 적극적인 노력이 경주되어야 함을 지적하였다. 국민국가의 한계 내에서만 정의와 민주주의가 실현되어야 하는 논의를 넘어서야 한다. 이러한 지구촌 민주주의에는 다양한 의제들이 제기될 수 있는데, UN 질서의 급진적 재구축도 중요한 의제라는 점을 지적하였다. 이와 함께 지구적 민주주의를 실현하기 위한 단기적, 중장기적 의제들도 소개하였다.

두 번째와 관련해서는 국민국가의 세 가지 갈등 지점 모두에서 새로운 노력들이 경주되어야 하는데, 먼저 정체의 광역화에 따른 다층적인 대의기제를 확충해 가야 함을 지적하였다. 다음으로, 지구화에 따라 새로운 하위 구성집단들이 존재하게 되는 상황에서 민주주의가 사회적 차별을 극복하는 힘으로 작용하도록 하기 위해서는 시민권의 초국경적 확장이 필요하다는 점을 지적하였다. 보편적 인권과 차이의 권리를 기초로 하는 지구적 시민권으로 가는 과도기에 단일국적주의를 넘어서기 위한 노력이 필요하다는 것을 지적하였다. 이 과정에서 이중 국적, 삼중 국적 문제도 제기될 수 있는데, 특히 나는 한국의 혈통주의적 국적관이 한국이라는 영토에 거주하는 외국인 정주민들을 '권리의 주체'로 받아들이지 않는 폐쇄성으로 작용해서는 안 된다는 점을 지적하였다. 한국에서 이중 국적 문제는 상류층이 병역을 기피하는 문제로만 바라보고 있는데 이와 관련된 새로운 관점이 필요함을 지적하였다. 나아가 국민국가 내부의 세 번째 민주주의 갈등지점과 관련하여, 지구적 차원에서 자본주의에 대한 공적 규제조치들을 확대하는 것과 함께, 지구화의 부정적 영향―비정규직의 확대 등―을 상쇄하는 국내적 조치가 필요함을 지적하였다.

밀리반트(R. Miliband)도 지적하듯이, 민주주의는 자본주의에 의해서 지속적으로 형해화되는 운명을 지니고 있다. 또한 각종 사회적 차별구조에 의해서 민주주의는 단순히 정치적 형식으로 전락할 위험성을 상시적으로 가지고 있다. 또한 민주주의는 국민의 민주주의나 민중의 민주주의가 아니라, 언제나 정치적 엘리트민주주의로 전락할 위험성을 가지고 있다. 이런 점에서 민주주의의 내재적 힘을 강화하고 민주주의를 확장함으로써, 자본주의의 위험성과 다양한 사회적 차별의 반인간성이 정정되는 계기를 확대해가야 한다고 생각한다.

여기에서 민주주의의 허구화를 막고 민주주의를 발전시키는 힘은 아래로부터의 민중들의 진보적 동력이라고 할 수 있다. 민주주의 내에서는 언제나 민주주의를 부단히 허구화하면서 사회적, 계급적 차별구조의 법적 보증체로 작동하도록 하는 기득권적인 힘과, 반대로 이 공간을 통해 약자들의 목소리가 반영되고 차별구조를 극복하고자 하는 공적 공간과 정치적 공간으로 활용하려는 힘이 동시에 작용하고 있다. 민주주의는 그 자체가 비인간적인 계급적·사회적 관계를 극복하는 것은 아니지만 그러한 관계를 인간화하는 열린 공간을 제공한다. 이 공간을 통해서 근대 이후 민중들은 투쟁을 통해서 민주주의를 엘리트의 민주주의에서 대중의 민주주의로, 자본주의를 사회적으로 규율되는 '수정' 자본주의로 정정해 왔다. 이제 지구화가 몰고 오는 거대한 도전 앞에서, 민주주의의 경계를 지구적 차원으로 확장하고 국민국가의 민주주의를 새롭게 '민주화'해 가는 것이 우리 모두의 과제라 하겠다. 지구화의 맥락에서 국민국가 민주주의의 내적 한계지점들을 극복해가는 선도적 과제를 우리가 개척해 가는 적극적 자세가 필요하다고 생각한다.

한국을 포함하여 많은 제3세계 나라들은 민주화의 도정에 놓여 있다. 민주화의 초기 단계에서는 독재의 유산을 척결하고 민주주의적 제도 자체를 공고화하는 것이 과제가 되고 있지만, 이른바 '포스트-민주화'의 단계에서는 그렇게 공고화된 민주주의가 어떤 질적 성격을 가질 것인가 하는 과제에 직면하게 된다. 그러한 과제는 앞서 지적한 바와 같은 근대 국민국가 민주주의가 내포하고 있는 세 가지 한계지점들과 갈등지점들과 직접적으로 연관되어 있다. 이런 점에서 지구화의 맥락에서 이러한 국민국가 민주주의의 새로운 재구축의 과제가 현 시기 아시아를 포함한 많은 제3세계 신생 민주화 국가의 민주주의자에게 주어지고 있다고 하겠다.

한국의 경우 아시아와 제3세계의 많은 나라들과 같이 신생민주주의의 성격을 지니고 있다. 그런 점에서 지구화의 맥락에서 국민국가 민주주의를 어떻게 질적으로 발전시킬 것인가 하는 일반적인 과제에 동시에 직면하고 있다. 나는 제3세계의 민주주의가 직면하는 이러한 과제들을 한국이 선도적으로 수행함으로써 아시아, 나아가 지구촌 사회에서 민주주의를 선도하는 나라가 되어야 한다고 생각한다. 1987년 6월 민주항쟁의 전통과 1987년 이후 한국 민주주의 발전의 빠른 속도와 모범성은 인권, 과거청산, 민주주의, 투명성, 민주적 거버넌스 등의 측면에서 한국이 아시아의 선진적인 나라가 될 수 있는 가능성을 보여 주고 있다. 일본의 경우에서 보듯이, 경제적 성장을 통해서 도덕적으로 존경받는 나라가 되는 것은 아니다. 오히려 이러한 민주주의 발전의 선도성을 통해서 아시아에서 존경받는 나라가 될 수 있는 가능성이 존재한다. 여기서 민주주의의 발전과정이 새로운 민주주의적 이상을 단지 '상상'(想像)함으로써가 아니라 새로운 이상을 실현하기 위한 고되고 긴 투쟁에 의해서 실현되었다는 점을 고려할 때, 한국 민주주의의 갈등현장에서 이러한 노력이 이루어져야 할 것이다.

이를 위해서는 한국 민주주의의 현장에서 논란이 되는 많은 이슈들을 국내 정쟁의 이슈가 아닌 보다 보편적인 관점에서 파악하는 변화가 필요하다. 예컨대 과거청산을 '친일파 청산'으로 보고, 광주학살의 진상규명을 신군부세력이나 구 집권세력의 처벌의 관점이 아니라, 많은 아시아의 나라에서 전개되었던 식민주의의 유산이나 포스트-식민주의적인 폭력적 국가범죄를 극복하기 위한 보편적인 규범을 만들어 가는 과정으로 파악해야 할 것이다. 이런 점에서 정신대문제도 반일적인 민족주의적 차원이 아니라, 성 억압을 동반한 군사적 국가폭력을 극복해가는 인류적인 보편규범을 확립하는 차원에서 바라볼 수 있을 것이다. 이는 우리의 특수한 쟁점들과 다른 많은 국민국가들의 특수한 사례들을 관통하는 초국경적인 보편성을 통찰하는 노력에서 비로소 가능해질 것이다.

참고문헌

김원수. 2001. "유엔의 미래: 안전보장이사회의 개혁". 오윤경 외. 『현대국제법질서』. 박
영사 참조.
백낙청. 1994. 『분단체제 변혁의 공부길』. 창비.
백낙청. 2006. 『한반도식 통일, 현재진행형』. 창비.
백승욱. 2003. "'제국'과 미국 헤게모니. 전 지구화—세계체계 분석을 통한 『제국』 읽기".
『경제와 사회』 60호. 겨울호.
안토니오 네그리 · 마이클 하트. 윤수종 옮김. 2001. 『제국』. 이학사.
노브 알렉. 대안체제연구회 옮김. 2001. 『실현가능한 사회주의: 유토피아에서 현실로』.
백의.
딜릭 아리프. 설준규 · 정남영 옮김. 1998. 『전 지구적 자본주의에 눈뜨기』. 창작과 비평
사.
랠프 밀리반트. "공산주의 정권의 위기에 관한 성찰". 로빈 블랙번 편저. 김영희 외 역.
1994. 『몰락 이후』. 창작과 비평사.
손호철. 1992. "민주주의의 이론적 제문제". 한국정치연구회 사상분과 편저. 『현대 민주
주의론(2)』. 창작과 비평사.
손호철. 2003. "반세계화(지구화)투쟁은 역사적 반동인가?: 네그리 · 하트의 『제국』의 비
판적 평가". 맑스 코뮤날레 제1회 쟁점토론회(신자유주의적 세계화: 제국인가,
제국주의인가). 2003. 9. 5. 서강대 다산관.
손호철. 2006. 『해방 60년대의 한국정치: 1945~2005』. 이매진.
오장미경. 1999. 『페미니즘의 이론과 정치』. 문화과학사.
조희연. 2001. 『한국 민주주의와 사회운동의 동학』. 도서출판 나눔의집.
조희연. 2004a. 『정상성에 대한 저항에서 비정상성에 대한 저항으로』. 아르케.
조희연. 2004b. "시민운동의 세 가지 새로운 과제", 홍성태 편. 『참여와 연대로 여는 민
주주의의 새 지평』. 아르케.
조희연. 2005a. "'반공규율사회'형 자본주의 발전과정에서의 노동자계급의 '구성'적 출
현—1960 · 70년대를 중심으로'. 이종구 외. 『1960~70년대 노동자의 생활세계
와 정체성』. 한울.
조희연. 2005b. "'87년 체제'와 민주개혁운동의 전환적 위기", 『시민과 세계』 8호. 11월.
조희연. 2006. "한국저항담론의 변화와 분화에 관한 연구 보론: 21세기형 생태평화 사회
민주주의를 향하여", 녹색연합 15주년 기념토론회. 6월 27일. 청아람빌딩.
주성수. 2000. 『글로벌 거버넌스와 NGO』. 아르케.
최경보. 2001. "이중국적 등 국적에 따른 어려운 법률문제들". 『현대국제법질서』. 박영
사.
최장집. 2005. 『민주화 이후의 민주주의-한국민주주의의 보수적 기원과 위기』. 후마니타
스
하버마스. J. 1994. "오늘날 사회주의란 무엇인가: 만회의 혁명과 좌파노선 수정의 필요".
김영희 외 역. 1994. 『몰락 이후』. 창작과 비평사.

Ake, Claude. 1997. "Dangerous liaisons: the interface of globalization and democracy". in Hadennius. Alex ed. *Democracy's Victory and Crisis*. Cambridge: Cambridge Univ Press.

Archibugi, Daniele. 1998. "Principles fo cosmopolitan democracy". in Archibugi, Daniele, David Held and Marin Kohler eds., *Re-imagining Political Community: Studies in Cosmopolitan Democracy*. Stanford: Stanford Univ Press.

Amnesty International. 2004. "The UN Human Rights Norms for Business by the UN Sub-Commission on the Promotion and Protection of Human Rights."

Balakrishnam, Gopal. 2000. "Virgilian Visions". *New Left Review*. No. 5.

Balibar, E.. 1988. "Proposition on citizenship". Ethics. Vol. 98. No. 3. July.

Benjamin. 2001. *Democracy in Divided Societies: Electoral Engineering for Conflict Management. Cambridge*. UK: Cambridge Univ Press.

Bhagwati, Jagdish. 1997. "Globalizaton, sovereignty and democracy". in *Democracy's Victory and Crisis*. Nobel Symposium No. 93. edited by Axel Handenius. Cambridge: Cambridge Univ Press.

Bhagwati, Jagdish. 2004. *In Defense of Globalization*. Oxford: Oxford Univ Press.

Brzoska, Michael. 1992. "Is the nuclear non-proliferation system a regime? a comment on Trevor McMorris Tate". *Journal of Peace Research*. Vol. 29. No.2.

Cho, Hee-Yeon. 2004. "Oppositive construction of Asian identity in the context of the armoured globalization". prepared for the Conference "The Question of Asia in the New Global Order". hosted by Asian-Pacific Studies Institute. Duke University. October 1-2.

Cunningham, Frank. 2003. *Theories of Demcoracy: A critical introduction*. London: Routledge.

Diamnond, Larry. 1999. *Developing Democracy: Toward Consolidation*. Baltimore: The Johns Hopkins Univ Press.

Denie, Pat. 1988. *Democracy and Economic Planning.* Oxford: Polity Press.

Economides, Spyros. 2003. "The International Criminal Court: Reforming the Politics of International Justice". *Government and Opposition*. Vol. 38. No. 1. Jan.

Elson, Diane. 2000. "Socializing Markets, not Market Socialism". *Socialist Register*. London: Merlin Press.

Harrison, R. 1993. *Democracy*. London: Routledge.

Held, David. 1996. *Models of Democracy*. Stanford: Stanford Univ Press.

Held, David. 1995. *Democracy and the Global Order: From the Modern State to Cosmopolitan Governance*. Stanford: Stanford Univ Press.

Held, David. 2004. *Global Covenant: The Social Democratic Alternative to the Washington Consensus*. Cambridge: Polity.

Habermas, Jurgen. 1998. *Between Facts and Norms: Contributions to a Discourse Theory of Law and Democracy*. Cambridge. Mass.: The MIT Press.

M. Hardt and A. Negri. 2001. "Adverntures of the Multitude: Response of the Authors". *Rethinking Marxism*. Vol. 13. No. 34. Fall/Winter.

Hirst, Paul. 1996. *Associative Democracy: New Forms of Economic and Social Governance*. Cambridge: Polity Press.

Holsti, K. J. 2004. *Taming the Sovereigns: Institutional Change and International Politics*. Cambridge.

UK: Cambridge Univ Press.

Hardt, Michael and Antonio Negri. 2004. *Multitude: War and Democracy in the Age of Empire*. NY: The Penguin Press.

Kalb, Don et. al. eds.. 2000. *The Ends of Globalization: Bringing Society Back In*. NY: Rowman and Littefield Publishers. Inc.

Marshall, T. H., 1964. "Citizenship and Social Class". *Class, Citizenship, and Social Development*. NY: Doubleday and Company. Inc.

Mullard, Muarice. 2004. *The Politics of Globalisation and Polarisation, Cheldtenham*. UK: Edward Elgar.

Nanze, Patrizia and Jens Steffek. 2005. "Global Governance, Participation and the Public Sphere". David Held and M. Koenig-Archibugi. *Global Governance and Public Accountability*. Oxford: Blackwell Publishing.

Resnick, Philip Resnick. 1984. *Parliaments vs. People, Vancouver*. New Star Books.

Resnick, Philip. 1997. *Twenty-First Century Democracy*. Montreal and Kingston. McGill-Queen's Univ Press.

Schumpeter, J. A.. 1943. *Capitalism, Socialism and Democracy*. London: George Allen and Unwin.

Swifer, Richard. 2002. *The No-Nonsense guide to Democracy*. London: New Internationalist Publications.

Slaughter, Anne-Marie. 2005. "Disaggregated Sovereignty: Towards the Public Accountability of Global Government Networks". David Held and M. Koenig-Archibugi. *Global Governance and Public Accountability*. Oxford: Blackwell Publishing.

Stiglitz, Joseph. 2003. "Democratizing the International Monetary Fund and the World Bank: Governance and Accountability". *Governance: An International Journal of Policy, Administration and Institutions*. Vol. 16. No. 1. Jan.

Tochilovsky. 2003. "Globalizing Criminal Justice: Challenges for the International Criminal Court". *Global Governance*. Vol. 9.

Wood. E. M. 1995. *Democracy against Capitalism: Renewing Historical Materialism*. Cambridge: Cambridge Univ Press.

Young, Irish Marion. 1990. *Justice and the Politics of Difference*. Princeton: Princeton Univ Press. 1990.

Young, Irish Marion. 1997. *Intersecting Voices*. Princeton: Princeton Univ Press.

Young, Iris Marion. 2000. *Inclusion and Democracy*. NY: Oxford Univ Press.

Zizek, Slavoj. 2001. "Have Michael Hardt and Antonion Negri Rewritten the Communist Manifesto for the Twentieth Century?". *Rethinking Marxism*. Vol. 13. No. 3/4.

Zimmerman, J. F. 1986. *Participatory Democracy: Populism Revisited*. NY: Praeger.

Boyer, P. 1992. *Direct Democracy in Canada: The History and Future of Referendums*. Toronto: Dundurn Press.

2

민주화 · 세계화 이후의 대안민주주의 논의

김호기

(연세대 · 사회학)

1. 문제 제기

오늘날 근대 대의민주주의는 새로운 전환점에 놓여 있다. 지난 20세기 한편에서는 시민사회의 정치적 무관심이 증대하고, 다른 한편에서는 정치사회 내 권력의 집중과 관료제의 심화 현상이 강화되면서 현대성의 주요한 성취 중 하나인 민주주의가 위기로 나아가고 있는 것처럼 보이기 때문이다. 근대 대의민주주의가 위기에 처했다고 단언하기는 물론 어렵다. 비서구사회의 경우 대의민주주의가 온전히 정착하지 않은 나라들도 적지 않으며, 우리 사회의 경우도 대의민주주의의 근간을 이루는 정당정치가 정상화되어 있다고 보기 어렵기 때문이다. 하지만 한 가지 확실한 것은 최근 대의민주주의가 한계에 직면해 있으며, 대의민주주의를 보완하든 아니면 극복하든 새로운 대안민주주의에 대한 관심이 높아지고 있다는 점이다.

이 글의 목적은 민주화, 세계화 이후의 대안민주주의에 관한 논의를 검토하는 데 있다. 여기서 대안민주주의란 기존의 대의민주주의를 보완하거나 그것을 대체하려는 새로운 정치적 시도들을 모두 포괄한다. 사회이론과 정치이론의 역사를 볼 때 근대 대의민주주의를 비판하고 새로운 정치적 대안을 모색하려는 시도는 다각적으로 그리고 꾸준히 이루어져 왔다. 이 글에서 관심을 두는 것은 민주화와 세계화 '이후'의 논의이다. 민주주의로의 이행이 이루어졌다고 해서 민주주의가 곧바로 성취되는 것은 아니며, 게다가 세계화는 일국적 수준의 민주주의에 작지 않은 영향을 미치고 있다. 대안민주주의에 관한 이론적 논리를 현실 속의 정치로 실천하는 데는 여러 문제점들이 있을 것이다. 하지만 이론적 모색은 대의민주주의의 문제점과 한계를 성찰하게 한다는 점에서 현재 민주주의가 직면한 상황을 돌파하는 데 하나의 중요한 출발점을 제공하고 있다.

이 글의 내용은 크게 네 부분으로 나누어진다. 먼저, 2절에서는 전자민주주의와 심의민주주의가 다루어지고, 3절에서는 생태민주주의가 검토된다. 정보화의 도래와 함께 등장한 전자민주주의, 참여민주주의의 새로운 대안으로 지목되는 심의민주주의, 그리고 녹색당의 정치 노선으로 알려진 생태민주주의는 지난 1970년대 이후 대안민주주의의 대표적인 논의로 주목받아 왔다. 이어, 4절에서는 최근 세계화의 진전과 함께 관심이 증대된 지구민주주의가 다루어진다. 여기서는 지구민주주의의 사회적 지반이라 할 수 있는 지구시민사회를 살펴보고, 이와 연관된 지구민주주의의 다양한 패러다임을 검토한다. 마지막 결론에서는 최근 신자유주의 세계화가 대안민주주의의 모색에 주는 함의를 간략히 숙고해 보고자 한다.

2. 전자민주주의와 심의민주주의

주지하듯이, 근대 대의민주주의는 국민국가 내에서 주요 정치적 의사결정에 대한 통제를 다른 사람에서 양도하는 것이 불가피할 수밖에 없으며, 따라서 모든 통제가 간접적으로만 행사되기 때문에 시민들의 정치적 자율성을 침해할 가능성이 상존한다. 또한 대의민주주의에 내재되어 있는 권력의 집중화와 관료제의 심화 경향은 상향적 의사결정 과정을 약화시키는 결과를 가져 왔다. 이 때문에 민주적 자율성을 실현하기 위해서는 평등한 구성원으로서 집단적 의사결정에 참여할 수 있는 권리가 보장되어야 하는데, 참여민주주의가 그 구체적인 방법이라는 것이다(Pateman 1970). 더욱이 참여민주주의는 그 참여과정을 통해 시민들을 책임감 있는 정치적 주체로 만드는 교육적 가치를 갖고 있을 뿐만 아니라, 자신이 속한 공동체에의 결속의식을 높이는 사회통합을 제고하는 장점을 갖고 있다.

하지만 참여민주주의에 대한 이런 강조가 직접민주주의의 일방적인 확산만을 의미하는 것은 아니다. 직접민주주의는 현대 사회에서 제한된 중요성을 가질 수밖에 없는데, 모든 국민들이 자신에게 미칠 결정을 내리는 데 능동적으로 참여하기란 사실상 불가능한 경우가 많기 때문이다. 그리고 그 참여 과정에서 토론과 심의가 보장되어 있지 않으면 다수결에 의한 의사결정은 이른바 승자독식(勝者獨食)의 문제점을 낳을 수도 있다. 요컨대, 시민사회에 기반한 다양한 참여민주주의 실천이 정치·경제 영역의 제도적 민주화와 병행할 때 민주주의는 한층 심화되고 확장될 수 있다.

국가와 시민사회의 관계에 대한 이중민주화(double democratization)는 바로 이것을 말한다(Held 1987; Keane 1988; Cohen and Arato 1992). 이중민주화 기획에 따르면, 국가의 과도한 개입에 대항하기 위해서는, 한편에서 새로운 정체성·규범·연대를 위한 아래로부터의 광범위하고 자발적인 사회운동이 활성화되어야 하며, 다른 한편에서 현대사회의 복합성과 국가·경제에 대한 직접적인 통제 불가능성을 고려하여 제도적 차원의 개혁 또한 필수불가결하다는 것이다. 여기서 특히 현대 국가와 경제를 시민사회의 통제 아래에 둘 수 있는 직접적인 사회적 행위는 없다는 점에서 국가와 경제의 민주화는 바람직한 시민사회의 형성과 안정화에 중요한 조건이 된다고 볼 수 있다.

이런 이중민주화 기획을 주목해 볼 때 참여민주주의의 새로운 가능성을 열어주고 있는 것이 다름 아닌 전자민주주의와 심의민주주의이다. 먼저 전자민주주의의 등장은 정보사회의 도래와 함께 한다. 정보사회의 도래는 기상 공간에서의 온라인 공론장(online public sphere)을 활성화함으로써 참여민주주의에 새로운 활력을 불어넣어 왔다. 온라인 공론장은 시간과 공간의 구속을 넘어서고 수직적인 관계를 거부한 쌍방향 의사소통의 공간이라는 점에서 이제까지 정치적 무관심층이라 할 수 있었던 젊은 세대와 여성들의 정치적 참여를 활성화해 왔다.

넓은 의미에서 전자민주주의란 인터넷을 통한 여론 수렴, 선거 캠페인 및 홍보, 온라인 투표, 사이버 국회, 전자 공청회, 정책결정에 따른 시민의 참여 및 토론을 비롯해 자신이 지지하는 후보나 정책 등을 인터넷을 통해 다른 사람들에게 알리는 일련의 정치적 행위 등을 모두 포함한다(임혁백 2000; 박동진 2000; 조영재 2006; Hage and Loader 1999).[1] 이 전자민주주의는 협의의 시각에서 전자투표 방식을 강조하는 누름단추식 민주주의(push-button democracy)와 광의의 시각에서 온라인 공론장에 기반한 참여민주주의를 활성화하려는 사회운동으로 나누어 볼 수 있다. 전자민주주의는 정보기술의 발전이라는 새로운 수단을 통해 무엇보다 민주주의의 핵심 요소인 자기결정의 원리를 강화하고자 한다.

현재 협의의 전자민주주의 실험에 대한 평가는 양면적인 것으로 나타나

---

1) 여기서 전자민주주의는 electronic democracy, cyberdemocracy, teledemocracy, digital democracy 등을 모두 포괄한다. 민주주의에서 정보기술의 발전과 이에 기반한 시민들의 참여를 강조한다는 점에서 이 개념들은 공통점을 갖고 있다.

고 있다. 한편에서 누름단추식 민주주의 또는 원격민주주의(teledemocracy)는 대의민주주의의 약점을 어느 정도 개선할 수 있는 가능성을 보여주고 있지만, 다른 한편에서는 민주주의가 갖는 문제들을 근본적으로 해결하거나 완성하기는 어렵다. 다시 말해, 원격민주주의는 컴퓨터와 인터넷으로 대표되는 기술의 발전이 직접민주주의를 발전시킬 것이라는 기대를 갖게 하고 현실적으로 다수의 참여를 가능하게 하지만, 그 이면에는 다수결 민주주의를 민주주의의 당연한 전제로 받아들이게 하는 효과를 낳는다. 민주주의가 기본적으로 다수결을 의미하는 동시에 그 이상의 의미를 가져야 한다는 점은 전자민주주의가 갖는 명암을 잘 보여준다.

이와 비교해 또 하나의 전자민주주의는 온라인 공론장의 적극적인 활용을 통해 국가와 경제에 대한 '영향의 정치'를 강화하려는 흐름이다. 이 흐름은 온라인 공론장에서의 네티즌들의 참여를 활성함으로써 참여민주주의의 영역을 확장하려는 정보사회운동으로 나타나고 있다. 아래에서 논의될 지구민주주의와도 밀접한 관련을 맺고 있는 이런 정보사회운동이 가능하게 된 것은 인터넷이 국민국가의 경계를 넘어선 지구적 차원에서 새로운 국제연대의 주요 수단으로 자리 잡았기 때문이다. 물론 온라인 공론장이 참여민주주의의 새로운 보루로서의 의미만을 갖고 있는 것은 아니다. 사이버 공간은 자유로운 의사소통의 공간인 동시에 가상의 공간인 만큼 사회적 책임이 면제되는 공간이기 때문이다(김문조 1999). 또한 정보에 내재한 의사소통 논리가 상업논리에 의해 식민화되고 있는 것은 사이버 공간의 또 다른 특징이기도 하다. 이 점에서 온라인 공론장에서는 시장의 논리에 의한 의사소통의 식민화를 비판하고, 정보의 고유한 개방성, 소통성, 비판성을 유지·확대할 수 있는 방법과 전략이 더욱 적극적으로 모색되어야 할 것이다.

한편, 심의민주주의(deliberative democracy)는 시민들 간의 대화, 토론, 의사소통을 통해 개인들이 자신의 선호를 계속 변화시켜가면서 집단적 의사를 형성하고 도출하려는 민주주의를 말한다(임혁백 2000; Bohman and Rehg

2001). 심의민주주의가 강조하려는 바는 시민들의 선택과 선호가 미리 정해져 있지 않고 대화와 토론을 통해 변화할 수 있다고 가정하며, 따라서 민주적 과정은 주어진 선호를 집합하여 그 중에서 집단적 선호를 선택하는 것이 아니라, 상호 발견·설득·교정을 통해 공공의사를 형성해가는 것으로 보아야 한다는 점에 있다. [표 2-1]은 참여민주주의의 새로운 대안으로서 전자민주주의와 심의민주주의를 비교한 것이다. 전자민주주의와 심의민주주의의 모두 시민들 스스로 정치적 주체가 되는 것을 강조하고 있지만, 전자가 여론을 중시한다면, 후자는 토론을 강조한다는 데 그 중요한 차이가 존재한다.

[표 2-1] 전자민주주의와 심의민주주의의 비교

전자민주주의	심의민주주의
여론과 시민참여는 좋은 정치의 핵심 요소이다.	집단 의견이 공적 판단의 구성 요소가 아니다.
아이디어 풀(pool)에서 생동감있는 토론이 형성된다.	정치적 진실은 시민 토론에서 나오는 것이지 아이디어의 경쟁에서 나오지 않는다.
효과적인 정치토론은 시민과 정책결정권자의 수직적인 관계에서 나온다.	가장 효과적인 정치 토론은 시민과 시민의 수평적 관계에서 나온다.
새로운 정보기술로 시민들은 스스로 정치의 주체가 될 수 있다.	집단적 의사 결정에 의해 스스로 정치 주체가 될 수 있다.
정보기술의 발전이 민주주의를 발전시킨다.	정보기술의 발전은 공적 협의를 제한한다.
자유로운 발언은 민주주의의 초석이다.	민주주의는 쌍방향 대화의 원칙에서 존재한다.
공적 참여는 반드시 증가되어야 한다.	민주적 참여의 주요 수단은 양이 아니라 질이다.
시민들은 평등한 정보 접근이 필요하다.	정보는 논쟁의 전제조건이 아니라 결과물이다.

자료: London 1995; 박동진 2000, 55에서 재인용.

심의민주주의는 시민들이 자발적으로 참여하는 자유롭고 공개된 토론을 중시한다는 점에서 민주주의의 본래의 이상에 충실하다고 볼 수 있다. 투표에 의한 집단적 결정이나 엘리트들에 의한 통치보다는 시민들이 자유롭고 평등하게 참여해서 토의하고 심의하고 합의하는 과정은 대의민주주의의 한계를 극복할 수 있는 유력한 전략이기 때문이다. 문제는 심의민주주의가 대의민주주의와 어떻게 양립할 수 있는가에 있다. 이에 대한 유력한 대안으로 제시된 것이 하버마스의 쌍선적 심의 정치(two-track deliberative politics)이다(Habermas 1992). 쌍선적 심의 정치는 의회 밖의 '외부 공론장'과 의회 안의 '내부 공론장' 사이의 활발한 소통을 목표로 한다. 정치사회에서 논의되기 어려운 의제들이 시민사회에서 자유롭게 활발히 토론되면 정치사회가 적정 시점에서 이를 수용하여 정치적 결정을 내리고 이를 다시 시민사회에 피드백시키는 것이 바람직하다는 것이다.

그 강조점이 다르지만 전자민주주의와 심의민주주의는 시민들의 적극적인 참여를 강조한다는 점에서 대의민주주의의 한계를 비판하고 그 문제점을 보완하고자 한다. 오늘날 참여민주주의의 중요성은 갈수록 커지고 있는데, 그것은 참여민주주의가 이기주의, 정치적 무관심, 개인주의에 빠져 있는 시민들을 공적 토론과 행동의 장으로 이끌어내는 기회를 제공할 수 있기 때문이다. 크게 보아 민주화 과정을 대의민주주의를 정상화하는 단계와 참여민주주의를 활성화하는 단계로 나누어 볼 수 있다면, 정보사회에서 전자민주주의와 심의민주주의는 참여민주주의를 활성화하는 전략으로서의 의미를 갖는다. 물론 나라마다 민주화 과정은 그 과정에 내재된 경로의존성과 대내적, 대외적 조건의 차이에 따라 상이할 수 있다. 하지만 대의민주주의와 참여민주주의의 생산적 결합이 근대 민주주의의 이상이라면, 어느 나라이건 참여민주주의는 더욱 활성화되어야 할 것이다.

3. 생태민주주의

생태민주주의(ecological democracy)는 참여민주주의와 함께 또 하나의 대안민주주의로 평가할 수 있다(정규호 2006). '생태적 대안'으로 흔히 불리는 생태민주주의는 생태학과 밀접한 관련을 갖는다. 여기서는 먼저 생태학이란 무엇인가를 살펴보고, 생태학의 패러다임을 간략히 정리한 다음, 생태사회주의와 생태마르크스주의에 기반한 민주적 대안을 검토하고자 한다.

먼저 생태학은, 근대 산업사회의 생산과 소비를 변화시키지 않고서도 환경문제를 해결할 수 있다고 보는 환경주의와는 달리, 환경위기를 극복하기 위해서는 환경과 인간, 환경과 사회·정치적 생활양식의 근본적인 변화가 있어야만 한다는 점을 강조한다(Dobson, 1990: 26).[2] 생태학은 현재 전지구적으로 직면한 환경위기의 원인으로 이원론적인 근대적 세계관, 인간에 의한 인간의 지배, 자본주의 생산체제를 지목하고, 생산형태는 물론 기술·문화·생활양식에 이르기까지 현재의 사회관계와 세계관이 근본적으로 재편될 때에만 환경위기가 극복될 수 있다는 점을 부각시킨다. 이 생태학은 심층생태학, 사회생태학, 생태사회주의, 생태마르크스주의로 분화되면서 발전되어 왔다.

심층생태학(deep ecology)은 1970년대 초반 이후 환경주의를 비판하면서 등장한 패러다임으로, 생태학의 독자적인 발전에 중요한 출발점을 이룬다. 심층생태학이란 개념을 만든 노르웨이 철학자 네스는 생태계 위기의 원인으로 인간과 자연의 이분법에 기반한 서구의 합리성 개념을 주목한다(Naess 1973). 그에 따르면, 근대적 계몽은 인간과 자연을 분리시키고 자연을 인간의 욕구충족의 수단으로 취급한다는 점에서 인간중심주의적 사유이다. 자연

---

2) 환경개량주의, 환경관리주의라고도 불리는 환경주의(enviornmentalism)는 환경위기의 원인으로 도시화, 산업화, 소비구조 및 환경파괴적 산업구조를 지목하고 있는데, 로마 클럽의 성장의 한계나 1990년대 지구환경보고서의 성장한계론과 지속가능한 발전론은 이들의 견해를 대표한다. 이들에 따르면, 현재와 같은 자원 이용이 지속되면 머지않아 성장의 한계에 도달하기 때문에 지속가능한 성장을 위해서는 성장과 환경이 조화될 수 있는 새로운 발전전략이 요구된다. 과학과 기술은 이 지속가능한 발전을 가능케 하는 핵심적인 조건으로, 기술의 발전을 통해 고갈되는 자원을 대체하고 환경오염을 감소시킬 수 있다는 것이 이들의 주장이다.

보호운동, 로마클럽, 동물보호론자들의 환경론은 여천히 이런 인간중심주의적 시각에서 문제의 개선만을 중시하는 피상적인 수준에 머물러 있기 때문에 생태계 위기를 근본적으로 치유할 수 없다는 것이 그의 판단이다. 생태계 위기의 해결은 자연과 인간이 하나의 생물권을 구성하는 동동한 존재라는 생태적 자기의식의 획득을 통해서만 가능하다는 것이다.

심층생태학의 정치적 전략은 크게 직접 행동과 공동체 건설의 두 가지로 나누어지는데, 여기서 근본적인 의식변혁이 무엇보다 중요하다(Devall and Sessions 1985). 자연 속의 다양한 존재들이 인간의 삶과는 무관한 자신의 내재적인 가치를 갖고 있음을 인정하고 인간이 이들에 대한 책임감 있는 친구가 되려는 의식을 내면화할 때에만 생태적 위기는 극복될 수 있기 때문이다. 심층생태학에 의하면, 양적 성장의 이데올로기에 침윤되어 있는 기존의 대규모 경제체제는 환경 파괴가 불가피하기 때문에 자립적이고 협력적이며 생태적으로 조화로운 생활양식에 토대를 둔 소규모 분권화된 체제가 새로운 생태적 대안으로 제시된다. 의식혁명과 생활양식의 총체적 변혁을 동시에 추구하는 이러한 전략은 초기 사회주의와 매우 가까운 에코토피아를 이상으로 설정한다.

한편 사회생태학(social ecology)은 현재 사회체제로부터의 근본적인 단절을 강조한다는 점에서 심층생태학과 유사하다. 하지만 사회생태학은 인간에 의한 인간의 지배가 생태 위기의 근원을 이룬다고 보는 점에서 심층생태학과 다르다(Bookchin 1995). 북친에 따르면, 여성에 대한 남성의 지배가 남성에 대한 남성의 지배로 이어지고 이것이 자연에 대한 인간의 지배를 낳음으로써 생태적 위기를 초래했다는 것이다. 그의 이러한 진단은 낭만적 유토피아주의로서의 심층생태학을 사회학적으로 계몽시켰다는 데 그 의의가 있다. 이러한 인식에 기반하여 북친은 폴리스적 정치의 이상, 곧 직접민주주의에 기초한 생태공동체를 새로운 대안으로 제시한다.

생태위기에 대한 진단과는 달리 북친의 이러한 실천 전략은 심층생태학의 전략과 크게 다르지 않다. 이는 특히 도덕경제에 대한 그의 논의에서 잘 드러난다(Bookchin 1995; 이상호 1995, 83). 그는 도덕경제와 시장경제를 구분하는데, 생산자들이 구매자와 판매자로서 시장에서 만나는 시장경제와는 달리 도덕경제는 생산자들이 상호연결된 네트워크 속에서 상호책임을 지는 생산공동체를 전제로 하고 있다. 이 도덕경제는 생산물 및 서비스의 교환이 가격이 아니라 타인에 대한 책임성, 즉 도덕적 의무에 의해서 이루어지고 욕구 또한 상호 도덕적 의무와 윤리적 책임성을 전제로 한다는 데 중요한 특징이 있다. 인류의 발전에 내장되어 있는 위계구조를 새롭게 해체, 재구성하려는 이러한 전략은 크로프토킨의 무정부주의, 마르크스의 급진주의, 혁명적 계몽의 해방주의, 급진적인 페미니즘과 공동체주의에 기반하고 있는 것이기도 하다.

심층생태학, 사회생태학과는 달리 생태사회주의(eco-socialism)와 생태마르크스주의(eco-Marxism)는 환경문제의 발생 원인으로 자본주의(산업주의) 사회체제를 크게 부각시킨다(문순홍 1992; 최병두 1995). 생태사회주의가 근대 산업주의 사회관계로부터 생태적 위기를 찾는다면, 생태마르크스주의는 마르크스가 분석하는 자본주의 경제체제 그 자체로부터 생태적 위기를 도출하고 있다. 생태마르크스주의와 생태사회주의는 마르크스의 사회이론과 생태학의 연결을 모색하고 있는데, 다만 마르크스의 이론에서 생태주의의 논리를 찾을 수 있는가에 대해 적극적으로 이해하는 생태마르크스주의와 소극적으로 이해하는 생태사회주의로 구분된다(문순홍 1992, 88). 마르크스의 저작 내에서 자본주의 재생산 과정에 따른 환경의 파괴가 언급되는 것은 사실이지만, 현재 목격되는 전지구적인 환경위기를 마르크스의 이론 틀 내에서만 설명하거나 혹은 약간의 이론적 변형을 통해 분석할 수 있다고 생각하는 것은 아무래도 소박한 발상인 것으로 보인다.

생태사회주의와 생태마르크스주의의 차이는 마르크스에 대한 해석의 차이에서 비롯되기도 하지만 근대적인 것에 대한 비판의 차이일 수도 있다.

생태사회주의가 겨냥하는 것은 근대적 이성과 체제에 대한 동시적인 비판이며, 이는 탈산업사회에 대한 포스트마르크스주의의 진단과도 일맥상통한다 (Gorz 1980; 1989). 그들에 따르면, 근대 자본주의의 근본적인 문제는 유일한 지구와 타협할 수 없는 명시적 성장을 요구한다는 점에 있으며, 이러한 사고의 저변에는 과학과 기술에 입각한 산업주의와 서구적 세계관, 그리고 시장에서의 이윤추구 충동이 도사리고 있다. 생태사회주의의 이러한 분석은 사회민주주의뿐만 아니라 국가사회주의 또한 산업주의의 한 유형으로 이해하고 있다는 점에서 포스트마르크스주의의 문제의식과 직접 연관되지만, 그렇다고 해서 이 생태사회주의가 곧바로 포스트모더니즘과 연결되는 것은 아니다. 생태사회주의는 오히려 프랑크푸르트 학파의 비판이론과 대단히 유사한데, 특히 고르의 경우 하버마스의 도구적 합리성의 과도한 발달에 따른 '생활세계의 식민화' 테제에 기반하여 현대의 생태위기를 설명하고 경제의 생태적인 재구조화를 그 대안으로 부각시키고 있다(Gorz 1989).

생태 위기를 극복하는 전략으로 생태사회주의는 경제 및 정치구조의 개혁에 관한 다각적인 대안을 제시한다. 그 구체적인 프로그램으로 리피에츠는 노동관계의 변화, 노동시간의 단축, 생태적으로 조화로운 기술의 체계적인 선택, 폐기물의 가능한 재활 및 산업폐휴지의 재생, 여성주의·반인종주의의 관점에서 위계적인 사회관계의 평등화, 민족적 공동체 내부에서의 연대 형태의 변화, 기층민주주의 형태의 발전, 상이한 민족공동체 간의 불평등의 제거 및 상호의존관계의 창출 등을 제안하고 있다(Lipietz 1994). 그에 따르면, '생태학적 대안' 또는 '민주적 대안'으로 불리는 이 프로젝트는 지방자치, 직접민주주의, 자주관리를 통해 새로운 사회·문화 헤게모니를 창출하는 동시에 진보진영 내에서 점차 다수를 확보하는 방향으로 구체화되어야 한다는 것이다.

이런 생태사회주의의 전략은 생태학의 아킬레스건인 생태논리와 경제논리의 양립가능성, 곧 환경과 경제의 조화에 대한 중대한 문제를 제기한다.

왜냐하면, 현재 서구 녹색당의 정강정책에 대부분 반영되어 있는 이러한 전략들의 실현가능성에 대한 의문은 여전히 해소되지 못하고 있기 때문이다. 예를 들어, 생태사회주의에 대한 사회민주주의의 우려, 곧 "이러한 제안의 기본적인 통찰은 새로운 기술의 도입과 방향에 대한 대안이 온화한 유토피아가 아니라 오히려 사양사업들의 쓰레기에 덮여 있는 3류 산업국가가 되는 길이라는 데 있다"(Scott 1990, 125)는 비판은 이러한 의문의 정곡을 찌르고 있다. 이런 논쟁은 환경과 기술의 관계에 대한 생태학의 핵심적인 문제를 보여준다. 정보사회의 도래에 직면하여 기술주의와 생태학을 어떻게 결합시킬 것인가의 질문에 대해 어떤 설득력 있는 답변을 제시할 수 있는가가 생태민주주의에 부여된 과제라 할 수 있다.

세계화 시대에 생태민주주의는 새로운 전환에 직면에 있다. 한편에서 지구적 수준에서 진행되는 환경위기는 생태민주주의의 중요성을 새삼 일깨우고 있다. 하지만 다른 한편에서 강화되는 국가간, 기업간 경쟁은 인간과 환경의 공존이라는 생태민주주의의 이상을 위협하고 있다. 나라마다 차이가 있지만, 세계화 시대에 성장 동력의 확충, 일자리 창출 등의 과제는 생태친화적 정책들과 양립하기가 쉽지 않다. 성장 동력을 확충하고 일자리를 창출하기 위해서는 어느 정도 발전주의 정책들을 고수해야 하며, 이 발전주의 정책은 불가피하게 자연과 환경을 훼손할 가능성이 있기 때문이다. 최근 생태주의를 표방한 서유럽 녹색당의 지지가 답보 상태를 보여주는 것도 이와 무관하지 않다. 상황이 이렇다고 해서 물론 생태주의 프로그램이 갖는 민주적 이상이 포기되어서는 안 될 것이다. 다만 세계화 시대가 강제하는 사회적 불평등을 완화시킬 수 있는 전략과 결합된 좀 더 유연하면서도 설득력 높은 생태적 프로그램들을 개발해야 한다. 세계화 시대에 생태주의는 새로운 시험대 위에 올라 서 있는 셈이다.

4. 지구민주주의

오늘날 민주주의가 직면한 중대한 문제들 가운데 하나는 세계화로부터의 충격이다. 세계화는 이중적 의미에서 민주주의에 큰 영향을 미치고 있다. 첫째, 세계화는 세계사회에서 그리고 국민국가에서 '20 대 80 사회'의 양극화를 강화함으로써 민주주의의 사회적 지반을 침식한다. 민주주의와 경제성장은 복합적인 관계를 갖고 있지만, 상대적 빈곤층이 늘어나는 것은 정치적 민주주의에 대한 관심을 장기적으로 감소시킨다고 볼 수 있다. 둘째, 세계화의 진전에 따라 증가한 지구적 정부조직 내지 비정부조직들은 개별 국민국가의 정치적 의사결정에 점점 더 깊게 개입해가고 있다. 국민국가의 위상이 점차 약화되고 있는 것은 부정할 수 없는 사실이며, 이는 일국적 수준에서 운영되어 온 근대 민주주의의 기본 틀을 변형시키고 있다. 지구적 차원에서의 민주주의가 새로운 의미를 갖게 되는 것은 이런 맥락이다.

지구민주주의 실천이 가장 활발하게 이루어지는 공간, 그리고 지구민주주의를 가장 활발히 모색하는 주체가 다름 아닌 지구시민사회(global civil society)이다. 지구시민사회란 시민사회가 지구적으로 팽창하여 지구적 네트워크를 이룬 것을 말한다.3) 그렇다면 어떤 것들이 지구시민사회를 구성하고 있는가? 먼저 지적할 것은 지구시민사회가 하나의 균질적인 실체를 가진 것이 아니라, 다양한 힘과 흐름들을 포괄하고 있다는 점에서 지구시민사회로 규정할 수 있는 것들 역시 다채롭게 나타난다는 점이다. 그 가운데 지구시민사회의 골격을 이루는 주도적 흐름들로는, 첫째 최근 양적 · 질적으로

---

3) 주지하듯이 시민사회는 주체이자 공간이라 할 수 있다. 시민사회의 대표적인 정의라 할 수 있는 코헨과 아라토의 규정에 따르면, 시민사회는 "친밀한 영역(특히 가족), 결사체들의 영역(특히 자발적 결사체들), 사회운동들, 그리고 공공 의사소통 형태들로 구성된, 국가와 경제사회의 사회적 상호작용의 영역"을 의미한다(Cohen and Arato 1992, ix). 다시 말해 시민사회는 가족, 자발적 결사체, 사회운동, 공론장을 뜻하는 동시에 그들의 활동 공간을 의미한다고 볼 수 있다.

크게 확대된 국제 비정부조직들(NGOs), 둘째 국제적 연대에 기반을 둔 대항적·대안적 포럼들, 셋째 비정치적 영역의 세계화를 주도하는 종교·관광·이주·미디어·문화의 국제적 조류, 넷째 인터넷을 통해 지구적으로 팽창한 온라인 가상공간을 지목할 수 있다.

지구시민사회의 형성은 세계화에 따른 지구적 정치균열의 등장에 대응한다. [표 2-2]에서 볼 수 있듯이 캘도어는 세계화의 진전에 따라 민족국가 시대의 '좌파 대 우파'의 균열선에 '일국주의 대 세계주의'의 새로운 균열선이 중첩되고 있음을 주목한다. 근대 국민국가가 일국주의 프로젝트에 주로 머물러 있었다면, 시장과 시민사회는 세계주의적 우파와 세계주의적 좌파의 기획에 이미 진입해 있다. 지구시민사회는, 세계주의적 좌파와 단순히 동일시할 수는 없지만, 국가와 시장이 배제해 온 지구적 차원의 인권과 민주주의를 옹호하고 있다고 볼 수 있다.

[표 2-2] 지구적 정치균열의 구조

	일국주의	세계주의
우파(신자유주의)	신우파(대처주의)	다국적기업, 국제적 자유주의자
좌파(재분배주의)	구좌파(전통 사회주의 정당)	지구적 시민네트워크(지구적 비정부조직)

자료: Kaldor 2003a, 561.

지구시민사회가 이렇게 활성화된 것은 세계화가 빠른 속도로 진행되면서 초국적 금융자본의 폐해에서 지구적 환경위기에 이르기까지 세계적 차원에서 새로운 문제들이 발생해 왔기 때문이다. 이 문제들은 세계화의 진전에 따른 과정상의 부작용이나 발전을 위한 통증에 불과한 것이 아니라, 세계사회 전체를 위협에 빠뜨릴 수 있는 이슈들임이 점점 더 명백해지고 있다. 중요한 것은 이런 위협이 기존 현대성의 제도적 차원에 대한 근본적 성찰과 갱신을 요구한다는 점이다. 국민국가 중심적인 제도의 한계를 넘어 지구적 차원으로의 제도적 확장을 가능하게 한 것이 세계화라면(Giddens 1990), 이런 현대성의 제도적 확장은 기존 국가중심의 국제정치로부터 새로운 지구적 통치체제로의 이행을 요구하게 된다. 이 새로운 지구적 차원에서의 민주주의의 대안이 바로 글로벌 거버넌스(global governance)이다. 글로벌 거버넌스는 주권적 권위가 부재하는 지구적 차원에서 정부 및 비정부 행위자가 상호협력을 통해 문제를 풀어가는 형식을 통칭한다(Rosenau 2002, 224~226).

글로벌 거버넌스의 시대적 요청은 두 가지로 설명할 수 있다. 첫째, 지구적 이슈들의 중요성이 커지고 있다. 세계화가 진점됨에 따라 경계를 넘어서는 지역적·지구적인 사안들이 증대하고, 이를 해결하기 위해서는 지구적 차원에서의 대응이 필요하게 되었다. 환경, 핵전쟁, 금융시장의 불안정성, 테러, 국제 분업 문제 등은 이슈의 범위가 초국적이며, 관련된 당사자들 역시 하나의 국가나 지역에 한정되지 않는다. 기존의 정치체제들은 이런 세계화된 이슈들을 적절히 다루지 못하며, 오히려 갈등의 소지만 증폭시킬 가능성이 크다. 이런 문제들을 효과적으로 다룰 수 있는 대안이 바로 글로벌 거버넌스이다. 둘째, 지구적 권위의 문제가 중요하다. 즉, 지구적 통치체제에서 국민국가의 특권적 위치가 침식되고 다양한 비정부적인 행위자들이 영향력을 행사할 수 있게 되었지만, 모든 정치적 행위자들에게 규범적 지반을 제공해주는 지구적 권위는 사실 부재한다. 따라서 가능한 유일한 민주적 대안은 특정 사안에 관련된 행위자들이 함께 문제해결을 위한 토의에 참여함으로써 새로운 규범적 기준을 마련하고 최선의 결과를 창출하는 거버넌스의 형태일 수밖에 없다(Habermas 2001, 545~547; Rosenau 2002, 224~226).

글로벌 거버넌스 위원회는 유엔 회원국·사무국·지구시민사회를 글로벌 거버넌스의 세 핵심주체로 규정하고 이들의 대응성, 투명성, 책무성, 성실성을 요구한 바 있다(Commission on Global Governance 1999). 하지만 지구시민사회의 이질적이고 복합적인 성격을 고려할 때, 글로벌 거버넌스의 형식과 범위, 그리고 양상들은 하나의 틀로 규정할 수 없을 만큼 다양한 가능성을 가지고 있다. 문제의 핵심은 앞서 지적했듯이 국민국가를 넘어선 지구적 차원에서의 의사결정이 어떻게 민주적 정당성을 확보할 수 있을 것인가에 있다. 현재로서는 거버넌스를 통한 국제적 협상과정에 비정부조직들 및 이해관계 당사자들의 적극적인 참여가 중요하다. 이는 지구적 수준에서 국가적 공론장과 풀뿌리 공론장을 연결해 줌으로써 절차와 내용의 민주적 정당성을 강화시켜 줄 수 있을 것이다(Habermas 2001).

그렇다면 지구민주주의에 대해서는 어떤 주의와 주장들이 있는가. [표 2-3]에서 볼 수 있듯이 지구적 차원에서의 민주주의의 확장에 대해서는 세 가지 학파가 경쟁해 왔다. 먼저 자유주의적 국제주의는 일국 내 자유민주주의의 온건한 형태를 민주적 세계질서 모델로 이항(移項)시키려는 이론으로, 글로벌 거버넌스 위원회를 포함해 이 학파를 지지하는 그룹들은 근대 자유민주주의의 이론 위에서 '국경을 초월한 민주주의'의 이상을 구현하고자 한다. 한편 급진적 공화주의는 공화주의적 원칙에 기초한 전세계적인 사회적·경제적·정치적 조직의 대안적 메커니즘이라 할 수 있는 공동체들의 자치를 창조하는 데 주력하고자 하며, 환경·여성·평화 운동 등과 같은 신사회운동이 그 주체로 설정된다. 마지막으로, 세계주의적 민주주의는 오늘날 수많은 권력 형태에 책무성을 부과하고 우리 모두에게 영향을 미치는 국지적·국가적·지역적·지구적 사안들을 민주적으로 관리하려면 모든 사람들이 다양한 정치공동체에 접근할 수 있고 또 가입할 수 있어야 한다고 주장하고, 이를 위해서 자신이 속한 국민국가의 경계를 넘어서서 다른 사람들과 연계시키는 다중적 이슈·질문·문제를 관리하는 각종 제도를 발전시킬 필요가 있음을 강조한다(Held, McGrew, Goldblatt and Perraton 1999, 697~700).

세계화가 갖고 있는 긍정적·부정적 측면을 모두 고려할 때, 온건적·급진적·중도적 프로그램의 성격을 지닌 이 세 가지 프로젝트들은 각각의 장단점을 갖고 있다. 한 가지 분명한 사실은 지구적 수준에서의 민주주의의 확장은 더 이상 미룰 수 있는 것이 아니며, 따라서 세계주의적 민주주의가 강조하듯이 일국수준과 지구수준에서의 이중적 민주화가 동시에 요구된다는 점이다(Held, McGrew, Goldblatt and Perraton 1999, 700). 자본의 세계화로 인해 오늘날 민주주의는 일국적 수준뿐만 아니라 지구적 수준에서의 국가 및 시민사회의 개입을 요청하고 있다. 문제는 지구적 수준에서 기존의 국가 및 시민사회의 개입이 한계가 있는 만큼 지구시민사회의 글로벌 거버넌스가 더욱 활성화되어야 한다는 점일 것이다.

[표 2-3] 현대 세계화의 교화와 민주화

	자유주의적 국제주의	급진적 공화주의	세계주의적 민주주의
통치의 주체	정부, 책무성 있는 국제기구 및 국제체제를 통해 인민이 통치	자치적 공동체들을 통해 인민이 통치	세계주의적 민주주의, 법을 준수하는 공동체, 결사체, 국가, 국제기구를 통해 인민이 통치
지구적 거버넌스의 형태	다두정치(polyarchy): 주권을 일부 공유하는 분화된 다원적 체제	인민정치(demarchy): 국가주권은 결여된 기능성 민주적 거버넌스	이형정치(異形政治, heterarchy): 세계주의적 민주주의 법을 준수하는 분리된 권력체제
민주화 과정의 핵심 당사자 · 수단	상호의존성 강화, 민주적 · 협조적 지구적 거버넌스 형태를 창조하는 핵심당사자들의 이익추구	신사회운동 지구적 생태 · 안보 · 경제 위기 임박	헌정적 · 제도적 재구성, 세계화 · 지역화의 심화, 신사회운동, 지구적 위기의 가능성
민주주의의 사상적 전통	직접민주주의, 참여민주주의, 시민공화주의, 사회민주주의	직접민주주의, 참여민주주의, 시민공화주의, 사회민주주의	자유민주주의 이론, 다원주의 · 발전민주주의, 참여민주주의, 시민공화주의
지구적 거버넌스의 윤리	'공동의 권리 및 책임'	'인도주의적 거버넌스'	'민주주의적 자율성'
정치적 변환의 양식	지구적 거버넌스의 개혁	지구적 거버넌스의 대안적 구조	지구적 거버넌스의 재구성

자료: Held 1999, 697.

지구시민사회와 이에 기반한 지구민주주의는 2001년 9 · 11 사태 이후 새로운 시험대에 올라서 있다고 볼 수 있다. 글라시우스와 캘도어는 9 · 11 사태가 국제사회에 여섯 가지의 모순적이면서도 중첩되고 보완적인 계기를 가져왔음을 지적하고,[4] 이 계기들이 조합되며 정책에 반영되는 양상에 따라 가능한 네 가지 시나리오를 제시한다. 네 가지 시나리오란 미국의 일방주의 적 시나리오, 일방주의와 다자주의 간의 불안정한 타협 시나리오, 일방적이 지도 타협적이지도 않은 채 갈등이 난무하는 분열적 시나리오 그리고 지구 시민사회의 건설적 대응이 결실을 맺는 이상적 시나리오이다(Glasius and Kaldor 2002, 54~55). 이런 복잡한 양상은 지구시민사회의 미래가 결코 밝지 만은 않다는 것을 의미한다. 그것은 지구시민사회가 국제사회에 미치는 영 향력의 문제이기도 하지만, 동시에 지구시민사회 내에 존재하는 다양한 세 력들을 하나의 건설적 전망으로 묶어내는 과정에 대한 숙제이기도 하다. 지구시민사회의 규범적 기능만을 강조하다 보면 그 내부에 존재하는 다양한 어두운 측면들을 간과하게 되며, 9 · 11 사태 역시 지구시민사회 이면에 존 재하는 모순들의 극단적 표출이라고 할 수 있다.

하지만 이것이 지구적 유토피아의 건설이라는 이상적 전망의 가능성 자 체가 고갈되었음을 의미하지는 않는다. 세계화라는 모순적 과정은 정치 · 경 제적 양극화의 일방적 방향으로 진행되는 것만이 아니라 지구시민사회라는 새로운 가능성의 영역을 만들어내고 있으며, 이는 그 어느 때보다도 칸트의 세계시민에 대한 전망이 더 현실적일 수 있게 만들고 있다(Kaldor 2003b). 지구시민사회연감의 저자들은 이를 경제적 · 정치적 엘리트들이 장악하고 군사 · 안보적으로 안전한 녹색지대(green zone)와 끊임없이 불안정하며 이 질적인 세력들이 투쟁하지만 많은 사람들의 생활세계가 펼쳐지고 있는 적색 지대(red zone) 사이의 간극을 가로지르는 지구시민사회의 역할로 정리한다

---

4) 9 · 11 사태의 여섯 가지 계기란 일방주의적 계기, 다자주의적 계기, 평화의 계기, 반자본 주의의 계기, 이슬람의 계기, 인권의 계기이다(Glasius and Kaldor 2002, 41~53).

(Kaldor, Anheir and Glasius 2004, 1~2). 이들에 따르면, 이라크 전쟁은 이러한 구도의 축소판이다. 미군을 중심으로 한 외국군대가 주둔하고 있는 녹색지대와 이슬람 단체와 민중들이 공존하는 적색지대 사이의 갈등을 평화적이고 건설적으로 풀어내는 지구시민사회의 역할의 중요성이 점점 더 커지고 있다는 것이다. 다만 아직 지구민주주의가 적극적인 대안을 도출해내는 데는 이르지 못했으며, 또한 그것을 현실정치에 관철시키는 과정 역시 만만치는 않다. 중요한 것은 지구민주주의의 가능성을 주목하고, 그것을 현실 속에서 구체화할 수 있는 프로그램을 개발하는 데 적극적으로 노력해야 한다는 점이다.

이를 위해서 지구시민사회와 지구민주주의는 앞으로 두 가지 과제를 풀어야 한다. 첫째, 서구중심성에서 벗어나야 한다. 시민사회의 개념은 서구사회의 근대 역사적 경험의 산물이다. 비서구사회에서 시민사회의 개념과 적용에 대해서 아직도 논란이 지속되고 있듯이, 지구시민사회의 개념 역시 이 문제에서 자유롭지 못하다. 이런 역사적 기원과 더불어 국제 비정부조직과 같이 지구시민사회를 구성하는 실질적인 주체들이나 인터넷, 통신, 미디어 네트워크 같은 하부구조들이 북반구에 집중되어 있다는 사실 역시 지구시민사회가 실질적으로 지구적이 되기 위해서 극복해야 할 과제다. 이는 지구시민사회를 과잉규범적 개념이 아니라 현실적·역사적인 국제 정치 및 경제 질서의 국면에 위치시킬 때 가능한 것으로 보인다(Chandhoke 2002).

둘째, 지구민주주의는 좀 더 정교화되어야 한다. 지구민주주의의 대한 요구는 빠른 속도로 늘어나고 있는데 반해, 지구민주주의의 기준과 원리는 여전히 모호한 부분이 많다. 다시 말해, 지구민주주의는 다원적이고 이질적인 힘과 흐름이 공존하는 지구시민사회를 하나로 묶어내고, 지구적 차원의 정당성을 확보할 수 있는 최소한의 규범적 원리와 기준을 창출해야 한다. 이를 위해서는 두 가지 과제가 요구된다. 먼저 글로벌 거버넌스에 절차적, 규범적 정당성을 부여할 수 있는 학문적이고 실제적인 논의가 더욱 활성화되어야 한다. 동시에 이를 바탕으로 하여 국제기구들에 실질적 집행권을 부여하는 것과 같은 정치적 의사결정에 대한 새로운 제도들이 적극적으로 도입되어야 한다.

5. 결론

오늘날 민주화, 세계화 이후의 대안민주주의를 모색하는 데 가장 어려운 것은 신자유주의의 확장이다. 신자유주의는 무엇보다 시장의 원리를 특권화하고 있다. 시장은 그 핵심 원리인 경쟁에 내재된 규율 메커니즘을 통해 효율성을 제고할 수 있는 제도이자, 동시에 탈중심적 명령기제라는 점에서 절차적 민주주의를 진전시킬 수 있는 제도이다. 따라서 시장을 과소평가하거나 일방적으로 부정하는 논리는 사회적으로 큰 공감대를 창출하기는 어려운 것으로 보인다. 그러나 다른 한편 시장은 폴라니가 지적하듯이 자기파괴적인 경향을 내재하고 있으며, 이런 경향을 제어하기 위해서는 비시장적 제도의 개입이 불가피한 제도이기도 하다. 더욱이 자본주의 교환의 장으로서의 시장관계를 구성하는 핵심의 하나는 자본과 노동의 대립관계이며, 이런 자본과 노동의 대립적 구성이 구조적인 사회불평등을 낳고 있음은 주지의 사실이다. 시장과 민주주의는 친화와 적대가 공존하는 이중적 관계이다. 민주주의가 규칙과 절차의 제도화 이상의 것을 의미한다면, 민주주의의 중요한 과제는 시장에 내재된 폭력적 경향을 제어하여 더욱 자유롭고 평등한 사회질서를 창출하는 데 있다.

요컨대 시장경제의 문제점을 보완하고 해결할 수 있는 새로운 대안경제를 어떻게 구축할 것인가는 대안민주주의의 모색에 핵심적 관건이라고 할 수 있다. 신자유주의가 확장됨에 따라 일국적 수준에서, 그리고 세계적 수준에서 사회적 불평등이 강화되는 조건 하에서 정치적 민주주의를 새롭게 구축하는 것은 매우 지난한 일이기 때문이다. 시장의 제어에 대해서는 지구민주주의에서 강조하는 초국적 금융자본의 규제에서부터 초국적 케인즈주의 모델에 이르기까지 현재 다양한 논의들이 제시되고 있으며, 특히 전자에서는 금융거래과세연합(ATTAC)을 포함한 사회운동단체들의 역할이 주목할 만하다. 문제는 대안경제에 있다. 지난 1990년대까지만 하더라도 시장사회주의를 포함한 대안경제에 대한 논의가 다각도로 이루어졌지만, 최근 대안경제에 대한 논의는 그렇게 활발하다고 보기 어렵다. 이는 그만큼 세계화 시대에 신자유주의가 갖는 현실구속력이 크다는 것에 기인한다. 하지만 앞서 지적했듯이 민주주의의 원리는 시장의 원리와 양립하기 어려운 영역이 존재한다. 그리고 이 영역은 신자유주의 시장경제의 문제점을 보완하거나 해결할 수 있는 대안적인 경제 패러다임에 의해 재조직화되어야 한다. 이 대안경제 패러다임이 일국 수준의 참여민주주의와 생태민주주의, 세계적 수준의 지구민주주의와 생산적으로 결합할 때 대안민주주의의 설득력은 더욱 높아질 수 있을 것이다.

참고문헌

김문조. 1999. 『과학기술과 한국사회의 미래』. 고려대 출판부.
문순홍, 1992. 『생태 위기와 녹색의 대안』. 나라사랑.
박동진, 2000. 『전자민주주의가 오고 있다』. 책세상.
이상호, 1995. "신고전파 경제 합리성의 한계와 생태학적 세계관," 고려대 경제학과 박사학위 논문.
임혁백. 2000. 『세계화 시대의 민주주의』. 나남.
오현철. 2006. "토의민주주의: 이론 및 과제". 주성수·정상호 편.『민주주의 대 민주주의』. 아르케.
정규호. 2006. "생태민주주의의 특성과 쟁점 그리고 과제." 주성수·정상호 편.『민주주의 대 민주주의』. 아르케.
조영재. 2006. "전자민주주의: 논쟁, 현실, 전망." 주성수·정상호 편.『민주주의 대 민주주의』. 아르케.
최병두. 1995. 『환경사회이론과 국제환경문제』. 한울.

Bohman, J. and Regh, W. (eds.). 2001. *Deliberative Democracy: Essays on Reason And Politics*, Cambridge: The MIT Press.
Bookchin, M. 1995. *The Philosophy of Social Ecology*, Montreal: Black Rose Books. 문순홍 옮김. 『사회생태론의 철학』. 솔.
Chandhoke, N. 2002. "The Limits of Global Civil Society." in H. Anheier et al (eds.). *Global Civil Society Yearbook*. Oxford: Oxford University Press.
Cohen, J. and Arato, A. 1992. *Civil Society and Political Theory*. Cambridge: The MIT Press.
Commission on Global Governance. 1999. "The Millennium Year and the Reform Process." www.cgg.ch/welcome.html. 조효제 편. 『NGO의 시대』. 창작과 비평사.
Devall, B. and Sessions, G. 1985. *Deep Ecology*. Salt Lake City: Peregrine Smith.
Dobson, A. 1990. *Green Political Thought*. London: Unwin Hyman. 정용화 옮김. 『녹색정치사상』. 민음사.
Giddens, A. 1990. *The Consequences of Modernity*. Cambridge: Polity.
Glasius, M. and Kaldor, M. 2002. "The State of Global Civil Society: Before and After September 11." in H. Anheier et al (eds.). *Global Civil Society Yearbook*. Oxford: Oxford University Press.
Gorz, A. 1980. *Ecology as Politics*. Boston: South End Press.
Gorz, A. 1989. *Critique of Economic Reason*. London: Verso.
Habermas, J. 1992. *Faktizität und Geltung*. Frankfurt: Suhrkamp. 한상진·박영도 옮김. 『사실성과 타당성』. 나남.
Habermas, J. 2001. *The Postnational Constellation*. Cambridge: Polity.
Hague, B. and Loader, B. (eds.). 1999. *Digital Democracy*. London: Routledge.
Held, D. 1987. *Models of Democracy*. Cambridge: Polity.

Held, D., McGrew, A., Goldblatt, D. and Perraton, J. 1999. *Global Transformations*. Oxford: Blackwell. 조효제 역. 『전지구적 변환』. 창작과비평사.

Kaldor, M. 2003a. "Global Civil Society." in D. David et al (eds). *The Global Transformation Reader*. Cambridge: Polity.

Kaldor, M. 2003b. "The Idea of Global Civil Society." *International Affairs*. Vol. 79, No. 3.

Kaldor, M., Anheier, H. and Glasius, M. 2004. "Introduction." in H. Anheier et al (eds.). *Global Civil Society Yearbook 2004/2005*. London: Sage.

Keane, J. 1988. *Democracy and Civil Society*. London: Verso.

Lipietz, A. 1994. "책임·자율·연대를 위한 경제." 『녹색평론』. 3·4월호.

London, S. 1995. "Teledemocracy vs. Deliberative Democracy." *Journal of Interpersonal Computing and Technology*. Vol. 3 No. 2.

Naess, J. 1973. "The Shallow and Deep, Long-Range Ecology Movement: A Summary." *Inquiry*. Vol. 16 No. 1.

Pateman, C. 1970. *Participation and Democratic Theory*. Cambridge: Cambridge University Press.

Rosenau, J. 2002. "Governance in a New Global Order." in Held, D. and McGrew A. (eds.). *Governing Globalization*. Cambridge: Polity.

Scott, A. 1990. *Ideology and New Social Movements*. London: Unwin Hyman. 이복수 옮김. 『이데올로기와 신사회운동』. 한울.

제2부

민주화 · 세계화 '이후' 대안 정치 모형

제3장 : 민주화 · 세계화 '이후' 대안 정당정치 모형 연구

제4장 : 한반도 평화과정과 '진보'

제5장 : 민주화 · 세계화 이후 지방자치의 제도적 대안

3

민주화 · 세계화 '이후' 대안 정당정치 모형 연구

조현연

(성공회대 민주주의와 사회운동연구소 · 정치학)

1. 들어가는 글

1987년의 정치적 돌파를 계기로 한국 사회는 오랜 권위주의 독재 시절을 마감하고 민주주의 시대로의 이행을 시작하였다. 민주화 '이후' 우리 사회는 많은 변화를 경험하였다. 김영삼 '문민정부' 시절에는 '중단 없는 개혁'과 '한국병 퇴치를 통한 신한국 창조'이라는 기치 아래, 군에 대한 문민통제의 강화 조치로 오랫동안 정치의 정상화에 해악적 영향을 미쳐온 군 사조직 하나회가 전격적으로 해체되었고, 금융실명제가 실시되었으며, 5·18특별법의 제정과 함께 전두환과 노태우 두 전직 대통령을 감옥으로 보내는 사상 초유의 일을 경험하기도 했다. 또한 '선거를 통한 헌정사상 최초의 수평적 정권교체' 속에 출범한 김대중 '국민의 정부' 하에서는 정부 수립 이후 최초로 남북정상회담이 있었으며, 과거청산과 인권 관련 법과 제도가 정비되었다. 노무현 '참여정부'는 국민적 열망 속에서 출범했고, 탄핵 폭풍 속에서 열린우리당은 국회 과반 의석을 확보하기에 이르렀다. 한편 2002년 16대 대선을 통해 이른바 '진보정치 100만 표 시대의 개막'을 알린 민주노동당은 2004년 17대 총선거를 통해 마침내 진보정당의 원내 진출을 이루어냈다. 이러한 결과는 더 나은 미래와 또 다른 세상을 꿈꾸는 많은 사람들이 새로운 정치의 실현을 통한 변화와 민주개혁의 가능성에 손을 들어준 것으로 압축할 수 있다.

그러나 '민주' 정부가 연이어 들어서고 또 진보정당이 원내 진출에 성공했음에도 불구하고, 많은 사람들은 민주화 이후 도대체 변한 것이 무엇인지 반문하거나, 또는 변한 것을 전혀 실감할 수 없다고 말하는 데 주저하지 않는다[1]. 민주화 이후 정부는 '책임과 신뢰 부재의 정치'의 전형을 보여 왔고, 기성 정당들은 사회적 요구에 기반을 둔 정책 대안을 거부해 왔으며, 국민의 대표라고 하는 국회의원들은 정치적 대의를 위해 헌신하기보다는 자신들의 개인적인 정치적 자산을 키우는 데에만 관심을 쏟았다. 민주화 이후 부활한 지방자치도 주민 자치에 기초한 기관 자치 속에서 민주주의의 강화에 기여하기보다는, 오히려 지역 토호들의 이권 다툼장이 되면서 민주주의에 역행해 왔다. 사익 추구의 무책임 정치와 그것을 극복하기 위한 새로운 정치의 대안적 전형 창출이 지체되는 상황에서 정치 일반에 대한 국민들의 혐오와 반감이 더욱 커지는 것은 어쩌면 당연한 일이다.

이처럼 2006년 오늘 우리는 '민주화의 역설 내지는 배반'의 사태 속에서 '위기에 처한 민주주의'의 퇴행을 목도하고 있다. 그렇다면 민주주의의 퇴행

---

1) 이와 관련해 최장집은 이렇게 말하고 있다. "이제 민주주의는 더 이상 기대와 열정과 희망을 만들어 내는 단어가 아니다. 그것은 민주주의를 통해 기대했던 것과 한국 민주주의가 실제로 가져온 결과 사이의 격차가 만들어 낸 실망의 표현인 것이다. 더욱이 이러한 실망이 현실정치에 대한 환멸을 동반하면서 한국 민주주의를 위기로 몰아가고 있는 것이 오늘의 현실이다"(최장집 2002, 6).

과 위기의 핵심 내용은 무엇이며, 그것은 어디로부터 연유한 것일까? 오늘 우리가 경험하고 있는 민주주의 위기의 핵심은 무엇보다도 사회경제적 문제를 핵심으로 한 총체적인 삶의 질 악화와 희망의 부재 상황이며, 그 근저에는 '민주' 정부에 의한 신자유주의 세계화의 국가적 수용과 무비판적 적응이 자리잡고 있다고 할 것이다. 확산되고 있는 인간 소외와 삶의 공포에 기초하여 사회 전체를 전면 개조하려는 일종의 '반체제 보수혁명'의 성격을 띠며 확산되고 있는 신자유주의 세계화는 민주주의의 현실에 짙은 고통과 어둠의 그림자를 드리우고 있다. 시장의 자유를 절대적으로 특권화한 시장근본주의를 기본 특성으로 한 신자유주의에 대해 국가 차원의 무비판적 수용은 한편으로 사회적 양극화와 빈부격차를 심화시키고 서민들의 삶의 질을 급격히 악화시키고 있다. 노동자와 서민들의 생존권 위기와 사회공동체 관계의 파괴적 해체는 그 당연한 결과이다. 다른 한편으로 정치에 대한 분노와 실망이 '신뢰의 철회' 속에서 사람들을 탈정치·반정치화의 길로 내몰고 있는 것이 지금의 현실이다. 공공영역으로부터 국가의 후퇴, 경제에 대한 정치 종속의 가속화, 빈곤화를 핵심을 하는 사회 양극화의 심화, 노동 없는 민주주의 지속, 교육의 기술관료화와 문화의 소비상품화 등 기성 정치의 잘못으로 정치가 정당성의 위기 상황에 처하게 된 것이다(조현연 2003 참조).

이러한 상황 인식 아래 이 글은 민주화·세계화 '이후' 한국 정당정치의 대안 모형을 탐구하는 것을 그 기본 목표로 하고 있다. 정당정치의 대안적 프로젝트 없이는 오늘의 위기를 극복하고 새로운 희망을 만들어낼 수 없다고 보기 때문이나. 즉, 위기의 근원이자 발전의 병목지점인 정치를 정치답게 만드는 것이 오늘 한국 사회가 처한 위기 극복의 실마리이자 그 핵심은 바로 정당정치에 있다는 것이다. 이러한 문제의식 아래 이 글은 우선 민주화 '이후' 한국 정당정치의 특징을 살펴본 뒤 대안적 정당정치 모형 창출과 관련한 고민을 함께 나누고자 한다.

2. 왜 정당정치인가?

정당이란 정치권력의 획득을 목표로 정치적 이념과 노선을 같이하는 사람들이 공통된 정책에 입각하여 일반 이익을 증진시키고자 결합한 정치결사이다. 이 정당의 기능에 대한 논의는 크게 세 가지로 구분 가능하다. 첫째, '반(反)정당주의론'의 입장으로, 정당은 본래 선한 정부를 파괴하려는 위선자이며 이성과 공정성이 아니라 감정과 사리사욕에서 출발해 결성된 것이므로 가능한 한 억제되어야 한다는 논리이다. 둘째, 정당은 자유정부의 필요악이라는 '정당불가피론'으로, 정당이란 자유정부에 불가피한 것이지만 그러한 정부 내에서 유익하기보다는 해로운 활동을 하는 존재라는 것이다. 셋째, 민주적 대중정부는 정당 없이는 존재할 수 없다는 '정당필수론'으로, 정당은 여론창출 기능과 공직자 충원 기능이라는 두 개의 위대하고도 특징적인 기능을 갖고 있으며, 정당은 시민이 정부에 대해 주권을 행사할 수 있는 가장 명예롭고 효과적인 통로이자, 공직자들을 국민이 원하는 대로 행동하도록 하는 견제장치라는 것이다(유재일 2004, 116~122 참조).

이러한 세 가지 관점 가운데, 정당필수론의 관점에서 접근하는 것이 여전히 현대 민주정치를 이해하고, 또 정당정치 활성화를 통한 민주주의의 심화와 확산을 이루는 데 관건 요소라는 것이 나의 판단이다. 정당은 근대적 정치체제의 산물로 근대적 정치체제가 형성되는 과정에서 투쟁의 담당자이자 통합의 도구로서, 그리고 근대 이후에는 정치적 동원의 핵심적 담당 역할을 수행해 왔으며, 자본주의 발전과 그에 따른 사회적 분화과정에서 '표출적 기능'과 '도구적·대의적 기능'을 수행했다. 일상적 의미에서 정당이란 한편으로는 다양한 정치세력 간의 경쟁이 표출, 확산되는 동시에 귀결되는 핵심적인 제도적 장치이자, 이익집약 기능을 통해 사회의 갈등과 균열을 통합하는 핵심적 기제라고 할 수 있다. 즉, 다양한 사회세력들의 갈등적 사회적 이익들을 집약시켜 국가가 정책에 반영하도록 매개하는, '시민'들

내지 '시민사회'와 국가 간의 연계 기능이 정당의 주된 기능인 것이다.

다른 한편으로는 자본주의 사회에서 정당은 자본주의 체제의 재생산의 중요한 기제이자 헤게모니와 전략형성의 장이며 동시에 사회적 역관계가 반영되는 계급투쟁의 장이기도 하다. 극단적으로 표현하자면 계급투쟁 없이 정당은 없는 것이다. 후자의 측면, 즉 계급투쟁과 정당과의 관계에서 주목해야 하는 점은 정당이 '시민사회'의 사회적 역관계의 단순한 전동벨트가 아니라, 오히려 계급투쟁을 포함한 제반 사회적 투쟁을 특정한 방식으로 조직화 내지 구조화시킨다는 사실이다(손호철 2002 참조).

이처럼 정당은 사회구조 내의 잠재적 긴장과 대립 및 상충되는 이해관계를 구체화하고 명료화하며, 대립하는 수많은 사회적 이해관계 및 가치관의 대표자들로 하여금 타협점을 도출해내고 요구사항을 변경하며 압력을 집약하는 기능을 수행한다. 정상적인 정당정치란 바로 이러한 토대와 구조적 제약 속에서 정당들 간에 다양한 이념과 정책을 매개로 정치권력을 획득하기 위해 '자유로운' 경쟁이 이루어지는 것을 의미한다. 이러한 점에서 정당은 현대 대중민주주의의 생명선으로, 정당 없는 대의제 민주정치란 지금으로서는 상상하기 어려운 것이 사실이다. 물론 최근 서구 민주국가에서 정당의 역할이 쇠퇴하는 징후가 있고 또 정당폐기론까지 제기되고 있는 실정이지만, 그럼에도 현대 민주정치의 시스템 내에서 정당의 역할과 기능을 대신할 만한 마땅한 대체품은 아직 발견되거나 발명되지 않았다. 즉, 정당정치보다 현대 대중민주주의를 더 잘 설명할 수 있는 말은 아직까지 없으며, 이것은 정치과정에서 주도적 역할을 하며 또 중심적 존재로 성낭이 여선히 위치하고 있기 때문이다.

나는 현재 한국 사회가 겪고 있는 고통의 근원은 무엇보다 '정치', 그 가운데서도 특히 정당정치라고 생각한다. 즉, 정당이란 한 사회의 "갈등과 균열을 표출하고 대표하며 이에 기반을 둔 대안을 조직하여 선거에서 경쟁함으로써 궁극적으로 사회적 갈등을 완화시키고 통합하는 민주주의의 중심적 기제"(최장집 2002, 206~207)라고 할 때, 다양한 사회적 요구에 기초하여 대안을 조직하는 것, 그리고 다층적이고 다면적인 사회적 갈등을 표출시키고 그것을 민주적으로 조정함으로써 궁극적으로 사회통합을 유지하는 (정당) 정치의 본래적 기능이 마비된 것이 오늘 우리 사회 위기의 주범이라고 판단하기 때문이다.

오늘날 한국의 정당과 정당정치는 "그야말로 불꽃이 튀어오르는 거대한 분화구 위에서 생존의 곡예를 벌이고 있는"(이명남 1997 참조) 형국이라고 할 수 있다[2]. 민주화·세계화 '이후' 한국 사회의 갈등과 균열의 범위는 확장되고 있으며, 그 강도는 더욱 첨예화되고 있다. 민주화 이후 '민주' 정부 하에서 신자유주의 세계화 논리의 국가적 수용에 따라 민주주의의 논리가 자본과 시장의 논리로 대체됨으로써, 민주주의의 위기와 사회 발전의 위험은 오히려 더 증폭되고 있다. 상황이 그러함에도 기성 정당과 정치인들은 위기와 위험을 타개할 수 있는 비전과 희망을 제시하기는커녕 오히려 비판과 불신의 주요 대상일 따름이었다. 예컨대 그간의 여론 조사를 살펴보면, 정치인은 가장 부패하고 가장 거짓말을 잘하는 직종 1위의 위치를 한 번도 놓친 적이 없었다는 것을 알 수 있다. 여기에 한 가지 더 추가한다면 우리 사회에서 가장 무능한 집단은 정치인 집단이 아닐까 싶다. 그것은 권력 장악이라면 무슨 일이라도 서슴지 않고 행하는 권력기회주의적 속성을 지닌 일종의 '정치계급', 즉 대의민주주의하에서 당원과 지지자들의 권익을 실현하고자 하는 것이 아니라 자신의 사익을 추구하기 위해 통치하는 소수 정치 엘리트 집단이 창출된 결과인 것이다.

이러한 점에 비춰볼 때 오늘 우리 사회가 처한 위기와 위험을 극복하기

2) 정당에 쏟아지는 비난과 경멸을 모아보면, "민의에 대응하지 못하는 동맥경화증 환자, 끊임없이 정치부패를 확산시키는 파렴치집단, 국제여론의 수용과 새로운 사조에 둔감한 변화불감증 환자, 정치연극을 시나리오대로 집행할 뿐인 권력증 환자, 수의 논리로 의회 과정을 지배하고 의회정치의 정신을 말살하는 새로운 과두제론자, 실천할 수도 없는 공약을 기관총처럼 난사하는 무책임한 선전꾼" 등 셀 수 없이 많다(岡澤憲芙.1997, 11 참조).

위해서는 '정치를 정치답게' 만드는 '좋은 정치'가 필요하고, 좋은 정치의 핵심에는 현대 민주주의의 생명선인 정당체제와 정당이 존재한다고 할 것이다. 정당 없는 민주정치란 지금으로서는 상상하기 어려운 것이 부인할 수 없는 현실이며, 그 이유는 다음 두 가지이다. 첫째, 갈등과 균열의 정치적 범위가 협애하면 할수록 갈등의 강도는 첨예해질 수밖에 없다는 점에서, 정당정치의 이념적 스펙트럼의 확장을 통해 갈등과 균열의 범위를 확장하는 것이 필요하다는 것이다. 둘째, 현대 민주주의하에서 정당은 시민과 의회, 의회와 정부를 연결짓는 불가결한 매개고리이며, 갈등의 조정을 통해 궁극적으로 사회적 통합을 달성하는 핵심 기제라고 할 수 있기 때문이다.

따라서 지금이야말로 정당정치의 민주적, 대안적 혁신이 시급히 필요한 시점이며, 정당정치의 혁신은 두 방향, 즉 정당체제의 차원과 정당 내부의 민주화 차원에서 동시에 진행되는 것이 중요하다고 할 것이다. 문제는 현 노무현 정부의 극단적인 반(反)진보-반노동-반지역주의적 태도가 민주적 혁신에 기초한 대안 정당정치를 실현하는 데 걸림돌로 작용하고 있다는 것, 그리고 민주노동당을 비롯한 한국 진보진영 전체의 능력과 역량이 대안적 정당정치를 구현하는 데 여전히 부족하고 무능하다는 사실이다.

3. 민주화·세계화 '이후' 한국 정당과 정당정치의 특성

한국 정당사를 개략적으로 살펴보면, 한국에서 근대적 의미의 정당 활동이 공식적으로 시작된 것은 1946년 미군정 법령 제55호 '정당에 관한 규칙'이 공포된 때부터라고 할 수 있다. 현행 헌법 제8조는 자유설립주의와 복수정당제를 보장하고 있으며, 정당법 제2조는 정당을 "국민의 이익을 위하여 책임 있는 정치적 주장이나 정책을 추진하고 공직선거의 후보자를 추천 또는 지지함으로써 국민의 정치적 의사형성에 참여함을 목적으로 하는 국민의 자발적 조직"으로 규정하고 있다. 지난 권위주의 시대를 돌아볼 때 한국의 역대 정당들은 사회적 기반이 약하여 사회의 특정 계급이나 계층, 세력을 대표하지 못하고, 또 강한 인물중심주의로 인하여 보스의 정치적 운명과 함께 정당의 생존이 좌우되었다. 이것은 정당의 정체성 결손과 정책 부재로 나타나, 한국의 정당은 단지 국가권력의 장악 여부를 둘러싸고 여당과 야당의 차이가 있을 뿐이라는 비판을 받기도 하였다.

그렇다면 민주화 이후 한국의 정당과 정당정치를 바라볼 때, 그 특성은 얼마만큼 변화했는가? 물론 민주화 이후 제도정치 공간이 확장되고 민주적 절차가 제도적으로 꽤 정비된 것은 사실이다. 그러나 대의제 민주주의의 핵심인 정치적 대표체제에 있어서 '변형주의'적 재편을 통한 지배의 재생산은 있었지만 의미 있는 변화는 차단되었고, '정당정치 없는 민주주의'라는 역설의 상황 속에서 정치 불신의 심화와 그에 따른 참여의 위기와 대표의 위기가 꽤 오랫동안 지속되었다. 이러한 변형주의적 정치 재편은 기존 제도 정당의 불완전하고 철저하지 못한 변형의 과정이자, 또 그 과정에서 내부의 저항으로 인해 언제나 한 국면에서의 변형주의적 재편은 후속 변형주의적 재편을 필연적으로 가져오게 된다(조현연·조희연 2004 참조). 3당 합당과 그에 기반한 문민정부의 출범, DJP연합과 국민의 정부 출범, 그리고 일종의 '분자적 변형주의'로서 이른바 '재야 입당파'와 '수혈된 젊은 피로서 386세대' 등은 그것을 잘 보여 준다. 그 결과 남은 것은 기득권 정당과 정치 엘리트들의 이해관계에 크게 유리한 최소주의적인 절차적 수준에서의 정치적 민주화의 확장이었을 뿐, 문제의 핵심이라고 할 수 있는 보수독점의 정치적 대표체제는 온존되었다.

정당이 제 역할을 하지 못할 때 민주주의는 제대로 발전할 수 없거나 위기에 처하게 되고, 그 결과 사회가 질적으로 발전할 수 없게 되는 것은 당연하다. 민주화와 탈냉전, 신자유주의 세계화의 충격이 가져온 문제들은 한결같이 새로운 시야와 언어를 요구하고 있는 데 반해, 한국 정당체제의 틀과 언어는 변하지 않았다(최장집 2002, 207 참조). 오늘날 한국 사회의 여러 문제는 결국 사회적 소통과 시대와의 대화가 부재하여 새로운 상황에 응전하며, 그에 걸맞은 정치적 기회구조를 창출하는 데 무력한 정당체제의 저발전에 그 원인이 있다고 할 것이다. 보수독점의 정치적 대표체제의 온존과 그 부산물로서의 지역주의 정당체제의 유지는 이를 웅변적으로 보여준다.

1) 보수독점의 정치적 대표체제

사회와 국가를 연결하는 교량으로서 정당은 사회적 갈등을 정치의 틀 안으로 가져오고 이를 진지하게 다뤄야 할 공동체 전체의 문제로 전환하여 정치적 결정을 위한 의제로 만드는 것을 주요 역할로 한다. 이러한 점에 비춰볼 때 한국의 정당정치는 오랫동안 정상적이지 못했다. 특히 1987년 정치적 돌파를 통한 민주화 이행에도 불구하고 정당정치의 맥락에 주목해 볼 때, 한국 정치의 가장 큰 특징은 협애한 이념적 스펙트럼에 기초한 보수독점의 정치적 대표체제이자 엘리트 카르텔이었다. 보수독점의 폐쇄적인 정당정치 질서 속에서 정당 간 자유로운 경쟁이 이루어지지 못했으며, 또 변화하는 사회의 다양한 이해관계 간의 갈등과 대립을 반영하지 못하는 정치 지체를 드러내왔기 때문이다. 2004년 17대 총선을 계기로 한 민주노동당의 국회 진출 이전까지 한국의 정당체제는 이념 및 정책적으로 별 차이가 없는 인물이나 시역 중심의 정당들로 이루어져 있었다. 산업화와 민주화를 거쳐 이미 상당 정도의 다원주의 사회로 발전한 한국의 정치경제 현실에 부합하지 못하는 전근대적 정당체제였다는 것이다. 이러한 정당체제하에서 정당들은 사회세력들의 정책 선호나 이념 지향보다는 지역과 인물에 초점을 맞춘 전근대적 정치행위에 몰두해 있었다.

이처럼 사회의 변화와 다원성을 반영하지 못하는, 그 역사적 기원을 냉전

반공주의에 둔 보수독점의 정당체제는 기본적으로 노동자와 서민의 배제를 특징으로 한다. 한 논자의 지적처럼 한 사회의 중심 집단의 이해와 요구를 배제할 경우 정당체제의 편협성과 편향성은 강화되며, 이에 따라 정당체제와 사회 간의 괴리가 증대할 수밖에 없고, 정치가 사회의 중심 이슈와 갈등을 포괄하지 못함으로써 정치에 대한 냉소와 무관심이 확대되는 것이다(최장집 2002, 207 참조). 그 결과가 바로 대중의 참여 없이 '상층적 편향성의 동원'을 특징으로 한 엘리트 카르텔의 정당정치의 지속과, 사회의 폭넓은 요구가 조직될 수 없는 '비결정(non-decision) 이슈 영역의 상존'과 '대안배제의 정치'를 특징으로 하는 정당체제의 창출인 것이다.

한편 민주화 이후 민주노동당이 원내에 진출하여 형성된 이른바 '2004년 정치체제' 이전까지 한국 정당체제의 특성으로, ① 아래로부터의 대중적 이익이나 요구에 기반을 두기보다는 지도자와 그를 둘러싼 엘리트 중심적 성격, 그리고 당비를 내고 일상적으로 당 활동에 참여하는 진성 당원이 지표상 1%가 채 되지 않는 간부정당적 특성, ② 이념적으로 동일한 지평 위에서 경쟁하는 여당과 야당, 그리고 이념이나 정책보다 선거에서의 승리 그 자체를 목적으로 하는 권력기회주의적 속성을 지닌 선거전문가 정당, ③ 사회 전체, 국가 전체, 민족 전체의 대의와 이익을 내세움으로써 특정 계층이나 집단의 이해와 요구도 반영하지 않는 무색무취한 포괄정당적 특성 등, 그간 한국 정당의 속성은 여전히 유지되었다(최장집 2002, 23 참조). 정당의 이러한 속성이 이념적 대표체제의 보수적 편향성과 결합될 때, 정치경쟁이 어떤 사회적 결과를 가져오게 될 것인가를 이해하기는 어렵지 않다. 어떤 면에서 신자유주의 세계화의 충격과 야만이라는 새로운 세계사적 전환의 물결 속에서 한국 사회가 주체적으로 응전하지 못하는 것도 바로 이 때문이라고 할 수 있다.

이처럼 보수독점의 정치구조의 온존과 그로 인한 정치 지체 현상이야말로 한국 사회 발전의 주된 병목지점이자 질곡이었다. 즉, 급격한 사회 변화에 따라 이해가 다양화되고 그리하여 다양한 이해간의 충돌이 복잡하게 진행되고 있음에도, 기성 정치는 사회적 다양성을 반영하지 못한 채 정치적 대표성의 심각한 왜곡을 드러내 온 것이다.

2) 지역주의 정치와 정당체제

한편 지역주의와 지역주의 정당정치는 민주화 이후 정치의 세계를 지배하는 대표적인 언어로 자리매김하였다. 1987년 대선과 1988년 총선, 1990년의 3당 합당, 1992년과 2000년의 총선 등 선거 결과가 보여주듯이, 민주적 개방 이후 모든 선거에서 민주개혁이나 계급정치의 이슈는 예외 없이 지역균열에 의해 중층 결정되기에 이른 것이다. 그리하여 그것은 민주 대 반민주 또는 개혁 대 반개혁, 그리고 진보 대 보수라는 정치적 대결과 경쟁의 구도를 변질시키는 부정적 효과를 산출하였다. 지역이라는 정치적 지지 시장은 사회의 다른 계급계층적 갈등과 이익, 열정과 감동이 표출되고 동원될 수 있는 정치적 경쟁이 어려운 상황에서, 정치엘리트와 정당이 당면의 선거경쟁에서 승리하기 위해 동원할 수 있던 가장 손쉬운 정치적 자원이었다.

참여정부 역시 예외는 아니었으며, 오히려 지역주의 극복에 초점을 맞춰 열정의 동원을 극대화하는 전략을 선택하였다. 그러나 그것은 상호 충돌적인 상황의 논리로 전개되었다. 한편으로 이들에게 지역주의는 한국 사회가 안고 있는 모든 문제의 모태이자 일종의 한국판 '악의 축'이었다. 즉, 지역주의는 결코 용납되어서는 안 될 '나쁜 어떤 것'이자, 그 때문에 한국정치의 모든 문제가 배태된 '가공의 인과장치 속의 어떤 근원'으로 해결하기 어려운 난제였다. 다른 한편으로 이들에게 그것은 때때로 중선거구제 도입을 통해 손쉽게 해결될 문제로 치부되기도 한다. 반지역주의 정치동원에 대한 비판에는 합리적인 대응보다는 "그럼 지역주의가 없단 말이냐" 또는 "지역주의를 그냥 두자는 말이냐" 식의 담론적 억압을 쏟아내기도 한다(박상훈 2005

참조).

한국 사회의 망국병이라고 일컬어지는 지역주의 정치와 정당체제의 경우 이념적 협소성에 기초한 보수독점의 정치적 대표체제의 부산물로 보는 것이 타당하며, 따라서 보수독점의 정당체제의 구조가 해체되지 않는 한 지역정당체제의 변화를 기대하기는 불가능에 가깝다고 해도 과언이 아니다. 일반적으로 사회 갈등이 정치적으로 조직되는 범위는 좌우의 이념적 스펙트럼으로 표현할 수 있다. 이 정당체제로 대표되는 이념적 범위가 지극히 협소한 조건하에서 지역감정의 정치와 지역정당체제라는 문제영역이 창출된 것이다. 사르토리(G. Sartori 1976)의 언급처럼, 정당정치의 차원에서 발견되는 지역적 분절화의 문제는 정치적 대표체제의 이념적 범위가 협소할 때 어느 나라든 피할 수 없는 결과이다. 정당체제가 자본주의체제가 만들어 내는 집단적 갈등과 균열을 대표하지 못할 때, 선거와 정당체제는 지역대표체제의 성격만을 갖게 된다. 따라서 샤트슈나이더(E. E. Schattschneider 1975)가 강조했듯이, 정치적 갈등의 지역화 현상은 그 사회가 계급이나 이념과 같이 기능이익에 기반을 둔 갈등의 사회화가 억압되고 있다는 것을 나타내는 지표로 이해되는 것이 온당하다[3].

한국의 정당체제는 이러한 지적에 잘 들어맞는 사례라고 할 수 있다. 즉, 한국의 지역주의 정치는 민주화 이후 한국정치가 안고 있는 많은 문제들을 발생시킨 원인이 아니라, 역으로 한국정치가 안고 있는 여러 문제들, 예컨대 이념적 대표체제의 협소성과 사회적 소외 대중을 배제하는 엘리트 카르텔의 정당정치 구조 때문에 나타난 결과로 봐야 한다는 것이다. 한국에서 정당이 대표하는 사회균열의 범위와 기반은 매우 협소한 반면 정당 간 갈등의 강도는 격렬할 정도로 강하며, 역설적이게도 이렇게 갈등의 강도가 센 이유는 갈등의 범위가 매우 좁기 때문이다. 정당들의 이념적 기반이 매우 유사한 조건에서 정당 간 차이를 만들어 낼 수 있는 소재란, 내용은 없이 감정을

---

3) 이에 대해서는 박상훈(2003) 참조.

자극하고 적대적 열정을 동원하는 것밖에 없다(최장집 2002, 209).

한편 지역주의 극복 없이 아무 것도 기대할 수 없다는 식의 담론적 의미구조가 강요될 때, 사회경제적 불평등이나 빈곤이나 사회양극화 등에 대한 문제 제기는 주변화되거나 배제될 수밖에 없다. 이른바 '참여적 다원주의'의 역설에 따른 일종의 자의적인 '핵심 논점의 이탈과 회피'가 나타나게 되는 것이다. 대통령의 이른바 '대연정 제안 파문'은 그 극단을 보여 주는데, 즉 그 제안이 지역주의 극복을 위해서이기 때문에 그 충정을 이해해야 하며 대연정을 성사시키는 것이야말로 한국정치의 정상화를 가져오는 지름길이라고 선전될 때, 오히려 정당정치의 정상화와 선진화는 요원해질 수밖에 없다[4].

4. 대안적 정당정치의 제도 모형

대안적 정당정치 모형은 보통 사람들의 참여와 정당에 의한 대표 원리의 현실화, 그에 따른 책임정치의 실현을 그 핵심으로 하면서 갈등의 자유로운 표출과 민주적 조정을 통한 사회공동체의 통합을 지향하는 것을 기본 목표로 한다. 그리고 이런 기본 목표와 원리에 대한 강조를 넘어, 그것을 실현가능하고 작동가능한 것으로 만들기 위한 제도적 장치를 마련하는 것이 중요하다.

---

4) 이와 관련해 지역주의와 대연정 비판에 대한 유시민의 반비판, 즉 대통령의 대연정 제안과 보수적인 문제제기에 대한 비판이 '자기 만족의 지적 오만' 또는 '논리적 도착이나 분열증'의 한 증상일 따름이며, 진정 진보파라면 보수독점의 정당정치를 비판하기 전에 그것을 만들어낸 지역주의를 문제 삼아야 한다는 것(유시민 2005 참조)은 쟁점의 근원과 그 인과관계를 잘못 짚은 것임에도 불구하고, '그들' 안에서는 상당한 공감대를 형성하고 있다는 점에서 심각한 문제를 지니고 있다. 반비판에 대한 재비판은 박상훈(2005b) 참조.

1) 갈등 범위의 확장과 보수독점의 정치적 대표체제의 혁신적 변경

누군가 말한 것처럼 갈등은 '민주주의의 기관차'라고 할 수 있다. 민주화 이후 민주주의는 억압적 사회통제 기제들을 제거하거나 또는 그 힘을 약화시킴으로써 그동안 억눌려 온 다양한 사회적 갈등이 분출될 수밖에 없는 조건과 환경을 만들어 낸다. 따라서 다양한 사회적 이해의 폭발적 분출과 상이한 이해 간의 격렬한 충돌은 필연적이며, 그것은 사회통합이나 국민화합의 정치라는 이름으로 은폐되거나 무시되어야 할 성질의 것이 아니다. 무엇보다 문제는 이러한 이해 간의 충돌과 갈등을 정치적으로 대표해야 할 정치체제가 폐쇄적이고 독점적이라는 데서, 그리고 이해당사자들의 결정 과정에의 참여가 봉쇄되거나 제한되는 데서 발생한다.(최장집 2003b 참조).

한국적 특성을 고려해 볼 때, 사실 어떤 면에서 1987년 이후 한국 사회가 직면하고 있는 최대의 이슈는 갈등의 민주적이고 정상적인 표출과 그 해소를 위한 민주정치적 제도화의 문제라고 할 수 있다. 일차적으로 이 문제는 정당을 중심 구성요소로 하는 정치적 대표의 체계, 즉 정당체제와 관련된 것이다. 다시 말해서 민주적 정치개혁의 핵심은 담합적·독과점적인 경쟁체제를, 사회의 이해와 갈등이 폭넓게 대표될 수 있는 정상적인 경쟁에 기초한 정당체제의 틀을 만드는 문제인 것이다. 샤츠슈나이더(E. E. Schattschneider 1975)는 정치적 갈등축이 여러 가지의 대안을 중심으로 선택적으로 형성될 수 있으며, 기존의 정당체제는 여러 대안들 가운데서 다른 것들이 억제되거나 배제되고 특정의 갈등축이 선택된 결과라는 사실을 강조했다. 그러므로 특정의 정당체제는 두드러진 갈등축이 되도록 선택된 것과 억제되고 배제된 것이 짝을 이루고 있는 하나의 세트라고 할 수 있다.

갈등 범위의 확장 문제가 중요한 이유는 앞서 말한 것처럼 갈등의 범위가 좁아지면 좁아질수록 갈등의 강도는 더욱 첨예화되기 때문이다. 특정 국면에서 '극단적인 대결의 정치'가 반복되는 것도 바로 여기서 연유된다. 그리고 한국의 정당정치가 제도화되지 못하고 변화무쌍의 '인스턴트의 정치' 속에서 끊임없이 유동하는 것은, 바로 이러한 사회적 갈등을 폭넓게 대변하지 못하는 허약한 체질로부터 나오기 때문이다. 정당 간 갈등의 사생결단적 강도를 적정한 수준으로 줄이기 위해서는 갈등의 범위를 확장하는 것, 즉 정당체제의 보수독점적 폐쇄성에서 벗어나 사회적 요구를 폭넓게 반영할 수 있도록 대표체제가 개방되어야 한다(최장집 2002, 209). 정당이란 갈등을 동원함으로써 갈등의 범위를 넓히는 역할을 할 때 민주주의에 기여한다. 그러나 한국의 기성 정당들은 갈등을 동원하고 사회화하기는커녕 갈등을 사유화하고 있는 갈등조차도 자주 무시해 왔다(최장집 2002. 211 참조). 샤츠슈나이더(1975)는 정치엘리트들이 한 사회의 지배적 사회 갈등을 배제하고 자신들의 당선과 재선에 유리한 갈등만을 선택적으로 동원하는 행태를 '갈등의 사유화'(privation of conflict)로 개념화했다. 그러면서 정당을 통해 노동문제와 같은 한 사회의 핵심적 갈등들이 전국화될 때, 비로소 지역정당체제와 같이 정치 엘리트들에 의해 사유화되고 전치된 정치 갈등의 구조는 변화하기 시작할 것이라고 말한 바 있다. 이처럼 정당경쟁을 통해 한 사회의 중심적 갈등이 배제되지 않고 사회화될 때, 낡은 정치적 행태와 구조와 관행들은 변화를 시작하게 될 것이다.

이러한 문제의식 속에서 대안적 정당체제 모형은 두 가지 차원, 즉 정당 간 관계인 대표체제 수준과 정당 내 구조라는 차원에서 살펴볼 수 있다. 우선 정치적 대표체제와 관련해서는 보수독점의 정당체계를 이념과 정책 중심의 보수-자유-진보의 정치적 3각 정립구도로 전환시키는 것이 중요하다. 그것이야말로 편향적이고 폐쇄적인 대표성의 문제를 바로잡는 것이며, 동시에 지역주의 정치라는 전근대적 정치를 정상화하는 길이기도 하기 때문이다. 이 보수독점의 정치질서를 혁파하고 지역주의 정치를 타파하기 위한 제도적 장치와 관련해서, 무엇보다 '1인 2표 정당명부 비례대표제'라는 선거제도의 온전한 도입, 즉 정당 유효득표율에 따른 전체 의석 배분의 원칙과 지역대표 의석과 비례대표 의석의 비율의 정상화가 과연 관철될 수 있는지가 성공의 관건이다.

정치적 혼란과 사회통합의 위기를 해결하기 위해 가장 효과적이고 궁극적인 방안은 정당의 본래적 기능을 회복시키고 정당정치를 정상화하는 일이다. 그런데 한국적 정치현실에서 이념과 정책 중심의 정당 구조화 작업이 가능하려면 무엇보다 선거제도의 개혁이 선행되어야 한다. 이와 관련해 정당명부제의 도입의 파급 효과와 위력은 지난 2002년 지방선거와 2004년 17대 총선 이후 민주노동당의 정치적 실천을 통해 이미 입증된 바 있다. 정당명부 비례대표제가 '온전'하게 도입된다면, 첫째, 기성 보수 정당과 보수 정치인들의 정치적 긴장을 유발해내고 이들의 반성과 자정을 압박함으로써 '보수와 자유의 정상화'를 이루어낼 수 있고, 둘째는 정당 간 생산적인 정책 경쟁을 촉진함으로써 건전한 정치풍토를 조성하면서 민주적 정당정치의 심화와 확산을 가져올 수 있으며, 셋째, 궁극적으로 계급계층적 이해를 비롯한 다양한 사회적 이해의 갈등과 충돌을 정치적으로 반영하고 조정함으로써 기존의 '희망부재형 정치'에서 '희망창출형 정치'로 정치의 패러다임을 전환할 수 있다.

다음으로, 당내 민주주의를 실현하기 위해서는 진성 당원 중심의 정당운영이 핵심적 관건이다. 즉, 사익 추구적 1인 보스 중심 또는 낡은 계파나 정파 중심의 비민주적 정당 관행과 구조는 시대착오적인 충성 경쟁이나 소모적인 정쟁만을 일상화할 뿐 변화하는 현실에 맞는 생산적인 민주정치를 가져올 수 없다. 따라서 공직 후보에 대한 당원 직접 선출과 소환제의 제도적 시스템을 당내에 구축함으로써, 정당 지도부나 간부들이 당원들에게 직접적인 책임과 호응을 지게 하는 정당체계로 재조직하는 것이 필요하다. 그리고 국민의 의사형성을 통한 정책경쟁이라는 현대 정당정치의 기본에 맞게 정당득표율과 당원에 의한 소액당비납부율과 정당에 대한 국고 보조금 비율을 연동하는 매칭 펀드(matching fund)제 실시를 통해 정당 민주주의의 제도적 계기를 확보하는 것이 중요하다. 현행 국고보조금제도는 원내교섭단체에게 국고보조금의 50% 우선 할당하는 것을 포함하여 기성 보수정당들이 국고보조금의 95% 이상을 독식하는 불합리한 제도이자 전형적인 보수독점 정치의 횡포에 불과하다고 할 것이다.

2) 참여와 대표와 책임의 원리의 제고와 정치적 신뢰의 회복을 위한 제도적 대안

지금처럼 정치 불신과 냉소가 지속되고 증폭된다면 민주주의는 결코 심화되거나 확산될 수 없다는 점에서, 대표의 원리가 제대로 관철되는 책임정치와 참여정치를 통해 잃어버린 정치적 신뢰의 회복이 필요하다. 현재 형성된 기본적인 정치갈등의 구도는 기성 제도정치 대 시민 일반의 갈등과 대립의 구도로 정당 및 정당정치에 대한 무관심층과 냉소층이 늘어나고 그에 따라 투표율도 낮아지는 추세라고 할 수 있다.

이와 관련해 우선 집고 넘어갈 것은, 대의민주주의가 제대로 기능하기 위해서는 무엇보다도 유권자의 투표행위가 정치 엘리트를 민주적으로 통제할 수 있어야 한다는 사실이다. 즉, 유권자 개인의 투표가 정치 엘리트로 하여금 책임성을 갖게 만드는 제도적 효과를 가져야 한다는 것이다. 그 필요조건은 ① 대표의 범위가 충분히 넓어야 한다는 것으로, 즉 사회의 다양한 갈등과 균열이 정치적으로 표출되고 조직되는 것이 억압되지 않아야 하고, ② 선거제도가 유권자 개개인의 자유로운 선호의 표출을 억압하지 않아야 하며, ③ 개개인이 어떤 정당을 지지하든 모든 투표의 가치가 동등해야 한다는 것으로, 유권자의 투표가 정당의 의석수에 균등하게 반영되어야 한다는 것이다(최장집 2002, 216 참조).

반민주적이고 반인권적이며 반평화적인 국가보안법의 온존, 반동적 보수언론에 의한 여론 주도, 거대 양당에 의한 극단적 경쟁체제 속에서 유권자의 투표행위는 정치 엘리트들만의 권력 게임에서 주변적 역할을 하는 데 불과한 것이며, 갈등은 사회화되기보다는 정치 엘리트들의 권력기회주의적 이해관계에 따라 사유화되고 전치되며 왜곡될 수밖에 없다. 책임정치의 자의적이고 자발적인 포기는 그 당연한 결과이며, 따라서 기성 제도정치에 대한 국민적 불신은 필연적이다.

이러한 조건에서 참여정치 역시 억압되거나 제한적으로 이루어질 수밖에 없다. 민주정치는 곧 대중 참여의 정치를 의미한다는 점에서, 참여의 폭과 내용은 민주주의의 성격을 규정하는 핵심 구성 요소라고 할 수 있다. 이것은 투표에 의한 선거경쟁의 참여와 이익 갈등의 다원화에 따른 민주적 정책결정구조에의 참여로 구분할 수 있다. 먼저, 전자의 경우 투표율은 가장 단순하면서도 결정적인 척도라고 할 수 있는데, 1987년 이후 투표율의 하락 추세는 그런 점에서 참여민주정치의 위기적 징후라고 할 수 있다. 유권자 다수가 민주주의가 부여한 시민권의 행사를 이러저러한 이유로 거부—선거 투표율의 하락—했다는 것은 그 자체로 '참여의 위기'를 반증하는 것이자, 과연 한국 민주주의가 다수 의사를 만들어내는 정당한 절차로 기능하고 있는지, 현존하는 한국의 정당들이 시민생활에 직접적인 영향력을 행사하는 정책결정과정과 입법과정에서 시민 의사의 정당한 대표자일 수 있는지 하는 문제, 즉 '대표성의 위기'를 부각시킨다.

이와 관련해 지난 2002년 대선 국면에서 새천년민주당이 새롭게 추진한 '국민참여 예비경선제'에 대해 주목할 필요가 있다. 이 제도는 참여를 제고하는 제도적 장치라는 점에서 긍정적인 측면이 있는 것이 사실이다. 그러나 다른 한편으로는 (진성)당원에 의한 정당정치의 발전을 가로막는다는 점에서는 문제점이 있다. 그랬을 때 참여의 활성화를 통해 정당정치의 선진화를 이루기 위한 제도적 대안은 진성당원제를 기본으로 하면서 국민참여 예비경선제를 통해 부분적으로 보완하는 것을 고민해봄 직하다.

한편 참여민주정치의 차원에서 지적할 것으로 지난 선거법 개정에서 폐지된 지구당 문제가 있다. 고비용 저효율이라는 효율성의 논리와 이른바 '돈먹는 하마'라는 논리 아래 현존하는 대국민 접촉창구인 지구당을 폐지한 것은 참여의 문턱을 제도적으로 높인다는 점에서 민주정치의 확산에 역행하는 것이다. 지구당을 운용하는 사람들의 문제를 지구당이라는 제도 그 자체의 문제로 치환하는 것은 바람직하지 못하다. 중앙집중화된 정치구조의 문제점이 그대로 복제된 채 양산되고, 지역토호들의 놀이터와 사랑방이 된 현 지방자치 상황에서 그래도 참여와 대표의 원리를 통해 잘못을 바로잡을 실마리를 지구당 차원에서 찾을 수 있기 때문이다. 따라서 지구당은 시급히 부활되어야 하며, 그 민주적 운용에 대한 방안을 마련하는 것이 합리적이라고 할 수 있다.

다음으로 후자의 경우, 즉 민주적 정책결정구조에의 참여는 두 가지 방향에서 찾을 수 있다. 첫째, 선거를 통한 권한의 위임이 전면적인 무한 위임이 아니라는 점에서 선거를 통해 선출된 공직자에 대해 소환제라는 직접민주제의 도입에 대해 적극적으로 검토하는 것이 필요하다. 지난 2006년 5월 2일 주민소환제 관련법이 국회를 통과했다. 그 예상되는 효과는 선출직 공무원들의 청렴성을 강화할 수 있다는 것, 지방자치에 대한 주민참여가 높아지고, 민주적인 주민통제의 강화로 그동안 붕괴되었던 지방자치의 견제와 균형이 복원될 것, 불필요한 선심성 사업이나 특정 지원세력만을 위한 보은성 사업 등에 대한 견제의 강화로 지방자치단체가 견실해질 것, 그리고 지방정치에서 대립과 갈등보다는 대화와 합의 수준을 높여 지방정치 활성화에 기여할 것 등으로 집약된다. 지방자치 차원에서의 주민소환제를 의회정치의 차원의 국민소환제로, 그리고 정치 일반 차원으로 확대하는 것을 통해 동맥경화와 소화불량에 걸린 현 정당정치의 위기를 타개할 수 있는 계기를 만들어낼 수 있다.

둘째, 선거를 통한 민주적 결정구조라는 것이 매우 엉성하고 조야하다는 데서 출발한다. 즉, 새로운 이슈와 이들 간의 이익 갈등이 선거라는 방법에 의한 결정으로 해결되기에는 그 비대칭적 불균등이 너무 크다는 것이다. 신자유주의 세계화는 양자 간의 비대칭성과 불균등성을 더욱 증폭시키고 있다. 따라서 그 구조적 불균형을 해소하기 위해서는 무엇보다도 이해당사자들이 결정과정에 직접 참여하는 것이 중요하다. 이와 관련해 참여예산제와 노동자 경영참가제에 대해 주목해 볼 필요가 있다.

먼저 참여예산제란 브라질의 집권여당인 노동자당(PT)이 야당 시절 자신이 집권당으로 있는 포르투 알레그레에서 실제로 실행하여 큰 호응을 얻었던 제도로 우리나라에서도 충분히 도입가능한 제도라고 할 수 있다. 참여예산제는 시민과 주민들이 예산의 결정과 집행과정에 참여하여 예산이 어느 곳에 쓰여야 하는지를 결정하고 그 쓰임의 과정을 감시하는 제도이다. 민주적인 지방자치의 본질이 주민 참여에 의한 지방행정과 지방정치의 실현이라고 할 때, 그것은 단순히 4년마다 자치단체장이나 지방의회의원을 뽑는 것에 그치지 않고, 일상적인 지방행정과 정치에 주민들이 항상 참여할 수 있어야 하는 것을 의미한다. 지방행정과 정치에 다양한 분야가 있을 것이나 가장 기본적인 것은 그 자치단체의 1년 살림살이를 짜는 것이라고 할 때, 다수의 주민이 지방자치예산이 어느 곳에 쓰여야 할 것인가를 결정할 수 있다면, 주민에 의한 자치가 실질적으로 실현되는 것이라고 할 수 있다.

다음으로 노동자 경영참가제란 노동자가 직접 경영에 참여하여 주요 정책결정을 공동으로 함으로써 기업의 활동과정과 결과에 공동으로 책임지는 제도를 말한다. 사실 생활의 대부분이 작업장의 생산활동과 노동생활로 이루어져 있는 노동자에게 임금 인상만큼이나 일할 맛 나는 일자리도 중요하다. 여기서 일할 맛 나는 일자리의 핵심은 고용안정과 경영참여이며, 이것들이 보장되었을 때 생산성의 향상도 기대할 수 있는 것이다. 노동자 경영참여는 현재의 대립적인 노사관계를 대화와 협력의 노사관계로 전환시킬 것이다. 즉, 현재 한국의 대립적인 노사관계가 무엇보다 노동의 의도적 배제 때문에 발생하고 있다고 할 때, 노동자의 경영 참여는 이러한 대립과 반목을 참여와 협력으로 바꿀 수 있으며, 이에 기초할 때 비로소 노사정위원회도 제 역할을 수행할 수 있게 될 것이다.

3) 정당정치 활성화와 국가관료제에 대한 민주적 통제

현재 한국은 민주정치에 역행하고 있으며, 생기와 활력을 잃은 채 무기력한 국가가 되었다고 할 수 있다. 보수독점의 정치적 대표체제와 지역주의 정당정치가 활성화되면 될수록 한편으로 그것은 정치의 무능과 무책임을 상징하며, 다른 한편으로 그것은 관료정치의 득세를 통한 행정국가화 현상을 가일층 강화시키게 된다. 이러한 현상은 다음과 같은 물음을 던지게 한다. 민주화 이후 실질적인 정책결정과정이 누구에 의해 장악되어 있는가? 정당인가, 아니면 국가관료제인가? 관료는 독립된 기관인가 아니면 단순한 도구인가, 만일 도구라면 그것은 궁극적으로 누구의 이익을 위해 봉사하는가?

관료제는 현대국가의 존재에 필수적인, 그러나 아주 불편한 존재라고 한다. 그리고 "민주주의는 관료제를 상쇄할 수 있다"고 말한 밀(J. S. Mill)에 따르면, 경험 축적, 잘 검증된 관행의 획득, 실제 업무담당자의 숙련성 보장, 목표의 일관성 추구가 관료주의 정부의 장점이라면, 그 단점은 경직성, 판에 박힌 일과, '생명력 있는 행동원리'의 상실, 개인성과 개인 발전의 침해에 따른 혁신성의 제약으로 모아진다(데비드 헬드 1989, 109에서 재인용). 특히 국가관료제가 문제가 되는 이유는, 정책문제에 있어서의 어떠한 창의성도—비록 그것이 공공의 압력으로부터 나온다 하더라도—'관료제의 이익'과 양립될 수 없는 한 진지한 고려의 대상이 되기보다는 무시와 거부의 대상이 된다는 데 있다. 아울러 풀란차스의 지적처럼, "국가관료제는 항상 대의민주주의의 원리에 대하여 매우 반항적인 국가제도"이자, "국가관료제로의 불가피한 중심 이동은 국가활동에 대한 공적 통제로 평가되는 정치적 자유에 대한 현저한 제한을 의미하는 것이 확실"하다(니코스 풀란차스 1994, 292~

293 참조).

민주주의하에서 한국의 국가관료는 수행능력을 평가하는 기준에서 볼때, 복지부동, 무책임, 전문성의 결여, 무능, 부패, 무사안일, 줄대기, 위계체제의 혼란 등 거의 모든 요소들이 부정적이라고 할 수 있다. 그러나 무능한 의회정치와 무책임한 정당정치는 결과적으로 국가관료체제를 근간으로 한 행정국가화 현상을 강화시켜왔다. 강력한 관료국가체제는 허약한 대의제도에 기반을 둔 것이며, 양자는 서로 맞물려 있다. 허약한 대의제도의 특징은 곧 이념적으로 협애한, 사회에 뿌리를 내리지 못한 정당체제를 핵심 내용으로 한다. 이러한 상황에서 여전히 정당이나 정당정치인의 정책능력에 대한 국민적 신뢰도는 낮다. 문제는 관료적 중앙집중화가 가속화되면서 국가가 관료행정기구에 포획된 채 활력을 잃고 있다는 사실이다.

민주화와 세계화 '이후' 민주적 국가운영의 새로운 패러다임을 만드는 것이 시대적 요구라고 할 때, 민주주의의 규범에 걸맞는 국가발전의 이념 및 목표를 설정하고, 이를 추진할 수 있도록 과거 국가주의적 개발독재모델을 통해 성장한 행정관료기구를 개혁하는 것이 그 핵심 가운데 하나로 자리 매김되어야 한다. 그러나 신자유주의 세계화의 충격 이후 시장효율성, 시장근본주의가 권위주의적 발전주의에 이어 새로운 헤게모니로 힘을 갖기 시작하면서 관료가 전면에 나서기 시작했다. 최근 한미FTA에서 여실히 나타났듯이, 실제로 정치과정에서 종속적 역할밖에 기대되지 않았던 관료가 파워 엘리트화하여 이제는 모든 정치과정을 지배하고 있는 것이 아닌가 하는 심각한 우려를 낳고 있다. 효율성과 성과주의를 앞세운 국가관료제의 장점이 부상하면서 관료정치가 의회정치를 억누르고 있는 형국인 것이다. 관료는 정책과정에서 필요한 지식·정보를 조직을 통해서, 구체적으로는 분업과 전문 집중을 통해서 획득하는데 이러한 지식과 정보가 그들이 지닌 힘의 원천이다. 즉, 분업에 의한 과제 해결과 특정 영역에 대한 집중을 통한 관료의 전문지식 획득 방법, 계속과 반복은 관료기구 특유의 힘인 것이다.

민주화는 국가를 운영할 집권 정치엘리트와 선출되지 않은 국가행정관료 엘리트 간의 새로운 관계 설정을 요구하면서 일종의 권력투쟁이 개시된다. 정치엘리트들이 선거에 의해 선출되지 않는 국가관료들에 반대해서 자신들의 목표를 촉진하기 위해 투쟁하게 된다는 사실 자체(투쟁의 결과가 어떻든)는 일종의 관료제의 권력의 표시인 동시에, 선거와 민주적 절차에 대해 위협을 제기할 수 있는 관료제의 능력 표시인 것이다(에바 에치오니-할레비 1999). 결국 "관료제가 민주주의의 딜레마를 창출"하는 가운데, 정치엘리트와 국가관료 엘리트 사이에는 끊임없이 긴장과 갈등이 발생하면서도 동시에 하나의 공생적 관계를 이루고 있다고 할 것이다.

그간 민주정부의 경험을 볼 때 집권 초기 정치엘리트는 국가관료에 대해 압도적 우위를 점했다고 할 수 있다. 집권 초 민주정부의 정치엘리트들의 권력은 그들의 부여받는 개혁의 '명령' 때문에 상당히 큰 것이라 할 수 있다. 개혁과제들이 많은 것만큼이나, 개혁에 대한 열망이 큰 것만큼이나 그들에 부과된 임무는 큰 것이었고, 그것은 곧 권력의 원천이라 할 수 있는 것이었다. 그러나 시간이 흐를수록 민주정부의 정치엘리트들은 그들이 향유하는 권력과 그들이 개혁의제를 정책으로 실천할 수 있는 능력 사이의 엄청난 격차를 직면하게 된다. 그리고 '방해'와 '시간끌기'를 기본 무기로 한 행정관료들이 이 격차의 공간 속으로 들어와 정치 엘리트들에 대한 길들이기를 시도한다. 그러다가 집권 후기에 이르면서 민주 정부는 역설적으로 권위주의 정부보다도 더 관료에 포획된 정부가 되고 만다. 그 결과 권위주의와 다를 바 없이 사회의 요구와 의견들이 광범위하게 연계될 수 없는 매우 협애한 이슈 영역 내에서 폐쇄회로적이고 관료기술적인 정책결정 방식이 지배적이게 되는 것이다(최장집 2002, 128~129 참조).

이처럼 한 정당이 정권을 장악한 후 관료와의 관계 설정은 민주정치의 관철 여부에 중요한 변수이다. 기술합리적 행정을 우선시하는 관료에 있어서 정당정치인은 일종의 교란요인이다. 반면에 다음 선거에서의 승리를 꿈꾸는 정당에 있어서 관료시스템은 자유로운 득표 활동을 방해하는 저해요인이다. 따라서 정당이 공약한 정책을 실현하고, 정치시스템을 원활하게 운영한다는 의미에서의 '책임정치'를 실행하기 위해서는 관료에 대한 민주적 통제를 기본으로 그 속에서의 관료 협조를 이끌어내는 능력이 중요한 요소라고 할 것이다.

슈미터와 칼에 따르면, 민주주의는 "통치자가, 시민들에 의해 선출된 대표들 간의 경쟁과 협력을 통하여 간접적으로 행위하면서 공적 영역에서 그들의 행위에 책임을 지는(혹은 만족할 만한 이유를 제시하는) 지배의 체계"이다. 즉, 민주주의는 선거를 통한 대표성과 아울러, 책임성을 그 핵심 요소로 한다(P. C. Schmitter and T. L. Karl 1993 참조; 최장집 2002, 129에서 재인용)는 것이다. 책임을 동반한 위임(delegation)과 대표의 기능이 발휘하게 되는 핵심은 정당의 정체성이고, 이 정체성을 만드는 데 있어 중심적인 것은 대안을 만들 수 있는 지적 역량이라고 할 때, 문제는 모두 이 역량으로 모아진다(최장집 2002, 135). 그렇다면 책임정치의 실천을 위해 정당의 경우 대안적 이념과 정책적 비전을 만들어내고 이를 정책의제로 구체화할 지적 자원을 충분히 보유하고 있는가? 그리고 그 지적 자원을 제대로 활용할 수 있는 유기적인 네트워크나 제도적 장치를 갖추고 있는가? 이상의 질문에 제대로 답하기 위해서라도 정당정치의 활성화와 선진화는 특히 중요하다고 할 것이다.

4) 좋은 정치 리더십의 발전

정당의 내적 권력구조를 보면 민주적 외양이나 원칙과 과두적 형태의 리더십이 불편하게 동거하고 있다고 할 수 있다. 즉, 정당 역시도 그것이 아무리 민주정당이라 하더라도 "조직을 말하는 자는 과두제에 대해 말하는 것"이고, "비록 민주적 조직이라 할지라도, 그 지도부는 반드시 과두제적 경향을 띠게 마련"이며, "조직이 발전하면 할수록 과두제는 더욱 강력해진다"라는 미헬스의 '과두제의 철칙'(iron law of oligarchy)이 관철되는 조직인 것이다(Robert Michels 1962 참조).

민주적 원칙에 의하면, 활동과 역할을 규정하는 데 있어서 모든 조직 구성원들이 동등하게 참여하고 영향력을 행사하기를 요구한다. 또한 민주적 원칙은 피자와 피치자의 동일성 원리가 관철되는 행위양식을 요구한다. 그러나 조직이나 집단이 형성되면 그 조직이나 집단의 이념과 상관없이 그것을 이끄는 것은 소수의 엘리트가 되며, 권력은 상층부에 집중되고 통제는 위에서 아래로 내려온다는 것이다. 이 양자 간의 불일치 속에서, 즉 정당이 민주주의의 외형을 유지하려고 하면서도 내부적으로는 권위주의적이고 과두적으로 운영됨으로써 당원 일반의 소외감과 국민의 정치적 무관심이 증대되는 데 한 몫을 거드는 것이다.

이와 같은 과두제의 철칙과 그로 인한 정치적 부작용을 경계하면서 정당이 정당답게 기능하기 위해서는 다음과 같은 다차원적인 조직의 딜레마를 해결해 가야 한다. 즉, 대표를 통해 대중의 권익을 실현할 수밖에 없는 상황이 만들어 내는, 대표와 대표되는 자들의 불평등 관계가 불가피하게 증가하게 되는 '대표의 딜레마', 자발적 동원과 협력에 의존하는 데에서 인센티브 구조의 관리 없이는 참여를 확대 또는 지속하기 어려운 '참여의 딜레마', 권력을 통해 이념을 실현할 수밖에 없는 구조에서 idealist 중심의 당 조직을 지속하기 어려운 반면, careerist와 후원-수혜관계의 성장을 피할 수 없는 '권력의 딜레마', 체계와 안정성을 위한 제도화가 불가피하게 가져오는 일상화, 형식화, 관료화 등 '제도화의 딜레마', 그리고 '확신의 딜레마' 등이 바로 그것이다(박상훈 2005a 참조).

사회경제적으로 기득권을 독점한 집단은 이를 정당화하거나 은폐하기 위해 이데올로기를 필요로 한다. 이에 반해 다수의 형성이라는 민주주의의 방법을 통해 불평등구조를 개선해 가고자 하는 진보세력의 경우, 기성 이데올로기와 경쟁할 수 있는 대안적 이데올로기의 필요성은 더욱 크다. 현상 유지를 바라는 집단이야 현실을 해석하는 것만으로 충분하지만, 현실의 변화를 지향하는 정치세력의 눈은 불가피하게 미래에 두어지게 된다. 따라서 불확실한 미래를 말하며 대규모 집합행동을 이끌어야 하는 진보세력에게 특히, '확신의 딜레마'를 해결하는 기제로서 이념의 발전은 불가피한 것이 아닐 수 없다. 바로 이러한 딜레마를 해결하는 최선의 방법은 리더십의 발전이다[5]. 거대한 정치공동체를 제도나 추상적인 규칙으로 운영할 수 있다고 생각한다면, 그건 현실이 아니다. 정당이 중심이 되는 현대 민주정치에서 정당은 곧 국가의 통치권을 두고 경쟁하고 대결하는 정치적 리더십의 조직적 표현과 같은 것이다. 조직으로서의 정당 리더십의 발전은 곧 집합행동의 딜레마를 완화시키는 이념의 발전을 필요로 하고 자연스럽게 조직적 권위와 규율의 체계화가 발전해야 한다(박상훈 2005a 참조).

한편 정치 리더십이란—그 개념상 복잡성과 모호성이 있긴 하지만—기본적으로 정치조직을 통솔하고 변화시켜가면서 그 구성원들로 하여금 충성과 신뢰를 갖도록 하는 지도자들이 갖춰야 할 정신, 자세, 덕목, 자질 등을 일컫는 말이다. 중요한 것은 성취 목표의 공동 비전을 제시하고 그 목표들을 성취할 수 있는 방법을 명확히 표현하고 그 과정에서 새로운 전략적 기회구조를 만들어냄으로써, 구성원들의 사기를 진작시킬 수 있는지의 여부이다. 이 과정은 구성원들과의 지속적인 상호작용을 통해 이루어지는 동태적이며 역동적인 과정이다. 좋은 정치리더십을 만들어가는 과정은 위에서 말한 여러 딜레마를 해결하는 과정이라고 할 수 있다. 그리고 좋은 리더십이 존재할 때, 그 조직의 생명력은 강하고 대안적 비전의 창출 가능성도 그만큼 커질 뿐만 아니라 사회적 영향력의 범위도 확장될 것이다.

---

5) 이와 관련하여 파네비안코(Angelo Panebianco 1988)는 "리더십의 발전 없이 확신의 딜레마를 해결할 방법은 없다"고 말한다.

5) 정당정치 실천의 전형 창출과 '민주노동당 효과'의 극대화

지금까지 말한 여러 문제점이나 딜레마를 극복하기 위해서는 정당정치 실천의 새로운 전형이 창출되는 것이 시급히 요구된다. 이러한 점에서 나는 17대 총선을 전후하여 나타난 이른바 '민주노동당 효과'와 그 효과의 극대화에 특히 주목할 필요가 있다고 본다.

사실 한국 진보정당운동은 오랜 역사적 단절 끝에 1980~1990년대의 정치적 모색기와 실험기를 경과하면서, 1997년의 국민승리 21에서 2000년 민주노동당의 창당에 이르는 독자적 자기 정립기에 이르기까지 고난과 역경의 연속적 과정을 경험하였다. 그러다가 2002년 지방선거와 16대 대선을 통해 비로소 보통 사람들이 인정하는 정치적 시민권을 획득할 수 있었으며, 또 2004년 17대 총선을 계기로 지속가능한 성장의 발판을 구축했다고 할 수 있다[6].

창당 후 4년밖에 지나지 않은 신생정당인 민주노동당의 대약진은 열린우리당의 과반 의석 확보와 함께 17대 총선 분석에서 특히 주목받았다. 왜냐하면 민주노동당의 제도정치권 진입은 1961년 5·16 군사쿠데타 이후 43년만에 이룬 진보정당의 원내 진출 이상의 의미를 갖고 있기 때문이었다. 우선 그것은 1950년대와 1960년대 초반의 진보정당—진보당과 사회대중당 등—과는 달리 자본주의적 산업화에 따른 사회적 모순에 뿌리를 둔, 전후 세대를 중심으로 한 제2세대 진보정당이라는 점, 그리고 급진적 지식인들에 의해 주도되어 온 과거의 진보정당—민중의 당과 통합 민중당—과는 달리 민주노총과 전농 등 기층대중조직의 조직적 역량에 기초한 진보정당(손호철 2004 참조)이자 '노동자가 앞장서는 민중 중심'의 계급정당으로서의 성격을 민주노동당이 갖고 있기 때문이었다. 아울러 오랫동안 정쟁이 난무하는 '진흙탕 속 소용돌이의 정치' 속에서 비록 정당은 있었지만 정상적인 정당정치는

---

6) 이 전 과정에 대해서는 조현연(2004a) 참조.

없는 상황에서, 민주노동당은 단순히 진보정당이 아니라 한국전쟁으로 분단이 고착화된 이후 최초의 정당다운 정당(김동춘 2004 참조)의 출현이라는 의미를 지니기도 했다. 근대적인 사회적 균열에 기초한 정당이자 역사적 비전과 대안을 제시하는 정책정당이며, 진성 당원 중심의 당내 민주화를 진행해 온 민주적 대중정당이라는 점에서 민주노동당은 기성 정당들과는 다른 색깔과 질감을 지녔기 때문이다[7].

이러한 사실들은 민주노동당의 원내 진출을 계기로, 기성의 헤게모니 질서에 결착된 엘리트 중심의 특권적 폐쇄정치와 냉전분단반공체제하에서 결빙되어 온 보수독점의 기득권 정당구조가 수구적 보수정당-자유주의적 보수(개혁적 보수)정당-진보주의 정당 간의 정상적인 정치경쟁구조로 변경되었다는 것, 후진적인 3류 불량정치에 대한 빅뱅(big bang)의 파열구를 내면서 '가능성의 정치' 공간의 확장 속에서 한국정치에 새로운 전략 상황과 정치적 기회구조가 형성되었다는 것, 그리하여 기성 정치시스템의 성격과 퇴행의 정치 행태를 바꿀 수 있는 하나의 사건이었다는 것을 의미한다. 그것은 선거에서 유권자들이 선택할 수 있는 이념적 · 정책적 스펙트럼의 확장이라는 의미뿐만 아니라, 의회 안으로 인입되는 사회적 이해관계의 폭, 의회정치의 의제와 이슈—예컨대 1983년 독일 녹색당이 비록 17석의 의석으로 원내에 진입했지만 원내 모든 정당들이 환경문제를 중심 의제로 선정하게 만들었던 것처럼—등에 근본적인 충격을 가하면서 기존 원내 진입정당들의 정치적 포지션과 정당 간 정치적 타협과 협상의 방식 등에 변화를 야기할 가능성의 공간을 넓혔기 때문이다. "체제를 위협하는 것은 독재의 정당성 붕괴 그 자체가 아니라 대항 헤게모니의 조직, 즉 미래의 대안을 위한 집합

7) 전체 의석의 3.3%인 10석의 미니정당에 불과한 민주노동당의 출범이 재계와 보수언론계, 기성 정치권을 포함한 기득권 세력을 일정하게 긴장시킨 데에는, 민주노동당이 반세기 이상 억압과 착취와 소외를 당해온 노동자와 민중들의 계급적 기반 위에 형성된 정당으로, 그동안 정책결정 과정에서 비결정의 영역에 방치되어 온 계급적 · 민중적 쟁점의 정치적 핵심 의제화를 시도함으로써 기존의 일방적인 계급지배 양식을 위협할 것으로 예측되었기 때문이다.

적 프로젝트"라는 쉐보르스키(A. Przeworski)의 말을 빌리자면, 지난 17대 총선의 결과는 진보정치의 차원에서 설득력 있는 정치적 대안의 집합적 프로젝트가 일정하게 만들어졌음을 의미한다고 할 것이다. 나아가 그것은 '기대-실망-좌절과 거부 싸이클'의 반복적 악순환이라는 한국정치의 고질적인 특성을 해소시킬, 그리하여 기성 정치에 대한 대중적 분노를 '기대-희망-신뢰와 참여 싸이클'의 선순환구조로 바꿔낼 중요한 정치적 전기가 마련된 것을 의미하기도 한다(조현연 2004b 참조).

비록 시작에 불과했지만 원내 진출 이후 이른바 '민주노동당 효과'는 곳곳에서 발견되었다. 특권정치 철폐, 노는 국회를 일하는 국회로 바꾸기, 정책보좌관 풀제의 도입과 정책정당으로서의 모범, 민주적 당 운영, '참여·민생·정책국감'을 통한 국감활동의 새로운 전형 창출의 시도, 이익집단의 로비로부터 자유로운 정당상의 실천적 제시, 사회적 주요 이슈들의 정치적 쟁점화 등, 민주노동당의 새로운 시도들이 다른 기성 정당들에게 잔잔한 파문과 긴장을 일으켰다. 또한 '거대한 소수' 전략을 표방하면서 소외당하는 다수 대중들과의 소통과 참여를 기반으로 하는 '사회운동정당'으로서 민주노동당의 새로운 정치 실험은 보수적 시민사회의 발호를 막아내는 중요한 계기이자, 동시에 다양한 주변적인 소수자들을 중심으로 한 자율주의(autonomia)운동과 '분자혁명'론(손호철 2002, 178 참조)의 정당 비판에 대한 대안적 반비판이 될 수 있을 가능성의 단초들을 만들어왔다.

보수가 과거의 시간과 경험에 확실한 기초를 가지고 있다면, '있어야 할 유토피아'로서 새로운 미래를 '지금/여기서' 구상해내고 실천해야 하는 진보에게 미래란 불확정적이며, 그것이 불확정적이라는 바로 그 사실 때문에 이토록 진보의 스펙트럼이 다양할지도 모른다. 불확정적인 진보의 미래라는 전제 아래 민주노동당이 그 긍정적 효과를 극대화하고 우리 사회의 미래를 준비하기 위해서는 역사와의 대화를 통해 이루어지는 자기 성찰과 혁신 속에서 한국을 어떤 사회로 어떻게 바꿔나갈지, 즉 좋은 사회란 어떤 사회이며, 그 사회는 어떻게 가능하며, 누가 함께 할 수 있을 것인가에 대한 실현가능한 대안 전략을 수립하는 가운데 새로운 정치의 전형을 창출해 내야 할 것이다.

그러나 원내 진입 이후 지난 2년간 민주노동당의 정치활동을 보면 새로운 정치에 대한 국민적 갈망과 기대를 충족시키고 있다고 보기는 어렵다. 새로운 정당정치적 실천의 전형이 창출되지 않고 있는 것이다. 문제의 핵심은 무엇보다도 이 가능성의 정치 영역을 당 안팎에서 20세기형 낡은 정파 구도가 가로막고 있다는 사실이다. 즉, 20세기형 정파들 간의 낡은 대결구도라는 문제영역은 민주노동당의 내부 갈등의 핵심이라고 할 수 있는데, 그것은 정파 간의 비생산적인 대립이야말로 민주노동당을 수직적으로 분획시킨 채 당의 성장과 진로를 가로막고 있는 주된 원인이기 때문이다. 낡은 정파 대결 구도 속에서 이른바 '참여적 다원주의의 역설'—중대한 사안이 핵심 의제의 범위 내로 들어오지 못할 때 다른 의제 영역에의 참여와 관심은 역으로 중대 사안에 대한 참여와 관심을 떨어뜨린다는 것—과, 이른바 '슈퍼맨 콤플렉스'에 따른 전선의 무차별적 확장 속에서 다양한 사회적 의제들 가운데 선택과 집중을 통한 핵심 의제 전략을 추구하는 데 별다른 성과를 거두지 못한 것으로 보인다[8].

---

8) 중요한 문제는 다양한 이슈들의 배열 속에서 어떤 이슈를 핵심 의제로 선택할 것인가 하는 것이다. 민주노동당이 핵심 의제를 선택할 때 최우선적으로 고려해야 할 것은, 그것이 노동현장과 생활현장이라는 구체적인 삶의 현실에 뿌리를 둔 이슈여야 한다는 것이다. 빈부격차가 날로 격화되고 있고 사회의 극단적 양극화가 진행되고 있는 오늘의 현실에서, 당의 사회적 지지와 참여의 잠재적, 현재적 기반인 대다수의 노동자와 서민들이 직면하고 있는 경제적 궁핍화와 그것이 가져오는 인간적 황폐화와 사회적 재앙보다 더 큰 문제는 없다고 할 것이다. 하루하루의 끼니와 집세 부담에 잠을 뒤척이고 치료비 걱정으로 고통을 참을 수밖에 없는 일상에서 설득력 있는 대안이 존재하지 않을 때, 빈곤의 위협과 생계 불안으로부터 벗어나기 위해 각 개인들은 민주적 가치나 공공적 이슈는 도외시한 채 생존을 위한 비인간적인 무한경쟁의 소용돌이 속에 빠져 들 수밖에 없다. '먹고 살기도 힘들어 죽겠는데' 하는 정서가 대중들의 심리를 지배할 때 민주적 가치나 역사적 쟁점이나 공공적 이슈는 그 효과를 발휘할 수 없으며, 오히려 '기대-실망-좌절과 거부 싸이클'의 악순환 속에서 오히려 진보정치나 민주개혁정치 일반에 대한 지지 철회와 함께, '탈정치화의 정치'가 가속화되는 것은 필연적이다. 즉, 사회경제적 삶의 문제, 먹고사는 생존의

무엇보다도 시대에 뒤떨어진 정파들의 자기 혁신이 필요하며 그것은 빠르면 빠를수록 좋다. 이와 같은 정파들의 자기 혁신 과정과 관련해 중요한 것은, 그것이 성찰과 전망과 함께 진행되어야 한다는 점이다. 왜냐하면 혁신 없는 성찰과 전망은 공허하거나 현실의 문제를 숨기는 것이며, 성찰과 전망 없는 혁신은 현실의 동력을 얻기 어렵기 때문이다[9].

5. 맺는 글

'기대-실망-분노-좌절'의 악순환은 그동안 한국정치의 주된 특성 가운데 하나였다. 민주화 이행에도 불구하고 대표의 원리가 관철되지 않는 무책임의 정치, 참여 배제의 정치가 지속되는 속에서 정치에 대한 국민적 불신은 도를 넘어섰으며, 투표율이 하락하는 추세를 보이는 것도 여기에 기인한다고 할 것이다. 민주주의의 심화와 확산을 위한 정치 혁신의 요체는 사회와 소통하는 정치를 어떻게 만들어 낼 것인가에 달려 있다. 그 관건은 정당정치의 정상화와 선진화라고 할 수 있다. 왜냐하면 사회와의 소통에 있어서 중심적인 수단이자 사회적 요구와 갈등을 응축적으로 표출하는 주요 기제는

문제를 어떻게 해결할 것인가의 문제야말로 민수수의에 가장 기초기 되는 것이다.
9) 어떤 사상이나 이론이 자신의 골격을 유지하면서 비판과 대안의 무기로서 대중적 영향력을 행사할 수 있는 가능성은, 각 시대가 제기하는 문제에 대해 해답의 실마리를 제공하면서, 얼마나 폭넓게 대중의 구체적 삶에서 나타나는 문제를 현실적으로 그리고 과학적으로 분석하고 의식화하느냐, 그리하여 대중들의 자발적 참여나 지지를 얼마나 독려해낼 수 있는가 하는 능력에 달려 있다. 역사적, 사회적 현실을 제대로 읽어내지 못하는 사상이나 이론이 지배의 논리에 대한 창조적 파괴를 통해 새로운 역사적 비전의 창출을 해낼 수 없는 것은 당연하다. 변혁적 사고를 포기한 '실용주의' 노선과 마찬가지로, '무오류성의 신화'로 철저하게 자기무장한 과거의 '닫힌 진보'의 길 역시도 이로부터 자유로울 수 없다. 어떤 점에서 그것은 항상 '지식인의 사고'로만 머물면서도 '노동자계급의 관점'이나 또는 '민족의 시각'을 가장 잘 반영하고 있다고 말로만 내세우는 데 그침으로써, 대중의 의식과 실천을 변화시키는 데는 실패한 채 오히려 자신의 주장을 합리화하거나 사사로운 이익을 지키는 데만 사용되어 왔기 때문이다.

아직까지는 정당일 수밖에 없으며, 그 대안적 고안물이 발견되거나 발명되기를 기대하는 것은 당분간 무망하기 때문이다.

한편 국가적 차원에서 민주개혁의 신자유주의적 변형과 왜곡이 진행되고 있는 지금 주목해야 할 것은, 신자유주의라는 것이 민주주의 운동에 대한 도전과 파괴를 의미하며, 또 민주주의의 이름으로 신자유주의가 수용될 때의 파괴력은 더욱 심각하다는 사실이다. 신자유주의의 국가적 수용 속에서 민주주의 발전의 사회적 기반이자 주체라고 할 수 있는 노동-학생-청년 집단의 발언권이나 영향력이 생산과 사회의 영역을 넘어 정치의 영역에서도 급격히 축소되고 있다. 생존에의 공포와 퇴락의 두려움이 일상적으로 지배하는 사회에서 진보적 사회운동과 민주적 정치과정에 대중의 참여가 깊고 넓어지기를 기대하는 것은 결코 말처럼 쉽지 않다.

이처럼 정치의 실종과 운동의 위축 속에서 빈 공간이 만들어지게 되고, 이 빈 공간의 한 축을 낡은 보수와의 차별화를 선언하고 나선 뉴라이트운동이나, 성장제일주의와 광적 애국주의를 개인적 성공과 출세의 신화와 결합한 황우석 신드롬 등 비이성적 집단 심리에 힘입은 보수적 대중운동이 채우고 있는 것이 오늘 우리 사회의 현주소라고 할 것이다. 이에 따라 생존의 위기에 처한 대중들은 파행적인 의회정치와 정쟁 중심의 정당정치에 대한 분노와 환멸 속에서, 그리고 '무늬만 개혁'에 따른 가중된 피로감에 시달리다가 급기야 무가치한 존재로의 탈락에 대한 두려움과 무기력 속에서 보수적 대중운동의 뒤를 쫓아 '탈정치화를 넘어 반정치화의 정치'의 길로 나아가게 될 가능성이 점점 더 높아지고 있다.

사실 반독재 민주화 투쟁을 비롯한 민주주의 운동이 자기희생과 헌신을 바탕으로 도덕적 권위와 사회적 영향력을 강하게 유지하는 동안에는, 이들 보수적 동원의 영향력은 크지 않았다. 그러나 '민주' 정부가 기대했던 역할을 하지 못한 채 신자유주의 또는 보수적 내용의 민주주의의 경로로 빠르게 옮겨가고, 또 민주주의 운동은 연대의 강화보다는 오히려 원심력의 강화에 따른 해체적 분화로 나아가고, 동시에 진보정당운동과 사회운동이 새로운 비전의 창출을 통한 대안적 방향을 구체화하지 못함에 따라 이들 보수적 대중운동은 빠르게 성장하고 있고 비이성적 집단심리와 사회적 병리현상의 사례는 점점 더 늘어가고 있다(박상훈 2006 참조).

바로 이러한 상황 전반이 정당과 정당정치의 혁신을 요구하고 있는 것이다. 즉, 정당의 혁신 없이는 민주주의의 진전이나 사회구성원의 삶의 질의 향상이 있을 수 없다는 점에서, 그리고 그 빈 틈새를 유사 파시즘적 분위기가 채울지도 모른다는 우려가 나타나고 있다는 점에서, 기존의 낡은 제도들과 그 틀 속에서 묶여진 우리의 정치적 상상력을 십분 발휘해 대안적 정당체제의 작동가능한 제도적 모형 개발이야말로 시급한 사회적 요구라고 할 것이다. 지금까지 살펴본 갈등 범위의 확장과 보수독점의 정치적 대표체제의 혁신적 변경, 참여와 대표와 책임의 원리의 제고와 정치적 신뢰의 회복을 위한 제도적 대안, 정당정치 활성화를 통한 국가관료제에 대한 민주적 통제, 좋은 정치 리더십의 발전, 새로운 정당정치 실천의 전형 창출 등에 대한 진지한 사색은 작동가능한 대안적 정당정치의 모형을 만들어가는 데 일정한 단초를 제공하리라고 본다.

참고문헌

김동춘. 2004. 『17대 총선과 한국 사회운동의 진로』. 참여사회연구소 토론회 발표문. 5월 7일.

박상훈. 2003. "민주화 이후의 한국정치와 지역주의 지배담론". 조희연 편. 『한국의 정치사회적 지배담론과 민주주의 동학』. 함께읽는책.

박상훈. 2005a. "위기의 한국정치, 무엇이 문제이고 무엇이 문제가 아닌가". 진보정치연구소. 『'위기의 한국 사회, 대안을 찾아서' 심포지움 자료집』. 12월 14일.

박상훈. 2005b. "지역주의, 무엇이 문제이고 무엇이 문제가 아닌가". 오마이뉴스. 9월 12일.

박상훈. 2006. "민주화의 퇴행과 보수적 대중운동". 『2006년 한국 사회포럼 심포지움 자료집』.

손호철. 2002. "'다원민주주의적' 정치질서와 정당". 『근대와 탈근대의 정치학』. 문화과학사.

손호철. 2004. 『부르조아 정치에 오염가능성 경계해야』. 민중의 소리. 4월 28일.

유시민. 2005. "우리 모두가 앙시앙 레짐의 자식입니다-정혜신 박사와 최장집 교수께 드리는 글". 오마이뉴스

유재일. 2004. "정당의 기능". 『현대 정당정치의 이해』. 백산서당.

이명남. 1997. "역자 서문". 岡澤憲芙. 이명남 역. 『현대정당론』. 문원.

조현연. 2003. "'자유민주주의' 지배담론의 역사적 궤적과 지배 효과". 조희연 편. 『한국의 정치사회적 지배담론과 민주주의 동학』. 함께읽는책.

조현연. 2004a. "'독자적 정치세력화' 저항담론과 합법 진보정당운동-1980년대 이후 '민주연합파'로부터의 분화와 자립을 중심으로". 조희연 편. 『한국의 정치사회적 저항담론과 민주주의 동학』. 함께읽는책.

조현연. 2004b. "2004년 17대 총선과 민주노동당". 한국산업사회학회. 『경제와 사회』. 64호. 겨울호.

조현연·조희연. 2004. "한국 사회 자유주의적 정치권력과 정치적 보수지배체제의 변형적 재편". 『3차 한국 사회포럼 심포지엄 자료집』.

최장집. 2002. 『민주화 이후의 민주주의』. 후마니타스.

최장집. 2003b. "한국 민주주의의 제도디자인 서설". 고려대 아세아문제연구소 편. 『아세아연구』 겨울호. 통권 114호.

岡澤憲芙. 이명남 역. 1997. 『현대정당론』. 문원.

니코스 풀란차스. 박병영 옮김. 『국가·권력·사회주의』. 백의.

데비드 헬드. 이정식 옮김. 1989. 『민주주의의 모델』. 인간사랑.

에바 에치오니-할레비. 윤재풍 옮김. 1999. 『관료제와 민주주의: 하나의 정치적 딜레마』. 대영문화사.

Michels, Robert. 1962. *Political Parties: Sociological Study of the Oligarchical Tendencies of Modern*

Democracy. New York: The Free Press.

Panebianco, Angelo. 1988. *Political Parties: Organization and Power*. translated by M. Silver. Cambridge Univ. Press.

Sartori, G. 1976. *Parties and Party Systems*. Cambridge University Press.

Schattschneider, E. E. 1975. *The Semisovereign People: A Realist's View of Democracy in America*. Hinsdale. III.: The Dryden Press.

Schmitter P. C. and T. L. Karl. 1993. "What Democracy Is···and Is not." Larry Diamond and Marc F. Plattner eds. *The Global Resurgence of Democracy*. Baltimore and London: The Johns Hopkins University Press.

4

한반도 평화 과정과 '진보'

구갑우
(북한대학원대학교·정치학)

1. 문제 설정

"우리는 조만간 향수에 젖을 것인가?" 세계체제론자로서 그 누구보다도 긴 시간적 안목에서 우리의 세계를 바라보는 월러스틴(I. Wallerstein 1996, 21)이 냉전이 사라진 세계에 던진 질문이다. 대답은 "그럴 수밖에 없다"는 우려다. 1996년의 시점에서 그는, "지금은 연옥의 시대이고 결과는 항상 불확실하다"고 말한다. 그러나 월러스틴은 체제이행의 시기가 혼돈스럽기는 하지만, "그 시기는 '자유의지'가 관습과 구조적 제약들의 구속에서 벗어나 대체로 그 절정을 구가하는 시기"임을 지적한다(Wallerstein 2004, 313~314).

탈냉전시대의 불확실성이 세계 어느 지역보다 높은 한반도에서 똑같은 질문을 던져 보자. 두 대답이 있을 것이다. 한반도의 불안정과 불확실을 바라보면서, 한미동맹의 공고화를 기반으로 냉전시대의 공포의 균형으로의 회귀를 고려할 수 있다. 미래를 과거로 회귀시키려는 발상이다. 다른 한편, 냉전시대 세력균형의 와해가 불안정을 야기하고 있지만 냉전시대의 평화가 군사력에 기초한 '비평화적 평화'라는 반성을 통해 새로운 미래를 구상할 수 있다. 그러나 그 미래는 확정적이지 않다.

한반도 평화과정을 둘러싼 보수와 진보의 갈림길이다. 보수는 과거의 확실한 경험에 기초하여 평화를 얻기 위해 군사적 안보를 추구한다. 만약 보수와 진보가 대칭적이라면, 진보는 미래의 불확실성을 감수하면서 평화적 방법에 의한 평화를 추구해야 한다. 그러나 보수와 진보는 대칭적일 수 없다. 보수는 확실한 과거의 토대를 가지고 있는 반면, 진보의 미래는 불확정적이기 때문이다. 따라서 진보의 스펙트럼은 그 폭이 넓을 수밖에 없다. 한반도 평화과정을 둘러싼 진보 내부의 목표와 방법에 차이가 발생하는 이유다. 이 글은 '나름의' 진보의 시각에서 한반도 평화과정의 철학적·이론적·실천적 기초를 마련하려 한다.

2. 진보와 평화

1) 진보의 철학

진보의 철학은 인식론보다는 존재론에 우선권을 부여한다. 존재의 변화를 상정할 때, 진보의 개념이 성립할 수 있기 때문이다. 반면 현존의 가치를 '긍정하는'(positive) 보수의 철학(Comte 2001)에서는 극단적인 경우 존재론을 부정하기도 한다. 예를 들어, 실증주의(positivism)는 사물의 실재 여부에 관한 질문이나 존재의 속성에 관한 질문은 경험에 의해 참과 거짓이 판명될 수 없다고 생각하는 경향이 있다. 이러한 보수의 철학과 달리, 진보의 철학은 존재론적 질문에서 시작하는 '부정'(negative)의 철학(Marcuse 1960; Adorno 1999; Holloway 2002)이 될 수밖에 없다.[1]

부정의 철학은 '있는 것' 가운데 '있어서는 안 될 것'과 '있어야 할 것'에 주목한다. 즉 사실과 가치, 실재와 당위의 분리가 아니라, 있는 것과 있어야 할 것의 통일성이 부정의 철학이 가정하는 존재의 근본적 특성이다.[2] 의식적 존재로서 인간은 지금-여기에 살아 있음보다 생명체의 존재를 위협하는 있어서는 안 될 것의 제거에 관심을 갖는다. 따라서 가치판단(당파성)이 사실판단(객관성)에 앞선다는 주장까지 제기된다(윤구병 2003, 179~200). 부정의 철학에서 '역사적-사회적 존재'의 존재론은 의식과 실재를 분리하지 않고, 그에 기초하여 존재에 운동성을 부여하는 '역사성'(historicity) 또는 '생성'(becoming)의 존재론이 된다. 있어서는 안 될 것에 대한 '저항'도 생성의 존재론에서는, 존재의 법칙 그 자체에 내재하는 것이 된다(Bensaid 2003).

보수와 진보의 대립의 심연에는 존재론의 정치가 놓여 있다. 이 정치에서 보수가 일단 유리한 것처럼 보인다. 보수는 있는 것의 지속이라는 명확한 미래의 상을 가지고 있는 반면, 진보는 있어야 할 것을 있는 것 속에서 찾아내거나 또는 외부로부터 가져 와야 하기 때문이다. 있어야 할 것의 실현가능성 및 있어야 할 것의 실현과정에서 나타날 수 있는 불안정을 통제할 수 있는 능력 또한 진보에게 요구되는 것들이다. 실현가능성과 불안정보다 더

---

1) 부정의 철학은 협의의 의미에서 프랑크푸르트 학파의 고유한 철학으로 간주될 수 있다. 이 글에서는 보다 넓은 의미에서 부정의 철학을 진보의 철학으로 정의하고자 한다.
2) 멕시코 남부에서 전개되고 있는 사빠띠스따(Zapatista) 운동을 연구하고 있는 홀러웨이는 다음과 같이 말하고 있다. "마키아벨리는, 자신이 '오직 있는 것에만 관심을 가지며 우리가 소망하는 바의 관념들에는 관심을 갖지 않는다'고 말함으로써, 신실재론(new realism)의 기초를 놓았다. 실재는 이 문장의 첫 부분을, 즉 존재하는 것을 지칭한다. 이 문장의 두 번째 부분, 즉 있어야만 할 당위는 있는 것과는 분명히 구별되며 실재의 부분으로 간주되지 않는다. 그것은 '규범적' 사회 이론의 주제가 된다. 완전히 파괴되는 것은, 이 문장의 두 부분의 통일성이다. 이렇게 함으로써 거부와 소망의 절규는 자격을 잃는다"(Holloway 2002, 20).

진보를 제약하는 것은 있는 것에 어떤 것을 추가하는, 또는 있는 것을 변형하는 수준을 넘어서는 있어야 할 것의 상을 제시하기가 쉽지 않다는 것이다. 만약 있어야 할 것이 필연 또는 결정된 것이라면, 진보는 이미 열려 있는 길에 순응하는 것이고, 그것은 철학적 의미에서 진보가 아니다.

만약 진보의 길이 우연한 발견의 길이라면, "물으면서 우리는 걷는다"는 멕시코 사빠띠스따의 잠언으로 만족해야 하는가(Holloway 2002). 진보가 의식적 실천을 배제한 자생적 질서가 아니고 완벽한 설계도에 따라 가는 길도 아니지만, 그럼에도 주타(操舵, steering)는 필요하다면, "누가 그 진보를 추동하는가", "우리는 어디로 가야 하는가", "우리는 어떻게 거기에 도달하는가" 라는 질문이 제기된다(Wendt 2001). 특히 세 번째 질문은 '시간'과 관련된 근본적인 철학적 문제와 연관되어 있다. 웬트(Wendt 2001)의 정리다. 첫째, '지식의 문제'로, 결정론에 동의하지 않는다면 현재의 선택이 의미를 가지기 위해서는 미래가 사전에 결정되어 있어서는 안 된다. 그러나 진보가 현재의 선택이 미래의 진보를 생산한다고 주장하기 위해서는, 그 선택을 하는 시점에서 만약 다른 선택이 이루어진다면 어떤 결과가 발생할 것인가에 대한 사전 지식이 있어야 한다. 이는 모순이다. 둘째, '합리성의 문제'다. 조타 또는 진보가 가능하기 위해서는 그 진보가 과거의 경험의 궤도로부터 이탈해야 한다. 진보의 주체 또한 과거의 궤도에 의해 결정되지 않는다는 것이 의미 있는 선택을 위한 전제조건이다. 따라서 현재를 구성하는 문제는 과거가 아니라 미래에 달려 있게 된다. 이는 역설이다.

이 모순과 역설을 제기한 연구자는 그것들의 '해결'을 모색할 수 있지만 그 방법이 없음을 암시하고 있다. 그러나 만약 이 모순과 역설이 '실재'함에 동의한다면, 진보의 기획—진보의 주체, 목표, 방법 또는 전략—은 현재의 부정과 '그 부정을 가능하게 하는 긍정'을 통해 미래를 구상하고 그 미래의 구상을 기초로 과거를 (재)발견할 때, 비로소 성립될 수 있다는 결론에 도달하게 된다. 진보는 과거, 현재, 미래라는 방향을 가지는 공허하고 동질적인 시간을 관통하는 '근대적' 발전과정은 분명 아니다(Benjamin 1983, 352~3; Anderson 1991). 그 선형적 발전과정은 '보수의 진보'다. 진보의 시간은 순환적 시간에 가깝다. 출발점은 사람들의 삶 속에서 터져 나오는 분노와 불만, 분노의 절규다(Holloway 2002, 1장). 즉, 현재의 부정이다. 그리고 그 삶을 토대로 미래를 설계하는 것이 아니라 현재와 미래의 상호작용을 통해 미래를 구성한다. 보다 나은 미래를 지향하는 진보의 '유토피아들'이 경쟁하게 된다.3) 지금-여기서 전면적으로 실현되지 않았다는 점에서 모든 진보의 구상은 유토피아다. 유토피아들의 실현가능성, 즉 실현의 확률을 계산하게 할 수 있는 기준은 과거의 (재)발견, 역사의 (재)발견으로부터 나올 수밖에 없다. 과거가 실현가능성을 지시한다. 따라서 그 (재)발견이 이루어지지 않는다면, 진보는 불가능할 수도 있다. 생성의 존재론에 기초한 진보는 '의지의 낙관주의'에 기초하여 물으면서 길을 간다. 그 물음은, 현재-미래-과거의 순환 속에서 던지는 물음이다.

2) 평화의 진보

평화는 진보의 목표인가. 전쟁과 폭력은 삶을 파괴한다. 따라서 전쟁과 폭력에 대한 '부정'에서 평화가 도출된다. 그러나 진보의 목표로 평화를 정의하기는 어렵다. 특히 전쟁과 폭력이 실재적인 것이고 평화는 미래의 이상이라고 할 때, '전쟁과 폭력의 부재'를 넘어서서 전쟁의 원인이 제거된 인간실존의 소망스러운 상태는 구상할 수 있지만, 그 상태를 정의하기가 쉽지 않기 때문이다. 평화를 얻기 위해 전쟁을 한다는 논리에 직면하게 되면, 전쟁과 평화의 이항대립 또한 흐려질 수밖에 없다. 뉴기니(New Guinea)의

---

3) 정운영(2004)이 지적하는 것처럼, 유토피아는 이념적으로 분열된 단어다. 유토피아는 좌우파를 가르는 상징적 표식이지만, 동시에 좌파에게는 오지 않을 이상향에 대한 비판이 담겨 있고 우파에게는 그것이 실현되더라도 재앙일 뿐이다.

아라페쉬(Arapesh) 사람들을 연구한 한 인류학자는 평화를 일상생활에서 거의 실현되지 않은 인간관계의 이상화된 보편적 관점으로 정의하기도 한다 (Tuzin 1996).

따라서 평화는 '본질적으로 논쟁적인' 개념이다. 본질적으로 논쟁적이라는 의미는, 어떤 개념의 내포와 외연에 대한 합의가 이루어지기 어렵다는 것이다. 어떤 개념이 본질적으로 논쟁적임을 인정할 때, 강한 입장은 어떤 개념에 대한 선호를 표현할 수 있는 근거조차 부정하지만, 약한 입장은 더 좋은 개념화와 더 나쁜 개념화가 가능하다고 주장한다. 해석의 차이가 있기는 하지만, 철학과 사회과학에서 사용하는 개념은 본질적으로 논쟁적이라고 주장할 때, 그 근저에는 존재와 당위를 분리하려는 '근대' 실증주의에 대한 비판이 위치하고 있다(Baldwin 1997, 10). 현실의 세계에서 존재와 당위의 분리는, 권력을 위한 투쟁과 바람직한 삶에 대한 천착을 분리하려는 시도, 즉 '정치와 윤리의 분리'로 표현된다(Huber and Reuter 1997, 20~21).

정치와 윤리의 분리는 서구적 근대의 국제정치 인식에서 분명하게 드러난다. 국내적 수준에서는 권력정치 이후에 부차적이지만 윤리적 고려가 존재할 수 있다. 그러나 국제적 수준에서는, 생존을 위한 투쟁 또는 권력을 위한 투쟁만이 존재한다는 논리가 전개된다. 즉, 국제적 윤리는 배제된다. 17세기 철학자 홉스(T. Hobbes)의 저작에 명확히 표현되듯, 리바이어던(Leviathan)인 '주권국가'(sovereign state)는 '상당한 대가를 치르고' 국내적 '평화'를 제공한다. 그 대가는 '만인에 대한 만인의 투쟁'의 '국제적 차원'으로의 이동이다(Der Derian 1993, 99). 국가 '안'에서의 정치적 권력의 강제—예를 들어, 한국의 국가보안법—가 정당화되는 이유 가운데 하나가 무정부 상태인 국가 '밖'으로부터의 위협이다. 이 위협에 대한 대응이 바로 '안보' (security)다. 따라서 평화는 안보의 부산물인 '국제정치적 현상'이 된다.

근대 국가의 안과 밖의 경계를 절대화할 때, 평화는 '전쟁의 부재'로 정의된다. 전형적인 서구적 근대의 평화관이다. 따라서 평화는 전쟁과 전쟁 사이에 존재하는 특수한 현상이 된다. 예를 들어, 국제조약에 의해 형성되는 세력균형(balance of power)이 평화이며 헤게모니국가가 부과하는 질서가 평화인 것이다. 이성을 가진 합리적 주체로 가정되는 국가가 마치 우주의 질서를 구성하는 행성들의 관계처럼 서로 상호작용하면서 형성되는 질서, 이른바 세력균형과 평화를 동일시하는 것이 서구적 근대의 지배적 사고였다(Howard 2002, 38).[4] 평화는 전쟁을 매개로 조정되는 세력균형을 통해 달성된다는 18세기의 관념은 새로이 탄생한 국가들의 관계, 즉 국제관계를 규율하는 기계적 법칙으로 승인된다. 이 뉴튼적 세력균형은, 냉전시대의 평화를 설명하는 개념이기도 하다.

그러나 이 현실주의적 평화관에 대한 저항이 없는 것은 아니다. 하나는, 근대의 또 다른 제도인 자본주의의 보호를 위해 대안적 평화개념을 도입한 경우다. 평화의 정의를 국가의 '안'과 연계한다. 다른 하나는, 세력균형에 대한 또 다른 해석이다. 전자는 칸트적 평화관이고, 후자는 그로티우스적 평화관이다.

단테(Dante Alighieri, 1265~1321)와 에라스무스(Desiderius Erasmus, 1466~1536)를 거쳐 루소(J. Rousseau, 1712~1778)와 칸트(I. Kant, 1724~1804)에 이르러 서구적 근대의 발명품인 대안적 평화관의 하나가 발명된다.

---

4) 이 서구적 근대의 국제관계 인식은 전쟁을 평화와 정의(正義)를 실현하기 위한 필수불가결한 수단으로 간주했던 중세 기독교신학으로부터 연원하고 있다. 4세기의 신학자인 성(聖) 아우구스티누스(St. Augustine)는, 전쟁을 신국(神國)의 시민이자 동시에 세속적 앙국의 시민인 타락한 인간이 감내해야 하는 것으로 생각했다. 기독교세력 내부의 전쟁 및 기독교적 세계를 유지·확대하기 위한 이교도와의 전쟁이 불가피하다고 생각했기 때문이다. 따라서 이른바 '정의의 전쟁'은 교회가 승인한 자연적인 질서의 일부였다. 평화는 신과 함께 하는 영원한 삶을 의미했을 뿐이다(Howard 2002, 21~23; Augustine of Hippo 2002, 119~135). 따라서 전쟁의 파괴에 저항하는 '평화운동'이 발생하게 된다. 16세기 초의 종교개혁과 1648년 웨스트팔리아(Westphalia) 평화 등을 계기로 교회권이 군주권으로 대체되고, 새로운 제도로 등장한 '국가들'—국가들의 체계—이 대내외적 주권을 가지게 되면서 정의의 전쟁의 주체는 국가로 바뀌게 되었다. 주권국가는 필요하다면 언제든지 전쟁을 할 권리를 가지게 되었다. 국가의 생존을 최우선의 가치에 두는 마키아벨리적(Machiavellian) '국가이성'이 신의 목소리를 대체하게 된다.

에라스무스는 정의의 전쟁론을 반대하면서 자위(自衛) 전쟁만을 불가피하게 인정했고, 공리적 관점에서 부정한 평화가 정의의 전쟁보다 경제적으로 이득이라는 생각을 피력했다. 또한 평화를 위한 '국내적' 조건으로 혼합정체를 지적했다(최상용 2002, 16~19). 루소도 인민주권이야말로 평화의 기초라고 생각했다. 칸트는 국가의 정당한 권리를 제한하고 평화를 획득하기 위해서는 전쟁을 삶의 자연스러운 부분으로 인식하게 만드는 군주와 귀족 중심의 정치체제를 혁파하고 모든 국가를 '공화정'으로 만들 수 있어야 한다고 생각했다. 그리고 칸트는 영구평화를 위한 여정의 다음 단계로 국제체제의 무정부상태를 제거하고 개별적으로 처리되고 있는 안보문제를 집단적으로 해결할 수 있는 '국제연맹'(league of nations)의 창설을 제안했다.

칸트가 설정한 영구평화의 최종단계는 '보편적 세계시민 상태'였다. 칸트는 평화를 성취하는 과정이 매우 지난하고 사실상 불가능할 수도 있다고 생각했지만, 그에게 평화는 인간이성에 기초한 도덕적 정언명령이었다(김용구 2001; Kant 1992, 78~86). 칸트의 이 평화사상은 군주 및 귀족을 제치고 새로운 지배계급으로 부상하고 있던 부르주아지의 이해를 반영한 것이었다고 할 수 있다. 즉, 자본주의 생산양식이 등장하면서 부(富)의 극대화 논리가 전쟁의 논리를 압도하게 되었고, 따라서 전쟁은 부의 극대화에 기여할 때만 그 유용성이 인정될 수밖에 없었다. 즉, 평화사상은 중세의 기독교적 질서에 대한 비판이면서 동시에 새로운 부르주아 사상의 윤리적 정당화를 위한 무기였다. 평화는 부의 극대화에 복무하는 또 다른 질서였다.

17세기 네덜란드의 '국제법' 학자인 그로티우스(H. Grotius, 1583~1645)는, 국가이성의 시대에 자위권을 중심으로 제한된 정의의 전쟁을 인정하는 방식으로 평화사상을 전개했다(Grotius 2002).[5] 그로티우스적 전통을 계승

---

[5] 기독교사상에서도 13세기 토마스 아퀴나스에 이르면, 정의의 전쟁을 충족하는 조건이 제시된다. 아퀴나스는, 적절한 주권적 권위체가 전쟁을 수행할 때, 정의의 대의가 존재할 때, 의도가 순수하고 따라서 선(善)을 증진하고 사적 세력확장을 도모하지 않을 때, 정의의 전쟁이 있을 수 있다고 말한다(Aquinas 2002, 213~220).

한 영국학파(English school)는 세력균형을 국제법이나 외교와 같이 공동의 이해와 가치가 존재할 때 형성되는 '국제사회의 제도'로 본다(Bull 1977). 따라서 세력균형은 작용과 반작용을 통해 반복적으로 동맹을 형성하게 하는 뉴튼적인 기계적 법칙이면서도 동시에 규범과 규칙을 공유하면서 공동이익을 추구하는 국제사회의 기초이기도 하다는 것이다. 즉, 세력균형은 적대적 세력균형일 수도 있지만, 집단안보를 실현할 수 있는 '결사체적(associative) 세력균형'의 형태로 나타날 수도 있다(Sheehan 1996, 167, 199~200). 결사체적 세력균형은 강대국 사이의 힘의 균형이나 헤게모니국가가 주도하는 세력 균형과 달리 국제법적 차원에서 주권의 상호인정이 관철되는 '협력적 균형'으로 평가할 수 있다. 따라서 이 주장에 따르면, 세력균형이 제공하는 평화는 국가들의 '합의'에 기초한 평화가 된다.

서구적 근대의 평화개념은, 두 세력균형론과 칸트적 전통을 계승한 이른바 '민주평화론'에서 최종 종착점을 찾는 것으로 보인다. 권력정치의 균형상태로 평화를 인식하는 주류의 세력균형론과 달리, 결사체적 세력균형과 민주평화론은 평화개념의 '진보'로 인식될 수 있다. 그러나 주권의 상호인정을 매개로 한 평화, 즉 결사체적 세력균형은 강대국의 정치에 의해 파괴되곤 했다(Mearsheimer 2001). 두 번의 세계대전과 베트남, 앙골라, 한국, 니카라구아 등지에서 미국이 벌인 전쟁은, 냉전시대의 '핵 억지에 의한 강대국들의 평화'(cold peace)를 평화로 인식하게 하는 '보수적' 평화개념의 적실성을 증명하는 사례로 제시되곤 한다. 다른 한편, "민주주의 국가들은 서로 전쟁을 하지 않는다,"와 "민주주의 국가도 비민주주의 국가와는 비민주주의 국가만큼 전쟁을 한다"는 두 핵심명제로 구성된 민주평화론(이호철 2004)은, 이른바 비민주주의국가에 대한 폭력적 개입을 정당화하는 명분으로 작동하고 있는 것이 현실이다. 2003년 미국의 이라크 침공의 '명분'은 민주평화론이었다.

열국체제(inter-state system)에 기초한 서구적 근대의 평화관에 대한 '근본적 도전'은, 맑스(주의)로부터 시작한다. 맑스(주의)는 전쟁의 원인을 열국체제라는 상부구조가 아닌 자본 간 경쟁에서 찾았다. 따라서 자본주의가 작동하는 한 전쟁은 불가피하다는 것이 맑스(주의)의 주장이다. 이 주장은 국가들 사이의 경제적 관계가 긴밀해질수록 전쟁의 가능성이 줄어든다는 자유주의적 견해에 대한 반박이기도 했다(Cf. Schneider et al. 2003). 맑스(주의)에 따르면, 전쟁의 제거를 위해서는 자본주의를 넘어서는 대안적 체제를 건설해야 한다. 그 과정에서 '평화를 위한 폭력'은 불가피한 것이기도 하다. 따라서 맑스(주의)에는, 평화는 자본주의에 반대하는 투쟁의 부산물로 간주될 수밖에 없다.

맑스(주의)의 비판성을 공유하면서 1950~1960년대 서구에서 본격적으로 시작된 '평화연구' 또는 '평화학'은, 가치중립적 관점에서 주어진 현실을 해석할 뿐 '변혁'하려 하지 않는 서구 주류 학문전통과의 단절이며 동시에 평화가 획득가능하고 소망스러운 것이라는 인식을 기반으로 한 '진보적 사회운동'의 의미를 지니고 있다. 특히 '핵 억지에 의한 평화'에 대한 반성이 평화연구의 주요 주제였다. 그러나 평화연구의 확산에도 불구하고, 국제정치경제의 현실—베트남전쟁과 같은 '군사적 제국주의'와 제3세계의 종속, 빈곤과 같은 '경제적 제국주의'—은 오히려 악화되는 모습을 보이자, 평화연구는 위기에 직면하게 된다. 따라서 새로이 제기된 질문이 바로 "평화란 무엇인가" 라는 근본적 문제제기였다. 평화연구자들은, 과거와 같은 큰 전쟁은 없지만, 여전히 평화는 없다고 느꼈기 때문이다. '운동으로서의 평화연구'의 위기였다.

평화를 전쟁이 없는 상태로 정의하고 국제협력을 통해 평화를 달성하고자 하는 미국식 평화연구에 대한 도전은 주류의 밖에서 나왔다. 1968년 국제평화학회 회의에서 '인도'의 다스굽타(S. Dasgupta)는 "비평화와 악개발"(Peacelessness and Maldevelopment)이라는 논문을 발표했다. 다스굽타는 발전된 국가에서는 전쟁의 부재가 평화이지만, 저발전국가에서는 단지 전쟁의 부재를 평화와 등치할 수 없다고 주장하면서, 평화의 반대로 전쟁이 아닌 '평화가 없는 상태'를 제시한 것이다.[6] 또 다른 비판은 급진좌파의 몫이었다. 급진좌파는 "억압받는 사람들의 폭력은 정당하다"는 명제에 기초하여 기존의 평화연구를 비판했다(김명섭 2002, 136). 평화를 얻기 위한 경로에서 불가피한 수단으로써 폭력을 정당화하고자 하는 시도는 평화연구에 대한 근본적 도전이었다.

이 두 도전에 대한 대응이자 수용이 갈퉁(J. Galtung)의 평화개념의 재정의다. 갈퉁은 "무엇이 평화가 아닌가" 라는 질문이 아니라 "무엇이 평화인가" 라는 질문을 제기한다. 갈퉁은 '전쟁과 평화'의 대당을 '폭력과 평화'의 대당으로 대체한다. 그리고 폭력을 직접적 폭력과 구조적 폭력으로 구분한다. 직접적 폭력의 정점에 전쟁이 위치한다. 구조적 폭력은 국내적, 국제적 차원에서 정치적 억압과 경제적 착취를 야기하는 사회구조에 의한 폭력을 의미한다. 따라서 구조적 폭력의 대상은 명확하지만, 폭력의 주체는 분명하지 않을 수 있다. 더불어 갈퉁은 이 폭력들을 정당화하는 기제로서 '문화적 폭력' 또한 언급한다. 결국, 갈퉁은 전쟁이 없는 상태를 소극적 평화로, 구조적 폭력이 제거된 상태를 '적극적 평화'로 정의한다(Galtung 2000).[7] 다스굽타가 제기한 비평화는, '전쟁도 없고 평화도 없는 상태'를 묘사하는 개념으로 자리매김된다. 갈퉁에 이르러 평화개념은 국내적, 국제적 수준에서 지배계급 및 그들의 융합으로 구성된 지배체제 또는 역사적 블록에 대한 '비판'

---

6) National Committee for Peace Research, "Recommendation for Promoting Research on Peace Studies," A Report of National Committee for Peace Research, November 26, 2002. 이 문건은 일본의 평화학회가 2차 대전 이후의 평화연구를 반성하면서, 대학의 학부에 평화학과를 창설하는 것을 평화연구를 위한 하나의 계기로 삼기 위해 제출한 것이다.

7) 갈퉁의 평화관에 대한 비판도 제기된다. 이 평화관은 지향점이 명확한 사회운동적 입장이라는 것이다. 평화연구를 의학연구에 비유할 수 없다는 것이 비판자의 주장이다. 즉, 인간의 제도와 상호작용은 생물학적 숙주관계보다 훨씬 모호하다는 것이다. 인간의 진화과정에서 폭력의 창조적 역할 또한 지적한다. 평화가 개인의 자율성을 억압할 수 있음을 지적하면서 비판자는 사회를 위한 '처방'을 내리는 것에 조심스러워야 한다고 주장한다(Gregor and Robarchek 2002).

으로서의 위치를 가지게 된다.

갈퉁의 평화개념은, 열국체제뿐만 아니라 자본주의를 비평화의 원인으로 제시하고, 현재와 미래의 상호작용을 통해 새로이 평화개념을 구성하려 한다는 점에 분명 진보적 개념화다. 국내적, 국제적 수준에서 직접적 폭력 및 구조적 폭력을 제거하기 위해서는 현재의 정치경제체제를 넘어서야 한다. 즉, 갈퉁의 정의를 변용한다면, 평화는 '새로운 정치경제질서를 만들어가는 역동적 과정'으로 정의될 수 있다. 또한 갈퉁의 평화개념은 동서양을 가로질러 그 '과거'의 형태를 추적할 수 있게 한다. 서양 중세에 등장했던 평화운동의 목표는, 영주들 사이의 전쟁이 없는 상태뿐만 아니라 민중 자신이 나름의 문화를 유지함에 있어 필요한 최소한의 생존 기반이 침해되지 않은 상태를 의미했다. 동양에서도 서구적 근대의 세력균형론이 도입되기 이전의 유학적 전통에서의 평화개념은, 갈퉁의 소극적 평화에 대응하는 사대(事大)와 교린(交隣)뿐만 아니라, 적극적 평화에 대응하는 대동(大同)이기도 했다(김석근 2002, 73~107). 사대와 교린은 수직적 위계질서가 작동했던 유교문화권의 국제질서를 규율하는 규칙과 규범이었다. 다른 한편 이상적으로 평화가 실현된 대동은, 각계각층의 화합과 재화의 공유가 이루어진 무사공평(無私公平)과 평등, 박애의 상태였다. 한반도와 서구가 마주치려 하던 시점에서, 혜강 최한기(惠岡 崔漢綺, 1803~1877?)는 대동과 사대의 평화관을 대체하는 대동과 '화호'(和好)의 평화관을 제시한 바 있다. 대동과 화호는, 국내적으로는 상생과 조화를 중시하는 정치적 관용, 국제적으로 평화로운 교류를 의미하는 것이었다(박희병 2003).[8]

---

8) 김지하의 '생명 평화 선언'도 대안적 평화관으로 주목할 만하다: "그것은 기본적으로 생명의 살림에 바탕을 두는 것이어야 하는데, 그것을 새 문명 패러다임의 두 가지 원리로 분별할 수 있다. 하나는 이분법적 분리주의를 대체하는 것으로서 생명, 우주생명의 유기적 관계성을 바탕으로 해야 한다는 것, 다른 하나는 우열에 따른 지배와 억압의 사유체계를 청산하고, 이를 대신할 호혜적 상생의 사유체계로 나아가야 한다는 것, 그리고 이를 이성적으로 인식하는 지평을 포괄하되 더 나아가 자연적 감성과 생태적 영성의 차원에서 조망할 때, 바로 생명윤리의 안팎인 '모심'과 '살림'으로 그것을 드러내야 한다는 것이다.

평화개념의 정의 및 평화연구의 지향과 방법을 둘러싼 차이는, 실제 세계의 구성을 둘러싼 '담론투쟁'이자 '권력투쟁'을 보여 주는 것이라고 할 수 있다. 푸코(M. Foucault 2003)의 지적처럼, 지식은 권력관계의 외부에 존재하는 것이 아니다. 오히려 권력이 지식을 생산한다고 할 수 있다. 어느 특정 시·공간에서 진리는 그것을 생산하고 유지하는 권력의 체계와 순환적 관계로 연결되어 있다. 서구적 근대에 순응하는 국제정치학자들이 전쟁에 대한 지식의 생산에 주력하는 것은, 전쟁을 정상상태로 간주하는, 또는 푸코의 용어를 차용한다면 정치가 다른 수단에 의한 전쟁의 형태를 띠는, 근대적 권력의 특성 때문이라고도 할 수 있다. 푸코의 이 언명을 뒤집는다면, 평화에 대한 새로운 지식을 생산하는 것은 국내적, 국제적 수준의 기존 권력에 대한 도전을 의미한다. 즉, 평화의 개념을 둘러싼 담론투쟁은 기존 권력에 도전하는 대항헤게모니(counter-hegemony)를 생산해 내는 또 다른 지점이라고 할 수 있다. 따라서 평화연구는 사회운동일 수밖에 없다.

3. 한반도 평화과정의 국제정치: '이론적 해석'

1) 평화과정의 의미

'모심'과 '살림'이라는 새 문명의 두 화두는 생명적 기반인 자연과 인간 사회의 관계에 대해 그리고 사회 내에서의 인간 관계에 대해 다음과 같은 연속석 세 계기를 포함한다고 본다. 한편으로 자연 생명을 존중함으로써 생태적으로 지속 가능한 문화, 즉 '생명지속적 문화'를 새롭게 구축해야 한다. 다른 한편으로 인간의 문화 구성원 각자가 개별성과 자율성을 갖고 인간으로서 존엄을 유지하면서 살아가되, 서로 협력적으로 기대어 살아가는 '생명의 분권적 융합', 즉 '호혜관계망'을 구성하고 동시에 자연으로부터 얻는 혜택을 공정하게 향유함으로써 정의로운 사회가 되도록 해야 한다. 또 다른 한편으로 생명호혜 관계망으로 구성된 문화 민족이나 국가 간에 앞의 두 원리가 반복 적용됨으로써 지구와 주변 우주간의 평화를 포함한 일체 자연과의 평화는 물론 지구촌 인류 간의 평화와 인간의 내면적 평화 등 모든 평화가 함께 이룩되도록 해야 한다."

평화과정은 현재의 비평화에 대한 대안을 제시하는 집합적인 규범적 실천의 과정이다. 따라서 현재의 평가, 미래의 대안, 과거의 경험에 따라 상이한 평화과정들이 경쟁할 수 있다. 평화과정이 집합적, 규범적 실천이라는 점에서 평화과정들은 그 내부에 '정당성'과 '도덕성'의 문제를 담지하게 된다. 즉, 평화과정은 '윤리'의 문제를 제기한다.

탈냉전시대 한반도 평화과정은, 북한의 핵개발 시도와 미국의 '개입과 확산' 전략이 충돌하면서 발생한 갈등과 전쟁위기에 대한 보수와 진보의 대응이다. 냉전시대와 달리 적극적으로 한반도 평화과정을 모색할 수 있는 것은, '민주화'와 '세계화'의 효과 때문이다. 민주화의 효과는 다음과 같이 정리할 수 있다. 첫째, 한국 사회의 민주화는 자유주의적 정부의 출현을 가능하게 했다. 따라서 남북한 관계에도 자유주의적 접근을 할 수 있는 정치적, 사회적 기반이 형성되었다. 김대중 정부의 이른바 '햇볕정책'은 경제교류를 통해 평화를 얻고자 하는 자유주의에 기반한 기능주의적 접근이었다. 둘째, 민주화의 또 다른 효과는 시민사회의 재활성화다. '다양한' 사상과 이해관계를 가진 집단이 남북한 관계에 개입하는 새로운 국면이 전개되고 있다. 셋째, 민주화는 정책결정과정에 대한 시민참여의 증대로 이어지고 있다. 남북한 관계 및 분단체제의 재구조화에 영향을 미치는 정부의 외교안보정책에 대한 민주화 요구의 증대로, 정책결정의 투명성이 제고되고 있다.

세계화의 효과는 다음과 같이 정리할 수 있다. 첫째, 우리는 자본의 세계화를 1997년 IMF 위기로 경험할 수 있었다. IMF 위기를 계기로 남한사회에서는 이른바 흡수통일에 대한 기대가 소멸되는 경향을 보이고 있다. 김대중 정부의 햇볕정책은 이 세계화의 산물이기도 했다. 둘째, 냉전의 해체는 자본의 세계화를 촉진한 요인이다. 북한은 냉전의 해체로 동맹세력을 상실했고, 따라서 북한경제와 세계경제와의 연관이 파괴되면서 극심한 경제위기를 겪고 있다. 세계화로 촉발된 북한의 위기는 남북한 관계 및 분단체제의 변동을 초래한 또 다른 변수다. 셋째, 세계화는 지구촌 시민사회의 형성을 결과하고 있다. 이 새로이 등장한 시민사회 속에서 다양한 사회운동이 경쟁과 협력을 하고 있다. 지구촌 시민사회의 등장으로 한반도 평화를 위한 국제연대의 가능성이 열리고 있다.

2) 보수적 평화과정: "안보 없이 평화 없다"

현실주의 국제이론에서는 규범적 질문을 제기하지 않거나 그 질문을 부차적 문제로 다룬다. 국제관계는 '생존을 위한 투쟁' 또는 '권력을 위한 투쟁'의 장이기 때문이다. 고전적 현실주의자들이 유토피아적 사고를 미숙한 사고로 취급하면서도 세력균형의 기저에 놓여 있는 도덕적 합의에 주목하거나 유토피아와 현실을 정치학의 두 측면으로 간주하는 모습을 보이기도 했지만, 국제이론에서 역사를 추방하고 초역사적인 정치적 구조의 반복적 재생산에 주목하는 '체제 이론'인 신현실주의에 이르면 국제이론에서 규범성이 사라지게 되고, 세력균형이론이 정치이론을 대체하게 된다(Waltz 1979). 여기서 더 나아가 국가, 즉 강대국은 세력균형의 유지에 관심을 가지기보다는 조건만 유리하다면 그 균형을 파괴하려 한다는 '공세적'(offensive) 현실주의의 주장을 수용하게 되면(Mearsheimer 2001), 국제적 유토피아가 강대국의 이익실현으로 전락하는 '비극적 현실'에 이르게 된다.

이 현실주의 시각과 이론에서, '실천적으로 효과가 있고 규범적으로 정당한' 국제적 수준에서의 '정치질서'의 관념이 존재한다면, 그 질서는 무정부라는 녹특한 조직 원리를 가신 정치구조가 작동하는 국세체제의 산물인 동맹과 세력균형을 통해, 또는 패권국가의 일방적 힘에 의해 '관리'되고, '부과'되는 질서다(Rengger 2000, 37~70). 현실주의가 구조적 강제로 수용하는 이 질서는, 갈등과 분쟁을 최소화하는 질서일 뿐이다. 이 무정부상태에서 국가들은 자력구제(self-help)의 원칙에 따라 행동할 수밖에 없다. 결국, 무정부상태라는 특성을 가지고 있는 국제체제가 국가에게 강제하는 최고의 목표, 즉 '생존'을 위해 추구하게끔 하는 최고의 목표가 바로 안보다. 따라서 현실주의자들에게는 안보가 평화의 전제조건이다. 공세적 현실주의자들은 강대국의 권력정치가 작동하는 국제체제에서 평화는 실현되지 않을 것이라고 말한다.[9]

현실주의 이론에 입각할 때, 탈냉전 시대에 예상할 수 있는 한반도를 포함한 동북아질서는 세력균형 또는 단극시대의 패권국가인 미국의 힘의 우위를 바탕으로 미국과 균형을 이룰 만한 국가의 등장을 사전에 방지하려는 위협적, 일방적 정책의 지속일 수 있다.[10] 이 둘 다 한반도의 평화에는 도움이 되지 않는다. 동북아에서 어떠한 세력균형—신냉전적 양극체제, 고전적 세력균형체제, 강대국 협조체제—이 형성되든(김태현 2002, 5~7), 남북한 관계의 최대치는 냉전적 평화 또는 지속적인 전쟁위협이 존재하는 상태에서의 현상유지일 것이다. 만약 동북아에서 미국의 압도적 힘의 우위가 상당 기간 지속되면서 미국이 다자적 협력을 모색하지 않는다고 할 때, 우리의 정책 자율성은 극히 제약될 수밖에 없을 것이다.

이 현실주의적 예측은 우리에게 불가피한 현실로 다가올 수 있다. 한반도를 둘러싸고 벌어졌던 과거의 냉전적 사건은 현실주의의 적실성의 사례로 제시될 수 있을 뿐만 아니라 그 경험은 현실주의적 경로를 답습하는 원천이

---

9) 미국적 국제관계이론 내부에서의 국제정치의 윤리를 둘러싸고, 특수주의와 보편주의가 대립하고 있다. 그런데 어느 입장을 취하든, 오리엔탈리즘적 인식의 논리가 산출될 수밖에 없다. 특수를 강조하게 되면, 국제정치의 장은 서로의 차이가 절대화되면서 권력정치가 지배하는 공간이 된다. 소통의 기준이 없기 때문이다. 자발적 협력이 발생하지 않는 한, 그리고 현실주의에서는 협력보다는 갈등을 우선시하고 있기 때문에, 힘의 우위가 정의와 선(善)이 될 수밖에 없다. 반면, 국제적 차원의 보편적 기준이 존재한다면, 누구의 보편인가 라는 질문이 제기될 수밖에 없다. 그것이 강국의 보편이라면, 그 보편의 이름으로 오리엔탈리즘적 인식의 논리가 생산될 수밖에 없다. 즉, 주류의 국제관계이론에서, 북한은 그것이 강압이든 설득이든 누군가의 가르침을 받아야 하는 그런 대상이다. 이 이론 내부의 정치적 회로를 고려할 때, 그들의 기준에 따르면 열등한 국가이고 무법국가일 수 있는 북한이 희생제의의 대상이 되는 것이 도덕적으로, 윤리적으로 문제가 되지 않을 수 있다.
10) 신현실주의적 시각에서 미국의 단극패권이 가지는 위험을 지적하고 있는 글로는, Waltz(2000) 참조.

되기도 한다.[11] 그러나 만약 우리가 부과된 질서로서 현상유지적 질서를 수용하지 않고자 한다면, 즉 단순한 유형으로서의 질서가 아니라 목적지향성을 담지하고 있는 질서의 구성을 통해 체제를 '개혁'하거나 체제를 '변혁'하려 한다면, 새로운 시각과 이론에 기초한 반성적 사유가 필요할 것이다. 행위자의 의식적 실천 및 개입을 통한 체제의 변혁과 새로운 질서의 구축이라는 인식의 전환이 바로 그것이다.

3) 진보적 평화과정: "평화 없이 안보 없다"

비판적 국제이론에 입각한다면, 평화는 (신)현실주의가 가정하는 것처럼 단순히 전쟁이 없는 상태가 아니다. 비판적 국제이론은 기존의 강대국 중심의 질서를 주어진 것으로 받아들이지 않는다. 그 질서의 개혁 또는 변혁을 추구한다는 점에서 비판적 국제이론은 그 질서 내부에서의 협력 및 제도화를 도모하는 '신자유주의적 제도주의'(neoliberal institutionalism)와도 구분된다.[12] 비판적 국제이론은 강대국 중심의 국제이론인 (신)현실주의와 신자유주의를 넘어서서 한반도의 평화에 대한 새로운 시각을 제공할 수 있다. 그

---

11) 한반도를 포함한 동북아지역에서는 냉전시기에 '위협의 균형'(balance of threat)을 협력적 안보로 대체함으로써 전통적인 지정학을 넘어서려는 정치적 실천 및 이론적 실천이 거의 없었다고 해도 과언이 아니다. 예를 들어, 한반도의 두 국가인 남북한은 전쟁이 없는 상태로서 평화에 대해서는 양측이 동의하고 있지만, 그 평화를 교란하는 요인으로 남한은 북한의 적화통일정책을, 북한은 주한미군의 존재를 강조해 왔다(송대성 1998, 21~130). 따라서 한반도는 1950년 전쟁 이후 정전협정으로 평화가 유지되는 사실상의 '준(準) 전쟁'의 상태였다. 정치적 실천의 부재는 한반도의 평화과정을 기획하는 이론적 실천의 부재와 맞물려 있었다. 냉전 시기 동안 한국의 국제관계이론 연구자들은 미국적 국제관계이론의 완제품을 수입하거나 수입대체화를 시도하는 경우에도 그 이론의 보편성을 부인하지 않았다(박상섭 1988).
12) 신자유주의적 제도주의는 신현실주의와 메타이론을 공유하면서 신현실주의가 직면하고 있는 변칙을 설명하기 위해 신현실주의에 보조가설을 보조한다. 신자유주의적 제도주의는 국제정치구조가 무정부상태라는 가정에 동의하면서도 행위자들이 서로 교환할 수 있는 상호이익이 존재하고 제도화 정도에 있어 편차가 국가들의 행태에 실제적 효과를 발휘할 수 있는 조건이 되면 국제제도를 매개로 협력을 달성할 수 있다고 주장한다(Keohane 1984).

시각이 이상주의가 아니라 가능한 것의 범위를 찾는 '새로운 현실주의'라는 사실을 다시 강조하는 것도 중요한 일이다.

세계에서 가장 긴장이 고조된 지역 가운데 하나인 한반도에서 나름의 철학적, 이론적 기초를 가지는 비판적 '평화학'이 발전하지 않았다는 것은 매우 놀라운 일이다. 현실주의 이론의 득세가 그 원인 가운데 하나라고 할 수 있다. 특히 현실주의에 입각할 때 한반도의 평화는 군사력 균형을 통한 억지 이상의 의미를 가지기 힘들다. 반면, 비판적 국제이론에서 평화는 직접적인 물리적 폭력뿐만 아니라 구조적 폭력이 없는 상태를 의미한다. 앞서 지적한 것처럼, '적극적 평화'의 실현을 위해서는 국내적, 국제적 차원에 존재하는 정치적 억압과 경제적 착취와 같은 구조적 폭력, 그리고 이 폭력을 정당화하는 기제로서 문화적 폭력의 제거가 필요하다.[13] 한반도의 항구적 평화를 위해서는 국내적, 국제적 수준에서 전쟁을 야기할 수 있는 근본적 원인을 제거해야 한다.

예를 들어, 북한과 미국 그리고 남북한의 군사적 갈등뿐만 아니라 북한의 경제위기가 한반도의 평화를 위협하는 요인으로 간주되는 것도 적극적 평화의 맥락에서다.[14] 북한의 내부붕괴를 통해 냉전의 해체가 이루어질 때 엄청난 경제비용이 지출될 수 있고, 또한 열전(熱戰)의 가능성도 있다. 따라서 북한경제의 재건은 한반도 평화과정에서 필수적 요소다. 남북한의 '공동 이익'을 지속적으로 창출하고 유지할 수 있는 경제협력과 북한을 정상국가로 변하게 할 수 있는 북한과 미국, 북한과 일본의 관계개선이 북한경제의 재건을 위한 외적 환경이라고 할 때, 북한의 변화를 추동할 수 있는 '포용'이 한반도 평화의 조건임을 인식하는 발상의 전환이 필요하다.

---

13) 갈퉁의 평화개념이 평화가 가지는 의미를 무한히 확대하고 결과적으로 그 개념 자체를 애매하게 만들 수 있다는 비판에 대해서는, 渡辺昭夫(1993, 218~221) 참조.
14) 동일한 맥락에서 남한 내부의 사상의 자유를 억압하는 국가보안법의 존재나 신자유주의적 구조조정에 따른 경제적 불평등의 심화도 적극적 평화의 실현에 장애물이 될 수 있다(구갑우·박건영 2001, 73~74).

지구적 수준의 탈냉전에도 불구하고 냉전적 구조를 여전히 유지하고 있는 한반도와 한반도를 둘러싼 동북아의 국제정치에서 군사적 문제는 여전히 중요하다. 한반도에서는 재래식 무기, 대량 살상무기, 핵무기 등이 주요 의제이고 또한 중국과 대만 사이의 군사적 긴장도 존재한다. 북한위협론을 빌미로 한 미국의 미사일 방어계획도 군사적 긴장을 증폭시키는 요인이다. 또한 중국, 동남아, 일본 사이에서는 영토분쟁 및 해로(海路) 분쟁이 해결되지 않은 상태이기도 하다. 담론의 수준에서도 일본의 군국주의화라든지 중국의 군사적 패권국가로의 부상 등이 언급되고 있다. 그러므로 동아시아에서 탈냉전과 군사적 경쟁의 종언을 등치하는 것은 매우 순진한 발상일 수밖에 없다.

진보적인 평화과정의 구상을 위해서는 일차적으로 평화 및 안보개념의 비판적 재구성이 필요하다. 이를 위해 먼저 주목해야 할 사안이 남북한의 군비경쟁이다. 특히 남북한은 전쟁을 거쳤기 때문에, 전통적인 안보개념을 강하게 고수하려는 경향이 있다. 남북한의 군사력 경쟁에 대한 한 연구에 따르면, 1980년대 말부터 한반도에서는 남한의 전쟁수행능력 대 북한의 억지능력의 증강—즉, 비재래식 대량살상무기의 개발 및 배치—이라는 '비대칭적 군비경쟁'(asymmetrical arms race)이 진행되고 있다(함택영 1998). 따라서 남북한 관계에서 남한의 전쟁수행능력 우위 대 북한의 억지력 우위라는 비대칭적 군사력 균형이 존재하고 있다고 평가할 수 있다.

남북한의 군사력 비교 자체에는 평가자의 편견이 반영되곤 한다. 북한의 군사적 '능력'과 북한의 군사적 '의도' 가운데 후자에 초점을 맞추는 현실주의 이론가는 사실 현실주의 대 자유주의의 이론 논쟁에서 후자를 지지하는 것과 다를 바 없다. 이 모순이 모순으로 느껴지지 않는 것이 한반도의 특수한 상황이기도 하다. 남북한 관계는 정상적인 국가 대 국가의 관계가 아니기 때문이다. 남북한은 각기 고유의 국가정체성을 유지하기 위해 상호 '적대'를 반복하면서도 담론의 영역에서는 통일을 당위로 내세우는 독특한 관계를 유지해 왔다(백낙청 1994). 즉, 남북한 관계에서는 때로는 국가적 정체성이 다른 한편으로는 분단적 정체성이 발현되곤 했다(이근·전재성 2001). 따라서 남북한 관계에서는 한 쪽의 안보증강이 다른 쪽의 안보를 감소시키는 '안보딜레마' 및 통일을 매개로 한 명시적 '안보위협'이 상존할 가능성이 있다.

남북한 관계에서 후자의 정체성에 근본적 변혁이 있지 않는 한, 군비경쟁은 불가피할 수밖에 없다. 그러나 비판적 국제이론에 입각한다면 한반도의 분단구조에서 군사적 능력으로 표현되는 물리적 능력은 관념의 공유를 통한 정체성의 변화 및 그 변화를 담지한 제도의 건설로 제약될 가능성도 있다. 2000년 남북정상회담은 이 정체성의 변화를 가져오게 할 수 있는 계기였다. 정상회담은 남북한 서로의 '국가적 실체'를 인정한 사건이었다. 쌍방이 분단 국가의 정체성을 탈피하고 정상국가 대 정상국가의 관계로 발전할 수 있는 기틀을 마련한 것이다.

그러나 군사적 신뢰구축은 여전히 진행 중인 과제다. 남북한이 각기 '절대 안보'를 추구하게 되면, 군사적 신뢰구축은 불가능하다. 대단히 역설적이지만 분단구조가 작동하는 한 한 쪽의 절대 안보는 안보위기를 산출할 수 있다.15) 북한의 선택적 도발을 억지하면서도 북한의 안보불안감을 자극하

---

15) 그러나 남북한은 여전히 절대 안보를 추구하고 있는 것처럼 보인다. 2004년 3월, 노무현 정부가 '정부 수립 이후 최초'로 안보정책의 구상을 밝힌 문헌으로 자평하며 발간한 『평화번영과 국가안보』의 한 구절이다: "국가안보 목표는 국가이익과 그 핵심 요소인 국가안전보장을 달성하기 위해 설정하며, 당면한 안보환경과 가용한 국력에 대한 평가를 기반으로 반드시 실현해야 할 목표이다." 노무현 정부가 제시한 국가안보의 목표는, '한반도의 평화와 안정', '남북한과 동북아의 공동번영', '국민생활의 안전 확보' 등 세 가지다. 북한의 군사적 위협, 미국의 세계전략의 변화에 따른 동북아시아 안보환경의 변화, 국제테러와 초국가적 범죄와 같은 새로운 안보위협에 대한 대응이다. 이 국가안보의 목표를 달성하기 위한 전략기조는 '평화번영정책 추진', '균형적 실용외교 추구', '협력적 자주국방 추진', '포괄안보 지향' 등의 네 가지다. 노무현 정부가 안보에 대한 최대 위협으로 간주하는 북한 핵문제를, '확고한 안보태세'를 기반으로 평화적으로 해결하는 것을 목표로 한다고 할 때, 결국 가장 중요한 전략적 기조는 한국과 미국의 군사동맹을 매개로 한 협력과 자주국방이다. 2002년 4월, 북한의 조선인민군 창건 70주년을 기념하는 『로동신문』의 사설 가운데 한 구절이다: "우리 인민군대는 민족의 존엄

지 않는 '합리적 충분성'(reasonable sufficiency) 원칙이 필요한 이유도 이 때문이다. 따라서 한반도 평화과정을 기획하면서 안보개념을 재구성한다고 할

과 나라의 자주권을 건드리는 오만하고 파렴치한 침략자들에게는 자비를 베풀지 않는다. 그 누구든지 감히 우리 조국의 한치의 땅이라도 침범한다면 상상할 수 없는 타격을 면치 못할 것이며 차례질 것이란 무주고혼의 운명뿐이다." 북한은 미국이 자국의 생존을 위협하고 있다고 주장한다. "오늘 미제국주의자들은 무모한 군사적 강경정책에 계속 매여 달리고 있으며 '핵무기사용도 불사'하겠다는 폭언도 서슴지 않고 있다"는 것이다. 따라서 국가안보의 북한식 표현인 '조국보위'는 그들에게는 무엇과도 바꿀 수 없는 절체절명의 목표로 설정된다. 북한이 "군사를 국사 중의 국사로 틀어쥐고 나라의 국방력을 강화하는 사업을 최우선적으로 밀고 나가는 기풍을 더욱 철저히 세우는 '선군정치'(先軍政治)를 정당화하는 근거다. 외부의 적(敵)으로부터 가해지고 있다고 간주되는 '실질적 또는 가상의' 군사적 위협에 대해, 군사적 대응을 통해 국가라는 정치공동체의 안전을 확보하고자 하는 군사중심적 국가안보는, 한반도의 두 국가인 남북한 모두에게 '가장 중요한' 또는 '핵심적인' 가치인 것처럼 보인다. 주한미군의 재편·감축—주한미군 2사단의 재배치 및 3만 7천여 명의 주한미군을 2만 5천여 명으로 감축—에 대한 남북한의 반응은 이를 증명한다. 정도는 다르지만, 둘 다 '국가안보의 위기'를 말한다. 남한에서는 주한미군의 '바짓가랑이'를 잡자는 세력도 있다. 북한은 휴전선 인근에 배치되어 있던 주한미군 2사단이 오산·평택으로 이전하게 되면 자신들의 방사포와 곡사포 사정거리를 벗어나게 됨으로써 이른바 억지력을 상실하게 될 것을 우려한다. 또한 주한미군의 감축이 주한미군의 군사혁신으로 대체될 때, 더 강한 적의 위협에 노출될 것을 걱정한다. 북한이 제2의 전쟁위기를 운위하고 있는 이유다. 주한미군의 재편·감축을 국가안보의 시각에서 고려한다면, 대응은 자명하다. 군사력의 강화다. 북한의 군사적 위협을 고민하는 남한은 주한미군의 공백을 채우기 위해 한미동맹의 새로운 형태의 강화—주한미군의 '군사혁신'—와 군비증강의 다른 표현인 자주국방—GDP 2.8%에서 3.2%로의 국방비 증액—을 선택하고 있다. 북한의 정보를 얻기란 쉽지 않다. 추론해 보자. "무적의 군력은 강력한 국가경제력에 의해서만 담보될 수 있다"고 생각하는 북한이 자신의 빈곤한 경제력을 생각한다면, 이른바 대량살상무기를 통해 억지력을 확보하는 저비용 고효율의 군비증강을 도모하게 될 가능성도 있다. 최악의 시나리오지만, 만약 주한미군 재편·감축에 대한 남북한의 대응이 군비증강을 통한 국가안보의 강화라면, 그것은 한반도에 새로운 위기를 야기하는 씨앗이 될 수 있다. 국가안보의 역설이자, 국가안보 담론의 함정이다. 첫째, 남북한이 각각 군비증강을 통해 국가안보의 목표를 실현하고자 한다면, 두 국가의 '적대적 군비경쟁'이 재현될 수 있다. 국가안보를 극대화하여 절대 안보를 추구하려는 두 국가의 군비증강정책은 역설적으로 두 국가의 안보를 위협할 수 있다. 둘째, 국가안보를 위한 자원배분의 왜곡은, 한반도 주민의 안전과 복지를 감소시키는 결과를 야기할 수 있다. 이라크에서 납치된 김선일씨의 사망과 북한이탈주민의 발생은, 그 대표적 사례들이다. 셋째, 남북한의 군사적 대응은 동북아시아 지역에서의 군비경쟁을 가속화하는 도화선이 될 수 있다. 일본은 미국 다음의 군사비를 지출하고 있는 국가이고, 중국은 세계 최대의 무기 수입국이다. 대만 또한 21조원에 달하는 미국산 신무기의 대량구매 계획을 가지고 있다는 발표도 있다. 냉전시대보다 더 심각한 군비경쟁이 동북아시아 지역에서 발생할 경우, 동북아시아의 두 소국(小國)인 남북한의 안보와 평화는 위태로울 수밖에 없다.

때, 일차적으로 남북한 사이의 신뢰구축에 기반한 '공동안보' 개념이 필요할 것이다. 여기서의 '공동'이란 어느 한편의 이익으로의 흡수가 아니라 서로의 차이를 인정하면서 합의를 통해 형성되는 과정으로서의 의미를 가져야 한다. 공동안보 개념의 도입을 위해서는 현실주의의 국가안보 개념을 넘어서야 한다. 소국의 경우 국방비의 증액으로 안보를 지키려다 가는 주변국의 경쟁적인 대응으로 오히려 안보에 대한 위협이 가해지는 역설적 경우가 발생할 가능성이 높다. 한반도의 평화라는 전략적 목표를 결코 포기할 수 없는 한, 우리의 중단기적 선택지가 될 수 있는 대안이다. 주한미군의 재편·감축을 남북한 군축과 평화체제의 건설 그리고 동아시아 다자 간 안보협력을 위한 계기로 활용할 수 있는 지혜가 필요하다. 시민사회의 개입 지점이 바로 여기다. 안보의 궁극적 대상인 시민사회의 구성원이 국가 내부에서 안보의 실현과 국가를 넘어서는 적극적 연대를 통해 협력적 안보와 공동안보의 토대를 구축할 때, 힘의 국제정치를 넘어서는 대안의 정치공동체는 비로소 그 모습을 드러낼 것이다. 이를 위해서는, "안보 없이 평화 없다"는 전통적 관념에서 벗어나 "평화 없이 안보 없다"는 인식의 전환이 수반되어야 한다.

공동안보가 적극적 평화의 기초가 되기 위해서는 남북한 국내의 정치경제적 민주화와 함께 가야 한다. 국제체제를 통해 단위체의 행태를 도출하는 현실주의자들은 국가 내부를 들여다보는 것이 국제정치경제를 설명하고 예측하는 데 유용성이 없다고 생각한다. 그러나 비판적 국제이론에서 지적하듯, 생산방식을 포함한 시민사회의 변화는 국가형태 및 세계질서를 변화시키는 요인으로 작용한다. 예를 들어, 한반도에서 평화공존이라는 이상이 실제의 의제로 상정될 수 있었던 조건 가운데 간과할 수 없는 것이, 바로 1997년 남한의 IMF 위기와 1990년대에 들어 심화되기 시작한 북한의 경제위기였다. 이 두 위기는 남북한에게 흡수통일이 현실적으로 이루기 힘든 과제임을 알려준 사건이었다.

안보개념에서 군사적 요소를 제거하려는 것은 현재 수준에서 이상이다. 그 현실을 인정할 때, 역사적 경험을 통해 우리가 개발할 수 있는 대안 가운데 하나가 공동안보를 통한 군축이다. 이 공동안보는 남북한 관계뿐만 아니라 동북아 차원에서도 도입가능한 대안일 수 있다. 이와 더불어 남한 시민사회의 활성화를 통해 우리는 안보의 대상과 주체로서 인간을 상정할 수 있는 기회를 맞이하고 있다. 유럽에서 개발된 개념이기는 하지만, 상이한 체제가 공동으로 안보를 관리하려는 '협력적(co-operative) 안보'와 정치군사적 문제와 경제적 문제 그리고 인권을 동시에 고려하는 '포괄적(comprehensive) 안보'는 소극적 평화를 넘어 적극적 평화를 얻고자 하는 사람들에게는 그 과정에서 다리 역할을 할 수 있는 중요한 개념이다.

4. 평화 과정과 평화운동

한반도는 지난 50여 년 동안 남북한 두 국가가 분단의 형태로 공존하는 정전(停戰)상태였다. 지금도 이 상황은 변함이 없다. 그러나 정전상태임에도 불구하고 그 상태를 극복하고 평화를 쟁취하기 위한 집합적 주체의 의식적 실천이라고 할 수 있는 한반도 평화운동은 없었다고 해도 과언은 아니다. 즉, 한반도 평화운동은 새로운 발명품이다. 두 가지 정도의 이유를 들 수 있다. 첫째, 한반도 분단의 극복을 위한 사회운동은 이른바 통일운동이었다. 통일이라는 민족적 가치가 평화라는 보편적 가치를 입도하는 담론이었다. 둘째, 한반도 평화를 남한 내부의 정치경제적 민주화의 다음 단계로 설정하려는 경향이 있었다. 자본주의 사회인 남한 내부의 모순을 먼저 고민하는 사회운동 세력의 생각이었다.

한반도 평화운동의 계기는 두 방향으로부터 왔다. 하나는 1994년 '한반도 전쟁위기'였다. 북한과 미국이 북한의 핵문제를 둘러싸고 갈등을 빚게 되면서, 미국은 북한에 대한 군사적 공격을 감행하려 했다. 정전상태를 평화로 생각했던 한반도 민중은 1994년 전쟁위기를 거치면서 한반도 평화체제의 구축의 필요성을 절감하게 되었다. 다른 하나의 계기는 '남한의 민주화'였다. 사상의 자유를 통제하는 국가보안법이 온존하는 한 정치적 민주화조차 달성되었다고 할 수 없다. 신자유주의적 구조조정이 반(反)노동자적 형태로 전개되는 상황에서 경제적 민주화는 후퇴하고 있기도 하다. 그럼에도 남한의 사회운동은 전 사회의 민주화를 위한 묵직한 걸음을 내딛고 있고, 그 과정에서 소수 전문가의 영역으로 간주되던 외교·안보정책의 민주화를 요구하고 있다.

이 두 계기 속에서 우리는 미국의 존재를 다시금 실감하고 있다. 미국은 전쟁위기의 직접적 행위자다. 또한 이른바 한미동맹의 형태로 한국의 외교·안보정책에 지대한 영향력을 행사하고 있다. 따라서 한반도 평화운동은 그 시작부터 미국 비판을 담지할 수밖에 없었다. 주한미군 장갑차에 치여 사망한 여중생을 추모하는 '촛불시위'는, 감성적인 반미(反美)를 넘어서 이성에 기초한 미국 비판이 가능함을 보여준 사건이었다. 이제 한반도 평화운동은 한미관계의 '민주화'라는 또 다른 과제를 향해 나아가고 있다. 불가능한 것처럼 보였던 국제적 민주주의를 상상하는 이 민주화 운동은, 두 가지 중요한 의미를 지니고 있다. 첫째, 이 민주화 운동을 통해 우리는 미국에 대한 자발적 종속의 심리를 벗어나고자 한다. 미국이 한반도 안보를 위한 절대적 조건이라는 주관적 망령을 떨쳐 버리는 것이다. 둘째, 한미관계의 민주화 운동은 한반도 분단을 통해 이득을 얻는 남북한과 미국의 기득권 세력에 대한 비판을 의미한다. 한반도 위기의 본질이 이 기득권 세력의 자기 이익 실현에 있음을 밝히고자 하는 것이다. 즉, 한미관계의 민주화는 한반도 차원의 민주주의 실현을 위해서도 반드시 이루어져야 하는 과제다.

남한의 평화운동은 하나가 아니다. 사회운동으로서 평화운동이 집합적 주체의 형성을 통해 세계를 변혁하고자 하는 의지의 구체적 표현이라고 할 때, 이 집합적 주체를 호명하는 담론 또한 하나가 아니다. 평화운동의 궁극적 지향을 대동세상이라고 하더라도, 그 세상의 내용—생명평화부터 여성해방, 노동해방 등—이 다르다. 대동에 이르는 경로 설정 또한 차이가 있다. 평화운동의 주체도 지향과 방법에 따라 달리 설정된다. 중단기적으로 직접적 폭력의 제거, 즉 한반도 전쟁위기의 방지를 위해 다양한 평화운동이 연대하고 있지만, 근본적 분기의 가능성이 있다. 그럼에도 평화를 군사주의, 빈곤, 환경파괴, 가부장제 등에서 야기되는 모든 억압을 제거하는 것으로 규정하려는 움직임도 나타나고 있다. 반전을 넘어서서 노동, 환경, 여성운동과 '결합된' 적극적 의미의 평화운동이야말로 전쟁과 폭력을 동반하지 않고 한반도 분단체제를 극복하는 길이라는 주장도 나오고 있다.

구조적 폭력의 제거를 도모하는 운동도 평화운동의 범주에 포함시킬 때, 우리는 운동의 방법과 주체의 측면에서 남한의 평화운동을 분류하는 기준을 설정할 수 있다. 첫째, 전쟁과 폭력에 대한 거부에 있어 '절대주의적 시각'과 '상대주의적 시각'으로 나눌 수 있다. 이른바 '정의의 전쟁'의 존재 여부가 쟁점이다. 둘째, 평화운동의 주체의 측면에서 '시민적' 평화운동과 '계급적' 또는 '민중적' 평화운동으로 구분할 수 있다. 구조적 폭력에 대한 정의가 쟁점이다. 구조적 폭력을 가하는 주체로 국가와 자본이 설정될 수 있다면, 반(反)국가, 반(反)자본의 평화운동의 가능성 여부다. 이라크 파병반대의 목소리 가운데 이른바 '국가이익'에 대한 고려가 있다는 사실에서 우리는 반국가와 반자본의 문제설정이 쉽지 않음을 알 수 있다. 셋째, 한반도의 특수적인 분단체제 때문에 민족주의적 평화운동과 반(反)/비(非) 민족주의적 평화운동이 구분될 수 있다. 현 국면에서는 반전(反戰)을 목표로 하는 공동전선 형성이 가능하기 때문에 이 차이가 두드러지지는 않는다.

일단, 평화운동의 장기적 전망을 가지려 하는 '참여연대 평화군축센터'와 '다함께'의 예를 들어 보자. 두 단체의 선정은 자의적이다. 단지 평화운동의 분기 가능성을 보기 위해 두 단체를 참고했을 뿐이다. 참여연대 평화군축센터는 현 단계 평화운동의 과제를 다음과 같이 설정하고 있다. 첫째, "남한사회의 평화운동은 무엇보다도 국민국가중심의 안보관을 벗어나야" 한다. 둘째, "평화문화운동은 평화문화를 형성하기 위한 운동이다. 우선 평화문화운동은 우리의 오래된 민족해방전쟁의 논리를 거부한다. 궁극적으로 우리는 하나의 생활양식으로서 평화를 이야기해야만 한다." 셋째, "평화문화운동은 새로운 사회경제체제의 모색을 요구한다. 평화운동은 억압을 필요로 하지 않는 새로운 사회경제체제를 추구한다. 평화운동은 환경운동이자 평등주의 운동이다"(참여연대 평화군축센터 2003). 요약하면, 참여연대 평화군축센터는 절대주의적 시각에서 반(半)-반국가, 반(半)-반자본과 친(親)환경, 비민족적 평화 실현운동을 하려는 모습을 보이고 있다. 그러나 남한, 한반도, 국제체제 또는 세계체제에 대한 총체적 인식과 평화운동의 주체설정 문제는 공백으로 남아 있다.

'다함께'는 또 다른 사례다. 이들은 세계 반전운동이 "신자유주의적 세계화에 반대하는 운동으로부터 성장해 나왔다"고 주장한다. 그리고 다른 어떤 세력보다도, 노동자들이 "개인으로서든 조직으로서든 시위에 참가했음"에 주목한다. 그러면서도 반전운동이 '이색적이고 다채로운 풍경'으로 보일 정도의 '새로운 좌파'의 등장을 야기했다고 본다. 반제국주의 투쟁의 세계화를 강조하는 이들은 반제국주의 투쟁을 자주의 문제, 즉 민족문제로 본다면 반자본의 문제설정이 희석되고 따라서 사회의 근본 변혁을 상실하게 된다고 주장한다. 이들의 독특한 경향이다(최일붕·김하영 2003). 요약하면, '다함께'는 절대주의와 상대주의의 문제를 제기하지 않는다. 반제국주의, 반국가와 반민족, 반자본 평화운동을 지향하고 있고, 주체의 문제에 있어서도 노동자를 중심으로 다양한 좌파를 흡수하려는 경향을 보이고 있다.

두 사례에서 볼 수 있듯이 평화운동의 지향은 다양한 조합이 가능하다. 따라서 평화운동은, 다양한 특수들이 하나의 보편을 획득하기 위한 공론장으로 자리매김될 수도 있다. 예를 들어, 근대 초기처럼 자본의 평화운동도

가능하다. 만약 우리가 하나의 보편을 상정하면, 평화운동 내부의 헤게모니 쟁탈전이 부각된다. 즉, 평화운동 내부의 권력투쟁이다. 다른 한편으로 하나의 보편이 아니라 다수의 보편이고 특수들이 공존할 수 있다면, 평화운동의 다원주의가 실현될 수 있다. 그렇다면 특수들이 공존할 수 있는 조건은 무엇일까. 상생과 조화를 가능하게 하는 소통의 양식, 삶의 양식은 무엇일까. 대동은 하나의 보편이 실현된 상태인가, 아니면 특수들의 공존이 이루어진 그 무엇인가. 예를 들어 특수들의 공존을 통해서도 자본주의를 포위할 수 있다. 자본의 이윤은, '노동이 없다면', '소비가 없다면', '자연자원이 없다면' 실현불가능하다. 즉, 생산, 소비, 보편적 가치의 영역에서 활동하는 사회운동들의 연대가 가능할 수 있다. 담론투쟁과 권력투쟁을 통해 구조적 폭력을 제거하고자 하면서도 동시에 "권력의 문제설정을 벗어날 수 있을까." 1980년대의 노동해방담론과 달리 21세기 평화담론은 우리에게 진보란 무엇인가 라는 질문을 새롭게 던져 주고 있다.

대동에 대한 상상력을 유보한다고 할 때, 우리에게 남겨지는 과제는 사대에서 화호로의 이행의 문제다. 어떻게 화호를 실현할 수 있을 것인가. 단기적인 반전운동이 적극적 대안을 제시하는 운동으로 발전할 수 있을까. 한반도 전쟁위기를 막는 것에 동의하지 않을 평화운동 세력은 없을 것이다. 소극적 평화조차 실현하기 어려운 과제이다. 그렇다면 그 방법은 무엇일까. 우리의 시각에서 중단기적 전망에 대해 생각해 보자. 객관적 조건을 잠시나마 무시해 보자는 것이다. 평화운동의 방향타를 명확히 하기 위해서다. 화호를 이루기 위해서는 무엇보다도 한미관계 빛 남북한 관계의 조정이 필요하다. 그렇다면, 한미관계와 남북한 관계가 어떻게 바뀌어야 할까.

일단, 현실주의자처럼 세력균형 또는 힘의 우위에 의한 평화를 생각해 볼 수 있다. 한미동맹 강화론 그리고 그것의 변종인 자주국방론이 바로 그것이다. 한반도에서 안보딜레마를 지속하게 하는 대안일 뿐만 아니라 화호보다는 사대를 추구하는 선택이다. 여기서 화호와 사대의 선택이 단순히 명분의 문제가 아니라는 점은 지적될 필요가 있다. 우리 스스로를 파탄에 몰아넣을 수 있는 전쟁의 결정권을 상실한다는 점에서 화호냐 사대냐의 문제는 단순한 명분 싸움이 아니다. 그렇다면 어떤 대안이 있을까. 우리는 또 다른 세력균형을 생각해 볼 수 있다. 앞서 언급한 것처럼, 한반도 주변국가들의 합의에 기초한 세력균형이다. 이 합의를 도출하기 위해서는 한미동맹의 유연화 또는 해체와 남북한의 화해와 협력 그리고 무엇보다도 중요하게는 남한이 동아시아에서 평화의 촉진자로서의 역할을 수행할 수 있어야 한다. 이른바 결사체적 세력균형에 기반한 집단안보의 구축일 수 있다. 한반도의 중립화라는 또 다른 대안을 제시할 수 있지만, 일단은 요원한 일이다. 장기적 방향으로는 설정해 봄직하다.

  그렇다면 중단기적으로 한반도 평화와 동아시아 차원의 집단안보를 가로막는 요인이 무엇인가에 대해 생각해 볼 필요가 있다. 두 가지를 지적해 본다. 심리적 차원이면서 동시에 전략적 차원의 문제제기다. 첫째, 무엇보다도 한미동맹을 안보의 절대적 조건으로 간주하는 '자발적 종속의 심리'에서 벗어나야 한다(이삼성 2003). 둘째, 한반도의 분단체제를 지속시킴으로써 이익을 얻는 세력이 누구인지를 명확히 할 필요가 있다. 구조의 수준에서 행위자 수준으로의 하강이다. 이를 위해서는 미국과 남한의 군사적·산업적 기득권 세력과 북한의 보수파가 그들의 의도와 상관없이 초국가적으로 공유하고 있는 한반도 문제에 대한 인식이야말로 한반도를 위기에 빠뜨릴 수 있는 가장 위험한 요인이라는 인식이 필요하다. 즉, 이 암묵적 동맹 또는 냉전적, 역사적 블록의 해체과정이 곧 한반도 평화과정이다.

  한반도 평화운동은 민주화가 열어준 공간 속에서 성장하고 있다. 즉, 21세기 한반도 평화운동은 외교·안보정책 또한 민주화해야 한다는 한국 민주주의 심화의 결과물이다. 그리고 또한 한반도 평화운동은 한반도 민주주의를 전방위적으로 민주화해야 한다는 시대적 요청을 마주하고 있다. 예를 들어, 평화운동의 중단기적 과제인 반전을 실현하기 위해서는 우리가 민주화 운동의 과제로 설정하지 않았던 '국제관계의 민주화', 즉 화호의 문제설정이 필요하다. 이러한 문제설정은 부정적, 소극적 운동을 넘어서서 대안적, 적극적 운동을 모색할 때, 비로소 가능할 수 있다. 우리가 구조적 폭력의 제거를 의미하는 적극적 평화의 담론에 기초하여 평화운동을 전개해 나갈 때, 사회운동의 궁극적 목표인 대동은 그 과정에서 발견되는 그 무엇이 지 않을까. "물으면서 길을 간다."

5. 결론

진보적 시각에서 한반도 평화의 대안적 체제를 구상하기 위해서는 다원 다차 방정식의 해를 찾아야 한다. 첫째, 남북미 관계의 재구조화다. 한반도 평화를 위해서는 한미관계의 민주화와 북미 관계의 정상화가 이루어져야 한다. 둘째, 남북미관계와 상호작용하고 있는 동아시아 차원에서 한반도 평화를 보장할 수 있는 안보협력이 만들어질 수 있어야 한다. 다자안보협력 이 체제의 붕괴를 야기할 수도 있음을 우려하는 중국과 북한에 대한 설득이 중요하다. 셋째, 남북한 관계 및 남북한 내부에서 분단체제를 개혁하고 변혁 할 수 있는 제도적 장치들이 만들어져야 한다. 신뢰구축의 경로에 대한 기능 주의적 접근을 넘어서는 고민이 필요하다.

마지막으로 한반도적 맥락의 진보적 평화과정에서 제기되는 질문들을 정리해 본다. 첫째, 한반도적 맥락에서 전쟁이 없는 상태로서의 평화가 아니 라 적극적 의미에서의 평화란 무엇인가? 둘째, 안보란 무엇인가? 안보는 추상적인 정치공동체에만 귀속되는 것인가? 안보의 궁극적 의미는 인간 해 방일 수 있는가? 셋째, 평화와 안보는 대안적인 정치경제적 체제의 건설과 어떤 관계를 가지고 있는가? 넷째, 평화운동을 남한 및 한반도의 총체적 변혁을 위한 운동으로 자리매김할 수 있는가? 다섯째, 평화운동을 이끌어나

갈 역사적 주체는 어떻게 형성될 수 있을 것인가? 여섯째, 평화와 통일은 어떤 관계를 가지고 있는가? 통일이 평화를 보장할 수 있을 것인가?

진보적 한반도 평화과정을 실현하기 위해서는 이 질문들에 대답해야 한다.

참고문헌

구갑우. 2004. "국제정치경제(학)와 비판이론."『한국정치학회보』38: 2.
구갑우 · 박건영. 2001. "자유주의 국제정치경제 이론과 남북한 관계."『국제정치경제연구』, 3집.
김명섭. 2002. "평화학의 현황과 전망." 하영선 편.『21세기 평화학』. 풀빛.
김용구. 2001.『영구 평화를 위한 외로운 산책자의 꿈: 루소와 국제정치』. 원.
김석근. 2002. "한국 전통사상에서의 평화 관념." 하영선 편.『21세기 평화학』.
김태현. 2002. "동북아질서의 변동과 한반도."『국제 · 지역연구』. 11: 1.
김현철. 2004. "개화기 한국인의 대외 인식과 '동양평화' 구상." 강성학 편.『동북아의 평화사상과 평화체제』. 리북.
박상섭. 1988. "한국국제정치학과 외래이론수용의 문제점."『국제정치논총』. 28: 1.
박한제 · 김호동 · 한정숙 · 최갑수. 2002.『유라시아 천년을 가다』. 사계절.
박희병. 2003.『운화와 근대』. 돌베개.
백낙청. 1994.『분단체제 변혁의 공부길』. 창작과 비평사.
송대성. 1998.『한반도 평화체제』. 세종연구소.
윤구병. 2003.『윤구병의 존재론 강의: 있음과 없음』. 보리.
이삼성. 2003. "한미동맹의 유연화를 위한 제언."『국가전략』, 9: 3.
이근 · 전재성. 2001. "안보론에 있어 구성주의와 현실주의의 만남."『한국과 국제정치』. 17: 1.
이호철. 2004. "민주평화론." 우철구 · 박건영 편.『현대 국제관계이론과 한국』. 사회평론.
정운영. 2004. "진보를 위한 변명 서설."『당대비평』. 27.
함택영. 1998.『국가안보의 정치경제학』. 법문사.
참여연대 평화군축센터. 2003.『21세기 초 한반도 질서 변화와 한국 사회의 평화운동』. 참여연대 평화군축센터 발족기념 심포지움.
최상용. 2002. "근대 서양의 평화사상." 하영선 편.『21세기의 평화학』.
최일붕 · 김하영. 2003. "반전운동의 평가와 과제."『진보평론』. 17.

Adorno, T. 홍승용 옮김. 1999.『부정변증법』. 한길사.
Anderson, B. 1991. *Imagined Communities*. London: Verso.
Aquinas, T. 2002. "From Summa Theologiae". C. Brown et al. eds. *International Relations in Political Thought*. Cambridge: Cambridge University Press.
Augustine of Hippo. 2002. "From The City of God against the Pagans". C. Brown et al.
Baldwin, D. 1997. "The Concept of Security". *Review of International Studies*. 23: 1.
Benhabib, S. 2002. *The Claims of Culture: Equality and Diversity in the Global Era*. Princeton: Princeton University Press.
Benjamin, W. 반성완 편 · 역. 1983.『발터 벤야민의 문예이론』. 민음사.
Bensaid, D. 김은주 옮김. 2003.『저항: 일반 두더지학에 대한 시론』. 이후.

Bull, H. 1977. *The Anarchical Society*. London: The Macmillan Press.

Der Derian, J. 1993. "The Value of Security: Hobbes, Marx, Nietzsche, and Baudrillard." in D. Campbell and M. Dillon eds. *The Political Subject of Violence*. Manchester: Manchester University Press.

Foucault, M. 오생근 역. 2003. 『감시와 처벌』. 나남.

Galtung, J. 강종일 외 옮김. 2000. 『평화적 수단에 의한 평화』. 들녘.

Gregor, T. ed. 1996. *A Natural History of Peace*. Nashville: Vanderbilt University Press.

Gregor, T. and C. Robarchek. 1996. "Two Paths to Peace." in Gregor.

Grotius, Hugo. 2002. "From The Law of War and Peace." in C. Brown et al.

Held, D. 2004. *Global Covenant*. Cambridge: Polity.

Holloway, J. 조정환 옮김. 2002. 『권력으로 세상을 바꿀 수 있는가』. 갈무리.

Howard, M. 안두환 옮김. 2002. 『평화의 발명』. 서울: 전통과 현대.

Huber, W. and H. Reuter. 김윤옥·손규태 옮김. 1997. 『평화윤리』. 대한기독교서회.

Kant, I. 김석수 옮김. 2002. 『순수이성 비판 서문』. 책세상.

Kant, I. 손동찬·김수배 옮김. 1992. 『별이 총총한 하늘 아래 약동하는 자유』. 이학사.

Keohane, R. 1984. *After Hegemony*. Princeton: Princeton University Press.

Keohane, R. 1989. *International Institutions and State Power*. Boulder: Westview Press.

Marcuse, H. [1941] 1960. *Reason and Revolution*. Boston: Beacon Press.

Rengger, N.J. 2000. *International Relations, Political Theory and the Problem of Order: Beyond International Relations Theory*. London: Routledge,

Schneider, G., K. Barbieri and N. Gleditsch. 2003. *Globalization and Armed Conflict*. Lanham: Rowman & Littlefield Publishers, Inc.

Sheehan, M. 1996. *The Balance of Power*. London: Routledge.

Tuzin, D. 1996. "The Specter of Peace in Unlikely Places: Concept and Paradox in the Anthropology of Peace". in Gregor.

Wallerstein, I. 강문구 옮김. 1996. 『자유주의 이후』. 당대.

Wallerstein, I. 한기욱·정범진 옮김. 2004. 『미국 패권의 몰락』. 창비.

Waltz, K. 1979. *Theory of International Politics*. Reading: Addison-Wesley.

Waltz, K. 2000. "Globalization and American Power." *The National Interest*, Spring.

Wendt, A. 2001. "What is International Relations For? Notes Toward a Postcritical View." in R.W. Jones ed. *Critical Theory & World Politics*. Boulder: Lynne Rienner Publishers.

渡辺昭夫 외 엮음. 권호연 옮김. 『국제정치이론』. 한울.

5

민주화·세계화 이후 지방자치의 제도적 대안

이광희
(한국행정연구원·정치학)

1. 민주화·세계화·지방화

1) 민주화와 지방자치

1990년대 초 부활된 지방자치는 비록 민주화 운동의 부산물이라는 성격을 지니고 있지만 한국 민주주의 발전에 기여할 것이라는 기대가 적지 않았다. 지방 수준에서 시민들의 참여가 증대하여 시민사회를 활성화시키고 정부의 책임성과 대응성을 높이게 될 것이라는 기대, 즉 '민주화 → 지방자치 → 민주주의 발전'이라는 선순환에 대한 낙관적인 기대가 많았다. 이러한 낙관적 견해는 주로 지방자치에 대한 고전적 자유주의 입장에 근거하였다.

자유주의에 따르면 지방자치는 주민의 대표성을 강화시켜 책임 있는 정부의 출현을 가능케 하고, 주민의 요구를 잘 파악하여 공공서비스의 효율성을 증대시키며, 지방공동체 의식을 확장시켜 지방의 문화공동체를 가능케 한다. 밀(Mill)은 『대의정부론』(*Considerations on Representative Government*, 1861)에서 지방자치에 대한 자유주의 입장을 제시하고 있는데, 하나는 지방정치제도가 시민들에게 정치참여와 교육의 기회를 제공하기 때문에 민주적 정부 시스템의 본질적 요소라는 점이며, 또 하나는 지방자치가 지방의 이해관계에 대한 지식과 통찰력에 근거한 실제적인 관점을 확산시킴으로써 서비스 공급의 효율성과 효과성을 가져온다는 것이다. 그리고 토크빌은 『미국의 민주주의』(*Democracy in America*, 1835)에서 대중사회에 내재적인 중앙집권체제의 위험성을 지적하면서, 지방자치를 통해 정치권력을 분산시키고 제한함으로써 개인의 자유를 증진시키는 다원주의 요새를 구축해야 한다고 주장한다.

그러면 과연 한국의 지방자치는 이러한 선순환적 민주주의 발전을 가져오고 있는가. 먼저 참여의 문제를 검토해 보자. [그림 5-1]은 1991년 지방자치가 부활된 이후 주기적으로 치러진 지방선거의 투표율을 보여주고 있다. 이에 따르면 1995년 제1회 전국동시지방선거의 투표율이 68.4%로 가장 높은 반면 그 이후로 급격히 낮아지고 있다. 1995년의 높은 투표율은 단체장 직선제의 도입에 따른 관심 증대의 효과로 해석된다.

그런데 1995년 이후 점점 낮아지고 있는 투표율과 지방자치에 대한 국민들의 저조한 관심은 어디에서 연유하는가? [그림 5-1]이 보여주는 것처럼 투표율 하락은 지방선거뿐만 아니라 대통령선거, 국회의원선거에서도 공통적으로 나타나는 현상이다. 즉, 국민들이 투표장에 가지 않는 이유로 종종 지적되고 있는 정치권에 대한 전반적인 불신과 냉소가 선거 수준과 관계없이 투표율을 저하시키고 있는 것으로 볼 수 있다.

그러나 지방선거가 유독 대통령선거나 국회의원선거보다 낮은 이유는 무엇인가. 이러한 현상은 다른 나라에서도 공통적으로 나타나고 있는데 아

마도 의사결정수준의 단위가 낮은 데 따른 투표의 효과성이 차이나기 때문

[그림 5-1] 1990년대 각종 선거의 투표율 추이

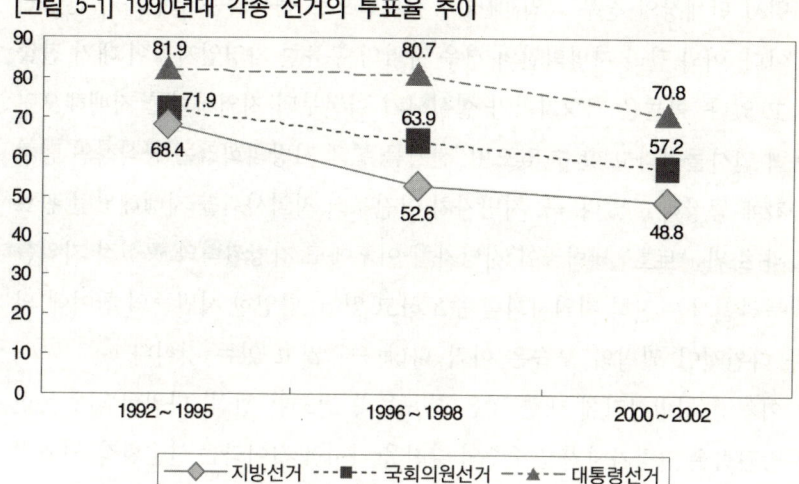

자료: 중앙선거관리위원회(http://www.nec.go.kr).

일 것이다. 그렇지만 제1회 때 68.4%라는 비교적 높은 지방선거의 투표율이
제3회 때는 50%에 이르지 못할 정도로 낮은 것은 심각한 문제가 아닐 수
없다. 이에 대해서는 정당공천에서 나타난 지역구도 양상이 경쟁선거의 장
점을 살리지 못하고 투표참여의 동인을 약화시켰다는 점, 정치와 행정에서
지방분권화가 지연되고 있다는 점, 중앙정치권이 지방선거를 정권신임투표
또는 중간평가로서 규정하려는 점, 정당이 참여하지만 정책의 차별성이 나
타나지 않는 점 등이 기론되고 있다(강원택 1999; 황아란 1999). 이러한 논의
들에 따르면, 지역패권주의라는 한국정당정치의 고질적 병폐가 없어지지
않는 한, 지방 분권화가 실질적으로 이루어지지 않는 한 지방선거에 대한
관심과 투표율은 계속 감소하거나 낮은 수준에 머물 것으로 예측된다.

한편 1995년 이후 세 번에 걸친 지방선거에서 당선자의 직업별 현황에
따르면 단체장의 경우 정치인과 공무원 출신이 많은 반면 지방의원의 경우

농축산업, 상업, 건설업 등에 종사하는 자영업자가 다수를 차지하는 것으로 나타나고 있다. 지방선거가 주기적으로 실시되고 현직자의 재선비율이 높아지면서 단체장의 경우 직업 배경이 정치인으로 분류되는 당선자가 많아진 것이다. 이와 달리 지방의원의 경우 지역의 부유한 자영업자들이 대거 진출하고 있다. 이들은 지방자치가 실시되기 이전부터 지역사회를 지배해오던 유력 인사들이라고 할 수 있으며, 선거를 통해 지방의회라는 공식적인 정치 공간에 등장하고 있다. 즉, 지방자치 이전부터 지역사회를 지배해왔던 관료들과 소위 '토호' 세력들이 지방자치 이후에도 지방권력의 공식적 지위를 획득하면서 여전히 지역사회를 주도하고 있어, 다양한 시민들의 참여에 의한 다원적인 권력의 모습은 아직 나타나지 않고 있는 것이다.

이처럼 지방선거에 대한 낮은 투표율과 저조한 관심, 다원화되지 못한 지방권력은 지방자치가 민주주의 발전을 가져올 것이라는 선순환적, 낙관적 기대를 무색하게 만들고 있다. 물론 지방자치가 대의민주제를 확장시키고, 지방의회를 통해 지역주민들의 이해가 집약·표출되며, 지방 시민사회가 점차 활성화되는 등 한국의 민주주의 발전에 적지 않은 기여를 하고 있다는 점은 부인하기 어렵다. 그러나 참여와 다원성의 제약은 대의민주제의 실효성을 약화시키고 있고, 지방의회는 지역유지 등 기득권 집단의 이권이 조정되는 장으로 변질되는 경우가 많으며, 지방 시민사회는 아직 낮은 수준에서 불균등하게 형성되고 있다. 다시 말하면 지방자치의 실시가 지역수준에서의 민주주의 발전을 저절로 가져오지는 않으며, 지나친 낙관과 기대에 의존해서는 안 된다는 것을 보여주고 있다.

2) 세계화와 지방자치

세계화의 물결은 신자유주의 깃발을 나부끼며 국민국가의 영토를 무너뜨리고 지방정부로부터 중앙정부에 이르기까지 모든 공공부문에 시장주의 개혁을 강요하고 있다. 1980년대부터 공공선택론은 복지국가의 실패를 비판하며 신자유주의를 확산시키는 데 기여하였다. 재화배분과 의사결정의 최적 메커니즘으로써 시장을 중시하는 공공선택론은 복지국가 시스템 하에서의 지방정부에 대해서도 매우 거센 공격을 가하였다. 공공선택론자들은 지방정부 관료에 대한 통제가 약하고 비효율적·이기적인 전문가들과 노조에 의해 지방정부가 장악되어 있으며, 소비자 선호는 거의 고려되지 않은 채 부적절한 서비스가 과잉 공급되고 있다고 주장하였다. 그들의 해법은 계약 및 경쟁을 통한 서비스 제공, 사용자 부담의 원칙 도입 등 시장 메커니즘을 공공부문에 도입하는 것이었다. 즉, 서비스의 공급에서 형평성보다는 효율성을 강조하는 시스템으로 바꾸자는 것이었다.

지방정부의 개혁은 내부경영의 도입뿐만 아니라 외부경영의 확대로까지 이어졌다. 국민국가의 장벽이 약화되면서 지방은 자본주의 경쟁의 단위가 되었다. 모든 지방정부들이 자신의 지역에 국내외 자본을 유치하기 위해 치열한 경쟁을 벌이고 있으며, 세수 증대를 목표로 한 다양한 사업들을 추진하고 있다. 이제 지방정부는 자본주의 생산양식에서 사회적 소비(Saunders 1984)에 기여하는 주변부로서의 역할을 벗어나 생산에 관여하는 적극적인 주체로서 등장하고 있는 것이다. 지방의 자율성이 확대되면서 지방정부는 성장을 통한 주민의 복지증대라는 명분을 내걸고 기업가 정부를 추구하고 있다.

이처럼 세계화와 지방정부개혁의 물결은 지방자치를 통해 지방행정의 효율성이 달성될 것이라는 기대를 갖게 하였다. 물론 이러한 기대에 반하는 우려도 적지 않았지만, 지방자치가 지향하는 가치이자 지방자치를 실시하는 목적의 하나가 바로 효율성이라는 점에서 이러한 기대는 재생된 한국의 지방자치에도 많이 쏟아졌다.

그러면 과연 세계화 속에 진행된 지방화가 행정의 효율성[1])을 가져오고

---

1) 효율성의 개념은 기술적 효율성, 배분적 효율성 그리고 x-효율성으로 구분된다. 기술적

있는가? 이에 대해서는 긍정적인 답변보다 부정적인 견해가 우세한 편이다. 우선 대표적인 예로 들 수 있는 것이 지역이기주의 행태가 극에 달하면서 국가의 주요 정책이 제대로 시행되지 못하고 표류하고 있다는 점이다. 1990년 중앙정부는 안면도에 원전폐기물처리장시설을 건설하겠다는 발표를 시작으로 총 9개의 후보지를 선정하는 작업을 벌였지만 격렬한 주민반대운동에 부딪혀 번번이 무산되었다. 또 1980년대 초 냉해로 인한 쌀 흉작을 계기로 사업시행이 논의된 새만금 사업은 1991년 1호 방조제를 착공하였으나 1999년 이후 시화호 등 환경이슈가 급부상하고 지역주민의 이해관계가 엇갈려 중단되기에 이르렀으며, 아직도 방조제 완공을 둘러싸고 갈등이 점화되어 있는 상태이다. 또 2004년에 개통된 고속철도의 경우 대전 및 대구의 도심통과방안을 놓고 상당한 진통을 겪었으며, 각 지방자치단체들이 추가로 자신의 지역에 중간역을 설치해줄 것을 요구하여 공사에 난항을 초래하였고, 역 이름을 둘러싸고 지방자치단체 간의 갈등도 발생하였다.

지역이기주의 행태는 국정운영의 효율성뿐만 아니라 자원의 효율적 이용도 저해하고 있다. 특히 지방자치단체장들이 재선을 목적으로 벌인 선심성 행정으로 인해 불필요한 대규모 시설 등이 경쟁적으로 건설되고 있다. 창원과 마산은 진해와 함께 예로부터 같은 생활권을 공유하고 있어 종종 통합의 문제가 제기되어 왔지만, 지방자치 부활 이후 두 도시 간의 지역이기주의가 표출되면서 두 도시는 규모의 경제를 추구하지 못하고 각각 체육관을 짓고 문화관을 설립하는 등 자원의 비효율적 이용을 초래하고 있다. 이러한 현상은 구미와 김천 등 여러 지역에서 종종 나타나고 있다. 대규모 재원을 투입했지만 적자에 허덕이고 있는 고양시의 축구장, 적자 운영이 뻔히 예상되는데도 시민들의 반대를 무릅쓰고 강행되고 있는 안산시의 종합운동

효율성은 투입과 산출의 관계에서 최소비용 최대효과를 추구하는 것이고, 배분적 효율성은 최적의 산출을 생산하는 투입요소들의 배분상태 또는 최적의 효과를 가져오는 산출의 배분상태를 의미하며, x-효율성은 투입이 추가되지 않는 상황에서 낭비적 요소를 제거하여 산출을 증대하는 것을 뜻한다(Walsh 1996).

장 건설 등 곳곳에서 규모의 비경제 현상이 나타나고 있다.

한편 지방의 자율성 확대는 지방 스스로 발전할 수 있는 도약의 기회로 여겨졌으나 발전국가하에서 형성된 수도권[2] 집중현상이 지난 10년 동안 더욱 가속화되고 있다. [표 5-1]은 수도권과 비수도권의 총량경제력을 보여주고 있는데, 2000년을 기준으로 수도권과 비수도권의 총량경제력은 각각 52.6%, 47.4%로 수도권이 근소하게 앞서있다. 그러나 국토의 극히 일부에 국한된 수도권 지역에서 국가 경제력의 절반 이상이 집중되어 있으며, 또 경제력의 수도권 집중 현상이 지금도 계속되고 있다는 것에 문제의 심각성이 있다.

[표 5-1] 총량경제력의 수도권과 비수도권의 비교(2000년)

구 분	인구 집중도 (A)	총 량 경 제 력							B/A
		지역 내 총생산	제조업 고용	도소매 업고용	금융 거래	조세 수입	합계	평균 (B)	
전 국	100.0	100.0	100.0	100.0	100.0	100.0	700.0	100.0	1.00
수도권	46.3	46.3	45.3	47.5	66.8	70.9	368.2	52.6	1.14
비수도권	53.7	53.7	54.7	52.5	33.2	29.1	331.8	47.4	0.88

주: 1. 인구는 주민등록인구 기준, 제조업 고용기회는 광공업통계조사보고서 기준, 도·소매 업 고용에는 음식숙박업이 포함되어 있으며, 금융거래규모는 예금은행, 예금액과 대출 액의 합계 기준이며, 조세수입은 국세(직접세)와 지방세의 합계 기준임.
주: 2. 지역 내 총생산, 제조업 고용, 도·소매업 고용은 1999년 말 기준임.
자료: 박양호 2001.

향후 경제의 흐름은 정보화를 바탕으로 한 지식기반 경제체제로 진행할 것이 확실시되는데, 이와 관련하여 불균형 현상은 더욱 심해질 것으로 예측된다. 예컨대 전국 소프트웨어사업자 신고편람수록 867개 업체 중 서울이 전체의 78.9%를 차지하고 있고, 수도권 지역의 벤처기업은 전국의 62.1%, 코스닥 등록 기업의 77.9%가 본사를 수도권에 두고 있는 것으로 나타났다.

2) 여기서 수도권이라 함은 서울특별시, 인천광역시, 경기도 지역을 포괄하여 일컫는다.

이처럼 수도권은 신(新)산업지역, 유연적 생산체제 지역으로 발전해가고 있으나 여타의 지역은 구상과 실행의 분리 속에 단순 실행의 기능만을 담당하는 지역으로 고착화되어 가고 있다(초의수 2003).

이와 같이 주요 국가정책의 표류 현상, 자원의 비효율적 이용을 보여주는 규모의 비경제, 별로 나아지고 있지 않은 지역의 불균등발전 등은 지방정부 개혁과 지역발전이라는 포부를 안고 출발한 한국 지방자치의 앞날에 어두운 그림자를 던지고 있다. 신자유주의의 공공부문 변종인 '신공공관리론'(new public management)이 세계화라는 거대한 물결을 타고 한국의 지방정부에도 밀어닥쳤고, 많은 지방정부들이 기업가형 지방경영이라는 이름을 내걸고 다양한 정책을 추진하여 민원행정 등 지방행정의 일부영역에서 효율성을 증진시키는 성과를 내기도 하였다. 하지만 많은 경우 합리적 행정개선, 의사결정의 투명화 등 내부적 개혁은 뒤로 미룬 채 가시적 치적주의에 편향되어 외부적 경영에 주력해온 결과, 지역이기주의 행태의 만연, 선심성 사업으로 인한 재원 낭비, 단체장의 독단과 부정부패 등의 부작용도 적지 않게 나타나고 있다. 결국 지방자치의 실시가 곧 행정의 효율성을 증대시키리라는 기대는 섣부른 것이었으며, 지방자치제도의 도입과 운영에 보다 신중하고 세심한 접근이 필요하다는 것을 시사하고 있다.

2. 지방의 자율성

앞에서 지방자치를 실시한다고 해서 저절로 민주주의가 발전되고 행정의 효율성이 증진되지 않음을 지적하였는데, 이런 문제를 극복하기 위해서는 지방자치제도에 대한 개선방안이 필요하다. 지방자치의 발전방안을 논함에 있어 가장 먼저 다루어야 할 주제는 지방의 자율성을 어느 정도 허용해야 하는가이다. 지방자치 부활 이후 지속적인 분권운동을 통해 지방의 자율성이 점차 강화되는 방향으로 전개되고 있지만, 한국의 지방자치가 지향해야 할 분권화 수준에 대해서는 여전히 합의에 이르지 못하고 있다. 분권화 지향 세력들은 중앙집권의 유산에 대한 비판과 척결을 강조하는 데는 의견을 일치하지만 분권화 운동이 도달해야 할 목표점이 어디인지는 명확히 제시하고 있지 못하다. 따라서 지방자치의 제도적 대안을 마련하기 위해서는 궁극적으로 도달해야할 지방의 자율성 수준이 어디까지인지를 전제하고 이에 대한 합의를 이루는 것이 필요하다. 이와 관련하여 두 가지 쟁점을 살펴보도록 한다. 하나는 중앙과 지방의 관계이고, 다른 하나는 지방자치가 실시되고 있는 행정단위의 문제이다.

1) 중앙과 지방의 관계

중앙과 지방의 관계는 이념형적으로 단방제와 연방제를 양극단으로 하여 다양한 스펙트럼을 형성하고 있다. 엘라자르(Elazar 1997)는 2차 대전 이후 세계는 중앙집권화된 국민국가로부터 권력공유 형태의 연방제적 형태로 변하고 있다고 주장한다. [표 5-2]가 보여주는 것처럼 그가 제시한 정체(polity) 모델은 세 가지인데, 프랑스의 정복국가형(Conquest)과 영국의 유기체국가형(Organic)은 단방제 시스템을 뜻하고 미국의 협약형(Covenant) 국가는 연방제를 나타내고 있다. 즉, 단방제 국가라도 프랑스는 중앙과 지방의 관계가 위계적으로 구성되어 있는 반면, 영국은 중심과 주변이라는 유기적 구조를 갖추고 있는 것으로 평가되고 있다. 이러한 구분에 따른다면 한국의 중앙-지방 관계는 프랑스의 모델에 가깝다고 할 것이다.

그런데 권력의 형태가 중앙집권으로 향하는지 아니면 지방분권으로 향하는지는 나라마다 시기에 따라 상이하게 나타나고 있다. 즉, 엘라자르가 주장하는 것처럼 근대국가가 연방제 형태로 일방적인 경향을 보이기보다는 집권화(Centralization)와 분권화(Decentralization) 경향이 동시적으로 작동하고 있다고 보는 것이 타당하다. 다시 말하면 두 가지 경향이 혼재하는 가운데 권력의 지리적 형태는 다양한 스펙트럼을 연출하고 있는 것이다.

[표 5-2] 정체(polity)의 세 가지 모델

	Conquest(프랑스)	Organic(영국)	Covenant(미국)
모델	Pyramid	Circle	Matrix
구조	Hierarchy 위계제	Center-periphery 중심-주변	Frame and Cells
통치 메커니즘	행정(하향식 관료제) 정치-법원 헌법(성문법)	정치 행정 헌법(불문법)	헌법 정치 행정
Apotheosis	군대	의회시스템	연방제

자료: Elazar 1997, 240.

패디슨(Paddison 1983)은 이러한 스펙트럼을 7가지로 유형화하고 있다. 중앙집권제에서 행정의 집행권만을 이양한 행정적 분권(Administrative Deconcentration), 의사결정권까지 이양한 자치적 분권(Local Government), 연방제의 주와 같은 기능을 가진 지방정부가 존재하는 복합적 단방제 국가(Compound Unitary States), 연방제(Federalism), 국가연합(Confederal Structures), 분리독립(Secession/Territorial Break-up)의 순으로 권력의 집중도가 약화되고 있음을 표현하고 있다[표 5-3] 참조).

이러한 스펙트럼에 따른다면 한국은 어느 지점에 위치할까? 지방자치가 부활되기 전까지는 중앙집권제하에서 행정적 분권[3]이 제한적으로 허용되었다가 지방자치가 부활하면서 자치적 분권으로 나아가는 단계에 있다고 볼 수 있을 것이다. 그러나 자치적 분권의 단계로까지 완성되었다고 보기에는 부족한 점이 많다. 왜냐하면 지방정부의 입법, 조직, 인사, 재정 등에서

---

[3] 최창호는 지방행정의 단체위임행정을 행정적 분권의 형태로 보고 자치행정을 자치적 분권으로 규정하고 있다(2001, 47).

아직 중앙정부에 의한 제약이 강하게 남아 있기 때문이다.

[표 5-3] 중앙과 지방의 관계 유형

유　형	사　례
Centralism (중앙집권제)	지방자치 이전의 한국
Administrative Deconcentration (행정적 분권)	분권화 이전의 프랑스
Local Government (자치적 분권)	영국, 프랑스
Compound Unitary States (복합적 단방제)	이탈리아, 스페인
Federalism (연방제)	미국, 독일 등
Confederal Structures (국가연합)	구 소련의 독립국가연합
Secession/Territorial Break-up (분리독립)	스코틀랜드, 티벳 등

자료: Paddison 1983, 29.

중앙집권체제의 유산이 아직도 강하게 온존하는 탓에 분권운동은 점점 더 강도가 높아지고 있다. 그러면 이러한 지방분권 운동의 지향점은 어디로 향하고 있는 것일까? 패디슨이 구분한 단계로 보자면 대체로 자치적 분권의 완성을 목표로 하고 있다. 2001년 교수, 법조인, 종교인, 문화·예술인 등 전국 지역지식인 2,757명이 지방분권 실현을 위한 전국 지역지식인 선언을 발표하였는데, 주요 내용은 중앙정부에서 지방정부로 결정권과 집행권을 동시에 이양하여 분권체계를 구축해야 한다는 것이었다. 또 2002년 11월 창립된 지방분권국민운동본부는 그 해 치러진 대통령선거의 각 후보들과 가진 국민협약서를 통해, 기관위임사무폐지, 특별지방행정기관의 지방이양, 자치입법권·자치조직권·자치인사권·자치재정권 등을 보장하는 10대 개혁과제의 추진을 약속받았다. 그리고 전국시장·군수·구청장협의회, 전국시도의회의장협의회, 전국시도지사협의회 등도 기관위임사무폐지, 특별 지방행정기관의 지방이양 등을 주요 내용으로 선언문을 차례로 발표하였다.

한편 노무현 정권이 수립된 후 정부혁신·지방분권위원회의 '지방분권로드맵'에서 제시된 지방분권의 기본 방향을 보면, 중앙과 지방의 권한 재배분가 주요 과제로 등장하고 있다. 여기에는 중앙권한의 획기적 지방이양, 지방교육자치제도의 개선, 지방자치경찰제도의 도입, 특별지방행정기관의 정비 등이 포함되고 있는데, 참여정부 이전에 지방의 지식인과 시민단체, 지방정치인들이 앞을 다투어 제시하였던 분권정책들을 대부분 수용하고 있다.

이와 같이 노무현 정권 수립 이전부터 계속되고 있는 분권운동세력의 정책적 지향이나 노무현 정권이 추진하고 있는 지방분권정책의 목표는 지방정부가 입법권과 집행권을 가지는 자치적 분권(local government)의 실현에 있다고 볼 수 있다. 그러나 지금까지의 분권화 운동은 완전한 자치적 분권을 지향하고 있지는 못하다. 왜냐하면 현재 논의되고 있는 자치입법권의 확대는 소위 '행정입법'이라 일컬어지는 조례제정권의 범위를 확대하자는 것에 불과하기 때문이다. 즉, 지방정부가 의사결정권을 가진다는 것은 조례제정이나 예산배정과 같은 권한 확대도 포함하지만, 근본적으로 지방정부의 정체(polity) 구성을 지방 스스로 할 수 있어야 한다. 현재와 같이 국회가 지방정부의 구성형식이나 단위에 대해서 결정권을 가지고 있는 상황이 지속되는 한 자치적 분권의 완성은 쉽지 않을 것이다. 서울이라는 메트로폴리탄 도시와 제주라는 휴양관광지역이 동일한 지위와 권한을 가진 광역자치단체로 규정되는 것이 타당한가. 또 모든 지방정부가 기관대립형의 정부체제를 띠는 것이 바람직한가. 지방자치제도가 한국적 토양에 뿌리를 내리고 적응하기 위해서는 다양한 지방의 특성에 맞게 여러 가지 실험을 할 필요가 있다. 이 과정에서 좋은 제도를 찾아내고 제도 운영의 매뉴얼을 터득하게 될 것이다. 이것이 한국의 분권운동이 지향해야 할 자치적 분권의 완성된 모습이다.

그런데 자치적 분권을 넘어 연방제를 지향하는 것은 한국 상황에 맞지 않다고 본다. 지방자치의 재생이 불확실하던 1990년대 초에는 국가권력의 수직적 재구조화를 위해 연방제 체제로의 전환을 주장하는 논의가 심심치 않게 등장하였다(성경륭 1994). 물론 지금도 극심한 지역주의 대결을 극복하기 위한 하나의 방안으로 연방제의 도입이 주장되기도 한다. 그러나 연방제의 도입은 매우 신중을 기해야 하는 문제이다. 연방제는 외교, 국방, 화폐 등을 제외한 행정, 그리고 입법과 사법의 영역에서도 자치권을 허용하는 것이다.[4] 따라서 단일국가로서의 전통이 매우 강한 한국에 연방제를 도입할 필요성이 부각되어야 하고 국민적 합의를 이룰 수 있을 정도가 되어야 한다. 미국, 캐나다, 러시아 등 연방제를 취하고 있는 나라와 비교해 볼 때, 민족, 인종, 언어 등의 동질성이 매우 강한 한국이 굳이 연방제라는 전혀 새로운 정치체제를 도입할 필요가 있는가라는 의문이 든다. 다만 북한과의 통일을 염두에 두면 체제가 다른 지역과의 연방제로서는 의미가 있을 것이다.

2) 지방자치구역

지방의 자율성 확대와 관련된 또 하나의 쟁점은 지방자치의 행정단위, 즉 지방자치구역과 관련된 것이다. 지방자치의 행정단위가 작은 것이 바람직한가 아니면 큰 것이 바람직한가. 이 문제에 대해서는 어느 한 쪽으로 결정하기가 쉽지 않다. 행정단위와 지방자치의 관계에 대한 여러 연구들에 따르면, 대체로 작은 단위의 경우 소비자 선호를 반영하기 쉽고 참여확대를 가져오는 장점이 있는 반면, 큰 단위의 경우 규모의 경제를 실현할 수 있고, 재분배 정책을 실시할 수 있으며, 작은 단위보다 오히려 참여의 제약이 적다고 지직된다([표 5-4] 참조). 이처럼 양자의 주장은 서로 대비되는 장단점을 지니고 있기 때문에, 어느 정도의 규모가 가장 적절한 지방자치 단위가 되는

---

4) 일부 학자는 지방분권특별법의 내용이 이미 연방제적 내용을 담고 있다고 주장한다. 즉, 지방자치단체가 제정하는 조례를 행정입법권의 배분으로 제한해야 하며 국회의 법률제정권의 배분으로 해석되지 말아야 한다는 것이며, 기초자치단체에서 조례제정권을 확대하는 것은 시·군 단위에서의 연방제 내지 준연방제를 실시하는 것으로 주장하고 있다(이광윤, 문화일보 2003. 10. 31).

지에 대해서는 아직 결론이 나지 않은 상태이다. 다만 사회경제적 발전과 도시화 등으로 인해 행정단위가 점점 커지고 이에 따라 자치구역도 확대되

[표 5-4] 지방자치와 행정단위의 관계

	작은 단위가 바람직	큰 단위가 바람직
Efficiency /Rationality	1. 지출 수요와 결정의 밀접한 연계로 효율성 증대 2. 유권자가 이슈를 이해하기 쉽고 그 비용이 적음 3. 소비자의 다양한 선호를 잘 반영할 수 있으므로 공공재 공급에서 경쟁과 혁신을 유발할 수 있음 4. 서비스 간 조정이 쉬움	1. 다수의 공공재 공급에서 규모의 경제 실현 2. 전문가 및 질 높은 관료들을 고용할 수 있음 3. 행정관청의 수가 적어지므로 중앙정부에 의한 감독이 약해짐 4. 관할구역이 커지므로 경계를 넘나드는 확산효과가 발생
Citizen Preference/ Community	5. 수요가 동질적이기 때문에 시민의 선호와 더욱 잘 연계됨 6. 소외되는 집단을 줄임으로써 공동체 의식을 증대시킬 수 있음	5. 작은 행정단위는 특정요인에 의해 지배받을 수 있음(기업도시)
Citizen Participation	7. 시민의 참여와 기회를 증대시킴	6. 작은 행정단위는 특정 집단을 통제함으로써 오히려 참여를 제약할 수 있음
Redistribution		7. 작은 행정단위는 지역격차를 해소할 수 있는 재분배정책을 제약할 수 있음

자료: Paddison 1983, 220.

는 추세를 보이고 있다.

한국에서 지방자치의 행정단위는 지방자치가 처음 실시된 제1공화국 때부터 많은 논란이 되었다. 그리고 1990년대 지방자치가 부활할 때에도 기초자치단체를 시·군단위로 할 것인지 읍·면·동으로 할 것인지에 대해 적잖은 논란이 제기되었다. 더욱이 단체장 직선을 앞두고 갑자기 이루어진 시·군 통합문제에 대해 찬반양론이 계속되고 있으며, 광역자치단체와 기초자치단체 사무의 중복 등을 이유로 도(道) 폐지론도 종종 제기되고 있다. 그리고

안양·군포·의왕이나 마산·창원·진해 등에서 나타나듯이 사회경제적 변화에 따른 행정단위와 생활단위의 불일치 문제가 행정구역의 개편을 요구하지만, 현재의 정치적 지형을 변화시킬 수 있는 이러한 시도는 쉽게 성공하지 못하고 있다. 이처럼 한국에서도 지방자치의 행정단위를 둘러싸고 복잡한 논란은 진행 중인 상태이다.

여기서 가장 핵심적인 문제는 기초와 광역으로 이루어진 중층제(또는 2계층제)를 계속 유지할 것인가의 여부이다. 이 문제는 두 가지 논란으로 다시 분화되고 있다. 하나는 특별시·광역시와 자치구의 갈등이며, 다른 하나는 시·군과 도의 대립이다. 상위정부의 관료들에 의해 주로 제기되고 있는 특별시·광역시 강화론은 현행 자치구 체제가 대도시의 특성을 무시하고 있어 행정의 능률성이 저하되고 있음을 제기한다. 즉, 서울시나 부산시 등은 시 전체가 동일한 생활권을 가지고 있으며 같은 광역단체인 도에 비해 면적은 좁고 인구는 과밀되어 있지만 좁은 지리적 공간 속에 시민들이 일체화되고 문화적으로 동질성을 가지고 있기 때문에 자치구의 설치는 비효율적이라는 것이다(박승주 외 1995, 151~155). 이와 대조적으로 하위정부의 공직자와 시민단체 등은 자치구 강화론을 제기하고 있다. 지방정부가 주민의 요구에 더 잘 부응해야 하는데, 이를 위해서는 주민참여와 주민통제가 더 쉬운 자치구가 강화되어야 한다는 것이다.

한편 시·군과 도(道)의 관계는 매우 다른 양상을 나타낸다. 지방자치 실시 이전에는 도의 역할이 중앙정부와 시·군을 연계하는 중간행정기관이었는데, 지방자치 이후에도 이러한 지위에는 커다란 변화가 없다. 실증 연구에 따르면 도청의 자체 사무량이 많지 않으며 업무 자체도 시·군과 중앙정부와의 전달·중계 업무가 많고 주민을 직접 상대하는 대민 사무는 많지 않은 것으로 나타났다(한국지방행정연구원 1998). 이러한 현실에 근거하여 도의 역할과 기능을 축소해야 한다는 주장이 계속 제기되고 있다(김학로 1994; 박승주 외 1999). 그러나 도의 유지를 주장하는 논자들은 광역지역을 대상으로 하는 사무나 넓은 지역에 걸쳐 통일적인 처리를 요하는 사무, 작은 행정단위의 재정적·행정적 능력으로써 수행할 수 없는 대규모 사업 등 광역행정이 필요한 분야가 있으며, 또 국가가 모든 기초자치단체를 직접적으로 감독할 수 없기 때문에 중간적 감독기관을 설립하면 국가의 강력한 감독과 간섭으로부터 보호받을 수 있다고 주장한다.

이처럼 계층제 문제는 다양한 양상을 띠고 있지만 중층제가 가지는 비효율성, 이해관계 표출과 집약의 복잡성 등 사회적 비용이 적지 않다는 점을 고려할 때, 단층제로 개편하는 것이 바람직하다고 생각한다. 최근 행정계층 개편을 추진하고 있는 제주도의 경우 개편에 따른 편익으로써 규모의 경제 실현, 인건비 및 경상적 경비 절감, 지방선거 비용 절감, 공공시설 중복투자비 절감, 중복사업비 절감, 행정처리의 신속성 효과, 광역행정처리의 효율화, 공무원 인사교류 활성화 효과 등이 제시되고 있다(제주발전연구원 2004, 28~33).

한편 중층제로 인한 갈등양상이 특별시·광역시와 도에 따라 다르게 나타나고 있으므로 단층제로의 개편방식도 다르게 나타나야 한다. 즉, 메트로폴리탄의 특성을 띠고 있는 특별시·광역시의 경우 기초자치단체인 자치구의 역할을 축소시키고 광역자치단체의 지위를 강화시키는 방향으로 나아가야 하며, 광활한 농촌지역을 포괄하고 있는 도의 경우 기초자치단체인 시·군의 역할을 확대하는 방향으로 개편하는 것이 좋다.[5] 그러나 이와 같은 행정구역의 개편 과정에서 정치적 이해관계에 따른 갈등이 치열하게 전개될

---

[5] 2005년 초에 일부 국회의원들이 제기하고 있는 행정계층의 개편방안을 보면 도시는 인구 100만 명, 농촌은 30~50만 명을 기준으로 하여 광역자치단체와 기초자치단체를 일괄적으로 통폐합하는 것으로 되어 있다(중앙일보 2005. 2. 17). 이처럼 인구를 기준으로 일괄적으로 적용할 경우 지역의 특성, 주민의 편의, 행정의 효율성 등을 고려하지 못한 기형적인 행정단위가 될 가능성이 크다. 예컨대 천만 인구의 서울을 인구 100만 명을 기준으로 10개의 행정도시를 만드는 것이 과연 효율적이라고 볼 수 있는가? 그래서 이러한 주장의 이면에 정치적으로 영향력이 막강한 광역단체장의 지위와 역할을 축소시켜보자는 의도가 있는 것이 아니냐는 의구심을 자아낸다. 대도시는 대도시의 특성을 살린 행정단위가 필요하다.

것이므로, 일부 지역에서 시범적으로 실시하는 등 점진적이고 단계적으로
이루어지는 것이 바람직하다. 예컨대 특별시·광역시의 경우 구청장은 임명
하고 구의회는 선출하는 준자치제를 도입하고, 도의 경우 행정계층을 개편
하려는 제주도의 최근 움직임처럼 시·군이 적은 지역부터 시범적으로 실시
하는 것이 바람직하다.

3. 지방 민주주의

지방 민주주의 성공은 지방자치를 정착시키는 데 핵심적 요소이다. 그러
나 앞에서도 살펴보았듯이 지방자치를 실시한다고 해서 풀뿌리 민주주의가
저절로 정착되는 것은 아니다. 지난 10여 년간의 성과와 문제점을 바탕으로
지방 민주주의를 발전시킬 수 있는 대안적 모색이 요구된다. 이 문제는 두
가지 차원에서 전개하기로 한다. 하나는 대의 민주제의 정착 및 지방정부의
대표성 강화라는 측면에서 지방정부의 구성 유형을 논의하고, 다른 하나는
참여민주주의 활성화 및 지방정부의 책임성 제고라는 관점에서 주민참여제
도를 다루고자 한다.

1) 지방정부의 구성 유형

지방성부의 구성유형은 다양하게 이루어지고 있는데, 지방자치의 다양성
을 잘 보여주고 있는 미국의 경우 선거방식에 따라 직선형, 간선형, 임명형
이 있고, 기관 간 권력분배 양식에 따라 기관통합형, 기관대립형, 절충형으
로 나뉘며, 권한 배분 형식에 따라 지방의회 우위형, 집행기관 우위형으로
분류된다(정부혁신지방분권위원회·한국지방행정연구원 2004).
여기서 중요한 것은 지방자치단체장과 지방의회라는 두 행위자의 관계에

따라 구분되는 지방정부의 유형이다. 기관통합형(parliamentary system)은 의
원내각제의 형태를 지방수준에서 구현한 것으로 영국의 지방정부와 미국의
위원회형(commission form) 지방정부가 대표적이며, 의회 의장이 자치단체장
의 역할을 하지만 상징적 존재에 불과하다. 대통령제와 유사한 권력분립형
(presidential system)은 단체장과 지방의원을 따로 구성하기 때문에 시장-의
회형 정부라고도 하며, 단체장의 선출방식에 따라 선거형(직선제와 간선제)
과 임명형으로 구분된다. 절충형은 지방의회와 지방자치단체장 이외에 집행
위원회나 지배인 등 집행기능을 실제로 수행하는 기관을 따로 두고 있다.
[표 5-5]는 이들 유형의 장단점을 비교하고 있다.

[표 5-5] 지방정부 유형

	장 점	단 점

강시장
-의회형
	1. 시장에게 결정권이 집중되어 책임
	   소재가 명확
	2. 시장의 강력한 리더십 발휘
	3. 공무원 채용의 유연성
		1. 머신정치의 가능성이 높음
		2. 비전문가가 단체장으로 당선될 가
		   능성이 높음
		3. 행정과 정치의 분리가 안 됨

약시장 -의회형		1. 개혁정치 구현이 어려움 2. 책임성이 명확하지 않음 3. 지방정부의 능률성 약화

위원회형	1. 정부의 권한이 집중되어 책임 소재
	   가 명확
	2. 시민들의 요구에 대한 반응성 높음
	3. 정치적 조직의 감소
		1. 능력 있는 전문가를 선출하기 어려
		   움
		2. 공공지출에 대한 견제 실패
		3. 정책집행에 교착상태 초래
		4. 경직된 조직운영으로 정부개혁 어
		   려움

의회 -지배인형	1. 모든 권한이 의회에 집중되어 책임 소재가 명확 2. 입법권과 행정권이 분리되지 않음	1. 지배인의 비대응성 2. 정치적 리더십이 약함

자료: Ross & Stedman, 정덕주 역 1995, 67~85.

이러한 분류에 따르면 한국의 지방자치단체들은 모두 기관대립형(시장-
의회형)을 채택하고 있다. 지방정부 스스로가 자신의 정부형태를 결정짓지

못하고, 국회에서 제정된 법률에 의거하여 모든 지방자치단체가 하나의 예외도 없이 기관대립형을 취하고 있다. 그리고 기관대립형이면서도 단체장의 지위와 권한이 지방의회보다 훨씬 강한 강시장-의회형태라고 할 수 있다. 단체장 직선 이후 여러 도시들에 대한 실증적 연구들에 따르면, 단체장은 지방정부의 인사, 조직, 예산에 관한 권한을 대부분 장악하고 이를 토대로 지방의원, 행정관료, 지방의 기업인들과 후원자망을 구축하여 지방정치를 주도하고 있는 것으로 나타나고 있다(안청시 · 이광희 2002; 박종민 편 2000). 이처럼 강시장형 지방정부는 단체장의 리더십이 발휘되기 쉬워 지방정부의 주요 정책을 힘 있게 추진할 수 있는 장점을 지니고 있지만, 선심성 행정, 독선과 부정부패 등 많은 문제점도 안고 있다.

지방정부의 유형 문제에 대하여 어느 한 가지가 절대적으로 옳다는 방식으로 접근할 필요는 없다. 이 문제도 지방의 자율성 확대, 지방자치의 행정단위 등 여러 문제와 연관되어 있다. 중앙과 지방의 관계에서 지방정부의 유형을 지방주민이 스스로 선택할 수 있을 정도의 자율성을 확보하는 것이 한국 지방자치의 목표가 되어야 한다고 강조한 바 있다. 또 지방자치의 행정단위를 조정함에 있어 단층제로 개편되어야 함을 밝힌 바 있다. 이런 정도의 자율성하에서 지방의 특성에 맞게 다양한 지방정부 유형이 선택되는 실험을 장려할 필요가 있다. 예를 들자면, 도의 시 · 군처럼 개발 요구가 높고 강력한 리더십이 요구되는 지역에서는 강시장-의회형을 선택하고, 광역시의 자치구처럼 사회복지 등 공공서비스의 안정적 효율적 제공이 요구되는 지역에서는 위원회형이나 의회-지배인형 등을 채택하는 것도 좋을 것이다. 이처럼 기관대립형 이외의 다양한 제도를 도입하여 운영해보는 것은, 지방자치가 국민들에 대한 민주적 정치훈련의 장으로서의 역할을 수행하는 데도 많은 기여를 하게 된다.

지방정부를 구성함에 있어 또 하나 중요한 것은 단체장과 지방의원들을 어떻게 선출하는가이다. 현재 단체장이나 지방의원들은 모두 소선거구제와 단순다수제 방식을 따르고 있다. 이러한 방식은 비용 효율성의 측면에서 장점을 지니고 있지만, 승자독식으로 인한 소지역 간 대립과 갈등을 조장하는 문제를 야기하고 있다. 따라서 기관통합형 요소를 확대하고 중대선거구제로 전환할 필요성이 있다. 또 현재 광역의원선거에만 적용되고 있는 비례대표제를 기초의원선거에도 확대하고 그 비율을 높일 필요가 있다.[6] 이럴 경우 일부 지역에서 영향력을 행사하는 지역유지보다는 광범위한 지역에서 명망을 얻고 있는 인사와 능력 있는 전문가가 진입할 가능성이 커질 것이다. 또 정당공천을 허용할 것인가 불허할 것인가의 문제도 있다. 이 문제 역시 많은 논란이 되고 있는데, 지역주의 패권정당이 장악하여 정치적 경쟁이 불가능한 지역에서는 정당공천을 허용하지 않는 것이 바람직할 것이다. 선거구제 및 정당공천의 문제도 자율성 확대에 따라 지방 스스로 결정해야 할 문제이지만, 기관통합형 요소를 강조하듯이 중대선거구제의 도입 및 특정지역에서의 정당공천 불허 등 다양한 실험을 통해 민주주의를 보다 확대하는 방향으로 제도를 개선할 필요가 있다.

2) 참여민주주의의 확대

지방자치는 대의민주제만으로 성공할 수 없다. 참여민주주의와 대의 민주제가 상보적으로 결합할 때 지방자치가 정착할 수 있을 것이다. 주민참여의 활성화를 위해서는 참여제도의 확충, 주민의 참여의식 고양, 참여환경의 조성 등 다양한 조건이 동시에 이루어져야 하지만, 이 중에서도 특히 참여를 매개할 수 있는 제도적 장치의 확충이 중요하다는 점은 학계에서 공통적으로 지적되어 왔다(이승종 2003; 서순복 2002; 정윤수 2000). 즉, 참여제도화가 이루어지면 주민들로 하여금 접근 가능한 제도적 참여방법을 택하게 함으로써 비제도적 참여를 대체하는 효과가 발생하고, 참여에 필요한 자원

6) 비례대표제의 도입은 기초자치단체의 지방의회선거에 정당공천 허용을 전제해야 한다.

이 부족한 소외계층의 참여를 촉진시키는 효과를 가지는 등 지방자치가 민주적으로 작동하는 데 많은 기여를 하게 된다.

그러나 주민참여의 부정적 측면도 무시할 수는 없다. 주민전체의 일반적 이익보다 개별적 이익이 중시되는 경향, 정책결정과 집행의 효율성 약화, 일부 계층의 독점적 참여, 지방정부에 의한 조작적 또는 동원적 참여, 선동 정치의 발호 및 정치 불안정 등의 문제점이 종종 거론된다. 그러나 전체 이익과 특수 이익의 대립은 참여라는 공간을 통해 해소될 수 있다. 또 적극적인 주민참여는 일상적이고 논란의 여지가 없는 정책수행에는 별 필요가 없으며, 많은 비용이 들고 지역주민의 생활에 여러 가지 영향을 미치는 정책에 대해서만 주민참여가 이루어져야 한다(서순복 2002, 235). 이처럼 주민참여제도가 세심하고도 지혜롭게 마련된다면 부정적 문제보다는 긍정적인 성과를 더 많이 가져올 것이다.

그런데 지방자치의 핵심요소로 주장되어 왔음에도 한국의 주민참여제도는 부족한 것으로 평가되어왔다. 많은 실증적 연구에 따르면 참여제도는 다양하지만 참여의 실효성이 높지 못한 편이다. 기존의 주민참여제도로는 반상회, 행정모니터, 위원회, 토론회 및 공청회, 설문조사, 청원, 민원실 운영 등이 거론되지만, 참여율 저조 및 일부 집단만의 참여, 공공문제의 해결보다는 개별 민원의 요구에 대한 관심 등의 한계를 보이고 있다. 위원회 통폐합, 주민자치센터의 야간 운영 등 기존 제도들의 개선에 대해 다양한 개선방안이 모색되고 있지만 실제 개선은 미미한 수준에 머물고 있다.

참여민주주의의 활성화를 위해서는 무엇보다도 직접 민주제 또는 직접 참정제라고 불리는 제도들을 도입해야 한다. 대표적인 것이 주민발안(initiative), 주민투표(referendum), 주민소환(recall), 주민소송 등이다. 주민발의라고도 불리는 주민발안제는 일정 수 이상 유권자의 서명에 의거하여 법령의 제정이나 개폐를 주민이 직접 청구하는 제도를 말하며, 한국에서는 1999년 지방자치법 개정으로 도입되었다. 주민투표는 지방의 중요한 공공

문제에 대하여 주민이 직접 투표로써 최종적인 결정을 내리도록 하는 제도이다. 그동안 지방자치법에 의거하여 채택이 되었으나 주민투표법이 제정되지 않아 사문화된 상태로 있었는데, 2004년 1월 주민투표법이 제정되어 참여제도로서의 역할을 수행할 수 있게 되었다. 주민소환제는 해직 또는 해산청구라 부르기도 하며, 선거에 의해 공직에 취임한 자에 대한 해직을 청구하거나 의회의 해산을 청구하는 행위를 말한다. 주민소송제는 납세자 소송제라고도 하며, 지방정부의 예산이 위법하게 사용된 경우 납세자인 주민이 지방정부재정에 손해를 끼친 자를 상대로 소송을 제기하는 제도이다. 주민소환제와 주민소송제는 우리나라에 아직 도입되지 않고 있는데, 현재 정부혁신지방분권위원회의 지방분권 로드맵에는 두 제도의 도입을 적극 검토하고 있다.

그런데 이 네 가지 제도를 도입하는 것으로 참여민주주의가 완성되는 것은 아니다. 실제 이 제도가 실효성을 가지고 있는지, 부정적 측면이 부각되는 문제점은 없는지 등이 검토되어야 한다. 그래서 현재 도입되어 있는 주민발안제와 주민투표제에 대해서는 각각의 제도에 대한 실태를 분석하고, 도입을 준비하고 있는 주민소환제와 주민소송제에 대해서는 쟁점을 검토함으로써, 적절한 참여제도모형을 제시하고자 한다.

(1) 주민발안제: 조례제정 및 개폐청구 및 주민감사청구

[표 5-6]은 현재 도입되어 있는 직접 참정제도의 현황을 보여주고 있다. 주민감사청구제도[7]는 직접 참정제도의 하나로 취급되지 않지만, 주민이 발의한다는 점에서 중요한 참여제도의 하나로 간주되고 있다. 주민감사청구와

---

7) 주민감사청구제도는 지방자치단체장의 사무처리가 법령에 위반되거나 공익을 현저히 침해한다고 인정되는 경우 주민이 일정 수 이상의 서명을 받아 시·도의 경우 주무부장관에게, 시·군·구의 경우 시·도지사에게 감사를 청구할 수 있는 제도이다(지방자치법 제13조의4 제1항). 주무부장관이나 시·도지사는 감사청구를 수리한 날로부터 60일 이내에 감사청구된 사항에 대하여 감사를 종료해야 하며, 감사결과를 청구인의 대표자와 해당 단체장에게 서면으로 통지하고 공표해야 한다(지방자치법 제13조의4 제2항).

조례제정 및 개폐청구는 1999년에 도입되었었고, 주민투표는 2004년에 도입되었다. 세 가지 제도는 모두 지방자치법에 의해 도입되고 있다는 점에서 공통점을 지닌다. 하지만 참여제도의 실효성이라는 측면에서 보았을 때 가장 중요한 요소 중의 하나인 발의요건에 관한 규정은 각각 다르다는 점을 눈여겨볼 필요가 있다.

주민감사청구와 주민투표의 경우 각각 지역유권자 수의 2% 이내 및 5%~20% 범위 내에서 지방자치단체가 조례로 정할 수 있도록 자율성을

[표 5-6] 직접 참정제도 도입 현황

	주민감사청구	조례제정 및 개폐 청구	주민투표제
도입시기	1999년	1999년	2004년
법적 근거	지방자치법 (제13조의4) 지방자치법시행령 (제10조의11~제10조의18)	지방자치법 (제13조의3) 지방자치법시행령 (제10조2~제10조의10)	지방자치법 (제13조의2) 주민투표법
발의자	주민	주민	주민, 지방의회, 단체장
발의요건 (청구 주민 수)	2% 이내에서 지방자치단체 조례로 정함	5% 이내에서 대통령령에 의해 정함	5%~20%에서 지방자치단체 조례로 정함
청구방식	상위기관(주무부장관, 시·도지사)에 감사 청구	지방자치단체장에게 청구, 단체장은 조례안을 작성하여 지방의회에 부의	지방자치단체장에게 청구하여 단체장이 발의

주고 있는 반면 조례제정 및 개폐청구의 경우 5% 이내에서 대통령령에 의해 일괄적으로 정해진다. 지방의 자율성 확대라는 측면에서 보았을 때, 발의요건을 중앙정부가 결정하기보다는 지방정부가 결정하는 것이 타당하다는 점에서 조례제정 및 개폐청구의 발의요건이 대통령령에 의해 일괄적으로 정해지는 것은 바람직하지 않다고 본다.

그러나 주민감사청구처럼 2% 이내에서 지방정부가 독자적으로 정한다고 할 경우 인구가 적은 지방은 문제가 되지 않지만 인구가 많은 지방의 경우, 예컨대 서울처럼 대도시의 경우 2%에 달하는 주민의 서명을 받는 것이 쉬운 일은 아니다. 예를 들어, 정읍과 남원의 청구인 수는 100명인데 비해, 포항은 5,000명에 이르고 있다. 5,000명은 유권자 수의 2%보다는 낮은 비율이지만, 5,000명으로부터 서명을 받는 것은 매우 어려운 일이다. 포항보다 인구가 훨씬 많은 수원의 청구인 수는 700명에 불과하다. 이처럼 인구크기에 상관없이 2% 이내라고 규정하는 것은, 지방의 엘리트 집단이 주민참여를 봉쇄하기 위한 장치를 마련할 수 있다는 문제가 제기된다. 이런 문제를 적절하게 풀 수 있는 방법은 중앙정부가 현실적으로 참여 가능한 범위를 인구크기에 따라 등급을 나누어 제시하고 지방정부가 그 범위 안에서 자율적으로 선택하는 것이라고 본다. 예컨대 인구 규모가 클수록 최대 청구인 수 범위를 축소시켜 가는 것이 바람직하다.

(2) 주민투표제

2004년 1월에 제정된 주민투표법은 그동안 학계와 시민단체 등에서 주장해온 내용들을 상당수 포함하고 있어 긍정적으로 평가된다. 발의요건을 조례에 위임함으로써(주민투표법 제9조) 지방정부의 자율성을 존중하였고, 주민투표에 회부되는 사안이 복잡하고 따분한 경우가 많아 투표운동이 교육적 성격을 띠어야 하는데 투표절차과정에 정보공개와 토론회 개최 등이 명문화되었으며(동법 제4조), 투표결과도 1/3 이상 투표율에 유효투표의 과반수로 확정짓도록 하여(동법 제24조 제1항) 투표의 효력을 발휘하는 데 장애를 많이 낮춘 것으로 평가된다. 또 지방자치단체장은 주민투표결과 확정된 내용대로 행정·재정상의 필요한 조치를 하도록 함으로써 주민투표결과의 법적 구속력을 인정하였다(동법 제24조 제2항). 그리고 주민투표결과 확정된 사항에 대하여 2년 이내에는 이를 변경하거나 새로운 결정을 할 수 없도록 함으로써(동법 제24조 제3항), 지방의회의 결정보다 더 강한 지속성을 두도록 하였다. 이처럼 주민투표법은 주민투표의 실효성을 높일 수 있는 여러 가지 요건들을 비교적 잘 갖추고 있는 편이다.

그러나 몇 가지 부족한 점도 드러난다. 먼저 유권자 수의 5%~20% 범위에 따른 서명자 수는 적지 않은 비율이다. 인구에 비해 서명자 수가 너무 적으면 별로 중요치 않은 사안이 자주 주민투표에 회부될 수 있지만, 반대로 서명자 수가 너무 많으면 주민투표의 발의가 동원력과 재력을 갖춘 정당이나 이익집단에 의해 독점될 우려가 있다. 미국처럼 주민투표 발의 직전의 지방선거 투표율을 기준으로 비율을 선정하는 것이 좀 더 효과적일 것으로 판단된다. 또 일부 힘 있는 세력의 홍보전으로 전락하는 것을 막기 위해 과다한 투표운동비용에 대한 제한 등이 요구되었지만 이런 내용들이 주민투표법에 수용되지 못하였다.

(3) 주민소환제

[표 5-7]은 주민소환제의 장단점을 보여주고 있는데, 주민소환제 도입을 찬성하는 사람들은 장점을 강조하고 반대하는 사람들은 단점을 부각시키고 있다. 이러한 장단점 비교는 소환제를 도입하는 방안을 모색하는 데 도움을 주는데, 단점은 최소화하면서 장점을 잘 살리는 방향으로 해야 될 것이다.

소환제 도입과 관련한 쟁점들을 보면, 적용대상, 유예기간, 발동횟수, 법적 근거, 발의요건, 소환관련기관, 소환된 공직자의 처우, 소환사유 등이 거론된다(함인선 2004; 김영기 2003; 노잔백 2003). 소환제 적용대상과 관련한 쟁점은 소환대상을 지방자치단체장으로만 한정할 것인지 지방의원, 교육위원을 포함한 지방의 선출직 공직자로 확대할 것인지, 나아가 국회의원 및 임명직 공직자까지 포함할 것인지 등이다. 주민에 의한 통제 강화라는 측면에서 지방의 선출직 공직자는 물론이고 국회의원까지 소환제에 포함되는 것이 바람직하며, 소환제의 성과에 따라 임명직까지 확대하는 방안을

[표 5-7] 주민소환제의 장단점

장 점	단 점
1. 주민통제 강화 2. 실패한 선거 결과 교정 3. 유권자의 소외를 줄이고 교육의 기회 제공 4. 공직자를 통제하기 위한 많은 예방적 조치나 규제를 불필요하게 함 5. 공직의 임기를 연장시키는 효과 6. 갈등을 관리하는 수단 7. 탄핵 대체 수단	1. 최선의 통제수단이 아니다(다수에 의해 선출된 공직자가 그보다 훨씬 적은 수의 유권자에 의해 해임될 수 있음) 2. 잘못된 투표의 가능성 3. 일부 집단의 특수이익에 악용될 가능성 4. 공직에 대한 매력을 감소시켜 인재 확보가 어려움 5. 공화제의 원리 파괴 6. 사회적 비용의 증가

자료: 김영기 2003, 184~186.

모색해야 할 것이다. 특히 간선으로 뽑는 교육감과 교육위원의 경우 지금까지 주민에 의한 통제가 힘들었다는 점에서 소환제 대상으로 반드시 포함되어야 할 것이다.

유예기간은 소환을 할 수 없는 기간으로 대체로 임기 시작과 임기 종료를 앞둔 시점으로 하고 있다. 이와 관련하여 3개월, 6개월, 1년 등이 거론되고 있는데, 우리나라의 선출직 공직자 임기가 대체로 4년인 점을 감안하면 임기 시작 후 6개월, 임기 종료 전 6개월을 유예기간으로 정하는 것이 적당할 것으로 판단된다. 또 발동횟수도 무제한으로 하자는 의견이 일부 있으나 4년이라는 임기, 잦은 선거에 따른 비용 등을 고려하여 2회 정도로 하는 것이 좋을 것이다. 법적 근거는 모든 선출직 공직자를 대상으로 해야 되기 때문에, 지방자치법보다는 소환제를 다루는 특별법을 제정하는 것이 바람직하다.

주민이 발의하는 요건이 중요한데 소환제도 결국 주민투표를 거쳐야 하므로 주민투표를 발의하는 수준으로 맞추면 될 것이다. 소환사유는 일반적으로 위법 행위로 한정하고 있는데 전문성 부족이나 능력결여도 사유에 포함시키자는 주장도 많다. 위법행위를 포착하기가 쉽지 않은 상황에서 소환사유를 위법으로만 한정하면 소환제는 유명무실하게 될 가능성이 크다. 무분별한 남용을 막기 위해 소환의 사유를 구체적으로 명시하는 것이 필요하지만 위법행위로 한정할 필요는 없다고 본다. 또 소환된 공직자의 경우 해당 공직에 대한 재출마는 물론 다른 공직에도 출마를 금하는 것이 소환제의 실효성을 높일 수 있다고 본다.

(4) 주민소송제

주민소송제는 주민참여를 활성화하여 지방정부의 재무·회계 운영과정에서 발생하는 위법한 재정집행을 예방·근절함으로써 지방재정운영의 적법성·효율성과 지방행정의 책임성·투명성 제고에 기여하는 제도이다. 주민소송제의 도입은 중앙정부와 상급기관에 의한 감사에 의존하는 중앙집권적 감사시스템으로부터 자체감사와 다수 주민에 의한 감시와 통제라는 지방감사시스템으로의 변화를 뜻하게 된다. 주민소송제도는 납세자인 주민에게 소송의 권리를 부여하기 때문에 납세자소송제도(Taxpayer's Suit)라고도 한다.

미국과 일본의 경우 주민소송제가 일찍부터 발달하였는데, 우리나라의 경우 지방자치법이 제정되었던 1949년에 도입되었다가 엄격한 요건 및 소송대상의 협소성 등의 이유로 거의 이용되지 않았고 5·16 이후 지방자치가 중단되면서 폐지되었다. 지방자치 부활 이후 곳곳에서 나타나고 있는 지방재정의 문제점들을 해결하기 위해 주민소송제를 도입하라는 요구가 높았지만 제대로 수용되지 못하다가, 노무현 정권 수립 이후 지방분권 로드맵에 제시되어 주민소환제와 함께 제도화를 눈앞에 두고 있다.

하지만 주민소송제의 도입과 관련하여 많은 논의들이 제기되고 있다. 도입의 필요성에 대해서는 누구나 공감하지만 어떤 방식으로 도입할 것인가에 대해서는 아직 합의에 이르지 못하고 있다. 2004년 7월 행정자치부가 마련하여 대통령에게 보고한 안을 보면 소송대상이 지방자치단체에서 국가로 확대되며, 소송의 범위도 '위법한 재무·회계분야'에서 '공익을 침해하는 일반 행정행위'로 대폭 넓어졌다. 대상을 확대하기로 한 것은 주민소송을 자치단체만을 대상으로 할 경우 중앙집권적 발상으로 지방차별이라는 오해를 불식시키기 위한 것으로 보인다. 이렇게 될 경우 제도의 명칭이 주민소송제라기보다는 '국민소송제'로 바뀌어야 할 것이다.

일본의 경우 주민소송을 제기하기 전에 지방자치단체별로 독자적으로 구성되어 있는 감사위원에 주민감사청구를 하도록 하는 '감사청구전치주의'를 취하고 있는데, 이번에 만들어지는 정부안도 이러한 감사청구전치주의를 따를 것으로 보인다. 앞서 보았듯이 현재 지방자치법에는 주민감사청구제가 도입되어 있는 상태이다. 주민소송을 하기 전에 주민감사청구를 하는 것은 소송의 남발을 막고, 다양한 제도를 효율적으로 이용할 수 있는 장점이 있다. 다만 주민감사청구제도가 많이 활용되지 못하고 있는 현실을 감안할 때, 주민감사청구인 수를 줄이는 방안 등 보완책이 강구되어야 한다.

주민소송제가 성공하려면 내부 제보 활성화를 위한 보상금 제도를 실시하는 것이 매우 중요하다. 위법한 재무·회계행위는 그 폐쇄성과 은밀성 때문에 외부에서 알기가 쉽지 않다. 따라서 그런 정보를 알고 있는 공무원이나 거래 기업의 직원 등 내부자의 제보가 필요하다. 내부 제보를 활성화하기 위해서는, 제보자가 감수해야 할 각종 불이익에 대해 어떻게 보호하고 보상할 것이냐가 관건이다. 미국의 허위청구소송(False Claims Action)[8]의 경우 보상금 지급청구권을 원고, 즉 내부 고발자에게 인정하고 있다. 주민소송제를 도입할 때 이러한 제도가 수반되어야 할 것이다.

---

8) 허위청구소송은 영국에서 유래하였기 때문에 '국왕을 위한 소송'(Qui Tam Action)으로 불리기도 한다. 실정법적 근거는 1863년 링컨 대통령이 남북전쟁 당시 군납물품을 공급하는 사업자들의 사기로부터 정부예산을 보호하고자 제정한 허위청구법(False Claims Act)에 기원을 두고 있지만, 그 뒤 요건이 엄격해져 활용되지 못하다가 1986년 개정된 뒤 연방정부 예산의 낭비를 막는 유용한 수단으로 각광받고 있다(선정원 2004, 33~34).

4. 지방 정치체제

1) 지방정치체제에 대한 이론적 탐색

지방정치에 대한 이론적 탐색은 1950~1960년대에 "누가 지방의 권력을 가졌는가"에 초점을 맞춘 공동체권력구조(community power structure) 연구로부터 시작된다. 이 연구는 엘리트론과 다원론의 대립을 낳았으며, 두 이론은 방법론에서부터 규범적 주장에 이르기까지 상반된 견해를 주고받으며 권력에 대한 탐구 및 도시정치이론의 발전에 공헌을 하였다(Hunter 1953; Mills 1956; Dahl 1961; Bachrach & Baratz 1970; Lukes 1974). 그러나 이들 논의는 지방정치가 가지고 있는 사회경제적 제약에 대한 고려 없이 지방정치를 중앙정치와 비슷하게 취급한다는 비판을 받았다.

1970년대 중반에 이르러 지방을 둘러싼 정치경제 환경이 급변하고 특정 집단이 도시 권력을 장악하고 있는 이유에 물음이 제기되면서 지방정치이론에 정치경제학적 접근법이 도입되기 시작했다. 도시의 개발정책을 주도하고 있는 세력을 성장연합(growth coalition)으로 포착한 연구(Molotch 1976; Logan and Molotch 1987), 맑스주의 국가론을 지방정치에 접목시킨 연구 (O'Connor 1973; Castells 1977; Saunders 1984), 도시가 개발정책을 취할 수밖에 없는 구조적 맥락을 파헤친 연구(Perterson 1981) 등은 지방정치에 대한 정치경제학적 분석을 시도함으로써 지방정치이론에 새로운 도약을 가져온 것으로 평가되지만 경제결정론이라는 취약점도 지적되었다.

1980년대에 들어 경제결정론적 시각에 대한 반발 및 정치를 복원시키려는 노력은 레짐이론(regime theory)의 등장을 낳았다. 도시정치에서 레짐이라는 용어의 사용은 국제정치경제의 영향을 받은 것으로 평가된다.9) 도시 레

---

9) 커헤인과 나이(Keohane and Nye), 크래즈너(Krasner) 등 국제정치경제학들은 레짐을 "규칙, 규범, 절차의 네트워크를 포함하는 일련이 통치적(혹은 정부운영의) 배열"(set of governing arrangements), "주어진 국제관계의 영역 내에서 행위자들의 기대가 수렴하는

짐이론은 도시개발의 유형을 형성하는 데에서 지방통치연합의 중요성에 주목하고 있으며, 권력을 '사회적 통제'(social control)가 아니라 '사회적 생산'(social production)의 관점에서, '지배가 아니라 문제 해결을 지향하는'(power to, not power over) 관점에서 바라보고 있다(Stone 1989). 그러나 미국의 여러 도시들에 대한 실증적 연구에 적용된 레짐이라는 개념이 레짐이론의 발전을 지향하는 것이라기보다는 특정 도시의 정치체제를 묘사하기 위해 사용된 경우가 많다(Stoker 1995)는 점에서, 아직 레짐이론은 이론적 체계를 갖추지 못한 상태라 하겠다.

지방정치에 관한 이론들은 대체로 미국의 도시들을 대상으로 한 연구에서 나왔기 때문에 미국과 정치·경제·사회·문화가 전혀 다른 나라들에 적용시키기는 매우 힘든 것으로 지적되고 있다. 유럽적 전통이 강한 맑스주의적 도시정치이론들의 경우에도 자본주의가 발달한 서구의 도시들을 대상으로 하고 있다는 점에서 마찬가지 평가를 받으며 나아가 실증적 연구보다는 규범적 주장만을 강조하여 그 입지가 점점 더 약해지고 있다. 1990년대 들어와 이러한 기존 이론들의 약점을 극복하기 위한 시도로써, 다양한 지방정부들을 비교해 보려는 연구가 등장하고 있다(Hesse and Sharpe 1991; Goldsmith 1992; Norton 1994).

골드스미스(Goldsmith 1992)는 지방정부를 4가지 유형으로 나누어 분석하고 있다. 첫째, 후원자형(Clientelistic/Patronage Model)으로서 프랑스와 이탈리아, 스페인, 그리스, 터키, 19세기 말과 20세기 초의 미국 등에서 나타나는 유형이다. 둘째, 경제발전형(Economic-development Model)인데 성장기계(Growth machine) 모델과 비슷하며 지역의 경제발전을 최우선시하는 정치체제이다. 셋째, 복지국가형(Welfare-state Model)으로 공공서비스를 효율적

일련이 암묵적 혹은 명시적 원칙, 규범, 규칙 및 의사결정절차"(sets of implicit or explicit principles, norms, rules, and decision-making procedures) 등으로 규정하고 있는데, 도시레짐에 관한 이론들은 이러한 공식적, 비공식적 배열을 도시정부의 통치와 운영에도 적용하고 있다는 것이다(이종원 1999, 139).

으로 제공하는 것을 주요 임무로 한다. 독일, 네덜란드, 영국, 북유럽의 국가에서 나타나는 유형이다. 넷째, 권한부여형(Market-enabling)으로서 참여와 분권, 지방정부에 시장메커니즘의 도입 등 최근의 지방정부개혁을 추진하고 있는 설명하는 유형이다.

네 가지 유형의 특징을 노동-자본의 관점, 특수이익-일반이익의 관점에 입각해서 분석해보면 [그림 5-2]와 같은 모습이 가능할 것이다. 즉, 후원자형과 복지국가형의 정치적 기반이 엘리트가 아니라 일반 대중이라는 점에서 노동지향이라는 공통점을 지닌다고 할 수 있으나, 후원자형의 경우 유력자와 연계된 일부 집단이 혜택을 누리는 반면 복지국가형은 다수 대중에 대한 공공서비스의 제공이 지방의 주요 의제로 된다는 점에서 차이가 난다. 또

[그림 5-2] 지방정치체제 모델

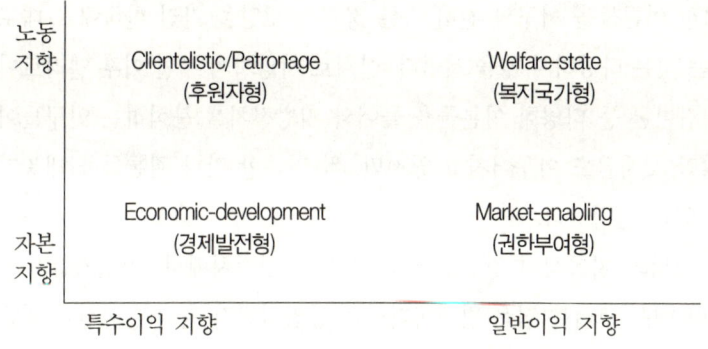

경제발전형과 권한부여형은 도시의 성상과 경쟁력 향상을 추구한다는 점에서 자본지향이라는 공통점을 지니지만, 경제발전형의 경우 성장과 관련된 일부 집단의 특수 이익을 추구하는 반면 권한부여형의 경우 다양한 집단의 참여를 중요시한다는 점에서 구분되고 있다.

한편 이러한 분석에 따른다면 우리나라의 지방정치는 대부분 후원자형과

경제발전형에 속한다고 할 수 있을 것이다. 시장(市長)이나 국회의원 등 지방의 유력자를 중심으로 후원자 망을 통한 동원선거와 이권배분 등이 이루어진다는 점에서 후원자형(또는 후견인형)이라고 할 수 있다. 그리고 거의 모든 지방정부가 지역발전을 내세우고 다양한 발전전략을 추구하고 있지만 토지에 기반을 둔 일부 집단의 이해관계에 편승하거나 또는 현실과 동떨어져 있는 경우가 많다는 점에서, 다양한 잠재력을 동원하는 권한부여형과 대조적이다.

2) 한국 지방정치체제의 발전방안

앞에서 살펴보았듯이 지방정치를 설명하는 서구의 이론들은 자신의 지역에 대한 실증적 연구를 토대로 격렬한 논쟁을 주고받으며 발전해왔다. 그러나 이러한 이론들을 서구와 전혀 다른 정치적 토양을 가진 한국에 그대로 적용하는 것은 타당하지 않을 것이다. 실제로 지방자치 부활 이후 엘리트이론과 레짐이론 등 다양한 이론들을 들여와 지방정치를 분석하는 연구들이 적지 않았고 지금도 이루어지고 있지만, 썩 만족할 만한 결론들을 내놓지 못하고 있는 실정이다.

특히 지방의 자율성이 강한 미국의 경우 지방정치에서 기업(기업가)의 영향력이 매우 크다는 점은 발전국가라는 중앙집권적 체제의 유산이 많은 한국과 매우 대비된다고 하겠다. 굳이 따진다면 비교 가능한 모델로 남부 유럽에서 전형적으로 나타나고 있는 후견인 정치체제라 할 수 있을 것이다. 그러나 이는 현재의 실상을 보여주는 모형에 지나지 않는다. 즉, 향후 지방자치가 발전하면서 추구해야 할 지방정치체제로서의 모델이라고는 할 수 없다. 오히려 후견인 모델을 극복해야 한다.

시장(市長)을 중심으로 한 후견인 정치체제를 어떻게 극복할 것인가. 기관통합형으로의 전환, 중대선거구제 도입 및 비례대표제 강화 등 선거제도의 변화, 주민소환제 등 직접 참정제의 강화 등은 시장주도형 지방정치체제를 변화시킬 수 있는 제도적 개선방안들이다. 그러나 이러한 제도 변화를 통한 개선이 향후 지방정치가 어떤 방향으로 나아갈 지에 대해서는 말해주지 않는다.

지방정치체제의 발전모형과 관련해서 빼놓을 수 없는 것이 지방의 사회경제적 발전을 전제해야 된다는 점이다. 최근 다양한 도시 레짐들에 대한 실증연구에 따르면, 레짐의 정책적 지향에 따라 성장(growth)형, 반성장(anti-growth)형, 슬로우성장(slow-growth)형 등으로 구분되고 있다. 이러한 구분이 미국의 도시정치에조차 적용하기 어려운 점들도 있지만 그 시사점은 적지 않다. 즉, 모든 지방은 발전을 원하고 있으며, 다만 그 발전이 성장의 수준에 따라 다르게 나타나고 있다는 점이다. 최근 지역발전이론에 대한 논의에서 지속가능한 발전10) 개념이 등장한 것도 이를 잘 반영하고 있다.

한편 최근 급부상하고 있는 거버넌스 개념도 검토할 필요가 있다. 거버넌스에 대한 많은 논의가 제기되지만 대체로 공공부문과 민간부문의 협동적 통치로 합의할 수 있을 것이다(배유일 2003). 거버넌스가 지방정치에 이상적인 형태로 구현된다면 더 바랄 나위가 없을 것이다. 그러나 한국의 경우 아직까지는 중앙수준에서든 지방수준에서든 공공부문의 지위와 역할은 매우 강한 반면, 민간부문은 상대적으로 취약한 상태에 있다. 서구와 달리 지방정치에 영향을 미치는 기업의 역할은 미미한 수준에 있으며, 시민사회의 활성화 수준도 지방에 따라 불균등하게 나타나고 있다.

이러한 두 가지 변수를 축으로 하여 다양한 발전모형을 그려볼 수 있을 것이다. 즉, 한국 지방정치체제를 발전시키는 통일된 모형을 제시하는 것은 불가능하며, 지역의 경제성장수준과 시민사회 활성화 정도에 따라 적절한

---

10) 지속가능한 발전(SD; Sustainable Development)이란 경제성장 위주의 발전전략으로 인한 환경자원의 고갈과 훼손으로 생태계의 파괴와 피해가 점차 심화되고 있으며, 인류의 생존기반을 위협하는 단계에 달하였다는 인식하에 탄생한 환경친화적 발전개념이라 할 수 있다(김용웅 외 2003, 261).

모형을 찾아나가는 것이 바람직하다고 본다. 예컨대 대도시 지역처럼 사회경제적으로 발전되고 시민사회가 활성화된 경우 지속가능한 성장을 추구하되 다양한 세력의 참여를 보장하는 모형을 추구할 필요가 있다. 또 소도시나 농촌지역처럼 사회경제적으로 낙후되고 시민사회가 아직 성숙되지 못한 지역의 경우 후견인 모델에 입각한 성장모형이 추구될 가능성이 높다. 그러나 이들 지역에서 사회경제적 발전을 추구하는 것은 현실적으로 인정되지만 외부 자본에만 이익을 주고 주민에게는 손해를 끼치는 기존의 개발방식을 피할 수 있도록 해야 한다. 인적, 물적 자원이 부족한 상황에서 문제의 해결능력을 키울 수 있는 정치체제를 갖추도록 해야 하는 것이다.

5. 결론

지방자치가 지방수준에서의 민주주의 발전 및 효율성 증진에 이바지할 것이라는 기대가 잘못된 것은 아니지만, 지방자치의 실시가 저절로 그런 효과를 낼 것이라고 보는 것은 잘못이다. 지방선거에 대한 낮은 투표율과 저조한 관심, 다원화되지 못한 지방권력, 지역이기주의의 발호와 끊이지 않는 부정부패 등은 한국 지방자치의 앞날을 어둡게 하고 있다. 그러나 이런 모습들이 지방자치를 실시해서 생겨난 것이 아니라 오히려 은폐되고 잠재되었던 우리 사회의 문제점들이 지방자치의 부활을 통해 드러나고 있다는 점에서, 따라서 문제해결의 실마리를 제공해주고 있다는 점에서 긍정적이라고 평가할 수 있다.

한국 사회에서 지방자치가 제대로 정착하고 민주주의 발전에 기여하기 위해서는 사회경제적 조건 등 여러 가지 요인들이 중요하겠지만 무엇보다도 지방자치제도를 제대로 구축해야 한다. 이를 위해 본 논문에서는 세 가지 차원에서 개선방안을 제시하였다. 첫째, 분권화 운동의 지향점을 자치적 지방분권에 두고 지방의 자율성을 확대해야 하며, 중층적인 행정단위를 지역의 특성에 맞게 단층제로 바꾸어나가야 한다는 점이다. 둘째, 기관대립형으로 단일화되어 있는 정부 구성 모형을 기관통합형 등 다양한 모형으로 전환할 수 있도록 하고, 직접 참정제의 실효성을 높여 참여민주주의를 확대해야 한다는 점이다. 셋째, 지역의 구성원들은 성장위주의 후원자형에 입각한 정치체제보다는 다양한 세력의 참여를 보장하고 지방의 잠재력을 동원할 수 있는 정치체제를 구축하도록 해야 한다는 점이다.

지방의 자율성과 민주주의는 서로 대립하는 문제가 아니며 분리된 문제도 아니다. 지방의 자율성을 확대하되 민주주의의 질을 높이는 방향으로 이루어져야 한다. 지방은 민주주의 발전을 위해 다양한 실험을 하도록 허용해야 한다. 한국의 지방은 서울, 부산 등 거대도시를 중심으로 한 메트로폴리탄지역, 청주와 포항 등 광역지역의 중심도시와 공업도시, 낙후 상태에 있는 중소도시와 농촌지역 등 세 등급으로 나눌 수 있다. 이들 지역의 사회경제적 조건과 문화적 환경은 매우 이질적이며, 정치적 동학도 상당히 다르게 작동하고 있다. 따라서 자신들의 조건과 환경에 걸맞은 제도를 찾아나갈 수 있도록 하는 것이 지방자치의 대의에 부합하며 한국 민주주의 발전의 초석이 될 것이다.

참고문헌

강원택. 1999. "지방선거에 대한 중앙정치의 영향 ― 지방적 행사 혹은 중앙정치의 대리
    전?". 조중빈 편. 『한국의 선거 Ⅲ ― 1998년 지방선거를 중심으로』. 푸른길.
김동훈. 1999. 『지방정부론』. 충남대학교 출판부.
김영기. 2003. "주민소환제의 도입방안". 『지방행정연구』. 17(3).
김용웅·차미숙·강현수. 2003. 『지역발전론』. 한울.
김학로. 1994. 『지방행정의 이론과 실제』. 박영사.
노찬백. 2003. "주민소환제에 관한 연구". 『시민정치학회보』. 6.
박승주 외. 1999. 『마지막 남은 개혁 @ 2001』. 교보문고.
박양호. 2001. "지방경제의 진단과 활성화방안". 지방경제활성화 심포지엄 발표문.
박종민 편. 2000. 『한국의 지방정치와 도시권력구조』. 나남.
박종민·이종원 편. 2002. 『한국 지방민주주의의 위기 ― 도전과 과제』. 나남.
배유일. 2003. "지방 거버넌스와 제도주의적 시각 ― 이론, 유형 및 비교연구". 『정부학
    연구』. 9(2).
서순복. 2002. "지방자치시대 주민참여의 실태 평가와 대안모색 ― 광주광역시를 중심
    으로". 『한국 사회와 행정연구』. 13(1).
선정원. 2004. "주민소송제도의 도입과 과제". 『지방행정』. 3월.
성경륭. 1994. "지방의 도전 ― 탈중심화 지역발전 모델의 탐색". 한국 사회학회 편. 『국
    제화시대의 한국 사회와 지방화』. 나남.
안청시·이광희. 2002. "한국민주주의와 지방정치 10년의 성과와 과제" 안청시 편. 『한
    국의 지방자치와 민주주의 ― 10년의 성과와 과제』. 나남.
이승종. 2003. 『지방자치론 - 정치와 정책』. 박영사.
이종수. 2002. 『지방정부이론 - 이론화를 위한 비교론적 분석』. 박영사.
이종원. 1999. "레짐이론의 발전과 과제". 『정부학연구』. 5(2)6.
이용우. 2003. "참여민주주의 확대와 효과적인 주민소송제도". 『지방행정』. 11월.
임승빈. 1996. 『민선자치단체장이 바람직한 역할정립을 위한 제도개선 방안』. 한국지방
    행정연구원.
임혁백. 2000. 『세계화시대의민주주의 ― 현상·이론·성찰』. 나남.
정부혁신지방분권위원회·한국지방행정연구원. 2004. 『이제는 지방분권시대 ― 참여정
    부 지방분권과제 2003년 연구자료집』.
제주발전연구원. 2004. "제주특별자치도 기본방향 및 실천전략(안)" 중간보고서.
    (http://www.jdi.re.kr, 검색일자: 2005.2.19).
초의수. 2003. "지역균형발전의 실천방향: 지방도시 활성화 방안". 『도시문제』. 38(412).
최장집. 2002. 『민주화 이후의 민주주의 ― 한국민주주의의 보수적 기원과 위기』. 후마
    니타스
최창호. 2001. 『지방자치학』. 삼영사.
한국지방행정연구원. 1998. 『IMF의 극복 ― 지방정부의 과제와 전략』.
함인선. 2004. "주민소환제도에 관한 입법론적 고찰 ― 일본 지방자치단체의 장 해직청

구제도를 중심으로 하여". 『공법학연구』. 5(2).
황아란. 1999. "6 · 4 기초단체장 선거와 현직 효과". 조중빈 편. 『한국의 선거 III — 1998년 지방선거를 중심으로』. 푸른길.

Bachrach, P. and Baratz, M. S. 1970. *Power and Poverty*. New York: Oxford University Press.

Castells, M. 1977. *The Urban Question: A Marxist Approach*. London: Edward Arnold.

Cronin, T. E. 1989. *Direct Democracy*. Cambridge: Harvard University Press.

Dahl, R. A. 1961. *Who Governs? Democracy and Power in an America City*. New Haven: Yale University Press.

Diamond, L., Plattner, M. F., Chu, Y. and Tien, H. 1997. *Consolidating the Third Wave Democracies — Themes and Perspectives*. Baltimore and London: The Johns Hopkins University Press.

Elazar, D. 1997. "Contrasting unitary and federal systems". *International Political Science Review*. 18(3).

Gargan, J. J. eds. *Handbook of Local Government Administration*. New York: Marcel Dekker.

Goldsmith, M. 2000. "Urban governance" in Paddison, R. ed. *Handbook of Urban Studies*. London: Sage.

Goldsmith, M. 1995. "Autonomy and city limits" in Judge, D., Stoker, G. and Wolman, H. *Theories of Urban Politics*. London: Sage.

Goldsmith, M. 1992. "Local government". *Urban Studies*. 29.

Hesse, J. J and Sharpe, L. J. 1991. "Conclusion" in Hesse, J. J. (ed.) *Local Government and Urban Affairs in International Perspective*. Baden-Baden: Nomos Verlagsgesellschaft.

Hunter, F. 1953. *Community Power Structure: A Study of Decision Makers*. Chapel Hill: University of North Carolina Press.

Israel, A. 1989. *Institutional Development — Incentives to Performance*. Baltimore and London: The Johns Hopkins University Press.

King, D. S. and Pierre, J. eds. 1990. *Challenges to Local Government*. London: Sage.

Logan, J. and Molotch, H. 1987. *Urban Fortune: The Political Economy of Place*. Berkeley: University of California Press.

Lukes, S. 1974. *Power: A Radical View*. London: Macmillan.

Mills, C. W. 1956. *The Power Elite*. Oxford: Oxford University Press.

Molotch, H. 1976. "The city as growth machine". *American Journal of Sociology*. 82(2).

Norton, A. 1994. *International Handbook of Local and Regional Government*.

O'Connor, J. 1973. *The Fiscal Crisis of the State*. New York: St. Martins Press.

Paddison, R. 1983. *The Fragmented State: The Political Geography of Power*. Oxford: Basil Blackwell.

Peterson, P. 1981. *City Limits*. Chicago: University of Chicago Press.

Ross, B. H and Stedman, M. S. 1985. *Urban Politics*. 정덕주 역 『도시와 지방자치』. 나남.

Saunders, P. 1984. *Social Theory and the Urban Question*. London: Hutchinson.

Stoker, G. 1995. "Regime theory and urban politics". in Judge, D., Stoker, G., and Wolman, W. *Theories of Urban Politics*. London: Sage.

Stone, C. L. 1989. *Regime Politics: Governing Atlanta 1946-1988*. Lawrence: University Press of Kansas.

Weaver, R. K. and Rockman, B. A. eds. 1993. *Do Institutions Matter? — Government Capabilities in the United States and Abroad.* Washington, D.C.: The Brookings Institution.

Walsh, K. 1996. "Public services, efficiency and local democracy". in King, D. and Stoker, G. eds. *Rethinking Local Democracy.* London: Sage.

제3부

민주화 · 세계화 '이후'
대안 사회 · 운동 모형

제6장 : 한국 사회 노동체제 변동과 대안노동체제 모색

제7장 : 신빈곤 극복의 대안적 복지체제 모형 연구

제8장 : 민주화 · 세계화 '이후' 생활세계의 변화와 시민참여적 대안

　　　　─풀뿌리 민주주의를 중심으로

제9장 : 지속가능한 사회와 생태민주주의

제10장 : 자유화 · 세계화 이후 운동정치의 대안

6

한국 사회 노동체제 변동과 대안노동체제 모색

오건호
(민주노동당 국회 전문위원·사회학)

1. 시작하며

한국 사회에서 노동체제는 사회갈등과 변동을 둘러싼 논의에서 핵심적 위치를 차지해 왔다. 특히 1987년 이후 한국 사회 변동에서 노동 부문이 중심적 역할을 해온 까닭에 역대 정권은 노동체제 개혁을 주요 화두로 내세워 왔고, 노동운동 역시 이에 대응하며 자신의 조직적, 정치적 역량을 키워 왔다.

보통 한국 사회 노동체제는 1987년을 기점으로 본격적으로 형성된 것으로 평가된다. 1987년 이전까지 한국에서 노동조합은 설립 자체가 어려웠다. 노사관계의 한 주체인 노동조합이 인정되지 못하는 상황에서 노동체제는 독립적인 사회제도로서 의미를 가지지 못하고, 권위주의 정치체제에 종속된 노동자 관리시스템의 하나에 머물렀다. 이러한 억압적 노동체제는 1987년 이후에야 노동운동의 성장과 더불어 다른 사회제도의 하위범주를 벗어나 독립된 지위를 부여받게 됐다.

1987년 노동자 대투쟁 이후 많은 노동조합들이 설립되었고, 이들은 자본과 국가에 대항하며 민주노조운동세력을 형성하였다. 이 세력은 1990년 전국노동조합협의회, 1995년 민주노총을 결성하며 국가와 자본을 비판하는 주체로 성장하였고, 민주노총은 1999년에 합법성을 얻어 명실상부한 노동운동의 내셔널센터로 자리 잡았다. 비록 양적으로는 한국 노총이 더 많은 조합원을 보유하고 있었지만, 1987년 이전 권위주의체제와 파트너십을 형성해 온 주체로서 '원초적 한계'를 지니고 있었기 때문에 1987년 이후 노동체제에서 실질적인 발언권은 민주노총에게 있었다. 노사관계학자들은 이러한 노동운동 세력이 성장하여 국가와 자본에 맞서게 된 1987년 이후 노사관계를 보통 '1987년 노동체제'로 칭해 왔다.

한편 IMF 금융 위기 이후 급속히 금융세계화가 전개되고 대대적인 구조조정이 진행됨에 따라 1987년 노동체제는 큰 갈림길에 서게 되었다. 노동시장에서 유례가 없는 정리해고가 행해졌고, 비정규직 노동자라는 노동시장의 광범위한 사각지대가 등장하였다. 노동운동은 권위주의체제에 저항하며 사회적 정당성을 지닌 운동으로 성장해 왔으나 IMF 금융 위기 이후 신자유주의 시장전일주의 공세에 부딪혀 노동기본권의 확장보다는 축소에 저항해야 하는 처지에 놓여 있다.

이러한 면에서 1987년 노동체제는 근본적인 도전을 받고 있으며, 이를 넘어서는 새로운 대안체제가 모색되어야 한다는 지적이 제기되고 있다. 이러한 문제제기는 현 단계의 노동운동이 금융세계화와 비정규직화라는 변화된 환경에 대응하여 새로운 길을 찾아 나서야 한다는 비판의식을 담고 있다. 이 글도 1987년 노동체제의 한계와 극복을 주장한다는 점에서 동일한 문제의식을 지닌다. 아직 1987년 노동체제를 넘어서는 논의가 활성화되어 있지 않지만, 이글은 시론적이나마 IMF 금융 위기 이후 도전에 직면한 1987년 노동체제를 진단하고, 한국 사회에서 바람직한 대안적 노동체제의 형성 방향을 살펴보고자 한다.

2. 1987년 노동체제의 특징

1) 1987년 이전의 노동운동

1987년 이전 한국에서 권위주의적 국가권력이 막강한 위력을 떨치고 있었다. 레드콤플렉스와 성장제일주의에 기반한 사회이데올로기 속에서 노동조합은 자신의 법적 권리조차 제대로 행사할 수 없었다. 이러한 1987년 이전 노동체제를 설명하기 위해서 권위주의, 억압, 통제 등이 주요한 개념어로 등장한다.

1987년 이전 노동체제를 규정하는 대표적인 논의는 국가조합주의의 배제적 하위유형인 억압적 국가조합주의론이다(최장집 1988; 임영일 2003). 억압적 국가조합주의는 과대성장한 국가의 억압적 노동통제와 과소성장한 종속적 노동운동이 유기적으로 결합된 노동체제로서 권위주의 권력과 자본의 이해를 관철시키기 위해 위로부터 형성된 '조합주의'이다. 이러한 국가조합주의는 논자에 따라 주변부 포드주의(Lipietz 1987), 배제적 국가권위주의 체제(장홍근 1999)로 표현되기도 한다.

반면에 김준(1993)은 조합주의의 핵심인 노동조합의 매개적 기능, 즉 노동조합이 노동자들의 이익을 대표하여 노동자들의 요구를 국가기구에 전달하거나 국가의 요구를 노동자에 전달하는 역할이 미약했다는 사실을 근거로 한국에서 국가조합주의론을 적용하려는 시도에 비판적이다. 대신 그는 경제성장 논리하에 전개된 시장기제의 억압적 기능이 노동체제를 형성하는 주요

축이었다고 주장한다. 이러한 시장의 내재적 억압을 강조하는 '시장기제적 억압'론은 발렌주엘라(1992)와 송호근(1991) 등에 의해서도 제기된 바 있다. 송호근(1991)은 노동계급의 정치적 동원을 최대한 억제하면서 개인의 행위를 시장법칙에 종속시켜 결국 계급이익의 표출을 허용하지 않도록 하는 노동정치를 시장기제적 억압으로 칭했다.

앞의 주장들은 그 강조점에선 차이가 있지만 내용에선 많은 공통분모를 지니고 있다. 첫째, 국가의 권위주의 성격이다. 당시 권위주의적 개발독재는 노동체제뿐만 아니라 한국 사회 전반을 지배하고 있었다. 따라서 노사관계는 노동관련법보다는 무력적 행정에 의해 좌우되었고, 자본편향적 노동행정에 힘입어 사용자들의 일방적인 '경영통치'가 행해졌다. 박정희정권의 군사독재체제는 전두환의 반혁명적 군사쿠데타에 의해 1980년대에도 존속되었고, 이에 따라 노동운동은 민주화 운동과 보조를 맞추면서 반정부적 성격을 띠게 되었다.

둘째, 노동운동의 주변화와 급진화이다. 당시 노동조합의 설립이 법적으로는 허용되어 있었으나, 극심한 레드콤플렉스, 권위주의적 국가체제, 전근대적 경영관행 등에 의해 노동조합 설립이 사실상 힘들었고, 일부 노동조합은 법외 조직으로 운영되기도 했다. 이러한 상황에서 사회운동은 종교운동, 민주화 운동, 학생운동에 의해 주도되었고 노동운동은 아직 수면 위로 오르지 못한 채 주변적 지위에 머물러 있었다. 대신 노동운동 내부에서는 1980년대 들어 70년대의 '조합주의적' 노동운동의 한계가 지적되면서 노동운동의 급진화가 진행되었고, 이 급진화는 80년대 이후 대학에서 노동현장으로 '존재 이전'한 학생운동 활동가들에 의해 빠르게 노동운동으로 전파되었다(이종오 1988).

셋째, 내부 노동시장의 형성되지 않아 대기업, 중소기업간 고용조건 차이가 크지 않았다(정이환 1992). 당시 고도 경제성장에 힘입어 양산된 일자리는 학력, 직능 등 인적 자원 요소에서 고용조건의 차이를 낳았지만, 기업규모 간 고용조건의 차이는 크지 않았다. 이러한 노동시장의 동질성은 1987년 노동자 대투쟁이 일시에 분출되는 토대로 작용했다.

2) 1987년 노동체제의 특징

1987년 6월 시민운동과 7~9월 노동자 대투쟁을 거치면서 노사관계에 중요한 지각 변화가 생겨났다. 비록 과거 군부독재세력이 권력을 이어받았지만 대통령 직선제를 통해 절차적 민주주의가 마련되었고 이를 발판으로 국민들의 민주화 요구는 더욱 거세졌다. 이러한 '열린 공간'에서 노동운동도 한국전쟁 이후 사실상 처음으로 시민권을 인정받으며 독립적 목소리를 높여 나갔다. 바야흐로 기존의 억압적 노동체제가 도전을 받으면서 자본과 노동이 실질적으로 대립하는 '1987년 노동체제'가 형성된 것이다. 이 노동체제의 특징을 요약하면 다음과 같다(노중기 1997; 장홍근 1999; 조효래 2003; 임영일 2003).

첫째, 1987년 노동체제는 민주화의 진전이라는 정치적 조건에 기초하였다. 비록 정치적 민주화의 수준과 성격에 대하여 논란이 존재하지만, 기존 억압적 국가조합주의체제와 비교하면 질적으로 다른 환경이 조성되었다. 국가와 자본은 노동운동세력을 포섭하기 위하여 제한적이나마 '헤게모니' 전략을 구사하였는데, 전투적 성격을 지닌 노동운동에 대해 억압적 탄압을 지속하면서도 자신의 통제를 정당화하기 위한 이데올로기 정치를 추진하였다. 노중기(1995)는 국가의 노동통제방식이 과거 물리적 강제력 위주의 방식에서 이데올로기 및 법적·행정적 수단으로 전환되었다는 점에서 이를 '헤게모니적 배제전략'으로 불렀는데, 이러한 접근은 김영삼(문민정부), 김대중(국민의 정부), 노무현(참여정부)에도 유효한 지적이다.[1]

---

1) 헤게모니의 배제전략은 뷰러웨이(Burawoy 1985)가 1980년대 서구 자본주의 노동통제방식의 특징으로 분석한 헤게모니적 전제주의(hegemonic despotism)와 맥을 같이한다. 뷰러

둘째, 민주노조운동이 크게 부상하였다. 이 세력은 과거 권위주의 체제의 파트너십을 형성해온 한국노총을 상대화시키고 민주노총을 결성하며 한국 노사관계를 주도하고 있다. 1995년 당시 40만 명 조합원으로 출범한 민주노총은 2004년 현재 62만 명의 조직으로 성장하였고, 정부가 추진한 노사정위원회에는 참여하지 않지만 노사정관계에서 실질적인 영향력을 행사하고 있다. 특히 2000년 이후 공공부문에서 진행된 노조민주화 물결에 따라 발전, 철도, 가스 등 기간산업 노동조합들이 민주노총으로 옮겨오고, 공무원노조가 부상함에 따라 핵심 산업인 제조업과 교육, 보건, 공기업, 공무원 등 공공부문에서 민주노조운동의 주도권을 잡게 되었다.[2]

셋째, 1987년 노동체제는 산업별 노조를 지향하였지만 현실에선 여전히 기업별 교섭체제에 머물러 있다. 1987년을 기점으로 열려진 공간에서 노동자들은 기업을 노조조직의 기반으로 삼았다. 이들은 지역협의회, 업종협의회 등 상층 연대를 추진하고 산업별 조직을 결성하였지만 오늘에 이르기까지 기업별 교섭체제 틀을 넘어서지 못하고 있다. 1998년 이후 보건의료산업노조, 2000년 언론노조, 2001년 금속산업노조 등 기업별 노조들이 산업별 노조로 전환되고 있으나, 산업별 교섭이 진행된 것은 2004년 금속산업노조가 처음이다.

넷째, 노동시장의 분절화가 나타났다. 1987년 이후 제조업 생산직 노동자층에서 기업규모별 노동시장의 분절화가 생겨나고, 특히 대기업을 중심으로 한 내부 노동시장의 발전이 두드러졌다(정이환 1992). 1980년대 후반 독점 대기업 중심으로 고성장이 이루어지고, 대기업 노동조합운동이 활성화되면

웨이는 국가 간 경쟁이 격화됨에 따라 자본주의 내부에서 수익성의 위기가 발생하고, 이를 해결하기 위해 국가와 자본이 노동에게 양보를 강요하는 노동통제방식을 헤게모니적 전제주의라고 칭했는데, 자본과 국가가 합리적 논거하에 노동통제를 구사한다는 점에서 '헤게모니적'이지만, 결국 노동에 대한 일방적 전횡이라는 점에서 '전제적'이라는 것이다.

2) 공공부문의 민주노조 형성과정을 민영화 저지 파업투쟁과 함께 살펴보는 글로는 김상곤(2002) 참조.

서, 대기업 노동조합들은 임금인상의 성과, 규모의 경제를 갖춘 노동조합활동, 주도적인 상층노조활동 등에 힘입어 노동운동의 중심으로 자리 잡은 반면 중소기업 노동조합은 상대적으로 위축되었다.[3]

다섯째, 노사관계 제도화가 불균형적으로 이루어졌다. 기업별 수준에서는 단위노동조합과 사용자 간 교섭이 제도화되었으나, 산업별 교섭은 거의 시도되지 못하였고, 내셔널센터인 양 노총 역시 핵심 현안에 대하여 제도화된 개입력을 충분히 지니지 못하고 있다. 정부는 중앙임금협약, 노사관계위원회, 노사정위원회 등 상층기구를 통하여 중앙수준의 조정을 도모하였지만, 노정 간의 불신이 워낙 크고, 정부 노동정책이 경제논리에 의해 지배되는 까닭에 실효를 거두지 못해 왔다. 결국 주요 노사관계 현안은 대중 동원적 정치투쟁의 의제로 종종 전화되었고 전국적 수준에서 노사관계는 불안정한 상황을 벗어나지 못했다.

여섯째, 노동운동이 성장하였으나 이에 조응하는 정치적 진출은 미미하였다. 1980년대 말 이후 노동운동은 의욕적으로 정치세력화를 추진하였으나 번번이 실패를 맛보았고, 민주노총을 조직적 자원으로 하는 국민승리 21도 1997년 창당 이후 지자체선거, 국회의원선거, 대통령선거 등에서 3% 지지율 벽을 넘지 못했다. 2004년 총선에서 민주노동당이 13%대 지지를 획득하여 진보정당운동의 가능성을 열었지만, 아직까지는 한국 사회에서 노동운동의 정치세력화는 실험 중에 있다고 보아야 할 것이다.

---

3) 양 노총의 가입 노조를 비교할 때, 한국노총은 중소기업노조, 민주노총은 대기업노조의 기반에 뿌리를 두고 있다. 이 때문에 민주노총이 종종 대기업노조운동의 대표체라는 비판이 제기되고 '노동운동 정체성론' 혹은 '노동운동 위기론' 논쟁에서 이것이 강조되기도 한다(박승옥 2004; 이광일 2004).

3. 1987년 노동체제의 불안정성과 변화를 향한 활동

1) 1987년 노동체제의 불안정성

지금까지 노사관계 연구에서 1987년 노동체제는 자기완결적인 성격보다는 1987년 이전의 노동체제에서 벗어나 새로운 체제를 모색해 가는 과도기적 성격이 강조되어 왔다. 노중기(1997)는 이 체제를 '지속적으로 낮은 효율성과 과다한 비용, 그리고 끊임없는 재편요구에 시달린 과도체계'로, 장홍근(1999)은 '형성단계에서부터 노동 측의 거센 도전에 직면한 모순적 체제'로, 임영일(2003)은 '사회적, 정치적 수준에서 제도화된 노사관계가 형성되지 않은 채 높은 갈등과 대립을 수반하는 과도적 노동체제'로 설명하고 있다.

임영일은 1987년 노동체제의 특징으로, 제한적이고 불균형한 노사관계 제도화, 높은 수준의 정치적 산업갈등, 갈등적 작업장 노사관계, 분산적인 기업별 노동조합조직체계 등 네 가지를 지적하고, 이 노동체제는 1997년 IMF 금융 위기를 계기로 급속히 해체되어 가고 있다고 진단한다(임영일 2003: 5~6). 이어 그는 IMF 금융 위기 이후 신자유주의 구조조정과 노동시장의 급격한 분절화, 노동운동 정체성의 위기, 노사정위원회를 통한 제도적 통제 등에 의하여 1987년 노동체제가 전환의 지점에 서 있다며 새로운 노동체제의 형성을 기대하고 있다. 아직 IMF 금융 위기 이후 노동체제에 대한 본격적인 연구가 진행되지는 않았지만, 대다수 학자들은 1987년 노동체제가 IMF 금융 위기 이후 변동을 겪으면서 새로운 체제로 전환 중이라는 점에 동의하는 듯하다.

1987년 노동체제의 불안정성은 갈등적 노사관계에서 가장 잘 드러난다. 1987년 노동자 대투쟁 이후 봉건적이고 병영적인 작업장에서 노동자의 권리가 조금씩 신장되고 민주노조운동이 대중적으로 자리 잡고 있으나, 노동과 자본의 갈등은 조정되지 못한 채 매번 커다란 사회적 충돌로 이어져

왔다. 결국 1987년 노동체제는 전국 수준에서 제도화된 갈등조정양식을 마련하지 못하고, 민주노총이 여러 번 '총파업'을 전개해야 하는 사회적 비용을 감수하고 있는 것이다.

[표 6-1] 민주노총 총파업투쟁 현황 (1996~2005)

일 시	이 유	참가 현황
1996. 12. 26~2. 28.	노동법, 안기부법 날치기 통과 항의, 노동법 개정 쟁취를 위한 총파업	1일 평균 163개 노조, 18만 명
1998. 5. 27 ~28	정리해고제 근로자 파견제 철폐 및 부당노동행위 근절, 고용안정과 생존권 보장, 실업자 대책을 위한 제도적 장치 마련, 정경유착근절과 재벌해체, IMF 재협상	5월 27일: 132개 노조, 12만 명 5월 28일: 109개 노조, 11만 명
1998. 7. 14 ~15	정리해고제 근로자 파견제 철폐, 부당노동행위 척결, 구속노동자석방, 해고자 복직 노동기본권보장, 근본적 고용실업대책, 재벌체제개혁 및 노동자 경영참가보장, IMF 재협상	7월 14일: 31개 노조, 6만 명 7월 15일: 70개 노조, 16만 명
2000. 5. 31 ~6. 2	주5일 근무제 도입, IMF 피해 원상회복과 자동차 해외매각·협동조합 통합 재검토, 비정규직 문제 해결과 조세·사회보장제도 개혁	5월 31일: 139개 노조, 7만 명 6월 1일: 108개 노조, 4만 명 6월 2일: 96개 노조, 8만 명
2001. 6. 12 ~7. 5*	대우자동차 구조조정 저지투쟁 및 김대중 정권 퇴신투쟁	6월 12일: 5만 명 6월 13일: 4만 명 7월 5일: 5만 명
2002. 2. 26*	국가기간산업 사유화 저지	16개 노조(86개 사업장), 9만 명
2003. 6. 25	경제자유구역법 시행령 저지	8만 명
2004. 11. 26	비정규직법안 저지	15만 명
2005. 4. 1	비정규직법안 저지	231개 노조, 17만 명

주: * 총파업투쟁이기보다는 연대파업투쟁의 성격 지님.
자료: 민주노총. 각 연도. 『사업보고』.

이와 함께 1987년 노동체제는 노동시장의 분절과 차별이라는 '의도하지 않은' 결과에 직면해 있다. 대기업과 중소기업 사업장, 정규직과 비정규직 노동자 사이 고용조건의 격차가 그것이다. 한국 사회에서 노동시장 유연화가 확대됨에 따라 전체 노동자 중 비정규직 노동자 비율이 55.9%에 달하고 있으나, 비정규직 노동자는 자신의 열악한 지위로 인하여 노동조합조차 제대로 결성하지 못한 채 심각한 고용조건의 차별을 겪고 있다. 이처럼 심각한 노동자 내부의 격차를 방치한 채 기존 노동운동이 자신의 정당성을 유지하기는 거의 불가능하다. 이로 인해 한국 노동운동은 활동주체, 핵심의제, 조직방식 등 모든 영역에서 자신의 활동을 재검토해야 하는 상황에 직면해 있다고 해도 과언이 아니다.

[표 6-2] 정규직, 비정규직 근로조건 격차(2004)

	구성비	시간당 임금	퇴직금	상여금	시간외수당
정규직	44.1%	10,504원	99.1%	96.2%	81.0%
비정규직	55.9%	5,368원	18.6%	16.5%	13.7%

자료: 김유선. 2004. "비정규직 규모와 실태: 통계청, '경제활동인구조사 부가조사'(2004. 8) 결과". 『노동사회』. 93호.

2) 1987년 노동체제의 변화를 향한 국가, 자본, 노동의 활동

1987년 노동체제는 갈등적 노사관계에 따른 불안정성과 노동유연화의 확대에 따른 비정규직 노동자의 확대로 현재의 상태를 계속 유지하기는 어려울 것으로 보인다. 국가, 자본, 노동 등 각 주체들도 높은 사회적 비용을 요구하고 있는 1987년 노동체제를 각자의 입장에 따라 변화시키고자 하고 있다. 정부는 현재의 불안정한 노동체제를 안정적인 협의체제로 전환하고자 하고, 자본은 시장전일주의에 기반한 노동유연화의 확대를 통해 민주노조운동의 동원력을 급속히 약화시키려 하며, 노동운동도 기업지배구조를 강화하

고 노동시장의 분절을 재생산하는 기업별노조, 정규직 중심의 노동운동을
극복하고자 한다. 이러한 변화를 향한 각 주체들의 활동을 살펴보자.

(1) 국가: 노사정위원회의 활성화와 노사관계 로드맵 추진

전국적 수준에서 노사관계제도 개편을 통해 노동체제를 변화시키고자
하는 정부의 움직임이 매우 활발하다. 이미 1998년부터 서구식 3자 모델인
노사정위원회가 가동되는 등 형식적으로는 중요한 변화가 진행 중이고, 노
사관계 개혁에 큰 의지를 지닌 노무현 정부 역시 노사정위원회를 강화하여
실질적인 사회적 협약기구로 만들고자 하고 있다. 그러나 집권 2년차인
2005년 4월 현재까지 의미 있는 변화는 발생하지 않고 있다.[4]

이와 함께 정부는 한국 노사관계에 큰 영향을 미칠 노사관계 개편안도
추진 중이다. 정부는 2003년 소위 '글로벌 스탠다드'에 따른다는 명분하에
노동조합의 단체행동권을 제약하고 노동조합의 일상활동을 위축시킬 수
있는 '노사관계 로드맵'을 발표하였다(노사관계제도선진화연구위원회
2003). 이 노사관계 로드맵은 노동계의 반발에 의해 현재까지 계류되어 왔는
데, 정부는 2007년 복수노조체제를 앞두고 노동관련법을 사전에 정비해야
한다며 올해 가을에는 입법화할 것을 천명하고 있다. 이 로드맵은 해고요건
완화, 노동조합의 단체행동 규제 강화, 전임자 수 제한 등 1987년 노동체제
에서 형성된 민주노조운동의 조직기반을 약화시킬 내용을 담고 있어 노사갈
등의 큰 불씨로 작용할 것이다(민주노총 2005).

---

4) 노무현 정부 집권 2년이 지났지만 별다른 변화를 만들지 못하고 있다. 집권 초기부터
   시작된 노정갈등, 민주노총의 불참 및 한국노총의 강경화 등으로 노사정위원회는 큰
   주목을 받지 못하고 있는 실정이다. 지난 2년간 언급할 만한 활동으로는 2004년 2월에
   한국노총, 경총, 노동부장관, 노사정위원장 간에 체결된 '일자리 만들기 사회협약'이 있
   으나 이 역시 정치적 선언에 불과하여 실질적인 이행은 없는 상황이다. 한편, 2004년
   민주노총 선거에서 사회적 교섭을 공약으로 내건 이수호 집행부가 들어섰으나 노사정위
   원회 참여 문제를 놓고 극심한 내부 혼란을 겪어, 이후 노사정위원회에 적극적으로 참여
   하기도 쉽지 않은 상황이다.

(2) 자본: 시장전일주의 확산과 외국자본의 영향력 증대

시장논리를 전일화하려는 자본의 요구도 거세다. 1987년 이후 정치적 민주화가 진전됨에 따라 사회구성원 간 정치적 형평성은 증대되었으나, 시장에서 자본의 힘은 어느 때보다 강해지고 있다. 재벌그룹의 총수가 경제대통령으로 외신에 소개되고, 한국정부 고위관료가 외국 신용평가기관의 실무자를 영접해야 하며, 정부의 금융구조조정에 민간자본이 따르지 않는 상황이 생겨나고 있다. 이제 국민경제를 운용하는 데 있어 정부의 권한보다는 민간부문의 영향력이 더 중요해진 듯하다.[5] IMF 금융 위기 이후 노시관계에서 가장 갈등적인 현안이었던 정리해고는 이제 기업생존을 위한 불가피한 조치로 자리잡아 가고 있다. 과거에 억압적 국가체제와 대항하는 것이 노동운동의 주된 과제였다면, 이제는 자본의 시장전일주의에 맞서는 일이 더욱 중요하게 대두된 셈이다.

노동운동이 상대해야 할 대상은 국내자본만이 아니다. 금융 위기 이후 외국자본이 한국에 대거 진출함에 따라 외국자본이 투자한 기업에서 고강도의 구조조정이 행해지고 있다. 외국자본은 국내 산업을 지배하는 것뿐만 아니라 노사관계에서도 시장전일주의를 확산시키고 있다. 이러한 경향은 정치경제적으로 대외의존도가 높은 한국경제 현실에서 이후에도 심화될 것으로 예상된다. 2004년 한-칠레 자유무역협정에 이어, 한-싱가프로, 한-미, 한-일 자유무역협정(FTA) 등이 순서를 기다리고 있고, 도하 개발 아젠다 (DDA; Doha Development Agenda)의 진행에 따라 지적 재산, 농산물까지 자유무역 대상에 올려져 있다. 세계화가 추구하는 무한경쟁은 최대수익을 위한 '아래로 향한 경쟁'의 성격을 지니는데, 국민국가 수준에서 통제하기 힘든 파도라는 점에서 문제가 심각하다.[6]

---

5) 뉴스위크지는 한국경제를 좌지우지하는 삼성그룹 이건희 회장을 '경제 대통령'으로 칭하고(한국일보, 2003. 11. 20), 노무현대통령은 기업인들과의 대화에서 "이미 권력은 시장으로 넘어간 것 같다"며 권력이동을 인정하기도 했다(2005. 5. 16. 청와대 기업인들과의 간담회에서).

(3) 노동: 비정규직 노동자의 조직화와 노동운동의 전망수립

노동운동도 새로운 활로를 찾기 위해 고심하고 있다. 1987년 노동체제는 자신이 포괄하지 못하고 있는 비정규직 노동자의 조직화라는 핵심과제를 안고 있다. 비정규직의 양산은 노동자 내부 격차를 야기하여 노동자의 통일을 저해하고, 노동운동의 정체성에도 큰 도전을 던져 준다. 이에 민주노총은 2003년 비정규실을 신설하고 예산의 30%를 배정하는 등 비정규직사업에 총력을 기울이고 있고, 한국노총도 향후 10년간 비정규직 노동자 10%를 조직하는 중장기전략을 수립 중이다. 한국비정규노동센터, 불안정노동철폐연대 등 비정규직 노동자를 직접 지원하고 조직하는 노동단체활동도 활발하여, 비정규직 문제는 노동운동이 가장 역점을 두는 의제로 자리 잡고 있다.

노동계가 직면한 문제로 빼놓을 수 없는 것이 노동운동의 전망을 세우는 일이다. 노동운동은 IMF 금융 위기 이후 수세적인 구조조정 반대투쟁에 몰두해야 했고, 적극적인 전망을 제시하는 활동에는 별다른 진전을 보여주지 못해 왔다.[7] 최근 이러한 한계를 극복하기 위하여 민주노총은 5개년 중장기 활동목표, 사회 공공성 투쟁 등 '전망'을 수립하는 활동의 중요성을 강조하고 있다.

민주노동당의 약진도 노동체제의 지형 변화에 중요한 변수이다. 1997년

---

6) 2004년부터 외국자본의 과도한 지배와 관련하여 부작용이 여론화되면서 정부와 정치권도 외국자본에 대한 규제방안을 모색하고 있다. 2004년 하반기부터 중앙일간지들이 외국자본의 문제를 지적하는 기획기사를 집중적으로 다루었고, 올해 초부터 청와대(2005)와 한국은행(2005)이 투기성 외국자본의 문제점을 비판하는 보고서를 발간하며 포문을 공개적으로 열었다. 국회 내에서는 외국자본의 문제점을 해결하기 위하여 열린우리당, 한나라당, 민주노동당, 새천년민주당 의원들이 포함된 '금융세계화와 한국경제' 모임(2005)이 결성되었다.

7) 이러한 과제를 풀기 위하여 민주노총이 2000년 노동운동발전전략위원회를 구성하여 노동운동을 진단하고 중장기 전망을 모색하는 의욕 있는 사업을 전개하였다(민주노총 2000). 이 이 위원회는 나름대로 의식실태조사, 지역토론회를 통해 현장의 의견을 반영하고, 각 분야별 진보적 지식인들을 합류시켰으나, 애초의 취지는 달성하지 못한 것으로 판단된다. 다양한 시각차를 지닌 지식인들이 '정치적으로 안배'되는 구성의 문제, 각 주제별 상이한 추상수준으로 인하여 연구결과가 유기적으로 결합되지 못했다.

이후 민주노조운동은 정치적 세력화를 추진하였으나 번번이 실패하였다. 마침내 지난 2002년 대선에서 민주노동당은 의미 있는 성과를 거두었고, 2004년 총선에서 제3원내정당으로 부상하였다. 이로 인하여 1987년 노동체제가 안고 있었던 대중운동과 정치운동의 불균형이 해소될 수 있는 계기가 마련되었고, 새로운 역할체계 정립이 요구되고 있다.

4. 대안노동체제 형성을 위한 길 찾기: 탈시장화를 향한 사회공공적 노동운동

한국 사회가 산업화를 시작한 이래 노동체제는 크게 3단계로 구분될 수 있다. 1단계는 1970년대 경제개발 이후 1987년 이전까지 노동체제로 노동조합이 제대로 조직화되지 못한 상태에서 권위주의적 노동억압정책이 전개되었던 '비조직적, 억압적 노동체제'이다. 2단계는 1987년 이후 오늘에 이르는 노동체제로서 노동운동이 총파업이라는 대중조직 방식으로 권력과 자본에 맞서는 '비제도적, 갈등적 노동체제'이다. 이후 한국 사회에서 1987년 노동체제를 넘어서는 대안노동체제가 형성된다면, 그것은 3단계 노동체제가 될 것이다.

1) 1987년 노동체제 '이후'를 둘러싼 논의

1987년 노동체제가 한계를 지니고 있고, 전환의 계기를 맞고 있다면, 이제부터 새로운 대안노동체제에 대한 논의가 필요하다. 이 체제를 넘어선 새로운 대안노동체제는 어떠한 방향에서 모색되어야 할까?

임영일(2003)은 1987년 노동체제 '이후'에 대해 시론적으로 대략 다섯 가지 전망을 내놓고 있다. 첫째, 기존 1987년 노동체제의 온존이다. 이는 산별교섭의 지체, 복수노조의 유예 등으로 기업별 체제가 온존되는 경우를 염두에 둔 것이다. 둘째, 노동운동의 약화와 관료주의화, 정부의 노동운동 상층 통합정책으로 형성될 의사 코포라티즘(pseudo-corporatism)이다. 셋째, 노동시장 분절화구조에서 대기업 중심으로 노사 파트너십이 형성되는 미시조합주의(micro-corporatism)이다. 넷째, 노동시장에서 자유주의적 성격이 강화되고 자본이 막강한 영향력을 행사하는 시장자유주의 노동체제이다. 다섯째, 산업별 교섭과 노사정위원회체제에 기반하여 사회협약이 맺어지는 사회조합주의(societal corporatism)이다.

위 전망들은 크게 신자유주의 노동체제와 사회조합주의 노동체제로 이분화될 수 있다. 의사 코프라티즘, 미시조합주의, 시장자유주의 등은 신자유주의 노동체제에 기반한 것으로서 자본이 노동에게 행사하는 노동배제적 노동체제이다. 의사조합주의는 실질적인 친노동개혁 없이 '개혁 담론'에 의해 노동진영을 포섭하려는 것이며, 미시조합주의는 노동자를 소수 중심과 다수 주변으로 이분화하고 소수노동자를 기업차원에서 관리하는 분할통치체제이고, 시장자유주의는 전형적인 신자유주의 노동체제를 의미한다. 반면에 사회조합주의는 1970년대 유럽국가에서 형성되어온 노동체제로 노동정당의 진출에 의한 정치적 힘 균형, 산업별 노조체제에 기반한 노사관계 대표성 확립 등을 특징으로 하는 '대타협체제'이다.

한국의 노동체제는 어느 방향으로 가고 있는가? 현재 노동운동진영은 모두 신자유주의 노동체제를 넘어서야 한다는 점에서 의견을 같이하지만 사회조합주의를 지향하는 지지자와 그 한계를 지적하는 비판자로 나뉘어 있다. 아직 양자 모두 노동운동에서 실질적인 주도권을 지니고 있지 못한 형편이다. 전자는 한국 사회가 직면하고 있는 구조적 여건, 즉 금융세계화에 의한 시장전횡, 한국 노동운동의 낮은 대표성, 자본과 노동 간 정치적 힘의 불균형 등을 충분히 고려하지 않고 정부와 자본의 '선의'에 기대한다는 점에

서 비판을 받고, 후자는 사회조합주의 노동체제를 넘어서는 바람직한 대안
노동체제의 구체적 상을 제출하지 못하고 있다는 점에서 한계를 지니고
있다. 결국 본격적인 논의는 아직 개막되지 않은 셈이다.

2) 대안노동체제의 기본방향: 탈시장화

지금까지 한국 사회 노동체제는 1987년 이전 체제(비조직적, 억압적 노동
체제), 1987년 노동체제(비제도적, 갈등적 노동체제)를 거쳤고, 현재 신자유
주의 시장억압적 노동체제로 향할지, 아니면 이를 극복하고 대안노동체제로
나아갈지의 갈림길에 있다. 한국 사회에서 신자유주의 노동체제를 극복하는
대안노동체제는 무엇이어야 하는가? 필자는 대안노동체제의 기본방향으로
탈시장화를 제안하고자 한다.

자본주의가 등장한 이래 노동운동의 역사는 시장과의 투쟁이었다. 자본
주의는 시장화라는 기본 경향을 가진다. 그러나 자본주의에서 가치생산자는
로봇이 아니라 인간이다. 로봇은 입력된 정보대로 작동하지만, 인간은 과도
한 착취, 비인간적 노동, 불평등한 사회관계에 저항하고 투쟁한다. 그 결과
자본에서 시장화 경향에 대항하는 반대 운동으로 탈시장 경향이 형성되어
왔다. 본래 단결권, 단체교섭권, 단체행동권 등 노동권은 자본주의에 속해
있으면서도 자본주의 기본원리에 대항하는 내용을 담고 있다는 점에서 탈시
장적 성격을 지닌다.[8] 사회복지 역시 기여한 세금이나 보험료와 지급받는
급여가 비례하지 않는다는 점에서 탈시장적이고, 보편적 서비스를 국가가
시장가격 이하로 제공한다는 취지에서 공공부문 역시 그러하다.

새로운 노동체제 대안은 가능한가? 가능하다면 어떠한 방향으로 나아갈

---

8) 단결권은 조합원에게 시장에서 자유로운 결사 선택권을 부정하고 의무적 가입을 명시한
다는 점에서, 단체교섭권은 사용자가 자유롭게 계약해지를 할 수 없고 반드시 해당 노동
자(노동조합)와 재협약을 맺어야 한다는 점에서, 단체행동권은 노동조합이 사용자의 재
산행사권을 가로막을 수 있다는 점에서 탈시장적 성격을 지닌다.

것인가? 노사관계 대안모델의 상은 노사관계 주체들의 철학적, 이데올로기적, 사회정책적 오리엔테이션에 따라 다를 수밖에 없다. 필자는 가능한 탈시장화가 확대되는 만큼 노동자의 권리는 확장된다고 이해한다. 1987년 노동체제가 시장전일주의를 주창하는 자본의 지구화 공세에 직면하여 자신의 탈시장성을 점차 상실하는 위기에 처해 있다면, 대안노동체제의 기본방향은 탈시장성을 가능한 확장하여 자본에 대한 노동의 권리를 강화하는 것이어야 한다.

3) 대안노동체제의 발전전략: 사회공공적 노동운동

현재 한국 노동운동은 신자유주의 세계화에 맞서 자신이 추구할 전략적 모델을 제시하지 못하고 있다. 과거에는 민주노조 건설, 노동해방 등 다소 구체적이거나 혹은 추상적인 구호일지라도 노동운동의 초기 정체성 형성에 효과를 발휘했었다. 그러나 노조설립의 제도화, 민주노총의 양적 성장 등 노동운동의 공간이 열리는 만큼 단순한 '민주노조' 구호만으로는 노동운동의 정체성을 확보할 수 없는 상황이 되었고, 동구 사회주의권이 몰락하고 전 지구적 자본주의가 확장되는 상황에서 '노동해방' 구호 역시 설득력을 담지 못하고 있다. 특히 지난 시기 한국 노동운동은 '국민주의 노동운동', '전투적 조합주의' 등 내부 경향 간 투쟁에서 제기된 부정적 이미지를 부여받아 왔다. 이러한 '부정적 정체성'(negative identity)은 노동운동의 미래를 건설적으로 열기보다는 과거를 해석하거나 비난하는 역할을 수행하기 때문에 노동운동이 진취적인 정체성을 형성하는 데 도움이 되지 못한 것이 사실이다(오건호 2004, 112).

이에 한국 사회에서 신자유주의에 대항하는 노동운동의 전략적 정체성이 시급히 확립되어야 한다. 필자는 우리나라도 남아프리카공화국, 브라질 등 제3세계 노조운동에서 생겨난 '사회운동적 노동운동론'(social movement

unionism)에서 주요한 함의를 얻을 수 있다고 생각한다(Moody, 1997). 사회
운동적 노동운동론은 세계화의 압력에 따라 제3세계 국가에 자본과 노동의
모순이 응축되는 조건에서, 노동운동이 임금문제에 머물지 않고 광범위한
사회적 의제들을 포괄하는 정치적 사회운동을 지칭한다.9)

한국에서 사회운동적 노동운동에 주목한다면 그 핵심은 '의제의 사회화'
에 있다. 한국에서는 이러한 활동을 사회공공성운동으로 불릴 수 있다. 민주
노총은 2003년에 향후 5년 동안 지속적으로 추진할 3대 사회적 과제 중
하나로 '사회공공성 강화·빈부격차 해소'를 설정하였고, 공공연맹, 전교조,
보건의료노조 등 산별 조직들도 공공부문 노조연대회의를 구성하여 사회공
공성 강화를 핵심목표로 내걸고 있다.

지금까지 노동운동은 노동권 투쟁에 집중해 왔다. 사회 공공성 운동은
이제 노동운동이 노동권 신장에 머물지 않고, 사회복지, 기간산업, 자연과
문화 등 사회구성원들의 필수적 생활서비스를 시장과 이윤의 대상으로 삼는
신자유주의의 공세로부터 지켜내고 이를 확장하는 운동이다. 아직까지 노동
운동에게 '사회 공공성 운동'은 임금단체협상투쟁(임단투)와 다른 어떠한
영역을 지칭할 뿐, 이에 대한 정치경제학적 규명은 적극적으로 행해지지
못한 상황이다.10) 필자는 사회 공공성 운동을 사회구성원들의 필수적 생활
서비스를 시장과 이윤의 대상으로 삼는 신자유주의에 대항하는 운동으로서,

---

9) 사회운동적 노동운동론의 문제의식은 무디뿐만 아니라, 계급모순과 새로운 문제들을
결합하는 '새로운 사회적 노동운동론'(Waterman 1999)에서도 찾아볼 수 있다. 국내에서
도 이러한 흐름이 발견되는데, 박태주(2002)는 공공부문에서 노동조합들이 기존 작업장
내 활동에 종속되었던 관행에서 벗어나 사회적 공익을 주장해야 한다며 '공공서비스
노동조합주의'를 제안하였으며, 김상곤(2002)은 기간산업 노동자들의 투쟁을 사회적 의
제를 중심으로 연대전선을 형성해 가는 노동운동의 새로운 흐름으로 높이 평가하였다,
공공성을 기반으로 공공부문을 확장하는 노동운동을 제안하고 이를 자본주의 이행운동
인 사회화 전략과 결합하고자 한 김성구(2003)와 장석준(2003) 등이 있다.

10) 사회 공공성 운동은 개별 노조의 동원력을 기반으로 이루어져온 임단협 중심의 투쟁방
식으로는 구체화되기 어렵다. 지금까지 노동운동은 임단협 의제를 중심으로 개별 노조
의 대중 동원력을 전국적으로 모아 대자본, 대정부 투쟁을 전개해 왔으나, 이 방식은
개별 노조별 현안이 해결되면 급격히 대중 동력이 약화되는 한계를 지니기 때문이다.

'시장화·이윤화 대항투쟁'으로 정의한 바 있다(오건호 2004, 107).

사회 공공성 운동은 신자유주의 시장화·이윤화에 대항하는 운동이지만, 아직 '대안체제의 사회공공적 재생산' 상을 구축하지 못했다는 점에서 자본주의를 '넘어서는' 운동이기보다는 대안을 향하는 자본주의 '비판'운동의 성격을 지닌다. 이미 사회주의의 실험이 실패로 끝난 상황에서 자본주의를 넘어서는 새로운 실험은 '사회주의'로의 연역추론보다는 귀납추론의 길을 밟을 수밖에 없다. 사회 공공성 운동은 해당 영역에서 시장과 이윤이 아닌 사회연대적 경제운영의 단초를 실험하고, 이 성과를 사회적 담론으로 확장하는 운동이며 이를 지지하는 사회주체를 형성하는 운동이다.

[그림 6-1] 사회공공성 영역

공공 재원: 직접세 · 사회보험료					
사회보험	비사회보험	사회서비스	기간산업	자연	기타
건강 · 연금 산재 · 고용	기초생활보장 모성급여	교육 · 주택 보육 · 여가	교통 · 전력 가스 · 통신	환경 농업	문화 언론

사 회 복 지

사 회 공 공 성

사회 공공성 운동에서 빠질 수 없는 과제가 노동운동과 다양한 사회운동의 연대다. 노동운동이 자본과 직접적으로 대항하며 자신의 권리를 신장하려는 것처럼, 여성, 환경, 사회보장, 언론, 평화 등 사회운동 역시 자본의 이윤 운동과 대립해 있다. 이러한 의미에서 신자유주의 시장화 공세에 대항하는 사회 공공성 운동은 '노동운동의 사회화'와 '시민사회운동의 진보화'를 동시에 가능케 하는 동인이기도 하다.[11]

5. 대안노동체제 형성을 위한 개혁 과제

1) 비정규직과 정규직의 통일적 주체 형성

한국 사회에서 대안노동체제를 형성하기 위해 시급한 과제는 단연 노동시장의 양극화 문제를 해결하는 일이다. 한국 노동운동은 정규직과 비정규직, 대기업과 중소기업 간 노동자 내부 격차라는 심각한 과제에 직면해 있으며, 이는 노동자가 통일적인 주체로 성장하는 데에도 큰 장벽으로 작용하고 있다. 이 과제를 해결하기 위해서는 기존의 관행적 행위양식, 상층 운동의 관료화, 대기업 노조의 실리주의, 취약한 정책기획 등 다양한 항목들이 점검되어야 한다. 특히 민주노조운동의 적자라는 민주노총조차도 정규직, 그것도 대기업노조에 뿌리를 두고 있다는 현실을 직시해야 한다.

현재 노사정 모두 비정규직 차별을 개선하겠다고 선언하고 있지만 정작 이를 위한 법안을 둘러싸고는 첨예하게 대립하고 있다. 정부가 마련한 비정규직관련 법안의 내용을 두고 정부와 자본은 비정규직 고용을 개선하는 내용이라고 주장하는 반면에, 노동계는 오히려 비정규직을 양산하는 법안이라며 결사적으로 반대하고 있다. 동일한 법안에 대해서도 상이한 해석을 내릴 만큼 비정규직 문제에 대한 노사정 간 인식 차이는 매우 크다. 그러나 국가인권위원회(2005)가 정부 개정안의 문제점을 정면 지적하였듯이, 정부 개정안은 노동시장에서 열악한 지위에 있는 비정규직 노동자를 보호하기 위한 조치라고 보기는 어렵다. 신자유주의의 무한이윤추구행위가 계속되고, 이를 용인하는 정부의 노동정책이 유지되는 한, 한국 사회에서 비정규직

---

11) 노동운동은 2001년 이후 공공부문의 민영화 반대 투쟁을 벌이면서 공공부문에 가해지는 신자유주의 공세에 대항하기 위해서는 사회공공적 서비스를 옹호하는 시민사회운동과 긴밀히 연대해야 한다는 사실을 인식하게 되었다. 이를 계기로 노동운동은 전력의 경우 환경운동단체, 철도의 경우 교통운동단체 등과 연대네트워크를 형성하였는데, 노동운동과 시민사회운동이 생산적으로 연대하는 모범적 사례라고 판단된다.

차별 문제는 장기간 공전될 우려가 크다.

노동계도 지금보다 비정규직 노동자를 전체 노동운동으로 통합시키는 데 힘을 쏟아야 한다. 특히 노동운동의 주류를 형성하고 있는 대기업 노동조합들의 인식전환이 시급하다. 사내하청으로 일하는 같은 노동자들에 대한 차별, 자동차관련 노조의 채용비리에서 드러난 도덕적 무감각 등 노동조합이 비판의 대상이 된 데에는 스스로의 잘못도 크다. 정규직 노동조합들이 비정규직 노동자에 대하여 갖는 '거리'는 과거에 비해 노동조합의 자기희생적이고 진취적인 정서가 약화되고 노조간부의 관료화와 관성적 행위양식이 확산된 것과 무관치 않다(허재영 2000). 이러한 보수화는 노동자들이 노동조합 틀 내부에서는 진보적인 요구를 내세우면서도 일상생활에서는 기존 권위주의와 보수주의 문화를 재생산하는 과정에서도 발견된다(신병현 2000).[12]

노동운동에서 정규직과 비정규직 노동자를 통일하기 위한 과제는 조직적 과제와 정책적 과제로 정리해 볼 수 있다. 우선, 조직적 과제는 비정규직노동자들이 스스로 문제해결의 주체로 나설 수 있도록 기반을 구축하는 일이다. 2003년 8월 우리나라 노동조합 조합원 수는 162만 명으로 노조 가입률은 11.4%이다. 이를 정규직과 비정규직으로 나누어보면, 정규직 631만 명 가운데 노동조합에 가입한 사람은 143만 명으로 정규직의 노조 가입률은 22.7%이지만, 비정규직 노동자는 784만 명 가운데 19만 명이 노동조합에 가입하여 노조 가입률이 2.4%에 불과하다. 우리나라에서 노동조합에 가입한 노동자 162만 명 가운데 88.5%가 정규직이고, 11.5%가 비정규직인 셈이다(민주노총 2004, 96).

비정규직 노동자들은 자신의 존재조건인 고용의 불안정성으로 말미암아

---

12) 현대자동차 노동조합은 2005년 2월 자기반성과 도덕적 가치관을 새롭게 수립하자는 결의문을 대의원대회에서 채택하였고, 이어 원하청 연대회의를 노조 공식기구로 설치하는 등 개선의 움직임을 보여주고 있고, 노동조합 비리를 계기로 민주노총, 한국노총 역시 노동조합의 혁신을 부르짖고 있다. 그러나 노동조합에 대한 국민들의 신뢰가 낮아졌고, 오랫동안 관행화되었던 노동조합의 비리가 다시 드러날 수 있다는 점에서 상당기간 노동운동은 홍역을 치룰 것으로 예상된다.

노동조합으로 조직되기에 어려운 상황에 놓여 있다. 비정규직 노동자들은 고용이 불안정하여 한 직장에서 지속적으로 노동조합활동에 참여하기 어렵고, 만약 노동조합을 조직하거나 노조활동에 적극적일 경우 곧바로 해고(계약해지)로 이어지는 경우가 많다.

따라서 비정규직 노동자의 조직화를 위한 노동운동의 조직적 지원이 시급하다. 민주노총은 2004년부터 비정규직 5대 영역을 전략사업으로 채택하고 5개년 계획을 추진하고 있다. 민주노총은 각 영역별로 추진단위를 구성하고, 일정 규모 이상의 산업별 연맹은 비정규실(국)을 설치하고 비정규사업 예산을 의무적으로 사업비에서 15%씩 확보하기로 결의하였으며, 한국노총도 2005년 2월 비정규실을 설립하고 본격적인 비정규직 조직화에 나서고 있다.

나아가 노동운동에서 비정규직의 의견이 제도적으로 반영될 수 있는 조직개혁도 요구된다. 지금까지 정규직 중심으로 운영되어온 노동조합은 적극적으로 비정규직 노동자에게 개방되어야 한다. 정규직과 비정규직 노동자들이 노동조합이라는 울타리 안에서 공동의 요구안을 작성하여 공동활동을 벌이며, 비정규직 노동자가 수는 적지만 의사결정과정에서 대표성을 부여받을 수 있도록 노동조합 운영체계가 개혁되어야 한다.

노동운동은 정책적 영역에서도 지금보다 힘을 쏟아야 한다. 노동운동은 비정규직 노동자의 조직화와 더불어 비정규직 차별 해소를 위한 구체적인 정책요구를 개발하고 공론화해야 한다. 특히 노동운동은 비정규직 문제가 단순히 노동시장이나 노사관계 영역에서 완전히 해결될 수 없는 의제라는 사실을 직시하고, 이에 대응해야 한다. 비정규직 노동자의 열악한 근로조건은 노동시장의 유연화와 더불어 소수 재벌대기업과 다수 영세한 중소기업으로 분할되어 있는 우리나라의 불균형적 기업관계에서 연유한다. 따라서 중소기업과 대기업을 공동의 교섭테이블에 앉게 하는 산업별 교섭이 마련되어야 하고, 이 자리에서 노동운동은 대기업과 중소기업 간 민주화, 업종 및

산업 간 균형발전이라는 중장기 정책 비전을 주장할 수 있어야 한다.[13]

[표 6-3] 미조직 비정규직 조직화 민주노총 5대 전략사업

	전략사업	집중사업
1	하청 노동자 조직화	대공장 사내 하청 노동자를 집중 조직
2	서비스·유통노동자 조직화	166만 개의 도소매업 중 백화점 할인점 노동자 집중 조직
3	공공서비스노동자 조직화	16개의 광역자치단체와 230개 기초자치단체 등 집중
4	특수고용노동자 조직화	해당연맹 본부와 연계하여 2~3개 업종 우선 집중 조직
5	건설일용노조 조직화	건설산업연맹 중심 집중 조직

자료: 민주노총. 2004. 『2004년 민주노총 요구와 과제』. 97.

2) 산업별, 사회적 교섭체제 구축

1987년 노동체제의 기반은 기업별 노조와 기업별 교섭이다. 1987년 노동자 대투쟁 이후 노동운동은 '산별 노조 건설'을 핵심목표로 설정해 왔으나, 이는 아직도 이루지 못한 미완의 과제로 남아 있다. 시장에 대항하는 사회공공적 노동운동은 생산과 분배과정에 영향을 미칠 수 있는 전국적 의제를 다루어야 하고, 이를 위해서는 전국적 수준에서 행해지는 교섭, 즉 산업별 교섭과 사회적 교섭을 필요로 한다.

---

13) 장석준(2005)은 한국의 노동체제를 비민주적인 국가관료기구의 탄압을 받는 국가의 한계, 지역주의 정치체제에 의해 진보적 정치세력화가 벽에 부딪히는 지역의 한계, 그리고 모든 생산과 분배가 기업의 틀에서 제기되는 기업의 한계 등 3개의 한계로 설명한다. 그에 의하면 IMF 금융 위기 이후 국가와 지역의 한계는 무너지고 있으나 기업의 한계는 공고히 버티고 있다. 따라서 1987년 노동체제의 과제는 기업지배사회를 넘어서는 일로 볼 수 있다. 이러한 진단은 비정규직 문제를 노동시장의 영역을 넘어서서 기업관계에서 바라보아야 한다는 제안으로 이해되며, 이러한 면에서 최근 민주노동당(2005)이 주최한 "대기업 하도급 불공정 거래 근절을 위한 토론회"는 비정규직 문제를 기업관계에서 원인을 찾는 의미 있는 시도이다.

(1) 기업별 교섭에서 산업별 교섭체제로

기업별 노조체제는 개별 기업이 처한 시장적 지위를 그 존재조건으로 삼는다. 이는 노동자를 기업별로 분절시키고, 노동운동이 지향하는 보편적 가치를 실현하기 어렵게 만든다. 따라서 노동운동이 노동자의 동질적 정체성을 강화하며, 노동자의 일반적 이해를 반영하는 산업적, 제도적 요구를 내걸기 위해서는 노동조합활동이 산업별 체제로 전환되어야 한다.

노사관계에서 산업별 체제는 단순히 노동조합이 산업별 노조로 조직 전환되는 것을 의미하지 않는다. 노동조합의 기본적 활동이 사용자와의 교섭인 까닭에 산업별 교섭의 형성 여부가 산업별 체제를 판단하는 핵심 기준이다. 2003년 말 현재 민주노총 산하에는 보건, 금속, 전교조, 언론 등에서 산업별 노조가 만들어졌고 업종별, 소산별 노조를 포함해 모두 27개의 산별 노동조합이 있으나 실질적인 산별 교섭은 거의 이루어지지 않고 있다. 산업별 노조는 결성되었지만 교섭은 여전히 기업별 교섭과 동일한 개별 교섭 형태를 유지하고 있거나 산별 교섭의 초보적 수준인 공동교섭, 대각선교섭에 머무르고 있다(민주노총 2004: 98). 근래 금속노조의 2003년 주5일제 협약, 보건의료노조의 2004년 산별 협약 등 의미 있는 산별 교섭이 선보이고는 있으나 아직까지는 상징적인 수준이고, 올해도 산별 교섭은 사용자의 해태로 난항을 겪고 있다.

우리나라에서 산별 교섭이 행해지지 못하는 배경에는 사용자의 반대가 핵심적인 요인으로 작용하고 있다. 노사자율의 원칙에 의거할 때, 사용자가 스스로 산별 교섭에 나서는 것이 중요하지만, 한국의 상황을 고려할 때 산업별 교섭을 도입하기 위한 법적 제도 정비가 불가피하다. 우리나라와 같이 사용자들이 산업별 교섭에 부정적인 상황에서는 노동조합이 산업별교섭을 요구할 경우 사용자도 산업별 단체를 구성해 산업별 교섭에 의무적으로 응하도록 해야 할 것이다.[14]

---

14) 현행 노동조합및노동관계조정법 30조(교섭 등의 원칙) '노동조합과 사용자 또는 사용자

산업별 교섭이 실질화되지 못한 책임에 노동조합 역시 자유롭지 못하다. 한국 노동운동에서 핵심부문인 금속산업의 경우 아직도 현대, 대우 등 대기업 노동조합들은 금속산별 노조에 가입하지 않고 기업별 독자성을 유지하고 있다. 대기업의 경우 자신의 조직력만으로도 충분히 교섭력을 확보할 수 있는 상황이어서 산별 노조에 대한 일반조합원들의 관심이 크지 않다. 산업별 노조로 전환할 경우 기업별 노조에서 지녔던 재정, 교섭 관련 권한이 축소될 수 있기 때문에, 대기업 노조 조합원들이 산업별노조 대의에는 찬성하지만 다른 중소노조에 비해 산업별 노조로 전환하는 데에 적극적이지 못한 것이 현실이다. 민주노총은 2004년부터 대기업 노조들을 산업별 노조로 전환하는 야심찬 프로젝트를 추진하고 있다. 2006년까지 산별 교섭, 산별 노조를 완성하여 2007년부터 산별 노조 시대를 열겠다는 것인데, 이 과제를 달성하기 위해서는 대기업 노동조합을 산업별노조로 전환시키고 공동의 산별 요구안을 마련하는 일부터 시작되어야 할 것이다.

[표 6-4] 산별 노조 전환 민주노총 단계별 계획

	산별 미건설 조직	산별노조
2004년	산별 노조로 조직전환 결의	산별 교섭 쟁취, 산별 조직 확대
2005년	산별 전환, 산별 교섭 및 공동투쟁	산별 교섭의 성과 공고화, 산별 노조 대세
2006년	산별 노조 조지 확대, 산별 교섭 쟁취	완전한 산별 노조로 전환
2007년	대산별 노조 건설을 통한 산별노조 시대	

자료: 민주노총. 2004. 『2004년 민주노총 요구와 과제』. 100.

단체는 정당한 이유없이 교섭 또는 단체협약의 체결을 거부하거나 해태하여서는 아니된다'는 규정에서 사용자단체를 산업별 단체로 확장해서 규정할 필요가 있다. 즉, "산업별 노조로부터 교섭통보를 받을 때에는 해당 대상 사용자들은 연합하여 단체협약을 체결할 사용자단체를 구성하고 교섭에 응하여야 한다."는 조항이 신설되어야 한다.

(2) 공공부문의 노-정 교섭체제 정착

산업별 교섭에서 사용자가 정부일 경우 교섭은 노정교섭의 형태를 띠게
된다. 이러한 노정교섭은 정부가 사용자인 공무원, 정부지침에 영향을 받는
공기업, 운수, 교육 등 공공부문에서 발생한다. 지금까지 이러한 산업에서
노동조합들은 꾸준히 정부에게 노정교섭을 요구해 왔으나 실제 노정교섭이
이루어진 예는 드물며, 노동조합이 파업에 돌입하여 사회적 갈등이 고조되
었을 때에만 위기관리차원에서 간혹 정부가 교섭에 나서는 정도이다.

공공부문 노사관계는 민간부문과 달리 이중구조라는 독특한 특징이 있다.
민간부문의 노사관계는 직접 고용주와 노동조합이라는 단일의 노사관계에
기초하지만 공공부문 노사관계는 직접 고용주인 해당기관 경영진과의 관계
와 실질적 고용주인 정부와의 관계가 이중으로 존재한다. 이러한 이중구조는
문제발생지점(정부)과 문제처리지점(경영진)이 다른 부정합구조로서, 특히
이 부정합성은 본래 고용주인 정부가 반노동적 정책을 취할 때 더욱 심화된
다. 정부가 선량한 고용주일 때 이 이중구조는 순기능적이었으나 신자유주의
정부가 대세를 이루는 1980년대 이후 외국과 우리나라에서 노사관계의 불안
정을 야기하는 요인으로 작용하고 있다(Hyman 1989).[15]

이러한 부정합성을 넘어서는 방법은 공공부문에서 노정교섭을 활성화시
켜 이 이중구조의 모순을 최소화하는 것이다. 현재까지 노동조합은 끊임없
이 대정부 중앙교섭체제의 도입을 요구하고 있으나 정부는 공공부문 구조조
정 과정에서 예상되는 노동조합의 저항을 피하기 위하여 이중구조를 유지하
려 하고 있다. 한국 공공부문 노사관계는 실제 노사관계를 반영하지 못하는
제도화의 모순과 이를 활용하는 정부의 정책에 의해 구속되어 있는 셈이다.

---

15) 서구의 경우를 보면, 전통적으로 공공부문은 고용주가 정부로 단일하고, 노동조합이
전국노조로 존재하기 때문에 단체교섭과 노사관계가 중앙집중적인 성격을 지녀왔다.
그러나 1980년대 이후 공공부문에도 상업화가 도입되어 경쟁체제가 조성되고, 공공부
문조직이 사업부문별로 분화됨에 따라 노사관계도 탈중앙화되어 단체교섭이 중앙교섭
과 기업교섭으로 이중화되는 양상을 띠게 되었다(Edwards et al. 1992; Bach and
Winchester 1994; Kessler 1993; Bailey 1996).

정부가 진정 사회적 교섭을 원한다면 사실상 자신이 사용자로 존재하는 공공부문에서 '공공부문 산업별 교섭'인 노정교섭에 적극적으로 참여해야 할 것이다.

(3) 실질적인 사회적 교섭 기반 조성

IMF 금융 위기 이후 정부가 의욕적으로 추진해 온 교섭체제가 노사정위원회이다. 지금까지 노사정 3자가 참여하는 노사정위원회는 노사관계 주요 현안을 다루어 왔으나 2000년 이후 실제 노사관계에 미치는 영향력은 크지 않았다. 무엇보다도 한국노사관계에서 실질적인 영향력을 지닌 민주노총이 참여를 거부하고 있기 때문이다. 노무현 정부도 출범 초기 노사정위원회 위상을 강화하고 전국수준의 노사정 사회협약을 맺어 협력적 노사관계를 구축하려고 노력하고 있으나 아직까지 그 성과는 미미하다.[16]

한국에서 노사정기구를 통한 노사관계의 제도화를 이루기 위해선 민주노총의 참가가 중요한 관건이다. 민주노총은 1998년 노사정위원회에서 정리해고를 합의하고 겪은 내부진통의 외상이 워낙 강해 1999년 이후 노사정위원회 참여를 거부하고 있다. 2004년에 노사정위원회 참여를 공약으로 출범한 이수호 민주노총 집행부 역시 아직까지 노사정위원회에 참여하지 않고 있으며, 만약 민주노총이 노사정위원회에 다시 참여하더라도 비정규직 의제, 노사관계 로드맵 등 노동 현안이 실질적으로 논의될 수 있을지 미지수다. 노사정위원회가 한국에서 자리를 잡는 데에는 다음과 같은 구조적 문제점들이 존재한다.

첫째, 노사정위원회는 지금까지 노동운동에 신뢰를 주지 못했다. 지난 1998년 2월 노동계는 내부갈등까지 겪으면서 사회협약에 동의해 주었으나,

---

16) 노무현 정부하에서 별다른 활동을 보여 주지 못한 노사정위원회는 2004년 2월에 비정규직 노동자, 청년실업문제의 심각성을 감안하여 '일자리 만들기 사회협약'을 맺기도 하였으나, 이 사회협약 역시 이벤트성 행사에 그치며 노사정의 실질적인 논의를 이끌지 못하고 있다.

결과적으로 자본이 요구한 정리해고 허용, 근로자 파견 도입 등은 곧바로 반영된 반면, '실업자 초기업단위 노조가입, 노동참가 방식의 구조조정, 사용자의 부당노동행위 근절, 재벌 개혁과 조세 개혁 등 노동계의 요구는 제대로 이행되지 않았다. 이 때문에 노사정위원회에 참가해 보았자 별반 얻을 게 없다는 비관론이 노동계에 자리 잡게 되었다.

둘째, 노사정위원회 운영에서 핵심적 역할 수행자인 정부가 사실상 중립적이지 못하다. 정부 혹은 공익위원들은 대부분 시장주의에 입각한 자유주의자이거나 혹은 노동시장 유연화를 피할 수 없다는 '현실론'을 내세우는 순응주의자들이다. 이러한 상황에서 비정규직 차별 철폐를 요구하는 노동계와 의미 있는 대화가 이루어지기는 어렵다.

셋째, 노사정위원회에서 논의되는 주요 안건들은 대부분 시장후속적인 의제들이다. 노사정위원회에서 논의되는 노동시장, 혹은 사회복지 의제들은 자본주의 시장에 직접 개입하기보다는 그 부정적 결과를 완화시키는 후속적 성격을 지닌다. 노사정위원회가 자본과 노동에 직접 영향을 미치는 통화, 환율, 산업, 개방, 조세 등 거시경제 의제를 다루지 않는 한, 노사정위원회는 신자유주의 물결을 뒤따르는 걸음에 불과하다는 비판에 자유로울 수 없다.

넷째, 자본과 노동을 대변하는 정치지형이 불균등하다. 노동시간 단축, 비정규직 의제에서 확인되듯이 노무현정부의 노동정책은 이미 자본을 향해 강을 건너가 있다. 비록 민주노동당이 원내에 진출하였지만 여전히 소수파에 불과한 상황이고, 정부, 국회, 언론 등 노사정위원회 외부의 정치지형은 자본의 이해를 대변하는 보수세력에 지배되어 있다. 노사정 간의 의미 있는 교섭이 행해지기 위해선 서구의 경우처럼 자본과 노동의 정치적 균형이 얼마나 확보되어 있는지가 냉정히 점검되어야 한다(노중기 2003).

이처럼 한국에서 현실적으로 존재하는 노사정위원회는 구조적 한계를 지니고 있다. 그럼에도 불구하고 대안노동체제의 주요한 노사관계제도로서 사회적 교섭은 계속 모색될 필요가 있다. 이를 위해서는 노사정위원회의 중립성 확보, 합의사항의 이행, 상정의제의 확장 등 노사정위원회의 개혁이 필요하고, 동시에 산업별 교섭체제를 통한 산업별 노조 대표성 강화, 진보정당의 진출 확대 등 자본과 노동 간 힘의 균형을 이루는 정치경제적 환경 변화도 요구된다. 결국 대안노동체제 형성이 단기간에 이루어질 수 없는 것처럼 사회적 교섭체제로서 '한국판' 노사정위원회도 실질적 역할을 수행하기 위해선 상당한 시간이 필요할 것이다.

3) 노동자의 의사결정 참여 확대

노동자가 자신이 일하는 기업의 경영에 참여하는 것은 직접 생산자가 자신의 노동과정과 고용환경에 대한 결정과정에 참가하여 노동의 책임을 높일 수 있는 제도로서 유럽에서는 일반화되어 있다. 그러나 한국에서 기업의 경영은 자본의 성역으로 인식되어 유럽에서 일반화되어 있는 노동자경영참가는 노동조합의 불온한 요구로 간주되고, 단체교섭 의제에서 배제되어 왔다.

우리나라 노사관계를 보면, 보통 임금, 근로조건 등은 공동결정을 요하는 단체교섭사항이지만, 경영전략·인사·투자 등은 인사경영에 관련된 문제로서 협의·보고사항으로 구분하는 것이 일반적 관행이다. 그러니 특정 사항이 단체협상 혹은 노사협의사항으로 미리 나누어져 있는 것은 아니다. 임금이나 노동시산의 문제만 보더라도 임금수준, 임금체계, 노동시간 크기 등은 기업의 경영에 매우 중요한 사항이다. 결국 노사 간에 제기되는 모든 사항은 인사경영의 문제일 수 있으며, 동시에 노동자가 요구할 수 있는 단체협상의 사항이기도 하다. 각국에 따라 노사협상에서 공동 결정할 수 있는 내용과 수준이 다르게 나타나는 것도 노동자의 경영참가 내용이 미리 제한되는 것이 아니라 각국의 노사관계 역사적 특성이 반영된다는 것을 말해

준다.[17)

국제노동기구(ILO)는 경영참가를 '임금과 근로조건, 고용과 해고, 기술적인 변경과 생산기구의 조직 및 사회적 영향, 투자 및 계획 등의 여러 가지 문제에 관해 기업수준에서 결정을 하거나 이를 준비하고 준수하는 데 있어 노동자들의 영향력을 행사하는 것'으로 규정하고 있다. 사실 노동자의 고용조건 대부분이 경영상의 내용과 연관을 가지고 있다. 오늘날과 같은 대대적인 구조조정 시기에는 기업의 조직, 인력 개편이 곧바로 노동자의 고용조건에 중대한 영향을 미치고 있다. 노동자들이 행할 수 있는 경영참가는 그 내용이 방대하고 수준도 다양하다. 경영참가 요구수준에 따라 ① 노동시간, 작업환경, 작업조직 등 작업장 환경사항, ② 채용, 배치전환, 해고, 임시노동자 고용 등 인사 사항, ③ 공장이전, 통합, 폐쇄, 투자, 판매 등 경영전략사항 등이 있다. 이 모두는 노동자의 고용조건과 긴밀한 관련을 지닌 문제들로서 노동자가 의사결정과정에 참여해야 하는 사안이다.

노동자가 경영에 참가하는 통로로는 이사회 참여, 단체교섭, 노사협의회 등 여럿 존재한다. 이사회 참여는 우리나라에서 찾아볼 수 없지만 유럽에서는 경영참가의 대표적 방식이다. 이제 우리나라도 대안노동체제에서는 노동조합 추천 대표가 이사회에 참여하여 회사 경영정보를 공유하고 의사를 개진할 필요가 있다. 특히 공공부문의 경우 생산물의 공공적 성격을 고려할 때, 노동자, 이용자가 함께 참여하는 '공공참여이사회'도 구성될 수 있다(김윤자 2000).[18)

---

17) 최근 노동자 참여의 급진적 대안으로 제안된 마이클 앨버트(2003)의 '참여경제론'(Parecon)도 주목할 만한 가치가 있다. 앨버트는 모든 생산 단위가 생산자평의회 형태로 존재하고, 모든 주민은 소비자평의회들의 성원이 되는 참여경제를 제안하였는데, 이는 대안사회의 담론이 부재한 우리나라 상황에서 대안논의를 활성화하는 데 기여할 것으로 본다.
18) 노동운동은 철도 사유화에 반대하여 공공철도 대안을 마련하면서 유럽철도를 모델로 노동계에서 구체적인 대안이사회제도를 제안한 바 있다(오건호 2003). 이 방안은 프랑스 철도공사(SNCF)를 모델로 한 것이었는데, SNCF는 1982년 로티법에 의해 국영기업에서 공사로 지위가 변화면서 공공참여이사회가 구성되었다. 이사회는 총 18명으로

단체교섭도 회사의 주요 의사결정에 노동조합이 개입한다는 점에서 경영참가의 형태이다. 우리나라에선 보통 단체교섭을 경영참가와 구분하는 경향이 있는데, 단체교섭이 노사가 합의해야 하는 법률구속적인 제도인 반면, 경영참가는 노사협의 수준에서 사용자 주도로 이루어지는 임의적 제도로 이해했기 때문이다. 그러나 단체교섭은 노동자의 고용조건을 다루기 위하여 사용자와 논의하는 가장 중요한 경영참가의 장이며, 여기서 고용조건과 직간접적으로 연관된 의제들이 광범위하게 다루어질 수 있다.

노동자의 소유를 통한 경영참가도 전통적인 참가방식이다. 미국에서 발달된 종업원지주제는 노동자의 기업몰입도를 높여 노사관계 안정에도 기여하는 것으로 평가된다. 우리나라에서 역대 정권들이 종업원지주제를 권장해 왔고, 2004년에는 노사정위원회에서 이를 활성화하기 위한 조치가 추진되기도 했다. 노동계 내부에서는 종업원 지주제가 개별 노동자의 이익을 증진할 수는 있으나, 기업별주의를 고착시킬 수 있다는 우려도 있었지만, 추후 심층적인 논의가 필요할 것이다.[19]

금속노조가 2005년 중앙교섭에서 개별 기업수준을 넘어 산업별 수준에서 기업연금제를 운용하자는 제안은 의미심장하다. 이 주장은 퇴직연금법이 제정되어 기존 퇴직금이 기업연금으로 전환된 현실을 인정한 가운데, 기업연금이 초래할 기업주의를 극복하면서도 노동자의 재원인 기업연금을 사회적으로 운용하자는 실험적인 모색이다(금속노조 2005). 이러한 맥락에서 국민연금기금 운용에 노동자들이 적극적으로 참가하고, 기금운용의 공공성을

구성되는데, 이중 노동자대표가 6인, 정부 7인, 직능대표 5인이다. 스웨덴 철도공사(SJ) 의 경우는 19명의 이사 중 노동자대표 이사가 11명으로 정부 추천이사 8명을 넘어 과반수를 차지하고 있다.

19) 한국 사회에서 종업원지주제가 노동자들이 경영지배권을 행사할 수 있는 수준에 이를 경우 국가와 자본은 강력히 이를 저지하고 있다. 2001년 민영화 대상 자회사인 한국전력기술의 노동자들은 스스로 회사를 인수하여 경영하겠다며 우리사주조합을 결성하고 시장가격으로 51%지분의 매입을 제안하였으나 정부에 의해 거부당했고, 2004년 대우종합기계의 경우에도 정부는 노동조합의 인수를 허용하지 않았다.

확장하는 것도 중요하다. 만약 정부 예산을 뛰어넘는 국민연금기금에 대한 노동자들의 참여가 실질화될 경우, 노동자들의 의사결정이 경제전반에 큰 영향력을 미칠 수도 있다. 이는 공적 연기금을 사회적 공익을 위해 운용하는 '연기금 사회화'론으로 확장될 수 있으며, 최근 국내에서 논의가 시작되는 공적 연기금의 사회적 책임투자(socially responsible investment)도 주요 실험이 될 것이다(오건호 2005).

4) 노동운동의 탈국민국가적 연대 확장

사회공공적 노동운동은 시장전일주의를 추구하는 신자유주의에 대항하는 운동이다. 이러한 반신자유주의운동은 국제주의 연대운동을 요구한다. 1980년대 초반 영미권을 중심으로 발흥한 신자유주의는 1990년대 전후 사회주의권의 몰락에 힘입어 전 지구를 장악하고 있다. 최근에는 국민국가가 외부로 확장된 근대적 '제국주의체제'와 달리 이미 국민국가들은 제국이라는 지구적 차원의 자본주의 네트워크 속의 하위 단위로 전락하여 독자성을 지닌 주체가 아니라는 분석까지 나오고 있다. 이 제국의 네트워크가 지구를 통째로 포섭하고 있기 때문에 제국에는 외부가 따로 없고, 이미 국민국가와 같은 권력중심이 없는 제국이 지구를 포섭하고 있다는 주장이다(조정환 2005).[20]

이제 한국에서 대안노동체제를 모색한다면 반드시 국민국가 수준의 틀을 넘어서는 접근이 요구된다. 지금까지 한국에서 노동체제 연구들은 국민국가

---

20) 이러한 탈근대적 '제국론'은 기존 세계론을 더욱 전 지구적 차원으로 확장한 개념이다. 이는 근대적 국민국가의 틀을 넘어서려는 시도로서 주목할 가치가 있는데, 제국을 넘어서는 주체형성에도 탈근대의 특징을 보여준다. 조정환은 탈근대사회에 이르러 노동이 물질적 생산이던 시절에 행해진 자본의 '실질적 포섭'이 이제는 컴퓨터화·디지털화를 통해 인간의 지적·정신적·정서적 능력을 착취하는 '가상실효적(버추얼) 포섭'으로 전화되었다는 '탈근대적 포섭론'을 제기한다. 이러한 포섭하에서 제국을 넘어설 주체는 네트워크 소통을 통한 저항과정에서 형성될 것이라고 전망된다.

적 틀 안에서 이루어져 왔다. 그러나 이제 대안노동체제 연구는 전 지구적 세계화라는 변화된 정치경제 환경에 주목하지 않을 수 없다. 실제 한국 노사관계에서 국제적 자본운동이 미치는 영향은 어느 때보다도 강력하며, IMF 금융지원 협상과정에서 확인되었듯이, 이로 인한 문제는 종종 국가의 조정 범위를 벗어나기도 한다.

탈국민국가적 연대를 위해서는 우선, 한국노동운동은 지역적(아시아) 차원에서 진보적 대안노동체제를 모색하는 국제연대운동을 추진해야 한다. 아시아지역의 경우, 진보진영의 세력이 약하고, 역사적으로 지역공동체 전통이 취약하여 지역공동전략을 취하기 쉽지 않은 여건에 있다. 그럼에도 최근 중국의 진출, 동남아시아의 경제개발, 남북한 경제교류 등 아시아지역 노동운동이 공동으로 대응해야 할 과제들은 더욱 커지는 상황을 고려할 때, 아시아지역 연대는 미룰 수 없는 과제이기도 하다.[21]

민주노총의 경우, 2003년 여름 동남아시아 4개국(태국, 말레이시아, 인도네시아, 필리핀)의 노동 현황을 파악하고, 각국의 노동조합과 연대활동을 모색하는 현지조사활동을 벌였다.(민주노총 2003). 이러한 성과를 기초로 민주노총은 11월에는 아시아지역 노조연대회의를 개최하여 '아시아 노동운동, 노동조합 운동들 사이의 논쟁을 촉진하고, 교류와 연대를 증진하며, 전투적인 노동조합 운동을 강화하기 위한 네트워크 결성'을 밝히는 공동선언문을 발표하였다. 이를 성과로 관련노동조합들은 이후 아시아지역 노동자 네트워크 구성을 위한 연락사무소를 설치하고, 아시아 지역 노동조합 연대회의를 최소한 2년에 한 번씩 조직할 예정이다. 이러한 움직임들은 아직 충분한 영향력을 지니고 있지는 않지만, 아시아지역에서 노동운동의 국제연대를 향한 의미 있는 시작임에 틀림없다.

---

21) 유럽지역의 EMU는 달러경제체제에 대항하는 측면에서 나름대로의 의미를 갖지만 신자유주의 세계화 조류에 직접 대항할 것으로 보이지 않으며, 남미지역에서 추진되는 경제공동체(south american community of nations)의 경우 논란은 존재하지만 지켜볼 가치가 있다.

6. 맺음말

1987년 노동자 대투쟁을 계기로 형성된 1987년 노동체제는 민주노총을 중심으로 한국 사회에서 노동체제를 독립적 사회영역으로 상승시키는 효과를 낳았다. 그러나 이 노동체제는 기업별체제에 뿌리를 두고, 비정규직 노동자를 포괄하지 못하며, 사회적 갈등을 재생산하는 기제로 작용하는 한계를 지니고 있다. 이 때문에 1987년 노동체제는 불안정성을 내포하는 과도적 체제로 인식되어 왔고, 이를 넘어서는 새로운 대안노동체제 형성의 필요성이 갈수록 강조되고 있다.

이 글은 한국 사회 대안노동체제의 기본방향으로 탈시장화를 설정하고, 발전 전략으로 사회공공적 노동운동을 제안했다. 사회공공적 노동운동은 시장화, 이윤화가 전면화되는 신자유주의에 맞서서 공장 안에 제한되어 있던 의제를 모든 사회구성원의 이해를 대표하는 의제로 사회화하는 운동이다. 이러한 사회공공적 노동운동이 발전하기 위해서는 1987년 노동체제의 한계를 뛰어넘는 조직적 과제들이 요구된다.

[표 6-5] 새로운 대안노동체제 모색 방향

		1987년 노동체제	대안노동체제
전략적 방향	기본방향	노동기본권 확보	탈(脫)시장화
	발전전략	선언적 '노동해방'	사회공공적 노동운동
조직적 과제	주체	정규직 노동자 중심	정규직, 비정규직 노동자의 통일적 주체화
	교섭체제	기업별	산업별, 사회적
	의제	고용조건 의제	사회경제적 의제
	정치세력화	미약	대중적 진보정당
	국제연대	미약	탈국민국가적 연대
	시민사회연대	임의적, 사례별	탈시장화 사회연대

우선 주체의 측면에서 정규직과 비정규직 노동자를 통일적 주체로 형성하는 과제가 놓여 있다. 이제는 노동운동의 주체였던 정규직과 주변으로 밀려나 있는 비정규직 간의 차별을 방치하고는 노동운동이 자신의 정당성을 유지할 수 없는 상황에 이르러 있다. 산업별, 사회적 교섭체제를 구축하는 일도 중요하다. 산업별 교섭체제는 정규직과 비정규직, 대기업과 중소기업의 격차를 뛰어넘기 위해서 반드시 필요한 노사관계제도이며, 국가, 자본, 노동이 균등한 힘을 가지고 실질적인 교섭이 이루어지도록 현행 노사정위원회가 개혁되어 사회적 교섭이 실질화될 필요가 있다. 이러한 산업별 사회적 교섭체제 구축과 함께 기업경영과 국가의 사회경제 영역 의사결정과정에 노동자들이 참여할 수 있어야 한다. 또한 신자유주의 세계화의 진전에 따라 노동운동의 탈국민국가적 연대의 중요성도 커지고 있고, 탈시장화를 매개로 한 시민사회운동과의 연대도 더욱 긴밀해져야 할 것이다.

한국 사회에서 아직도 노사정 관계는 갈등적이며, 대안노동체제를 둘러싼 논의도 활성화되어 있지 못한 상황이다. 하지만 최근 비정규직 의제를 둘러싸고 노사정 간 생산적인 논의가 전개되지 못하고, 노사관계의 기본틀인 산업별 교섭도 도입에서부터 난항을 겪고 있듯이, 기존 노동체제의 유효성은 크게 약화되어 있다. 이제 대안노동체제를 향한 논의가 본격적으로 이루어질 때가 된 것이다.

1987년 노동체제가 태동한지 거의 20년에 이르고 있다. 현재 시점에서 아직까지 1987년 노동체제를 과도적 체제로 부르는 것은 그만큼 안정적인 노동체제의 형성이 어렵다는 사실을 말해 준다. 노동체제가 단기간에 마련될 수 있는 노동정책이나 노사관계제도가 아닌 까닭에 새로운 대안노동체제가 형성되기 위해서는 또 얼마의 시간이 필요할지 아무도 예상할 수 없다. 그러나 문제는 기간이 아니고 방향이다. 미약하지만 사회공공적 노동운동이 우리나라에서 조금씩 기지개를 펴고 있으므로, 이에 의거한 대안노동체제 형성 논의가 노동운동의 새로운 길 찾기에 도움이 되기를 기대한다.

참고문헌

국가인권위원회. 2005. "비정규직 관련 법률안에 대한 의견서". 4월.

금융세계화와한국경제 의원모임. 2005. "창립제안문". 3월.

김 준. 1993. "아시아 권위주의국가의 노동정치와 노동운동 : 한국과 대만의 비교연구". 서울대학교 사회학과 박사학위 논문.

김상곤. 2002. "공공부문 파업과 한국의 노사관계: 기간산업 3개 노조의 '민영화저지 파업'을 중심으로".『사회경제평론』. 19호.

김성구 외. 2003.『사회화와 공공부문의 정치경제학』. 문화과학사.

김유선. 2004. "비정규직 규모와 실태 :통계청, '경제활동인구조사 부가조사'(2004.8) 결과".『노동사회』. 93호.

김윤자. 2000. "한국 공공부문의 특징과 개혁과제".『민주노동과 대안』. 32호.

노사관계제도선진화연구위원회. 2003.『노사관계법·제도 선진화 방안』.

노중기. 1995. "국가의 노동통제전략에 관한 연구 : 1987~1992". 서울대 사회학과 박사학위 논문.

노중기. 1997. "한국의 노동정치체제 변동, 1987~1997년".『경제와 사회』. 36호.

노중기. 2003. "노사정위원회 5년, 평가와 전망".『동향과 전망』. 56호.

앨버트 M. (김익희 역). 2003.『파레콘』. 북로드.

무디 K.(사회진보연대 역). 1999.『신자유주의와 세계의 노동자』. 문화과학사.

민주노동당. 2005.『대기업 하도급 불공정 거래 근절을 위한 토론회 자료집』. 5월 16일.

민주노총. 2000.『노동운동발전전략 보고서』.

민주노총. 각 연도.『사업보고』.

민주노총. 2003.『동남아시아 노동운동 정세 보고서』.

민주노총. 2004.『2004년 민주노총 요구와 과제 해설』.

민주노총. 2005.『2005년 민주노총 요구와 과제』.

박승옥. 2004. "한국 노동운동, 종말인가 재생인가".『당대비평』. 27호.

박태주. 2002. "다시 공공서비스 노조주의를 말한다: 사회운동적 노동조합주의를 위한 시론".『노동사회』. 68호.

송호근. 1991.『한국의 노동정치와 시장』. 나남.

신병현. 2000.『작업장문화와 노동조합』. 현장에서미래를.

오건호. 2003. "기간산업 사유화의 문제점과 공공적 발전 모색".『민주법학』. 23호.

오건호. 2004. "신자유주의시대 사회공공성투쟁의 성격과 의의".『산업노동연구』. 10(1)호.

오건호. 2005. "국내 공적 연기금의 운용현황과 사회적 운용방안 모색: 국민연금기금을 중심으로".『사회적 책임투자 워크숍 자료집』. 3월 26일.

워터만(P. Waterman). 1999. "새로운 사회적 노동조합주의: 신세계질서를 위한 새로운 노동조합 모델". 뭉크 외. 국제연대정책정보센터 역.『지구화시대 전세계 노동자』. 문화과학사.

이광일. 2004. "'왕자병론'의 외피를 쓰고 재생된 '종양론'이라는 유령". 프레시안. 9월

8일.

이종오. 1988. "80년대 노동운동론 전개과정의 이해를 위하여". 한국기독교산업개발원 엮음. 『한국 노동운동의 이념』. 정암사.

임영일. 2003. "신자유주의적 구조조정과 노동체제 전환". 경남대학교 인문과학연구소. 『인문논총』. 17호.

장석준. 2005. "기업지배사회를 넘어 노사관계의 전면 재편이 필요하다". (진보정치연구소 컬럼. 4월 29일).

장석준. 2003. "사회화의 관점에서 본 공공부문과 공공부문 투쟁". 김성구 편. 『사회화와 공공부문의 정치경제학』. 문화과학사.

장홍근. 1999. "한국 노동체제의 전환과 계급정치: 1987~1997". 서울대학교 사회학과 박사학위 논문.

전국금속노동조합. 2005. 『2005년 대의원대회 회의자료』. 3월 9일.

전승철 외. 2005. "투기성 외국자본의 문제점과 정책과제". 한국은행 금융경제연구원.

정이환. 1992. "제조업 내부 노동시장의 변화와 노사관계". 서울대학교 사회학과 박사학위논문.

조정환. 2005. 『제국기계 비판』. 갈무리.

조효래. 2003. 『1987년 이후 노동체제의 변동과 노사관계』. 한국노총중앙연구원.

청와대. 2005. "투기성 외국자본 유입의 영향과 대응방향". 2월.

최장집. 1988. 『한국의 노동운동과 국가』. 열음사.

허재영. 2000. "1990년대 후반 병원노조운동의 특성: 의제 설정과 활동 시각". 서울대 사회학과 박사학위논문.

Bach, S. & Winchester, D. 1994. "Opting Out of Pay Devolution? The Prospects for Local Pay Bargaining in UK public services". *British Journal of Industrial Relations*. Vol. 32. No.2.

Bailey, R. 1996. "Public Sector Industrial Relations". I.J. Beardwell(ed.). *Contemporary Industrial Relations: A Critical Analysis*. Oxford: Oxford Univ. Press.

Burawoy, M. 1985. *The Politics of Production: Factory Regimes Under Capitalism and Socialism*. London: Verso.

Edwards, P. et al. 1992. "Great Britain: Still Muddling Through". in A. Ferner R. Hyman(eds.). *Industrial Relations in the New Europe*. Basil Blackwell.

Hyman, R. 1989. *The Political Economy of Industrial Relations: Theory and Practice in a Cold Climate*. Hampshire: Macmillan.

Kessler, I. 1993. "Pay Determination in the British Civil Service since 1979". *Public Administration*. Vol. 71 Autumn.

Lipietz, A. 1987. *Mirages and Miracle: The Crisis of Global Fordism*. Verso.

Valenzuela, S. J. 1992. "Labor Movements and Political Systems". in Regini(ed.). *The Future of Labor Movements*. Sage.

7

신빈곤 극복의 대안적 복지체제 모형 연구

노대명
(한국보건사회연구원 · 정치학)

1. 들어가며

한국 사회는 1990년대 초 민주화의 진전이 이루어지면서 많은 변화를 경험하였다. 적어도 정치영역에서의 절차적 민주주의는 권위주의적 정치체제의 그것과 비교할 때 진일보한 모습을 보여 왔다. 물론 절차적 민주주의가 정착되어가는 과정에서 다양한 이해관계 집단 간의 갈등을 조율함에 있어 미숙함이 드러나고 있다는 점을 지적하지 않을 수 없다. 이는 민주화 이후의 민주주의가 해결해야 할 또 다른 숙제인 것이다. 달리 표현하면, 민주주의의 내용적 완성 또는 민주적 절차를 통한 사회정책의 재정립의 문제가 남아 있는 것이다.

민주화 이후의 사회에서 각 사회집단 간의 갈등은 정치적 상징보다 일상적 이해관계를 둘러싸고 격화되는 양상을 보인다. 독재와 반독재, 민주와 반민주의 상징적 대결은 점차 각 이해집단 간의 갈등으로 전화되는 양상을 나타내게 된다. 자본과 노동의 대결구도 또한 그 중심성이 분산되는 듯한 경향을 나타내고 있다. 경제영역의 세계화가 안겨준 충격은 산업, 기업, 노동 그리고 가계에 이르기까지 다양한 영향을 미치고 있으나, 그에 대해 일국 차원에서 나타나는 해법의 다양성—신자유주의적 해법과 사회 민주주의적 해법 또는 제3의 길—과 그 선택을 둘러싼 논의는 활성화되지 않는 것이다. 그리고 이는 정치사회체제에 대한 이론과 전략의 빈곤으로 이어지고 있는 것처럼 보인다.

이러한 이론과 전략의 빈곤은 사회정책의 측면에서 매우 심각한 문제를 야기한다. 사회·경제체제에 가해지는 외부압력은 경제양극화와 사회통합성의 해체 등 다양한 위험을 증가시키고 있으나, 이에 대한 내부의 대응전략은 사회적 합의를 토대로 강력하게 추진되지 못하고 문제의 언저리를 맴도는 현상이 발생하고 있는 것이다. 특히 대안적 복지체제의 구축과 관련해서 각 사회세력 간의 담론이 공론 공간 속에서 격돌하여 사회적 합의 또는 국민적 지지를 획득하는 정당화 과정 자체가 원활이 이루어지지 않고 있다는 것이다.

여전히 명확한 입장정리와 그에 따른 논의 활성화가 이루어지지 않는 사안은 크게 다음 세 가지로 정리할 수 있다. ① 경제영역의 세계화와 일국 차원의 정치적 조절의 관계, ② 성장정책과 분배정책의 관계에 대한 사회적 합의, ③ 수 십 년간의 복지공백기를 해소할 수 있는 이행기 전략의 문제가 그것이다. 경제영역의 세계화와 관련해서 국가는 기업의 대외경쟁력을 강화하기 위해 내부의 산업 간·기업 간 양극화를 감수해야 하는가. 도태되는 산업과 기업을 정리하는 것은 가능한가. 경제성장이 이루어지면 낙수효과 (trickle down effect)에 따라 그 결실이 사회 각 계층에 흘러내려 분배구조가 개선된다고 주장할 수 있는가. 끝으로 지난 수 십 년간 방치해 왔던 복지정책이 야기하는 빈곤과 배제의 문제를 해소하기 위해 복지지출을 빠른 속도로 확대하기 위한 전략은 시대착오적인 것인가.

이러한 질문은 뒤에 구체적으로 논의할 방법론적인 문제의 전제에 해당되는 것이다. 따라서 이 글은 먼저 한국의 복지체제가 외국의 복지체제와 비교할 때 어떠한 복지체제인가를 살펴보고, 현재 한국 사회보장체계가 직면한 문제와 향후 과제를 분석함으로써 대안적 복지체제에 대해 언급하고자 한다.

2. 복지체제에 대한 이론적 검토

1) 개념 정의에 대해

복지체제, 복지국가란 무엇인가, 그리고 이 두 개념은 어떠한 관계를 갖는가. 먼저 복지국가는 '국가'가 복지기능을 수행하는 방식, 특히 그 제도적 구성체로 이해할 수 있다. 달리 표현하면, 전후 자본주의 국가의 생산체계와의 관련성하에 분배체계를 특징짓는 '하나의 제도'(a principal institution)로, 나라마다 경제환경, 정치세력관계, 역사·문화적 전통 등에 따라 상이한 형태를 나타내고 있다. 반면에 복지체제는 복지국가의 다양한 특성을 재범주화 또는 유형화한 상위의 개념으로 상대적으로 추상화 수준이 높은 개념이다(Goodin et al. 1999). 복지체제란 복지국가의 다양성을 관통하는 하나 또는 몇 개의 논리, 또는 그 이념형이라고 정의할 수 있는 것이다. 이 점에서 각 국가들은 '복지국가의 체제들'(welfare-state regimes) 또는 '복지자본주의의 세계들'(worlds of welfare capitalism) 중 하나로 유형화된다. 그리고 그것은 복지정책에 의한 소득이전부문(transfer sector) 외에도 자본주의 경제의 생산부문(productive sector)을 포괄하는 개념으로 이해되기도 한다(Esping-Andersen 1999, 79).

결국 복지체제는 생산체제와 더불어 사회체제를 특징짓는 중요한 요소

중 하나이다. 그렇다면 복지체제란 구체적으로 무엇을 지칭하는가. 복지체제는 다음 네 가지 요소가 결합한 구조물로 이해할 수 있다. ① 국가의 사회정책과 프로그램의 형태: 사회부조와 사회보험 그리고 현금·현물급여의 배분방식(보편적 시민권에 기초한 보편주의 방식 여부), ② 복지공급의 역할분담 형태: 국가, 시장, 가구 간의 복지공급에 대한 책임의 분배방식, ③ 복지제도의 성과: 가구의 생활수준이 노동시장에서 그들이 차지하는 위치와 독립되어 보장되는 정도, 즉 탈상품화 정도, ④ 복지제도의 계층화 성과: 복지제도가 사회 내의 불평등, 이해관계, 권력을 생산하는 방식과 정도, 그리고 시간적으로 복지체제를 재생산하는 방식이 그것이다(Esping-Andersen 1999).

2) 복지국가 성장에 대한 두 이론

최근 복지체제의 유형과 결정요인에 대한 정책적, 학문적 관심이 증가하는 상황에서 이러한 논의가 어떻게 발전되어 왔는지 살펴볼 필요가 있다. 적어도 제2차 세계대전 이후 약 30년간의 번영기는 복지체제의 다양한 경로와 형태에 대한 관심보다 어떠한 이유에서 복지국가가 발전하고 있는지를 설명하는 보편적 이론이 주류를 형성하고 있었다. 실제로 복지국가의 발전기를 지배했던 주요한 이론으로는 기능주의와 갈등이론(또는 마르크스주의)을 들 수 있다. 기능주의란 생산력 변화의 역할을 강조하는 산업주의 논리(the logic of industrialism)로 귀결되고, 갈등이론은 생산관계 변화의 역할을 강조하는 자본주의 논리(the logic of capitalism)로 귀결되었다. 그리고 이 두 이론은 복지국가의 성장을 설명하는 보편적 논리 또는 법칙으로 자처하였다. 이 점에서 이들을 거대담론이라고 간주하는 경향이 존재하는 것이다.

물론 이러한 거대담론의 존재는 당시의 정치경제적 환경과 밀접한 관련이 있었다. 정치적 냉전은 서구 국가들로 하여금 현실사회주의국가에 맞서 복지정책을 강화해야 할 필요성을 확인시켜 주었으며, 그것은 자본주의적 산업화가 진행됨에 따라 자연스럽게 복지국가가 발전하게 된다는 논리를 주장하게 하였다. 이는 1950년대~1970년대 후반까지 사회지출의 빠른 증가세가 거의 모든 서구 국가에서 공통적으로 나타났다는 점에서 나름대로의 정당성을 가질 수 있었다. 반대로 좌파진영에서는 복지국가의 성장이 축적체제를 유지하기 위한 정치적 선택 또는 조절기제의 선택에 불과하다고 비판하였다. 따라서 케인즈주의적 복지국가는 축적체제의 변화가 도래하는 경우 심각한 모순에 빠져 축소지향성을 나타내게 될 것이라고 주장하였다.

먼저 산업주의의 논리는 경제성장이 복지국가 발전의 토대이자 결정요인이라는 점을 강조하였다. 이는 경제성장이 거의 자동적으로 복지지출의 증가와 복지국가의 발전을 가져온다는 것으로, 초기 복지국가 논쟁에서 지배적 위치를 점유하고 있었던 것처럼 보인다. 산업화는 농업사회의 전통적 안전망의 해체를 초래하고, 임금노동에 대한 의존성의 증가는 실직계층에 대한 국가의 보호를 필요로 한다는 점에서 복지국가의 발전원인을 찾는 것이다. 그리고 이러한 초기의 거친 발전주의는 1970년대 중반에 이르러 약간의 수정을 경험하게 된다. 참고로 윌런스키(Wilenski 1975)는 복지국가의 발전에 영향을 미치는 요인을 '인구학적 변화를 매개로 한 경제성장'이라고 주장하고 있다. 이는 경제성장 외에 복지지출의 증가 또는 복지국가의 발전을 규정하는 핵심요인이 바로 고령화라는 것이다. 하지만 이러한 주장에 대해 복지국가의 발전이 정치적 선택이나 정치적 세력관계에 의한 것으로 아니라 객관적인 사물의 힘 또는 구조변화에 의한 것이었음을 강조하고자 하는 의도가 숨어 있었다는 비판 또한 존재한다.

이어 자본주의의 논리는 복지국가의 성장이 자본축적의 여건을 마련하고 이를 정당화하는 두 개의 모순적 논리에 기초하고 있음을 강조한다. 대량생산과 수요관리에 기초한 완전고용을 특징으로 하는 포드주의적 축적체제와 사회적 갈등에 대한 조절기제 또는 정당화 기제로서 케인즈주의적 복지국가가 서로 긴장관계를 유지하며 하나의 체제를 형성하였다는 것이다(C. Offe 1972; J. O'Connor 1973).[1] 물론 당시 좌파진영 내에도 다양한 이론이 공존하고 있었다: ① 경제의 일차성(primacy of the economic)을 강조하는 경향, ② 정치의 상대적 자율성(relative autonomy)을 강조하는 경향, ③ 정치의 일차성(primacy of the political)을 주장하는 경향이 공존하고 있었던 것이다. 하지만 1970년대 중반까지도 좌파의 정치세력과 공식철학은 여전히 경제의 일차성을 강변하고 있었다. 따라서 대부분의 좌파이론은 그러한 제약을 우회하는 방식으로 다양한 사회체제의 출현을 설명하려고 시도하였다.

이처럼 기능주의와 갈등이론은 20세기 중반 복지국가의 성장 또는 복지체제의 형성을 설명하는 대표적 두 이론이었다. 하지만 1980년대 이후 왜 각국의 복지체제가 서로 다른 경로를 거쳐 상이한 형태로 발전하고 있는지 설명하기에는 어려움이 있었다. 이 점에서 1990년대 이후 복지체제를 설명하는 새로운 이론들이 출현하게 된다. 기능주의와 갈등이론이 전제하는 경제의 일차성으로 다양한 복지체제의 발생을 설명할 수 없는 이상, 우파이론과 좌파이론 내부의 변화는 불가피했던 것이다(J. Torfing 1998).

3) 복지국가에 대한 보편적 이론의 갱신

복지국가에 대한 보편적 이론은 1970년대 이후 점진적으로 복지체제를 구성하는 다양한 요소 간의 복합적 결합방식에 주목하는 새로운 논의가 시작되었다. 연구의 흐름은 다양한 복지체제가 형성되는 이유를 규명하는 쪽으로 이동하게 된다. 왜 복지국가가 성장할 수 있었는가에 대한 질문보다

---

1) 물론 좀 더 비판적인 시각에서 본다면, 서구 자본주의 국가는 구 식민국가를 대상으로 잉여를 창출하고 내부적으로 이를 재분배하는 계급적 타협을 이룰 수 있었다고 말할 수 있다. 이러한 의미에서 서구 복지국가는 생산체계의 변화와 구 식민국가의 조직화된 저항에 직면하는 경우 위기에 도래할 위험성을 내포하고 있었다는 것이다. 실제로 1970년대 오일쇼크와 축적체제의 급속한 변화는 서구 복지국가에 매우 큰 영향을 미쳤던 것으로 판단된다.

왜 복지국가가 그처럼 다양한 경로를 거쳐 상이한 발전수준에 도달하였는가를 규명하는 작업이 더 중요한 현안으로 부각된 것이다(J. Myles & J. Guadagno 2002, 35).

그리고 다양한 경로를 거쳐 상이한 유형의 복지국가가 나타나게 된 원인을 설명하는 이론적 흐름은 정치의 일차성(primacy of politics) 또는 정치의 상대적 자율성에 주목하지 않을 수 없었다. 이러한 변화는 좌파진영에서는 권력자원 이론(Power Resource Theory)이나 포스트-포드주의 이론(Post-Fordism)의 형태로 나타났고, 좌파이론에 대한 견제의 역할을 담당했던 것은 신제도주의(New Institutionalism)로 구체화되기에 이르렀다.

신제도주의는 경로의존성(path dependancy), 감금효과(lock in effect), 선거의 우연성(electoral hazards)에 주목하며, 정치세력보다 정책을 집행하는 집단(agents)의 역할에 주목한다(P. Pierson 1994). 콕스(R. Cox)는 스칸디나비아 복지국가에 대한 연구에서 경로의존성의 개념을 적용하여, 이들 국가에서 스칸디나비아 모델이라는 이념이 복지정책 결정과정에 강하게 영향을 미치고 있다는 점을 지적한다. 이는 정책적 변화가 존재하더라도 이러한 모델과의 일관성을 유지하려는 경향이 존재한다는 것을 의미한다(R. Cox 2004). 그리고 이러한 접근법은 유사한 맥락에서 에스핑-앤더슨의 복지체제 유형화를 비판하는 흐름과 조우하기도 한다. 카스자(G. J. Kasza)는 복지체제 유형화 작업이 현실에서 갖는 정책적, 이론적 함의가 취약하다는 점을 비판하고 있다. 그리고 복지체제의 누적적 성격, 다양한 복지영역에 있어 정책의 다양한 역사, 서로 다른 정책적 행위자들의 개입, 정책결정과정의 이질성, 외국모델의 영향 등을 종합적으로 고려한 '정책적 특수성에 초점을 둔 비교분석'(policy-specific comparaisons)이 이루어져야 한다는 점을 강조하고 있다(G. J. Kasza 2002).

좌파이론은 내부적으로 크게 두 가지 방향으로 분화 · 발전하는 경향을 보인다. 먼저 권력자원이론(Power Resource Theory)은 좌파정당의 존재와 노동조합의 적극적인 역할 등이 복지체제 성장에 중요한 요인으로 작용한다는 점을 강조한다(J. Jenson & D. Saint-Martin 2002). 권력자원이론의 대표주자라 할 수 있는 코르피(W. Korpi)에 따르면, 복지국가는 민주주의하에서 노동계급의 세력관계와 좌파정당의 존재 등에 의해 발전방향이 변화하게 된다는 것이다(W. Korpi 1978). 그리고 또 다른 이론으로는 포스트-포드주의론을 들 수 있다. 이를 주장하는 대표적 이론가인 제숍(B. Jessop)은 1980년대 이후 포드주의적 축적체제가 포스트-포드주의적 축적체제로 이행함에 따라 케인주주의적 조절기제 또한 그 토대를 잃고 슘페터리안 근로연계복지국가로 이행하고 있다고 주장한다. 그에 따르면, 슘페터리안 근로연계복지국가는 개방경제체제하에서 국가경쟁력을 강화하기 위해 공급측면을 강조하는 정책을 의미하며, 사회정책이 노동유연성과 국제경쟁력 강화의 담론에 종속되는 특성을 갖는다. 그리고 케인즈주의적 복지국가(KWS)에서 슘페터리안 복지국가(SWS)로 이행하는 과정에서 조합주의적 성향과 국가주의적 성향 등 다양한 경로가 존재할 수 있다는 점을 지적하고 있다(B. Jessop 1994).

4) 복지체제의 유형화 이론

복지체제 유형화를 둘러싼 본격적인 논의는 1990년 에스핑-앤더슨을 통해 시작되었다. 하지만 이러한 논의 또한 1990년에 갑자기 시작되었던 것은 아니다. 따라서 다양한 형태의 복지체제를 유형화하려는 시도는 초기 연구부터 검토할 필요가 있다.

복지체제 유형화 작업의 시초라 할 수 있는 연구로는 윌런스키와 르보(Wilensky & Lebeaux 1958)의 연구를 들 수 있다. 이들은 복지국가 유형화와 관련해서 잔여적 모델(residual model)과 제도적 모델(institutional model)로 구분하였다. 그리고 복지체제에 대한 고전적 연구로는 티트머스(Titmuss)의 연구(1974)를 들 수 있다. 그는 복지체제의 이념형을 세 가지로 구분하고 있다. 그것은 잔여적 복지모델(residual welfare model), 산업적 성과·효율성 모델(industrial achievement-performance model), 그리고 제도적 재분배 모델(institutional-redistributive model)이다. 이 세 모델 중 잔여적 복지모델은 개인 또는 개인의 사회적 네트워크가 사회적 위험에 대한 일차적 책임을 져야 하는 복지체제로서, 산업적 성과·효율성 모델은 정부가 시민들의 시장소득을 보장하는 기능을 강조하는 복지체제를 지칭한다. 즉, 국가의 복지정책은 시장을 통한 사회보장을 보완하는 역할에 국한해야 한다는 것이다. 끝으로 제도적 재분배 모델은 급변하는 사회환경 속에서 개인의 복지에 대한 집단적 책임성을 강조하는 복지체제를 지칭한다. 이는 시장이 제공하는 복지기능에 만족하지 않고 그 이상을 보장해야 한다는 것이다.

하지만 1990년대 초반 복지체제 유형화 작업과 관련해서 가장 영향력 있는 연구는 에스핑-앤더슨의 1990년 저작이라고 말할 수 있다. 특히 기존의 분류기준에서 한 걸음 더 나아가 탈상품화(de-commodification)를 새로운 기존으로 끌어들였다는 점은 매우 신선하게 수용되었다. 그는 서구 국가들의 복지체제 또는 복지국가체제를 크게 보수주의체제(conservative regime), 자유주의체제(liberal regime), 사회민주주의체제(social democratic regime)라는 세 가지 유형으로 구분하였다. 그리고 이러한 유형구분에 사용한 지표는 탈상품화, 계층화, 국가와 시장의 역할, 후기 산업사회 고용 등을 들 수 있나 (G. Esping-Andersen 1990). 이 연구는 복지체제를 정의함에 있어 다양한 요인을 종합적으로 고려하고 있으며, 그 요인에 대한 계량화 작업의 토대를 제공하고 있다는 점에서 이론석으로 매우 중요한 의미를 갖는다.

그리고 각 복지체제는 다음과 같은 특성을 갖고 있는 것으로 설명된다. 먼저 자유주의적 복지체제는 시장의 역할이 중심적이며, 가족과 국가의 역할은 주변적이다. 그리고 복지국가에서 연대의 방식은 개별적이며, 그것은 시장을 통해 이루어지므로, 탈상품화의 정도는 미약하다는 특징을 보인다.

이를 대표하는 국가로 미국을 들 수 있다. 이어 사회 민주주의 복지체제는 국가의 역할이 중심적이며, 복지국가의 연대방식은 보편적이고 그것은 국가를 통해 이루어지며 탈상품화의 정도 또한 크다. 이러한 복지체제를 대표하는 국가로는 스웨덴을 들 수 있다. 끝으로 보수적 복지체제는 가족의 역할이 중심적이며, 시장과 국가의 역할은 보조적인 경향을 보인다. 그리고 연대방식에 있어서도 연(緣)조합주의가 강하게 나타나며, 가족을 단위로 연대가 이루어지고 역설적으로 탈상품화의 정도 또한 높게 나타난다. 이러한 복지체제를 대표하는 국가로는 독일과 이탈리아 등을 들 수 있다.

[표 7-1] 에스핑-앤더슨의 복지체제 특성 분류

	자유주의적	사민주의적	보수적
주체의 역할 :			
－가족	주변적	주변적	중심적
－시장	중심적	주변적	주변적
－국가	주변적	중심적	보조적
복지국가 :			
－연대의 방식	개별적	보편적	연(緣) 조합주의
－연대의 중심	시장	국가	가족
－탈상품화 정도	최소주의적	최대주의적	높음
해당 국가	미국	스웨덴	독일, 이탈리아

자료: G. Esping-Andersen. 1999.

에스핑-앤더슨의 복지체제 유형화 작업은 다양한 복지체제의 저변에서 좀처럼 드러나지 않는 논리적 흐름을 포착하게 한다는 점에서 중요한 의미를 갖는다. 하지만 이것이 다양한 복지체제가 갖는 특성을 충분히 반영하고 있는가에 대해서는 이견이 존재한다. 그리고 이러한 이견은 1999년 에스핑-앤더슨의 논리적 방어에도 불구하고 지속적으로 제기되고 있다. 물론 에스핑-앤더슨의 유형화론을 지지하는 연구자들은 복지체제의 세 가지 유형이

다양한 혼합형 복지체제(hybrid regime)를 포괄 또는 관통하고 있다는 점을 강조하고, 이를 비판하는 연구자들은 그가 정의하는 복지체제의 세 가지 유형이 이론적, 실천적으로 많은 한계를 갖고 있다는 점에서 이를 보완해야 한다고 주장한다.

아트와 길리슨(Art & Gelissen 2002)은 에스핑-앤더슨의 복지체제 유형화가 갖는 한계를 지적하고 새로운 복지체제 유형화를 제안하는 다양한 연구자들의 주장을 정리하고 있다. 두 저자가 지적하는 에스핑-앤더슨의 복지체제 유형화가 갖는 문제점은 지중해형 복지체제를 저성숙된 대륙형 복지체제로 단순화하고 있다는 점, 호주를 자유주의 복지체제로 분류하고 있다는 점, 사회정책에서의 성(gender)의 문제를 간과하고 있다는 점 등이다. 혼합형 복지체제로서 네덜란드와 스위스의 사례 또한 좀 더 세밀한 분석이 필요한 부분이며, 동아시아 국가의 복지체제에 대해서도 적절한 유형화를 제안하지 못하고 있다는 점을 들 수 있다(A. Croissant 2004; H. J. Kwon 2005). 물론 1999년의 저작을 통해 복지체제 유형화에 있어 가족 또는 사적 연계망의 역할을 강조하는 수정을 가하고 있지만 설득력이 크게 보완되는 것처럼 보이지 않는다.

실제로 에스핑-앤더슨의 복지체제 군(群)에 배치된 국가들은 다른 연구자에 의해 상이한 복지체제로 분류되는 경우를 발견할 수 있다. 이는 복지체제 유형화 작업이 이론화 작업으로서 개별 국가의 복지체제를 명확하게 규정하고 그에 따라 발전방향을 모색하는 데 그리 유용하지 않을 수 있다는 것을 암시한다.[2] 수십 개의 지표의 값을 더해 나타난 총량을 기준으로 복지체제를 정의하는 작업은 복지기능의 양적 수준이 동일하더라도 목적이나 실질적

---

[2] 복지체제 유형화 작업이 경험적 분석에 있어 견고한 것인지에 대해서도 이견이 제시될 수 있을 것이다. 연구자에 따라 사용하는 지표와 자료 그리고 분석방법이 다르다는 것은 복지체제 유형화 논의가 갖는 한계를 잘 말해준다. 특히 분석방법과 관련해서 연구자에 따라 Cluster analysis, Factor analysis, Principal component analysis 등 상이한 방법을 사용하고 있는 것도 고려해야 할 부분이다.

인 함의가 다른 국가를 동일 복지체제로 분류하는 문제점을 나타내기 때문이다.

[그림 7-1]은 ECHP자료를 토대로 분석대상 국가를 11개로 통제하여 동일한 복지체제 집단(cluster)으로 묶는 경우, 각국이 해당 집단의 기준선과 갖는 거리를 나타낸 것이다. 이 그림은 복지체제의 58개 지표를 두 가지 특성으로 유형화한 뒤 평면 위에 배치한 것이다. 한 축(x)은 잔여·비잔여적 특성을

[그림 7-1] 복지체제의 3가지 집단에 대한 서구 11개국의 관계

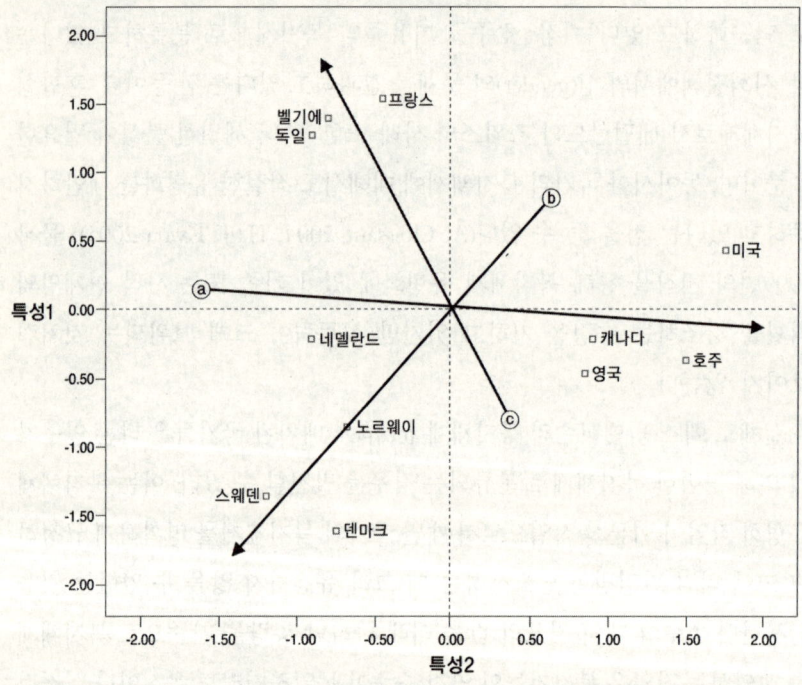

자료: J. M. W. Schut et. al.. 2000에서 인용.

나타내는 지표의 점수를, 다른 한 축(y)은 비스마르크 체제인가 보편적 체제인가를 구분해 주는 지표의 점수를 나타내도록 한 것이다. 먼저 x축에 따라 자유주의 복지체제와 사회민주주의/조합주의 복지체제가 좌우로 갈라지고,

이어 y축에 따라 비스마르크체제의 특성을 가진 조합주의 복지체제와 보편주의적 특성을 가진 사회민주주의 복지체제가 상하로 갈라지게 된다. 참고로 조합주의 복지체제와 사회민주주의 복지체제를 구분하는 구체적인 내용은 사회보장체계가 보편주의적 성격을 갖는지, 여성의 고용율이 높은지, 사회서비스부문의 고용비중이 높은지에 따른 것이다(J. M. W. Schut et. al. 2000).

이 그림에서 주목해야 할 점은 네덜란드가 기준선 b 및 c와 갖는 거리이다. 이는 일차적으로 에스핑-앤더슨이 사회민주주의 복지체제로 규정한 네덜란드가 이 양 복지체제와 갖는 거리가 간과할 수 없는 크기라는 점이다. 마찬가지로 미국이 캐나다, 영국, 호주 등 자유주의 복지체제로 구분되는 일군의 국가들과 갖는 거리 또한 작지 않다는 점에 주목해야 할 것이다.

3. 한국 복지국가 성격 규정을 위한 논의

한국 복지체제와 관련된 논의를 전개하기 위해서는 앞서 언급했던 서구의 복지체제 유형화론과 일정한 거리를 유지할 필요가 있다. 이러한 맥락에서 동아시아 복지체제에 대한 최근 연구결과를 비판적으로 정리하고, 외환위기 이후 우리 사회 내부에서 진행되었던 복지국가 성격논쟁을 살펴보며, 한국 복지체제를 분석하기 위한 방법론 보완방안을 제안할 것이다.

1) 동아시아 복지체제론의 특성

이 글의 관심사인 한국의 복지체제를 정의하는 작업은 최근 서구와 동아시아 복지체제에 대한 논의를 검토하는 것에서 출발할 필요가 있다. 에스핑-앤더슨의 복지체제 유형화 논의에서 일본의 사례는 매우 단편적으로 다루어졌으며, 비서구권 국가는 진지한 고려대상으로 간주되지 않았다. 더욱이 서구의 관점에서 동아시국가의 복지체제를 다룬 많은 글 또한 매우 조악한 수준의 분석을 시도하는 경향이 있다. 실제로 일부 연구는 동아시아 각국의 복지체제를 유형화함에 있어 실증적 논거가 충분하지 않을 뿐 아니라, 복지체제에 대한 종합적인 평가를 하지도 못하고 있는 것처럼 보인다.

동아시아 사회체제에 대한 추상적 논의는 복지체제 문제 외에 동아시아 발전모델에 대한 평가와 관련해서도 나타나고 있다. 동아시아 발전모델은 그 자체로 엄밀한 과학적 분석의 대상이기보다 정치적 구성물이라는 특성을 갖는다. 이 모델은 시기에 따라 성공적인 발전모델 그리고 비효율적인 발전모델로 간주되는 편리한 구성물이었다. 동아시아 발전모델을 특징짓는 유교적 가치체계, 공동체 의식, 개인의 근면성, 높은 교육열, 국가의 적극적인 경제개입 등은 아시아 경제 위기 이전까지만 해도 국제금융기관 등에 의해 새로운 성장모델 또는 저발전국이 배워야 할 모델로 선전되었다. 하지만 아시아 경제 위기 이후 이 모든 가치는 위기를 초래한 원인으로 폄하되었다. 그리고 세계화 논리 또는 글로벌 스탠더드(global standards)로 포장된 신자유주의 정책은 이러한 가치를 비합리적 잔재로 공격하기에 이르렀다. 그러나 이 간극에 대한 설명은 어디에서도 찾아보기 힘든 실정이다.

여기서 주목해야 할 점은 많은 서구학자들이 동아시아 국가들의 사회체제를 규정함에 있어 기존 서구사회의 거대담론을 중심에 놓고 매우 편리한 방식으로 접근하고 있다는 것이다. 단적인 예로 '아시아적 생산양식'에 대한 서구학자들의 논쟁은 비서구사회의 발전양식을 서구 중심적 거대담론에 짜 맞추거나, 과학적으로 설명하기 힘든 것으로 신비화하는 양극단으로 치우친 측면이 있었다. 동아시아 국가들을 거대담론의 틀에 맞추기 힘들다고 주장하는 논자들에게서 나타나는 경향은 때로는 정치의 과잉으로, 때로는 문화의 과잉으로 동아시아 사회체제를 규정하려 한다는 점이다. 사회과학에서 비트포겔(K. Wittfogel)의 동양전제주의(Oriental Despotism)가 수력관리에 따른 전제정치의 출현이라는 도식주의를 서구에 전파했던 것이 좋은 사례이다.

이러한 맥락에서 동아시아 복지체제론 또한 편의에 따라 과도한 단순화나 제4의 복지체제 등으로 '내쳐지는' 문제에 직면할 수 있다. 실제로 1990년대 이후 서구 학자들은 동아시아국가의 복지체제를 '동아시아 복지모델'(the East asian welfare model)이나, '유교주의 복지체제'(confucian welfare cluster)나, '보수적 복지국가체계'(conservative welfare state system) 등으로 정의되고 있다(C. Jones 1993; R. Goodman et al. 1996; Ka Lin 1999; Ch. Aspalter 2001). 하지만 동아시아 복지체제론은 각국의 정치체제, 민주화, 복지제도의 포괄범위와 특성 등을 종합적으로 고려한 유형화를 시도하기보다 자의적 해석을 통한 유형화에 그치는 경우가 많았다.

그리고 이는 에스핑-앤더슨의 복지체제 유형화 속에서도 혼합형 복지체제 등으로 치부되는 경향을 나타내기도 하였다. GDP 대비 사회지출 수준, 사회보험 및 각종 복지제도의 보장범위(coverage)와 보장수준, 소득불평등도와 빈곤율 등을 고려할 때, 동아시아 각국은 기존 복지체제 유형론의 고려대상인 서구 국가들과 비교해서 복지체제 지도상의 어느 지점에 위치하는지 명확하게 설명하기 힘들다. 아스펠터(Ch. Aspalter)가 지적하고 있는 것처럼, 에스핑-앤더슨의 복지국가 유형화론 또한 '복지국가의 최소한의 기준'이 무엇이며, 동아시아 국가들은 어느 지점에 위치하는지 설명할 수 있는 논거가 취약한 것이다(Ch. Aspalter 2001).

물론 서구 학자들의 연구결과에서 시사점을 얻을 수 없는 것은 아니다. 이안과 폴(Ian Holliday & Paul Wilding)의 연구는 동아시아 복지체제에 대한 논의와 관련해서 상대석으로 보다 종합적인 이해를 시도하고 있는 것처럼 보인다. 그들은 싱가포르, 홍콩, 대만, 한국의 복지체제를 정책과정, 규제, 공급, 재원 등 네 가지 측면에서 비교하여 몇 가지 결론을 도출하고 있다. 그것은 이들 국가에게서 다음 여섯 가지 공통점이 발견된다는 것이다: ① 정치적 목적의 중시, ② 경제발전과 완전고용을 통한 복지의 대체, ③ 생산적 복지의 우위, ④ 서구 복지국가에 대한 비판여론의 조성, ⑤ 가족의 역할 중시, ⑥ 행정을 통한 정치의 흡수가 그것이다. 그리고 이러한 특성을 가진 동아시아 복지체제가 세계화의 충격에 반응하는 양상 또한 흥미롭다는 점을 지적하고 있다. 즉, 세계화는 동아시아 복지제도를 강화하고, 복지축소에 대한 대중적 저항을 강화하는 경향을 나타내고 있다는 것이다(Ian Holliday & Paul Wilding 2003).

좀 더 구체적으로 설명하면, 동아시아 국가에서 복지는 권위주의체제를 정당화하기 위한 도구로 전락한 측면이 강하다는 것이다. 저자들은 박정희 정권 등 각국의 정권이 복지제도—1963년의 공무원보험제도 도입, 1980년대의 복지제도 개편 등—를 도입하거나 강화한 배경에는 정치불안을 해소하기 위한 목적이 강하게 작용한 것으로 간주하고 있다. 또한 경제성장과 완전고용이 복지를 대체할 수 있다는 주장이 사회여론을 지배하는 경향을 나타내고 있다는 점을 들고 있다. 그리고 이는 복지제도가 충분히 성숙하지 않은 상황에서 생산적 복지론이 맹위를 떨치게 된 배경이라는 것이다. 또 한 가지 흥미로운 지적은 동아시아 국가가 경제정책에 있어 미국을 통해 신자유주의의 영향을 강하게 받고, 유럽 복지국가의 위기에 대한 담론이 과도할 정도로 폭넓게 확산되었다는 것이다. 그리고 국가의 역할 또한 자원의 동원과 배분보다 규제와 권위배분을 중심으로 구성되어 있어 유럽국가들과 달리 복지기능 강화를 위한 자원배분에 제약이 크다는 점을 지적하고 있다(Ian Holliday & Paul Wilding 2003).

이제 국내에서도 많은 반향을 불러일으켰던 '유교주의 복지체제'에 주목하지 않을 수 없다. 대부분의 동아시아 복지체제론이 '정치의 우위'에 초점을 두고 있는 것에 비해, 유교주의 복지체제론은 동아시아 사회를 특징짓는 가족문화와 그것에 기초한 사적 안전망의 역할에 주목하고 있다. 이는 남부 유럽국가들의 복지체제와 문화구조를 설명할 때, 사용되는 연고주의(Clientalism) 개념과 크게 다르지 않다. 물론 이는 복지체제의 다양성을 설명하는 중요한 접근법 중 하나로 이해되어야 한다. 그러나 유교주의 문화와 가족의 역할에 대한 지나친 강조는 최근 이들 국가에서 나타나고 있는 인구·가족구조의 변화를 간과할 위험성을 안고 있다. 즉, 단독가구의 증가와 개인주의 문화의 발달, 사적 안전망의 기능약화 등은 동아시아 복지체제가 해결해야 할 과제로 부각되고 있기 때문이다.

동아시아 복지체제에 대한 실증적·종합적 비교분석 또한 여전히 많은 한계에 직면해 있다. 먼저 데이터의 부족 문제 외에도 그 신뢰성과 합치성의 측면에서 한계가 존재한다는 점을 지적해야 할 것이다. 하지만 더욱 심각한 문제는 비서구국가의 복지체제 유형화를 가능하게 하는 좀 더 보편적이고 정치(精緻)한 방법개발이 미흡하다는 것이다. 실제로 구흐(I. Gough 2000a)는 에스핑-앤더슨의 유형화 방식을 적용하여 한국을 비롯한 동아시아 6개국 복지체제의 특성을 분석한 바 있다. 하지만 그가 동아시아가 아닌 동남아시아 국가들과 한국을 비교하고 있다는 점에서 출발단계에서 많은 한계를 가지고 있다. 그 결과 이들 국가 모두를 동일국가 집단(cluster)으로 분류하였지만, 한국과 기타 국가 간의 편차가 매우 크게 나타나는 문제가 발생하였다. 반대로 동아시아 국가를 한국, 일본, 대만, 싱가포르, 홍콩 등으로 비교적 정확하게 설정한 경우에도 실증자료가 매우 취약하거나, 비교분석보다 개별 국가에 대한 분석의 나열이 대부분을 차지하였다(Ch. Aspalter 2001; H. J. Kwon 2005).

이러한 이유에서 동아시아 복지체제에 대한 연구는 무엇보다 먼저 내부로부터의 연구, 그리고 의식적이든 무의식적이든 기존의 서구 중심적 복지체제 유형론에 대한 비판에서 출발할 필요가 있다. 이어 복지체제와 생산체제의 관계를 새롭게 재구성하는 작업에 주목할 필요가 있다. 극단적으로 경제결정론의 입장을 수용하거나 문화주의적 관점을 택하는 것은 분석의 엄밀성을 강화하는 데 심각한 장애를 야기할 수 있다는 점을 고려해야 하는 것이다. 또한 복지체제 논의와 관련해서 제도적 구성의 보편성과 특수성(또는 경로의존성)을 고려한 연구를 추진할 필요가 있다. 그리고 이는 방법론적으로 각국 사회보장체계 간의 공통점과 수렴현상을 과대평가하는 경향과 국가별 예외성을 과대평가하는 경향 사이에서 '중범위적 비교분석 방법'(middle-range comparative approach)을 채택할 필요가 있다. 아울러 이는 기존 서구 복지체제 유형화 작업이 가진 한계를 넘어서 경제체제와 복지체제의 관계를 재설정하고, 제도적 층위에서 복지국가의 제도구성체계를 개편하는 논의로 발전해야 한다는 것을 의미한다. 끝으로 최근 추진되고 있는 동아시아 지역 내 연구자 간의 지속적인 교류와 협동연구는 동아시아 복지체제에 대한 연구를 일정 수준까지 발전시킬 수 있을 것이다. 하지만 동아시아 복지체제 연구는 동 지역 내 국가의 복지체제를 평가할 수 있는 지표에 대한 정보수집 문제, 그리고 경제발전 수준의 큰 격차를 넘어선 유형화 작업의 어려움 등을 고려할 때, 적어도 당분간 개별 국가차원의 접근이 불가피할 것으로 여겨진다.

2) 외환 위기 이후 한국 복지국가 성격논쟁

한국 복지체제에 대한 논의는 외환 위기 이후 본격화되기 시작하였다. 그것은 동아시아 발전모델의 위기를 둘러싼 논쟁이 가속화되고, 복지정책 강화 필요성에 대한 인식이 확산됨에 따라 매우 급속하게 이루어진 측면이 있다. 즉, 복지정책을 강화해야 할 시점에 현재 한국 복지국가의 성격은 어떠하고 그 발전방향은 어떻게 설정해야 하는지에 대한 명확한 인식과 사회적 합의가 필요했기 때문이다. 이 과정에서 한국 복지국가체제를 둘러싼 일련의 논쟁이 있었다. 하지만 한국 복지국가 성격논쟁은 우리 사회가 에스핑-앤더슨의 서구 복지체제의 세 가지 유형 중 어느 것에 해당되는지에 초점을 맞추는 경향이 있었다(김연명 편 2002).

하지만 서구 복지체제 유형에 초점을 둔 성격논쟁은 다소 공허한 것이었다. 이는 서구 학자들에 의한 논의 자체가 갖는 방법론적 진지함의 결여와 밀접한 관련이 있다. 단적인 예로 에스핑-앤더슨의 유형화 작업은 동아시아 국가들을 일관되지 못한 방식으로 분류해 왔다. 그는 동아시아 국가들을 때로 보수주의 복지체제와 자유주의 복지체제의 혼합형으로 분류하였고, 때로 보수주의 복지체제로 분류하였다(Esping-Andersen 1996; 1997; 1999). 또한 그의 유형화 방법은 비서구국가의 복지체제를 구분하는 데 많은 한계를 갖고 있었다. 그 밖의 다른 서구 학자들에 의한 유형화 논의 중 대부분도 진지하게 고려할만한 방법론적 토대나 충분한 정보를 갖추지 못하고 있었던 것처럼 보인다. 이 점에서 서구 학자들이 제시했던 유형화 기준을 중심으로 한국 복지체제 성격을 논의하는 것은 공허한 논의로 그칠 위험성이 크다.

이는 외환 위기 이후 국내에서 전개되었던 한국 복지국가 성격논쟁 과정에서도 그대로 나타났던 것처럼 보인다. 먼저 한국 복지체제 유형에 대한 모호한 결론의 문제이다. 앞서 언급한 성격논쟁에서 한국 복지체제는 에스핑-앤더슨의 구분에 의하면 자유주의와 보수주의의 성격이 뒤섞여 있는 혼합형 복지체제(hybrid regime)로 구분할 수 있으나, 전체적으로 미성숙 또는 저발전된 상태라는 암묵적 합의가 존재했던 것처럼 보인다. 물론 외형적으로는 한국 복지체제를 (신)자유주의 복지체제로 정의하는 것(조영훈 2002)과 보수주의 복지체제(김연명 2002)로 정의하는 것이 대립했던 것처럼 보인다. 하지만 그것은 어디에 강조점을 두느가의 문제에 기까우며, 명확하게 기존 복지체제 유형 중 어느 하나로 귀속시키는 데 어려움이 있었던 것처럼 보인다. 더욱이 이러한 유형화 논의가 한국 복지체제의 현실과 미래를 설명하는 '유용한' 개념이라는 확신을 가진 연구자는 그리 많지 않았던 것처럼 보인다.

그리고 최근 들어서 서구의 복지체제 유형화론이 갖는 내재적 한계를 지적하고 새로운 유형화 작업이 필요하다는 점을 지적하는 주장이 제기되고 있는 것처럼 보인다. 가까운 예로 김연명은 최근 발표한 한 논문에서 에스핑

-앤더슨의 세 가지 복지체제 유형을 한국 복지체제에 적용하는 방식이 갖는 방법론적 한계를 지적하고 있다. 그에 따르면, 한국 복지체제를 세 가지 복지체제 유형 중 어느 하나에 포함시키거나, 혼합형으로 절충하거나, 제4의 복지체제로 규정하는 방식은 근본적인 해결방법이 아니다. 대안적 방법은 서구 복지체제 유형론을 대폭 보완하거나, 새로운 유형화 기준과 방법을 개발하는 것이다. 그리고 새로운 유형화 방법은 동아시아 국가뿐만 아니라 서구 국가에도 적용할 수 있는 것이어야 한다(김연명 2005). 이러한 지적은 현재 우리 사회의 복지체제에 대한 논의에서 좀 더 심도 있게 검토해야 할 사항이라고 여겨진다.

하지만 앞서 언급한 한국 복지국가 성격에 대한 논의과정에서 몇 가지 흥미로운 논의가 이루어졌다는 점 또한 지적하지 않을 수 없다. 먼저 서구 복지체제 유형화 작업과 차별화된 의미로 유교적 복지체제에 대한 논의가 이루어지기도 하였다. 특히 홍경준(2002)은 한국 복지체제를 이해함에 있어 이른바 연(緣)복지의 기능에 주목하고 있다. 이는 서구에서 연고주의(Clientalism)으로 규정되고 있는 것으로 국가와 시장 그리고 가족(또는 공동체) 중 후자, 즉 가족 또는 공동체부문의 역할이 매우 중요한 고려사항이라는 점에 천착하고 있다. 달리 표현하면, 가족과 친척 그리고 지역공동체의 다양한 사적 네트워크를 통한 소득이전 및 복지기능이 한국 복지체제에서 매우 실질적인 기능을 수행하고 있다는 점을 시사한다. 물론 이러한 해석에 대한 이견도 존재한다. 조영훈(2002)에 따르면, 한국을 비롯한 동아시아국가의 복지체제를 정의함에 있어 에스핑-앤더슨의 유형화 작업이 여전히 유효하며, 한국 사회는 자유주의와 보수주의가 혼합된 형태이지만, 궁극적으로는 자유주의 복지체제로 분류된다. 그리고 동아시아적 복지유형론은 근본적으로 문화주의적 관점에 기초하고 있다는 점에서 이를 비판하고 보편적인 요인을 발견하는 데 주력해야 한다고 말한다.

이어 에스핑-앤더슨의 유형화 방법에 입각해서 한국 복지체제에 대한 경

험적 분석이 시도되었다는 점 또한 지적할 필요가 있다. 남찬섭(2002)은
에스핑-앤더슨이 복지체제를 유형화했던 지표와 배점방식 그리고 가중치
부여방식을 준용하여 한국 복지체제의 유형을 정리하고 있다. 그는 탈상품
화와 계층화의 두 가지 특성을 토대로 한국 복지체제가 전반적으로 '미성숙
한 혼합형 복지체제', 즉 자유주의와 보수주의 복지체제가 혼합되었지만
전반적으로 발전수준이 낮은 형태라고 결론짓고 있다. 이는 일본에 대한
에스핑-앤더슨의 인식이나 동아시아 국가에 대한 서구 학자들의 일반적 인
식과 유사한 것이다. 물론 저자가 밝히고 있듯이, 분석시점에 모든 지표를
측정할 수 있는 자료가 충분히 주어지지 않았다는 점을 고려해야 한다. 이는
방법론적 검토를 논하지 않더라도 이를 적절하게 적용하는 것 자체가 용이
하지 않다는 점을 의미한다. 그러나 지금까지 발표된 원고 중 한국 복지체제
유형론과 관련하여 보기 드문 경험적 분석이라는 점을 감안하면, 향후 연구
의 정치화(精緻化)를 예고하고 있다고 여겨진다.

3) 한국 복지국가 성격논쟁의 보완

향후 한국 복지국가 성격논쟁과 관련해서 기존 논의의 한계를 극복하기
위해서는 다음과 같은 작업이 선행되어야 할 것이다. 먼저 복지체제에 대한
논의를 생산체제(production regimes)에 대한 논의와 보다 유기적으로 결합시
키고, 이어 한국 복지체제의 발전방향을 제시하는 것이다.

첫째, 복지체제는 생산체제와의 관련성하에 논의되어야 한다. 여기서 생
산체제란 '생산영역에 간여하는 다양한 기관(institutions)과 정책(policies)의
구성체'를 의미한다(E. Huber & J. D. Stephens 2001). 실제 기존 한국 복지체
제 유형화 논의는 생산체제에 대한 고려가 부족했던 것처럼 보인다. 예를
들어 한국 복지체제가 자유주의와 보수주의의 혼합형이라고 규정하는 경우,
그것이 향후 유럽 사민주의 복지체제를 모델로 해야 한다거나 신자유주의

복지체제를 모델로 해야 한다는 논거를 제시해 주는가? 적어도 기존의 논의는 이 문제에 관해 적절한 답변을 제시하지 못하고 있는 것처럼 보인다.[3] 이는 생산체제의 성격과 발전방향에 대한 논의가 복지체제에 대한 논의와 함께 진행되지 못함에 따라 규정성과 가능성을 함께 고려한 발전전략을 제시하지 못하고 단순히 복지지출의 확대 필요성을 강조하는 원론수준에 머무르고 있기 때문이다.

이 점에서 복지체제와 생산체제에 대한 논의는 유기적으로 결합되어야 한다. 하지만 이 경우에도 생산체제와 복지체제는 기계적인 일 대 일 관계가 아니라 다(多) 대 나 관계로 이해되어야 할 것이다. 그리고 그 저변에는 생산체제가 복지체제의 성격을 규정한다는 기존의 거대담론에 대한 비판이 전제되어 있는 것처럼 보인다. 후버(E. Huber)는 동일한 복지체제를 가진 국가가 상이한 생산체제에 기초할 수 있으며, 반대로 동일한 생산체제를 가진 국가가 상이한 복지체제를 구축할 수 있다고 말한다. 그리고 그것은 사회 민주주의 복지국가(social-democratic welfare State), 기독교 민주주의 복지국가 (christian democratic welfare State), 자유주의 복지국가(liberal welfare state), 봉급생활자 복지국가(wage earner welfare state)로 유형화된다. 각 복지체제 유형 중 생산체제의 이질성이 심한 경우로 '기독교 민주주의 복지국가'를 들고 있다. 특히 후자와 조응하는 생산체제는 크게 세 개의 하위 집단으로 분화된다고 말한다(E. Huber & J. D. Stephens 2001).

한국 복지체제에 대한 논의 또한 생산체제의 성격과 발전방향에 대한 고려에 기초해야 한다. 먼저 GDP 수준, 국제 분업관계 상의 위치, 산업구조의 특성과 변화, 기업구조의 특성, 노동시장 유연화 등에 대한 현실 인식을

---

3) 더욱이 기존의 서구 복지체제 유형화는 복지체제를 독립변수로 고려하는 과정에서 생산체제와의 관련성을 소홀하게 처리하거나 암묵적으로 동질적인 생산체제를 전제하는 경향을 나타내고 있다. 이 점에서 기존의 유형화 방법을 무비판적으로 비서구권 국가에 적용하는 경우, 복지체제와 생산체제의 관계를 고려하지 않은 추상적인 논의로 귀결될 위험성이 존재한다.

토대로 국가의 정책적 개입전략을 명확히 해야 한다. 생산체제는 대기업과 중소기업의 관계, 비정규직 문제 등과 맞물려 복지체제에 중요한 영향을 미친다. 그것은 단순히 빈곤율의 증가나 복지수요의 증가에 영향을 미칠 뿐 아니라, 복지제도의 적용방식에도 큰 영향을 미친다. 노동시장의 균열과 이해관계의 대립은 보편적 복지제도의 형성에 부정적인 영향을 미칠 위험이 크다. 이 점에서 생산체제에 대한 고려 없는 복지체제 논쟁은 공허하게 들릴 수 있다.

하지만 복지체제는 이 생산체제의 영향을 받는 동시에 그것을 보완 또는 개선하는 기능을 수행한다는 점에 주목해야 한다. 복지체제는 시장경쟁을 통해 발생하는 취약계층과 빈곤층을 지원함으로써 계층 간 갈등을 최소화하는 역할을 수행할 수 있다. 아울러 각종 제도적 장치를 통해 생산체제 차원에서 빈곤발생을 예방하는 다양한 조치를 취할 수 있다. 시장에서 발생하는 소득불평등은 국가의 복지정책을 통해 완화될 수 있으며, 그 정도는 각국 복지체제의 성격에 따라 다르게 나타난다.[4] 그럼에도 복지체제는 부의 창출 여건—생산체제—을 훼손하지 않아야 한다는 원칙에서 벗어나기 힘들다. 이는 GDP 대비 사회지출로 표현되는 지출총량의 적정성 외에도 기능별 지출비중과 지출방법 측면에서 복지체제가 생산체제상 발생하는 소득불평등을 해소하는 동시에 성장에 기여하는 방식을 모색해야 한다는 것을 의미한다. 하지만 성장과 분배의 선순환 관계는 구체적 실천에 있어 사회적 합의

---

4) 옥슬리 외(Oxley et al. 1998)에 따르면, OECD 11개국을 대상으로 시장소득과 가처분소득 기준 지니계수를 살펴보면 1994~1995년경 각국은 평균 16.7%의 지니계수 감소효과를 나타내고 있다. 하지만 국가에 따라 지니계수의 감소효과는 매우 큰 편차를 보이고 있다는 점을 지적할 수 있다. 지니계수 감소효과가 가장 적은 국가는 일본으로 7.5%이고, 가장 큰 국가는 스웨덴으로 25.8%로 나타나고 있다. 그리고 이는 빈곤율 감소효과를 살펴보아도 유사하게 나타난다. 포스터(2000) 또한 OECD 13개국을 대상으로 1994~1995년경 시장소득과 가처분소득 기준 빈곤율 감소효과를 살펴보고 있는데, 그에 따르면 평균 18.9%의 빈곤율 감소효과가 나타나고 있다. 하지만 이 경우에도 미국이 가장 낮은 9.4%의 빈곤율 감소효과를 나타내고 스웨덴이 가장 높은 28.7%의 빈곤율 감소효과를 나타내고 있음을 알 수 있다.

를 도출하기 용이하지 않은 것처럼 보인다. 그러한 이유에서, 또는 그럼에도 불구하고 바로 이것이 복지체제가 생산체제와의 관계에서 일차적으로 풀어야 할 숙제인 것이다.

둘째, 복지체제 유형화에 대한 논의는 복지제도의 세부적 평가와 국가 간 비교를 가능하게 해야 한다. 앞서 복지체제와 생산체제에 대한 유기적 분석이 복지체제의 발전방향을 규정하는 것이라면, 복지체제 유형화 논의는 복지제도의 내용적 구성과 관련해서 발전방향을 제시하는 역할을 담당해야 할 것이다. 기존 복지체제 유형화론이 한국 복지체제를 유형화하는 데 적합하다면, 보다 신뢰할 수 있는 데이터를 토대로 복지체제의 유형을 파악하면 된다. 하지만 지금까지 많이 활용되어 왔던 에스핑-앤더슨의 복지체제 유형화가 한국 사회 복지체제를 설명하는 데 충분하지 않다면, 이를 보완하는 노력이 필요하다. 그리고 현재까지의 복지체제 유형화 논의를 살펴보면, 후자의 주장이 상대적으로 강한 설득력을 갖는 것처럼 보인다. 김연명(2005)이 주장하였던 것처럼, 비서구권 국가들을 포괄할 수 있는 보다 보편적인 복지체제 유형화 방법이 필요한 것이다.

보놀리(G. Bonoli)는 복지체제와 관련해서 대부분의 이론이 일차원적 유형화(single-dimension classification) 방식을 취해 왔다고 비판한다. 에스핑-앤더슨은 탈상품화 등 몇 가지 이념형을 토대로 복지국가의 형성과 발전에 영향을 미친 요인들을 포착함으로써 복지체제 논의에 보다 실질적인 기여를 하였다. 하지만 그의 방법도 일차원적 유형화라는 비판으로부터 자유롭지 못하다. 양적 지표만을 활용한 유형화 작업은 동일한 지출수준을 보이는 국가 간의 차이점, 특히 목표·방식·효과의 차이를 간과하는 한계를 나타내는 것이다. 그 결과 보편주의와 조합주의의 차이를 보장범위의 차이로 축소하고, 기여금방식과 조세방식이 갖는 정치적·제도적 함의를 고려하지 못했던 것이다. 이것이 보놀리가 그의 복지체제 유형화 방법을 여전히 양적 접근방법에 기초한 일원적 분석이라고 비판하는 이유이다(G. Bonoli 1997).

그렇다면 보놀리가 강조하는 질적 분석방법은 무엇인가? 복지체제를 유형화함에 있어 비서구권 국가들이 특징적으로 나타내는 정치세력 간의 힘 관계, 문화적 전통, 제도 자체의 관성 등을 반영하는 것이다. 그것은 양적 지표를 새로운 범주나 유형으로 추상화하는 작업에서 한 걸음 더 나아가 질적 지표를 고려하여 새로운 복지체제 유형화를 시도하는 방식을 암시한다. 그리고 이러한 작업은 복지체제 유형의 지도 위에 비서구권 국가들이 놓일 수 있는 지점을 마련할 수 있을 것으로 판단된다. 물론 보놀리는 질적 지표를 어떠한 방식으로 반영할 것인지에 대해 구체적인 의견을 제시하지는 않는다. 하지만 그는 기존의 양적 접근방법에 권력자원이론의 성과와 신제도주의의 성과를 보완하는 방식으로 실현될 수 있다는 점을 암시하는 것처럼 보인다. 하지만 이 글에서는 신제도주의적 접근방법과 관련해서는 피어슨의 주장을 참조할 것이다.

양적 분석을 보완하기 위한 질적 분석은 다음과 같은 방향에서 검토할 수 있다.

첫째, 질적 분석방법의 보완은 복지체제에 대한 경제적 설명에 정치적 설명을 결합시키는 방식으로 이루어진다. 이미 에스핑-앤더슨은 좌파정치세력과 노동운동의 활성화 등이 복지의 탈상품화에 긍정적인 영향을 미친다는 점을, 캐스틀스(F. Castles)는 우파정치세력의 힘과 사회지출수준의 관계가 반비례한다는 점을 강조한 바 있다. 하지만 좌파정치세력이 집권하더라도 계급적 이해가 분산되는 경우, 보편주의나 탈상품의 정도는 미약하게 나타날 수 있다는 점에 주목해야 한다. 이러한 이유에서 보놀리는 좌우파 정치세력의 구분을 넘어 비스마르크 방식(조합주의)과 베버리즈 방식(보편주의)의 구분이 갖는 중요성을 강조한다. 이상에서 언급한 내용은 한국 복지체제 분석과 관련해서 매우 중요한 함의를 갖는다. 그것은 우리 사회의 경우, 좌파정치세력의 취약성을 논하기 이전에 정당정치의 저발전, 그리고 임금노동자와 비임금노동자, 정규직노동자와 비정규직노동자, 취업자와 실업자 간의 이해관계의 갈등이 잠재되어 있다는 점에 기인하는 것이다.

둘째, 신제도주의가 주목하는 경로의존성(path dependancy)은 이미 에스핑-앤더슨이 보수주의복지체제의 경직성을 나타낼 때 사용했던 '얼어붙은 복지국가지형'(frozen welfare state landscape)이라는 표현(Esping- Andersen 1996)에서 암시되었고, 피어슨에 의해 본격적으로 제기된 바 있다. 그는 서유럽 국가들의 연금에 대한 분석에서 제도의 자기 증식과 자기 방어과정을 경로의존성에 대한 이론으로 구체화하게 된다(P. Pierson 2001). 이를 통해 피어슨은 서유럽 복지국가들의 제도적 경직성과 개혁에 대한 저항이 갖는 문제점을 강조하고자 했던 것처럼 보인다. 그리고 경로의존성에 대한 논의는 스칸디나비아 국가에 있어 복지모델이라는 이념적 자부심이 어떻게 모델의 지속성에 영향을 미치는지 분석하고 있다(R. Cox 2004). 물론 경로의존성 이론을 비판하는 주장이 없는 것은 아니다. 일각에서는 서유럽 복지체제는 실제로 매우 역동적이며 새로운 경로창출의 잠재력을 갖고 있다고 말한다(S. Lessenich 2005). 하지만 이러한 비판이 경로의존성에 대한 연구결과가 갖는 함의를 훼손하는 것처럼 보이지는 않는다. 그리고 이는 최근 우리 사회에서 경제성장과 민주화에도 불구하고 사회지출의 증가나 복지제도의 개편이 지연되는 문제를 설명함에 있어 일단의 설명력을 갖는 것처럼 보인다. 실제로 생활보호제도에서 기초생활보호제도로의 개편, 국민연금제도의 개편, 통제국가에서 사회국가로의 이행과제 등과 관련하여 경로의존성의 관점에서 접근하는 것 또한 기존의 정치적 이해관계에 따른 설명을 보완하는 역할을 하게 될 것이다.

4) 보편적 복지체제 유형론 구축을 위하여

앞서 복지체제에 대한 이론적 논의에서는 그것을 규정하는 다양한 요인을 살펴보고, 기존 서구의 복지체제 논의에서 간과되었던 많은 점들이 한국 복지체제를 연구하는 과정 속에 녹아들어야 한다는 점을 강조하였다. 달리 표현하면, 지금까지 대부분의 복지체제 성격논쟁은 한국 복지체제의 성격을 규정하고 발전방향을 제시할 수 있는 수준에 이르지 못하였던 것이다. 이는 우리 복지체제의 현 주소와 미래 발전방향을 논의하기에 앞서 '보편적 복지체제 유형이론'을 정립하는 것이 중요한 연구과제임을 의미한다.

그렇다면 이 작업은 어떠한 방식으로 추진되어야 할 것인가? 먼저 복지체제는 생산체제 및 정치체제와의 관련성하에서 그 모형이 구축되어야 한다. 기존의 논의가 각국의 사회지출과 소득분배, 보험제도의 성격 등에 대한 지표를 중심으로 복지체제의 성격을 규정하였다면, 향후 우리에게 주어진 과제는 이러한 지표를 통해 설명되지 않는 영역—이를테면, R^2 값의 잔여영역—으로서 생산체제와 정치체제가 복지체제에 미치는 영향을 규명하는 것이다. 이는 우리 사회의 복지지출 수준이 서구국가들에 비해 월등하게 낮아서 그들의 복지체제지도 속에 위치할 수 없다는 식의 논의를 넘어서야 한다는 것을 의미한다. 그리고 생산체제와 정치체제가 복지체제에 미치는 영향이 어떻게 국가군에 따라 유형화될 수 있는가에 대한 규명이 필요할 것이다.[5]

이어 이 모형은 각 체제의 성격을 잘 나타낼 수 있는 세부지표를 선정하는 작업에서 출발해야 한다. 참고로 [표 7-2]는 각 체제의 성격을 특징짓는 다양한 지표를 열거하고 있다. 이는 예시에 불과하며 각 체제의 성격을 규정하는 대표적 지표라고 말할 수 없다. 검증된 결과가 아니라 향후 검증하고 보완해야 할 지표인 것이다. 그럼에도 이러한 지표를 예시한 이유는 한새 복지체제 성격 또는 유형화 논의가 결코 간단하지 않다는 점을 나타내기

---

5) 단적인 예로 각국의 연금제도는 생산체제상에서 나타나는 세계화에 따른 변화의 압력에 의해 영향을 받지만, 그에 못지않게 각국 고유의 정치적 메커니즘에 의해 영향을 받는다. 이러한 요인은 최근 우리 사회의 연금개혁을 둘러싼 논의에서도 쉽게 발견할 수 있다. 연금개혁에 따른 각 이해관계 집단 간의 갈등과 이 과정에서 정치적 메커니즘이 미치는 영향은 몇 가지 지표로 쉽게 이해될 수 없는 것이다.

위함이다. 일단 열거된 세부지표에 관한 각국의 정보를 취합하기도 힘들지

[표 7-2] 복지체제 유형화를 위한 주요 지표

영　　역	지　　표
□ 생산체제	
－경제성장률	GDP수준, GDP의 수출의존도
－산업체계	제조업 대비 서비스업의 비중, 사회서비스업의 비중
－노동시장구조	경제활동 참가율, 총취업자 대비 임금근로자의 비율, 정규직 대비 비정규직 비율, 노동소득 분배율, 25~64세 여성의 취업률
－노동소득	노동소득 분배율, 평균임금 대비 최저임금의 비율
□ 정치체제	
－정당구조	일당제/다당제, 좌파정당의 존재, 좌파정당(연합)에 의한 정권교체 경험
－노동운동	노조가입률, 비정규직노동자의 노조가입률, 단체협약의 포괄범위
－민주주의	양극화 지수, 소득불평등도
－행정구조	전체 취업자 대비 공무원 비중, 전체 공무원 대비 사회정책 부문 공무원 비중
□ 복지체제	
－복지재원	GDP 대비 사회지출 비중, 사회지출 중 공공지출 및 보험료의 비중, 사회지출 중 공공부조지출의 비중
－보장성격	공적 이전소득의 소득계층별 점유율, 조세혜택의 소득계층별 점유율, 가처분소득 기준 빈곤율
－보장범위	연금의 포괄범위, 기타 사회보험의 포괄범위, 저소득층 대비 공공부조 수급자 비율, 인구학적 집단 대비 아동/장애수당 수급자 비율
－보장수준	연금 및 실업급여의 소득대체율, 공공부조 생계급여의 평균소득 대비 비율

만, 설사 세부지표를 작성했다 하더라도 이를 통해 복지체제의 성격을 규정하는 작업은 많은 이견이 따를 수밖에 없다. 그럼에도 각 체제의 성격을 규정하기 위해서는 해석을 둘러싼 논쟁이 불가피할 것이다.

끝으로 이러한 논의를 좀 더 발전된 지형으로 이끌어내기 위해서는 복지체제를 유형화하고, 한국 복지체제의 성격을 규정하는 방대한 학제 간 연구가 뒤따라야 할 것이다. 기존의 복지체제 논의가 활성화되지 못했던 이유 또한 여기서 찾을 수 있을 것이다. 복지제도를 입안하는 정책과정에는 다양한 요인이 작용하며, 그 중 정당정치의 성격과 제도의 경로의존성 등의 문제는 정치학, 행정학, 경제학 등의 다양한 학문을 통해 보완되어야 할 것이다.

4. 한국 복지국가의 실태

본 장에서는 한국 사회에 다가온 도전 또는 위험과 그에 대한 응전이라는 관점에서, 새로운 사회적 위험과 이로부터 국민을 보호하기 위한 사회보장제도의 현실을 살펴보기로 한다. 이는 결론에서 이야기해야 할 대안적 복지체제를 제안하는 기초 자료로서의 의미를 갖는다. 우리 사회의 복지욕구는 급격하게 증가하고 있다. 이는 일차적으로 인구·가족구조의 변화, 고령화, 삶의 질 향상에 따른 복지욕구의 증가, 여성의 경제활동 참여 증가 등에 기인한 것이다. 이러한 복지욕구는 소득분배구조가 악화되고 빈곤층의 규모가 증가함에 따라 시장메커니즘 속에서 충족되지 못하고 있다. 하지만 이 문제를 해결해야 할 사회보장제도는 그러한 역할을 제대로 수행하지 못하고 있다. 앞서 언급했던 에스핑-앤더슨의 탈상품화의 관점에서 본다면, 한국 복지국가의 탈상품화수준이 매우 낮다는 것을 의미한다.

1) 복지욕구의 증가

복지수요가 증가하는 일차적 요인으로 ① 고령화, ② 가족구조 변화, ③ 생활여건 개선에 따른 욕구 증대를 들 수 있다.

첫째, 우리 사회는 이미 고령화 사회로 진입해 있을 뿐 아니라, 빠른 속도로 고령사회로 진입할 것으로 전망된다.[6] 여기서 주목해야 할 점은 노인인구의 증가에 따라 보건의료, 사회복지, 주거, 여가 등 다양한 복지수요가 증가하고 있다는 점이다. 단적인 예로, 우리 사회에서 65세 이상 노인환자의 총 진료비는 빠른 속도로 증가하고 있다.『건강보험통계연보』 및 『의료급여통계연보』에 따르면, 노인환자의 총 진료비는 1998년 1조 2천억 원에서 2003년 3조 8천억 원으로 불과 6년간 세 배 가량 증가한 것으로 나타나고 있다.

둘째, 가족구조의 변화와 여성의 경제활동 참여에 따라 복지욕구가 증가하고 있다. 최근 여성의 경제활동 참여가 증가함에 따라 맞벌이 가구가 늘고 보육서비스에 대한 욕구, 특히 양질의 서비스에 대한 욕구가 증가하고 있다. 이는 과거 가사노동을 통해 공급되던 서비스가 가족구조 변화와 여성의 경제활동 참여 증가로 인해 사회화되는 과정에 있음을 의미한다.

셋째, 생활여건이 나아짐에 따라 국민들의 복지욕구 증가 또한 증가하고 있다. [표 7-3]은 15세 이상 인구를 대상으로 희망하는 시설, 즉 서비스를 조사한 것이다. 이 표는 전체 응답자 중 사회복지시설(서비스)을 희망하는 사람이 54.8%, 보건의료시설(서비스)이 46.2%로 나타나 이 두 가지 서비스에 대한 욕구가 가장 크다는 점을 보여준다.

그리고 60세 이상 인구를 대상으로 사회서비스에 대한 욕구를 살펴보면, 고령화 사회에서 어떤 서비스를 중심으로 공급을 확대해야 하는지 가늠할 수 있을 것이다. [표 7-4]를 보면, 60세 이상 노인 응답자의 72.6%가 사회서비스를 필요로 한다고 응답하였으며, 희망한다고 답한 노인이 밝힌 서비스의 내용으로는 건강검진이 75.1%로 가장 큰 비중을 차지하였고, 취미프로그

---

[6] 우리 사회는 65세 이상 고령인구는 2000년을 기점으로 총인구의 7%를 상회하여 고령화 사회(Aging Society)에 진입하였고, 2019년에는 14%를 넘어 고령사회(Aged Society)에 진입될 것으로 전망된다.

[표 7-3] 15세 이상 인구의 사회서비스(시설)에 대한 욕구(중복응답)

2005	사회복지시설	보건의료시설	주차시설	공원유원지	보육시설	도서관	문화회관	체육시설	기타
계	54.8	46.2	35.1	34.5	22.3	21.6	21.1	20.1	25.4
동부	54.8	44.6	37.8	35.7	23.2	23.1	21.1	20.7	23.9
읍면부	55.1	53.7	22.8	28.6	17.9	14.4	21	17.3	32.4
남자	53.7	44.5	39.6	34	20.9	20.4	19.3	26.1	25.1
여자	55.9	47.8	30.9	34.9	23.5	22.7	22.8	14.3	25.8
15~19세	37.2	27.2	21.1	47.2	12.3	54.3	36.6	37.6	17.0
20~29세	44.8	35.2	38.3	43.9	27	27.6	27.1	26.4	21.0
30~39세	50.8	39.1	36.7	38.6	33.1	25.5	20.1	19.6	27.8
40~49세	61	49.3	42.0	29.7	17.1	21.4	19.9	20.4	25.2
50~59세	63.2	56.3	40.6	26.6	19.5	8.9	16.5	15.2	29.9
60세 이상	65.0	64.9	23.0	24.9	16.2	4.6	13.6	8.9	27.8
65세 이상	65.6	66.9	20.3	24.4	14.1	4.2	13.6	8.1	26.4

자료: 통계청. 2005. KOSIS.

[표 7-4] 60세 이상 인구의 사회서비스 욕구(중복응답)

2005	받고싶다	건강검진	취미프로그램	간병서비스	취업알선	가사서비스	식사제공	정보화교육 등	이야기상대	목욕서비스
계	72.6	75.1	34.9	31.2	23.5	19.1	14.5	14.0	12.3	11.5
동부	74.6	75.3	40.6	28.4	27.6	18.9	13.7	17	12.7	10.2
읍면부	68.6	74.8	22.3	37.3	14.5	19.5	16.2	7.4	11.4	14.3
남자	72.0	76.1	39.3	28.3	31.6	13.7	12.1	20.2	9.5	9.5
여자	73.0	74.4	31.7	33.3	17.5	23.0	16.3	9.5	14.3	13.0
60~64세	72.4	77.8	44.1	25.1	35.6	16.2	10.1	21.7	8.1	6.4
65~69세	72.3	76.6	36.9	29.5	25.6	17.9	11.6	15.8	10.7	9.5
70~79세	72.6	74.5	28.5	34.0	15.7	22.0	18.4	8.2	13.3	14.1
80세 이상	73.9	63.8	21.0	46.6	4.4	22.0	23.8	3.6	27.5	25.3

자료: 통계청. 2005. KOSIS.

램이 34.9%, 간병서비스가 31.2%, 취업알선서비스가 23.5%의 순으로 나타났다. 그리고 상대적으로 연령이 낮을수록 건강검진서비스, 취미프로그램, 취업서비스에 대한 욕구가 높고, 연령이 높을 수록 간병서비스와 가사서비스에 대한 욕구가 높다는 점을 알 수 있다.

2) 소득분배 구조의 악화

앞서 언급한 복지욕구의 증가는 소득분배 구조가 악화되고 빈곤층이 증가하면서 그것을 충족할 개연성이 더욱 낮아지게 되었다. 실제로 우리 사회에서 실업, 빈곤, 소득분배 지표는 외환 위기를 정점으로 점차 감소하는

[그림 7-2] 외환 위기 전후의 소득불평등과 소득양극화 추이

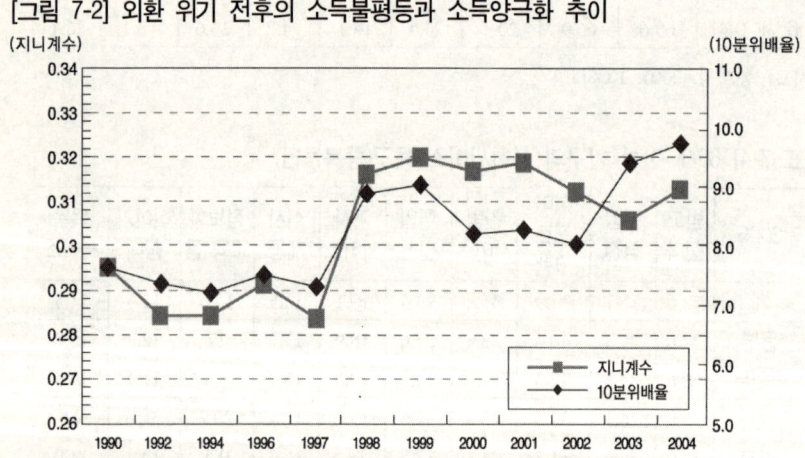

주: 2003~2004년 전국가계조사자료는 임금근로가구로 통제하여 산출.
자료: 통계청. 『도시가계조사』(연간).

양상을 나타내고 있다. 지니계수는 상대적으로 더디게 개선되어 왔으나, 실업률과 빈곤율, 10분위 소득배율은 비교적 빠른 속도로 개선되었음을 알수 있다. 하지만 여기서 주목해야 할 점은 실업률과 빈곤율, 그리고 10분위

소득배율 모두 2003년을 기점으로 반등세로 돌아서고 있다는 것이다. [그림 7-2]에서 주목해야 할 점은 지니계수가 완만하게 감소세를 보여 소득분배상태가 개선된 것처럼 보이나, 실업률과 빈곤율, 10분위 소득배율은 더욱 악화된 것으로 나타난다는 점이다. 이는 지니계수의 변화로 빈곤층의 증가나 소득양극화 문제를 설명할 수 없다는 한계를 고려할 때, 매우 시사점이 크다고 말할 수 있다. 즉, 소득배율은 2003년을 기점으로 상위계층과 하위계층 간의 소득격차가 커지고, 빈곤층의 규모가 증가하고 있는 소득 양극화 현상이 심화되고 있음을 말해주는 것이다.

그리고 빈곤율은 계속 증가하고 있다. [그림 7-3]에서 빈곤율은 경상소득에 가구규모별 중위소득의 50%를 빈곤선으로 적용한 것이다. 주목해야 할 점은 2003년 실업률은 전년도와 유사한 수준으로 나타나고 있으나, 빈곤율

[그림 7-3] 최저생계비 기준 빈곤율의 추이

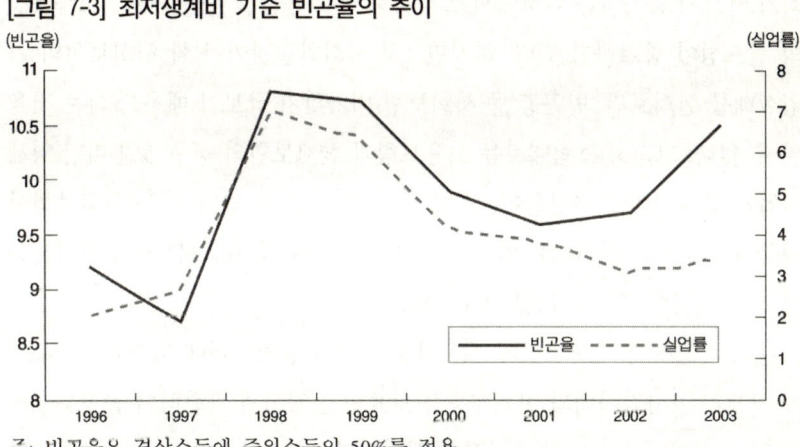

주: 빈곤율은 경상소득에 중위소득의 50%를 적용.
자료: 통계청. 『도시가계조사자료』(연간) 및 『경제활동인구조사』(연간).

은 뚜렷한 증가세를 나타내고 있다는 것이다. 물론 실업률과 빈곤율이 서로 다른 추이를 나타내는 것은 충분히 가능한 일이다. 이와 관련해서는 두 가지 가정을 해 볼 수 있다. 현재 실업률이 체감실업률 또는 소득에 영향을 미치

는 사실상의 실업자를 포괄하지 못했을 개연성이 있다. 하지만 저소득근로 자를 중심으로 근로빈곤층이 증가하였기 때문으로 이해하는 것이 타당하다.

3) 한국 복지정책의 실태

이처럼 복지욕구는 증가하나 소득분배 구조가 악화됨에 따라 자력으로 욕구를 충족하기 힘든 상황이 나타나게 되었다. 이 경우, 사회보장체계의 역할이 매우 중요하다. 하지만 현실에서 많은 계층이 빈곤과 박탈의 위험에 노출되어 있다. 여기서는 사회보장체계의 두 축인 사회보험과 공공부조제도 의 측면에서 얼마나 많은 인구집단이 보호받지 못하고 있는가를 살펴보기로 한다.[7]

우리 사회는 노동집약적 산업을 중심으로 일자리가 감소하고, 노동유연 화가 빠르게 증가하는 과정에서 실직계층 및 고용불안계층에 대한 소득보장 의 필요성이 증가하고 있다. 하지만 1차 사회안전망이라 할 사회보험의 가 입실태를 살펴보면, 빈곤층 중 사회보험 미가입자 규모가 매우 크다는 것을 알 수 있다. 그리고 보험별로는 고용보험과 산재보험의 경우, 5인 미만 영세 사업자 종사자의 미가입률이 높다는 것을 확인할 수 있다. 이는 사회보험이 양극화의 충격을 완화하는 일차적 기능이 여전히 취약하다는 것을 의미하는 것으로 해석할 수 있다[표 7-5] 참조).

우리 사회에서 사회보험제도는 여전히 초기 정착단계에 있으며, 그로 인 해 발생하는 사각지대의 빈곤계층을 보호하는 역할과 관련하여 공공부조제 도 및 사회서비스의 역할이 중요한 시점이다. 이는 사회양극화 문제를 해결

---

7) 참고로 노동시장을 통해 발생하는 일차적 양극화를 해소하는 것이 최우선 해결과제라는 점을 강조함으로써, 사회보장체계의 강조가 산업구조의 합리화와 노동의 무분별한 유연 화의 조절 등 많은 정책과제에 우선한다고 주장하는 것은 아님을 밝혀둔다.

[표 7-5] 빈곤층의 사회보험 가입실태(단위: %)

		전체	비빈곤층	차상위층	빈곤층
연금 가입여부	국민연금	54.2	57.6	28.5	20.4
	공무원/군인 /사학연금	5.2	5.8	0.3	0.4
	미가입	40.5	36.6	71.2	79.2
	계(수)	100.0	100.0	100.0	100.0
산재보험 가입여부	가입	72.6	74.8	50.1	36.9
	미가입	27.4	25.2	49.9	63.1
	계(수)	100.0	100.0	100.0	100.0
고용보험 가입여부	가입	42.2	43.9	24.7	13.1
	미가입	57.8	56.1	75.3	86.9
	계(수)	100.0	100.0	100.0	100.0
건강보험 가입여부	직장가입	53.3	55.6	37.7	35.6
	지역가입	46.3	44.1	60.9	63.1
	미가입	0.3	0.2	1.4	1.3
	계(수)	100.0	100.0	100.0	100.0

자료: 한국보건사회연구원. 2003. 『2002년 저소득층 자활사업 실태조사』.

하기 위해서는 국가에 의한 추가적인 재원투입이 불가피하다는 것을 말해준
다. 하지만 기초생활보장제도를 비롯한 공공부조제도가 그러한 역할을 충분
히 수행하고 있는 것은 아니다. 공공부조제도의 사각지대 또한 적지 않기
때문이다. 기초생활보장제도 사각지대 규모를 추정하기 위해서는 빈곤율,
기초생활보장제도 수급조건 충족집난의 비율, 기준년도의 수급자 규모를
파악해야 한다. 여기서는 2003년 도시가계조사자료의 빈곤율과 2002년 자
활조사의 빈곤율을 모두 활용하여 사각지대의 규모를 구간으로 표시하였다.
비수급빈곤층 중 기초생활보장제도 수급요건을 충족시키는 집단(행정적 사
각지대)의 비율에 대해서는 기존 연구를 통해 산출된 비율을 그대로 활용하
였다(노대명 외 2004).

위의 방식에 따라 기초생활보장제도의 사각지대 규모를 살펴보면, 행정
적 사각지대는 45만 명~125만 명으로 추정되고, 통념적 사각지대(I)는 90만

명~249만 명으로 추정된다. 그리고 차상위층과 같이 소득이 빈곤선 이상이나 보호가 필요한 집단의 규모는 127만 명~160만 명으로 추정되었다. 각각의 사각지대 규모는 전체 빈곤층에서 기초생활보장 수급자 규모를 제외한 비수급빈곤층 규모를 산출한 후, 이 집단 중 기초생활보장제도의 재산기준과 부양의무기준을 모두 충족시키는 집단의 비율(33.3%)을 행정적 사각지대로, 그 나머지를 통념적 사각지대로 간주한 것이다[그림 7-4] 참조).

[그림 7-4] 공공부조제도의 사각지대(2003년 기준)

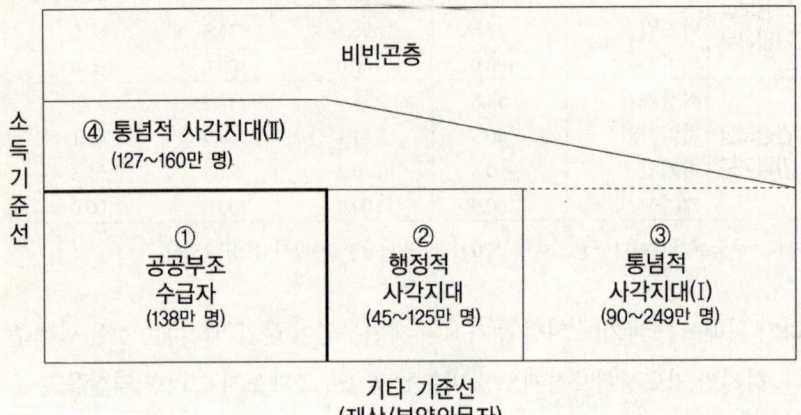

한국 사회보장체계가 갖는 또 하나의 취약점은 사회서비스의 저발전이라고 말할 수 있다. 물론 그것은 서비스 수요의 파악, 그리고 이를 공급할 인력과 전달체계의 구축을 수반해야 한다는 점에서 매우 복잡한 문제라고 말할 수 있다. 하지만 이는 전체 사회복지지출에서 서비스관련 지출이 차지하는 비중이 낮다는 점과 이를 위한 전달체계가 여전히 통합적으로 구축되지 못하고 있다는 점에서 시급히 보완해야 할 문제라고 판단된다.

이와 관련해서 한국보건사회연구원이 실시한 『2004년도 전국 노인생활 실태 및 복지욕구 조사』결과는 매우 중요한 사실을 말해준다. 응답한 노인의 상당수가 전체적으로 사회서비스가 존재한다는 것을 인지하고 있으나, 이를 이용한 비율이 극히 낮은 것으로 나타났기 때문이다. 몇 가지 예를 들면, 응답한 노인 중 61.3%가 가정봉사원 파견 등 가사지원서비스가 존재하고 있다고 응답하였고, 31.0%가 서비스 이용을 희망한다고 응답하였지만, 정작 서비스를 이용한 경험이 있는 응답자는 0.7%에 불과한 것으로 나타났다. 그리고 재가간병서비스의 경우에도 인지율이 53.6%이며, 이용희망률이 45.7%로 매우 높게 나타나지만, 서비스 이용경험이 있는 노인은 2.1%에 불과한 것으로 나타났다. 이는 비단 노인에 국한된 일이 아니다. 유사한 항목에 대해 조사했던 『2005년도 장애인 실태조사』도 동일한 결과를 나타내고 있다. 이는 우리 사회의 사회서비스 공급이 욕구와 수요를 충족시키지 못하는 상태에 놓여 있음을 의미하는 것이다.

최근 주목받고 있는 복지간병사업을 통해 보건·복지 등 사회서비스 확충의 필요성을 설명할 수 있을 것이다. 복지간병사업이 시작된 후, 지역사회에서 발견되는 수요는 가히 폭발적이라고 말할 수 있다. 지금까지 간병인력을 구하지 못해, 가구원 중 누군가가 근로활동에 참여하지 못하고 이들을 돌봄에 따라 소득감소가 발생하고, 이것이 빈곤으로 이어지는 결과를 목격할 수 있었다. 반대로 빈곤에서 벗어나기 위해 근로활동에 참여하는 경우에는 간병서비스를 구입하는 데 필요한 경비조차 조달하지 못하고, 해당 가구원을 방기하는 상황이 발생하기도 하였다. 물론 이러한 상황은 비단 빈곤가구에 국한된 것이 아니다. 많은 저소득층 및 중산층 가구 또한 이러한 서비스를 구입하는 데 어려움을 겪어 왔다.

4) 사회지출 구조를 통해 본 복지국가 성격

앞서 언급한 사회보장 사각지대가 발생하는 가장 근본적인 이유는 사회보장관련 지출이 상대적으로 낮기 때문이다. 물론 현재 국민소득수준을 고려할 때, 지출규모가 낮은 것이 아니라는 비판이 존재할 수 있다. 하지만 기존의 많은 연구는 1인당 국민소득이 1만 달러나 1만 5천 달러에 달했던 OECD국가들의 지출수준과 비교해도 사회지출수준이 낮다는 점을 규명하였다. 이는 사회지출 확대가 불가피하다는 것을 의미한다. 여기서는 한국 사회지출의 구성을 외국과 비교함으로써 복지국가의 성격을 규명하는 기초 자료로 활용하고자 한다.

먼저, 한국 복지국가의 성격을 규정함에 있어 일차적으로 고민해야 하는 사항은 사회지출의 구조상 공공지출의 비중이 매우 낮고 민간지출의 비중이 높다는 것이다. [그림 7-5]는 한국의 민간지출 수준은 호주, 캐나다, 영국, 일본과 유사하는 것으로 나타나고 있으나, 공공지출의 비중은 이들 국가에 비해 크게 낮다는 것을 알 수 있다. 이는 한국 복지국가의 성격이 여전히

[그림 7-5] 각국의 사회지출 중 공공지출과 민간지출 비중(2001년 현재)

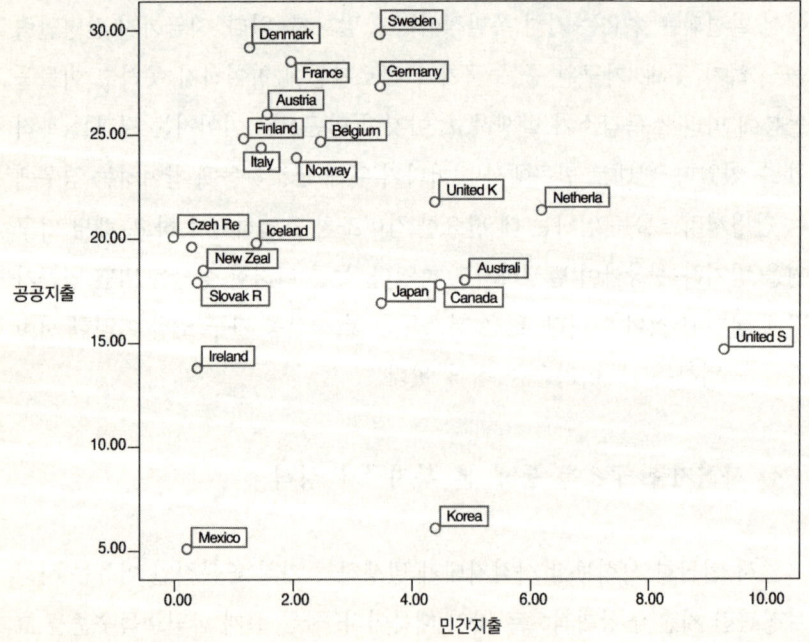

시장에서 발생한 위험을 민간에게 전가하고 있다는 점에서 자유주의 복지체제와 유사하다고 평가할 수 있다.

이어, 한국 사회보장제도는 공공부조제도를 위한 사회지출 비중이 상대적으로 높다는 점에서 잔여적 복지국가로서의 성격 또한 갖고 있는 것처럼 보인다. 참고로 전체 보건복지부 예산에서 기초생활보장제도를 비롯한 빈곤층 대상 지출수준은 약 40%에 이르고 있으며, 여타 욕구에 대한 지원에 비해 빠른 속도로 증가하고 있다. 이 점에서 우리 사회의 복지국가는 공공부조제도를 중심으로 구성된 자유주의 복지체제와 유사한 특성을 갖는다. 물론 사회보험제도는 전 국민을 대상으로 하는 보편적 복지제도의 외관을 갖추고 있다. 하지만 가입률이 상대적으로 낮다는 점에서 공공부조제도 중심의 복지제도를 운영하고 있음을 알 수 있다.

5. 한국의 대안적 복지체제를 위해

1) 구조적 위기와 삼자택일의 딜레마

현재 우리 사회가 국민들의 복지욕구를 충족시킬 수 없는 이유는 사회보장제도가 완비되어 있지 않기 때문이다. 하지만 복지체제의 발전방향을 논의하기 위해서는 사회보장제도의 위기를 조장하는 생산체제의 문제에 주목해야 한다. 소득분배구조가 악화되는 이유는 산업구조가 변화하고 저임금근로자가 증가하고 새로운 일자리 창출이 되지 않기 때문이다.

'고용 없는 성장'(jobless growth) 또는 '일자리 기근'(job penury)으로 불리는 최근의 문제는 세계화 과정에서 나타난 산업구조의 급격한 변화에 대한 논의에서 출발해야 할 것이다. 먼저 IT 산업 등 첨단산업과 노동집약적 제조업 간의 수익률 및 임금격차 확대, 수출중심 기업과 내수중심 기업 간의 수익률 및 임금격차 확대는 이를 설명하는 중요한 단서가 될 수 있다. 실제 1990년대 중반 이후 IT 산업 등 첨단산업을 중심으로 수출은 계속 증가하고 있으며, 이들 일부 업종의 수출점유율 또한 계속 증가하고 있다. 이들 기업의 수익률은 제조업 전체의 평균 수익률보다 매우 높고, 임금수준 또한 제조업 전체 평균임금에 비해 매우 큰 격차를 보이고 있다. 반대로 내수중심의 노동집약적 산업은 시장개방에 따라 기업의 수익률이 감소하고 일자리 또한 감소하는 상황이 처해 있다(장재철 2004). 그리고 대기업과 중소기업 간의 지배·종속관계는 이러한 양극화를 더욱 심화시키는 결과를 초래하고 있다. 물론 수출 중심의 첨단산업이 새로운 일자리를 창출하고 실식세층이 진입할 수 있다면 큰 문제가 아닐 수 있다. 하지만 수출을 주도하는 주력산업의 경우 부품에 대한 해외의존도가 높아 산업연관관계가 약하고 고용창출 효과 또한 크지 않은 상황이다. 그 결과, 노동집약적 산업부문에서 발생한 실직계층이 진입할 수 있는 일자리가 부족한 현상이 나타나고 있다.

특히 고용창출 잠재력을 가진 중소기업들이 노동생산성의 증가를 통해 수요를 촉진하고, 임금상승과 추가고용을 할 수 없는 여건은 현재의 고용여건을 더욱 힘들게 만드는 요인이 되고 있다. 그리고 이들 기업의 상당수는 외국인 근로자를 통해 문제를 해결하는 방식을 취하고 있다. 물론 외국인 근로자의 고용문제와 관련해서 국내 실직자의 도덕적 해이를 비판하는 시각도 존재한다. 하지만 이는 중소기업이 제공할 수 있는 임금과 근로조건이 구직자의 기대임금수준을 충족시키지 못하는 상황에서 쉽사리 해결하기 힘든 문제일 것이다. 또한 외국인 근로자 밀집업종을 중심으로 노동문화가 새롭게 형성되고 있다는 점도 주목해야 할 점이다.

이러한 여건하에서 [표 7-6]은 1990년~2000년 사이 제조업과 농림어업 부문에서 취업자 비중이 크게 감소한 반면, 서비스업 취업자 비중이 빠르게 증가하고 있음을 보여준다. 국가 간 경쟁에 노출된 산업부문에서 일자리가 감소함에 따라 상대적으로 개방에 덜 노출되어 있고 노동집약적인 산업부문으로 노동력이 이동하고 있는 것이다. 이 과정에서 청년 실업자 중 상당수는 '보다 나은 일자리를 기다리며' 서비스업종으로 이동하고 있는 것처럼 보인다. 하지만 모든 실직계층이 보다 나은 일자리를 기다리며 서비스업종으로 진입하는 것은 아니다. 취업기회가 더욱 적어진 상황에서 중·고령의 실직자들은 취업보다 영세창업의 길을 선택하는 경향을 보인다. 하지만 이들은 음식·숙박업 등 특정 서비스부문으로 집중되어 공급과잉·과열경쟁·소득감소라는 문제를 경험하고 있다. 그리고 중·고령 실직자 중 일부는 일시적인 자영업단계를 거쳐 비경제활동인구로 진입한 것으로 나타나고 있다 (전병유 2003; 성지미·안주엽 2004). 여기서 주목해야 할 점은 도·소매업이나 음식·숙박업 등 특정 서비스업에 진입한 근로자 대부분이 저임금·고용불안·빈곤이라는 위험에 노출되어 있었다는 점이다. 이는 취업빈곤층의

[표 7-6] 산업별 취업자, 산출액, 취업계수의 추이

	1990			1995			2000		
	취업자	산출액	취업계수	취업자	산출액	취업계수	취업자	산출액	취업계수
농림어업	18.2	5.2	81.9	14.4	3.9	61.3	13.4	2.8	58.2
광 업	0.5	0.5	22.5	0.3	0.4	12.1	0.1	0.2	7.2
제 조 업	27.5	50.7	15.2	23.7	48.9	8.6	19.2	47.5	4.9
전력/가스/수도	0.4	1.8	5.4	0.4	1.8	3.4	0.4	2.3	2.3
건 설	7.5	10.7	13.3	8.0	10.1	11.5	7.5	7.3	12.6
서비스업	46.0	31.0	32.7	53.3	35.0	25.7	59.4	39.9	18.2
합 계	100.0	100.0	24.4	100.0	100.0	16.9	100.0	100.0	12.2

주: 취업계수는 명/10억 원
자료: 한국은행. 2004. 『산업연관 분석 해설』.

절반가량이 이들 업종에 종사하고 있다는 점에서도 쉽게 알 수 있다.[8]

[8] 15~65세 취업빈곤층의 업종별 분포에서 도·소매업, 숙박음식업, 개인서비스업이 차지하는 비중은 43%를 차지해 전체 취업자의 동일 업종 취업자 비중인 32%보다 약 11%가량 높게 나타나고 있다. 여기에 65세 이상 노인의 업종별 분포를 포함하면 전체 비중은 50%를 초과할 것으로 추정된다(노대명 외 2004).

결국 현재 우리 사회가 당면한 소득분배구조 악화와 빈곤율 증가는 고용창출을 통해 상당부분 해결할 수 있을 것이다. 이는 세계 각국의 정부가 주목하는 가장 현실성 있는 대안이 될 것이다. 하지만 고용창출은 재정압박과 소득불평등 중 어느 하나를 선택해야 하는 딜레마에 처해 있는 것처럼 보인다. 이는 논자에 따라 삼자택일의 딜레마라고도 불리는데, 그 핵심은 현대 복지국가가 '예산절감, 소득평등, 고용창출'이라는 세 가지 목표를 동시에 달성하기 힘들며, 어느 하나를 선택하면 다른 하나를 희생해야 하는 상황에 처해 있다는 것이다(T. Iversen & Anne Wren 1998). 예를 들어, 자유주의 복지체제의 고용창출정책은 시장논리에 따라 많은 일자리를 창출할 수 있지만 저임금과 소득불평등이라는 대가를 지불하지 않을 수 없으며, 보수주의 복지체제의 정책은 공공지출을 통해 일자리를 창출하고 소득불평등을 완화시킬 수 있으나 예산부담이라는 대가를 지불하지 않을 수 없다는 것이다. 이러한 딜레마가 발생하는 것은 경제영역의 세계화가 진행되는 과정에서 산업 전반에 걸쳐 생산성 증가와 고용창출 간에 상쇄관계(trade-off)가 나타나고 있을 뿐 아니라, 사회서비스부문이 갖는 노동집약적 성격과 무관하지 않다.

현재 고용창출정책은 기존 국가들의 경험을 볼 때, 다음 두 가지 형태로 구분할 수 있다. 첫 번째 방식은 생산성 향상을 통해 낮은 가격으로 서비스를 공급함으로써 유효수요를 확대하여 일자리를 창출하는 것이다. 이는 사회서비스업 등 제조업과 시너지효과를 가질 수 있는 업종에서는 그 효과를 기대할 수 있을 것이다. 하지만 사회서비스부문은 그 효과를 기대하기 용이하지 않은 것처럼 보인다. 노동집약적 성격이 강한 사회서비스부문에서는 생산성 향상과 가격인하를 통해 일자리를 창출할 수 있지만, 대부분 저임금의 일자리가 되어 소득분배구조를 악화시킬 개연성이 높은 것이다. 이는 사회서비스부문의 경우, '생산성과 임금' 또는 '생산성과 품질' 간에 상쇄관계가 존재하는 것으로 이해할 수 있다.

두 번째 방식은 국가가 공공지출을 확대하여 사회서비스부문의 일자리를 창출하는 것이다. 이는 사회보장제도에 연대성의 원칙이 강한 국가에서 채택하는 방식으로, 사회서비스 공급을 시장에 맡기는 경우, 서비스 구매력이 없는 계층의 박탈감이 심화되고 저임금 일자리가 확대된다는 문제의식에 기초하고 있다. 따라서 재정적자를 감수하더라도 공공지출 확대를 통해 사회서비스부문 일자리를 창출하는 것이다. 물론 이 방식은 보편적 서비스 공급방식을 취하고 실직빈곤층에게 일자리를 제공한다는 점에서 소득재분배 효과가 매우 높게 나타나지만, 재정압박이 심해지는 문제점을 안고 있다.

2) 대안적 복지체제와 그 경로

우리 사회는 변화하는 산업구조에 맞서 위에 언급한 삼자택일의 딜레마를 넘어 일자리를 창출함으로써 소득분배구조를 개선하고, 증가하는 복지욕구를 충족시킬 수 있는 대안적 복지체제를 모색해야 하는 상황이다. 여기서 외국의 사례는 중요한 교훈을 줄 수 있지만, 우리 사회가 답습할 수 있는 것은 아니다.

우리 사회의 대안적 복지체제는 사회보장체계를 강화하되 사회지출 확대에 있어 현금이전과 서비스공급 간의 균형을 유지하고, 단기적으로 사회서비스 공급을 확대하여 일자리를 창출하고, 이를 통해 노동하는 사람이 빈곤층으로 전락하지 않도록 설계되어야 한다. 하지만 대안적 복지체제를 구축하는 작업은 선택과 집중을 필요로 한다. 제한된 재원을 모든 사업에 투사하기 힘들기 때문이다. 이 점을 감안할 때, 사회서비스 공급확대와 일자리 창출의 시너지효과를 극대화하는 전략에 주목할 필요가 있다. 이 전략은 서구가 '고용, 소득, 재정'이라는 세 가지 목표를 달성하는 과정에서 경험하는 삼자택일의 딜레마를 극복할 수 있는 충분한 잠재력을 갖고 있기 때문이다. 이버슨(T. Iversen 1998)의 지적처럼, 사회서비스부문은 국제경쟁에 노출된 산업부문과 달리 정부의 정책의지에 따라 일자리를 창출할 수 있는 보호된 영역이다. 그리고 이 부문의 고용창출을 위해서는 공공지출을 확대할 필요가 있다. 다행스러운 것은 현재 한국의 사회지출수준이 매우 낮아 일정수준까지 확대하더라도 심각한 재정압박을 경험하지 않을 것이라는 점이다. 그리고 사회서비스 공급확대는 취약계층이나 중산층의 가계부담을 덜어줌으로써 소득분배구조 개선에도 긍정적인 영향을 미칠 것이다.

요약하면, 현재 우리 사회는 사회지출을 확대함으로써 취약한 사회보장체계를 강화해야 하는 상황에 처해 있다. 그리고 사회지출 확대가 불가피한 상황에서 어떠한 방식으로 어떠한 부문에 재정을 투입해야 하는지가 가장 중요한 문제이다. 이 글에서는 사회서비스 공급확대에 초점을 맞추어 사회지출을 확대하는 것이 대안적 복지체제의 중요한 고리가 될 것임을 시사한다.

그렇다면 우리 사회는 어떠한 경로적 선택을 해야 하는가? [그림 7-6]은 기존 서구 복지체제 유형과 비교할 때, 우리 사회가 어떻게 지출을 확대해야 하는가를 보여준다. 기존의 많은 연구들이 GDP와 사회지출을 비교하였다면, 이 그림은 사회지출 중 현금급여에 대한 지출과 서비스에 대한 지출을 구분함으로써, 대안적 복지체제가 취해야 하는 경로를 암시하고 있다. 우리의 제반 여건을 고려할 때, 단기간에 북구나 유럽대륙 국가의 사회지출수준에 도달하기는 힘들다. 따라서 현재 우리 사회가 필요로 하는 전략은 그러한 목표지점에 도달하는 경로일 것이다. 그리고 그 경로는 '적어도 사회지출의 구성'으로 보면, 자유주의 복지체제를 거쳐 가지 않을 수 없다. 이러한 맥락에서 아래 그림은 현금급여 중심의 지출확대보다 사회서비스 중심의 지출확대 전략을 취해야 한다는 것을 나타낸다. 하지만 이 그림이 설명하지 못하는 점이 있다. 그것은 사회지출을 확대하더라도 그것인 공공지출인지 민간지출인지 하는 것이다. 이는 앞의 [그림 7-5]를 통해 그 해답을 찾을 수 있다. 현재 우리 사회는 공공지출을 우선적으로 확대해야 하는 것이다.

[그림 7-6] 사회지출 구성에 따른 복지체제 유형화

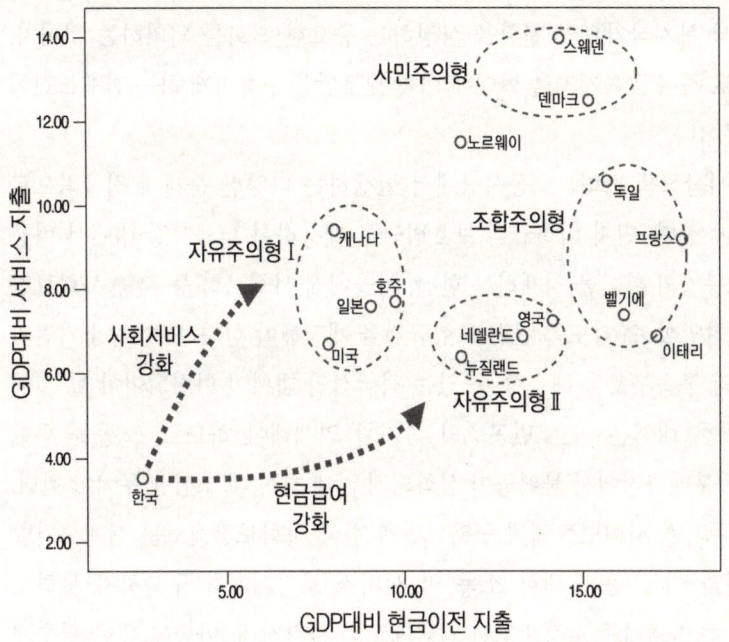

3) 대안적 복지체제를 위한 실천계획

대안적 복지체제를 위한 실천계획은 크게 두 가지 관점에서, 즉 '전제조건의 구비'와 '제도의 개편·확대'라는 관점에서 접근할 수 있다.

(1) 전제 조건

복지재원의 확충: 현재 국민의 복지욕구 증가속도를 비교할 때, 복지재원의 확충은 불가피하다. 이와 관련해서 가장 근본적인 대안은 사회보장세를 도입하는 것이다. 그리고 좀 더 진보적 대안으로는 부유세를 부과하는 방법 또한 고려해 볼 수 있다. 이는 조세제도 등에 대한 전면적인 개편을 필요로 한다. 하지만 단기적으로는 사회간접자본(SOC; Social Overhead Capital)분야

에 집중된 예산을 복지예산으로 전환하는 방안을 강구해야 한다. 이는 토건국가에서 복지국가로의 전환을 상징하는 중요한 변화를 의미하는 것이자, 국민들로 하여금 복지지출 확대에 대한 세부담을 수용하게 하는 전제조건이기 때문이다.

노동시장정책 강화: 노동시장에서 발생하는 다양한 문제에 적극적으로 대처해야 한다. 먼저 비정규직 보호법안을 제정하여 노동시장 내에서 비정규직 노동자의 확산을 억제하는 한편, 이들에게 사회보험 등 각종 사회보장제도에 가입할 수 있도록 관련 보험규정을 개정해야 한다. 또한 중소기업과 대기업의 종속구조를 해소할 수 있는 적극적인 대책이 마련되어야 할 것이다. 이러한 대책은 근로빈곤층의 증가를 억제해야 하므로, 노동을 통한 1차 소득분배과정에서 불평등이 심화되지 않게 하는 데 초점을 두어야 한다.

생애주기별 사회보장체계 구축: 현재 한국 사회보장제도는 생애주기별로 노인과 아동 등에 대한 소득 및 서비스 보장체계를 구축하지 못하고 있다. 이는 노후소득보장제도인 연금제도의 사각지대, 아동에 대한 필수재적 사회서비스의 미비 등 다양한 문제를 안고 있다. 따라서 연금제도를 개혁함으로써 노후소득보장문제를 해소하고, 사회서비스를 확대하여 고령사회와 저출산 문제에 대한 대책을 마련해야 한다.

(2) 제도개편

사회보험의 개편: 현재 사회보험과 관련해서 연금제도는 현재의 노인빈곤층에 대한 대안을 마련해야 한다. 그것은 기초연금이나, 노인대상 공공부조제도 도입 등 다양한 대안이 있을 수 있다. 그러나 이는 재원확보에 대한 국민적 합의를 필요로 한다. 이어 건강보험은 제도의 효율화를 통해 지출을 통제하며 지속적으로 보장성을 강화할 필요가 있다. 여기서 강조해야 할 점은 현재의 의료서비스 공급체계를 합리화하는 방안이 선행되어야 한다는 것이다. 그 밖에도 고용보험을 실업보험으로 전환하여 비정규직 노동자의

보험가입을 촉진하고, 각종 고용지원사업은 전 국민을 대상으로 하는 사업으로 확충하는 법률개정을 고려해 볼 수 있다. 그리고 산재보험은 영세자영업자의 가입을 허용하는 법률개정과 비정규직 노동자 가입을 유인할 수 있는 추가적인 유인장치를 마련할 필요가 있다.

기초생활보장제도의 개정: 빈곤대책 중 가장 핵심을 이루는 기초생활보장제도는 다양한 빈곤계층의 욕구를 충족시키기 위해 근본적인 개편이 필요하다. 현재 통합급여체계에 묶여 있는 주거급여, 의료급여, 교육급여, 자활급여 등을 분리하여, 그것이 빈곤층 수급자뿐 아니라, 저소득층 및 기타 취약계층도 보호받을 수 있어야 한다. 그리고 부양의무자 규정 또한 보완장치 마련을 전제로 폐지해야 할 것이다. 이는 빈곤층에게 다양한 서비스를 욕구에 맞게 공급하며, 지출은 보다 효율적으로 관리하는 체계를 구축해야 한다는 것을 의미한다.

사회복지서비스 확충: 사회서비스 관련 지출확대는 일자리 창출과 서비스 공급확대라는 두 가지 효과를 나타낼 수 있다는 점에서 복지지출확대를 둘러싼 불필요한 논쟁을 최소화할 수 있다. 특히 사회서비스부문 고용창출은 아이비슨의 지적처럼 세계화에 따라 개방된 산업부문과 달리 감소하는 일자리 문제를 해소하는 중요한 대안이 될 수 있다. 예를 들면, 현재 잔여적으로 공급되고 있는 복지간병, 가사도우미, 보육 등의 사회서비스를 점진적으로 확충하기 위해서는 사회복지서비스 확충을 위한 제도적 기반을 마련할 필요가 있다. 예를 들면, 뒤에 언급할 공적 노인요양보장제도 등을 통한 서비스 수요창출이 선행되어야 한다. 아울러 사회서비스 공급을 확충하기 위해 일반 실직자 및 빈곤층 실직자를 대상으로 교육과 인증 등을 수행하게 하는 제도적 근거 규정을 마련하고, 사회적 기업설립에 관한 법률을 제정할 필요가 있다.

참고문헌

김영세. 2005. "분배보다 투자촉진·성장에 더 무게두어야". KDI. 『나라경제』. 8월.

남찬섭. 2002. "한국 복지체제의 성격에 대한 경험적 연구". 김연명 편. 『한국복지국가 성격논쟁 I』. 인간과 복지.

노대명 외. 2004. 『한국 근로빈곤층의 소득고용실태 연구』. 한국보건사회연구원.

성경륭. 2001. "민주주의의 공고화와 복지국가의 발전: 문민정부와 국민의 정부 비교". 『한국 사회복지학』. 제46호.

성지미·안주엽. 2004. "자영업과 가교일자리". 『노동경제논집』. 제27권(3).

전병유. 2003. "자영업 선택의 결정요인에 관한 연구". 『노동경제논집』. 제26권(3).

조영훈. 2002. "유교주의, 보수주의 혹은 자유주의: 한국의 복지유형 검토". 김연명 편. 『한국복지국가 성격논쟁 I』. 인간과 복지.

한국정치연구회. 1998. 『동아시아 발전 모델은 실패했는가』. 삼인출판사.

홍경준. 2002. "복지국가의 유형에 관한 질적 비교분석". 김연명 편. 『한국복지국가 성격 논쟁 I』. 인간과 복지.

Arts, W. & J. Gelissen. 2002. "Three worlds of welfare capitalism or more? : A state-of-the art report". *Journal of European Social Policy*. vol. 12(2).

Bonoli, G. 1997. "Classifying Welfare States : a Two-dimension Approach". *Journal of Social Policy*. vol. 26(3).

Cox, Robert. 2004. "The Path-dependency of an Idea: Why Scandinavian Selfare States Remain Distinct". *Social Policy & Administation*. vol. 38(2).

Croissant, Aurel. 2004. "Changing Welfare Regimes in East and Southeast Asia : Crisis, Change and Challenge". *Social Policy & Administration*. vol. 38(5).

Esping-Andersen, Gosta. 1990. *The Three Worlds of Welfare Capitalism*. Polity Press.

Forster, M. F. 2000. *Trends and Driving Factors in Income Distribution and Poverty in the OECD Areas*. OECD DELSA Paper. N. 42.

Goodin, R. E. et. al. 1999. *The Real Worlds of Welfare Capitalism*. Cambridge Univ. Press.

Goodman R. & I. Peng. 1996. "The East Asian Welfare States: Peripatetic Learning, Adaptive Change, and Nation-building". in G. Esping-Andersen (ed.) *Welfare States in Transition*. London: Sage.

Gosta Esping-Andersen. 1999. Social Foundations of Postindustrial Economies. Oxford Univ. Press.

Gough, Ian. 2000b. "Welfare Regimes : on adapting the framework to developing countries". *Institute for International Policy Analysis*. Global Social Policy programme. August.

Gough. Ian. 2000a. "Globalisation and regional welfare regimes: The East Asian case." ISSA. *The Year 2000 International Research Conference on Social Security*. Helsinki. 25-27 September.

Holliday, Ian & Paul Wilding ed. 2003. *Welfare Capitalism in East Asia: Social Policy in the Tiger Economies*. Palgrave Macmillan

Huber E. & J. D. Stephens. 2001. "Welfare State and Production Regimes in the Era of

Retrenchment". in P. Pierson ed. *The New Politics of the Welfare State*. Oxford Univ. Press

Iversen, Torben & Anne Wren. 1998. "Equality, Employment, and Budgetary Restraint: The Trilemma of the Service Economy". *World Politics*. 50. 4.

Jenson, Jane & Denis Saint-Martin. 2002. "Building Blocks for a New Welfare Architecture". *Annual Meeting of the American Political Science Association*. Boston. August.

Jessop, Bob. 1994. "The Transition to post-Fordism and the Schumpeterian workfare state". R. Burrows & Brian Loader (ed). *Towards a Post-Fordist Welfare State?* London. Routledge.

Jones, C. 1993. "The pacific challenge: Confucian welfare states". in C. Jones (Ed.). *New perspectives on the welfare state in Europe*. London & New York: Routledge.

Kasza, G. J. 2002. "The illusion of Welfare Regimes". *Journal of Social Policy*. vol. 31(2).

Kim, Y. M. 2005. "The Re-examination of East Asian Welfare Regime: Methodological Problems in Comparing Welfare States and the Possibility of Classifying East Asian Welfare Regimes". in Workshop on East Asian Social Policy. January. the University of Bath. U.K.

Korpi, W. & J. Palme. 1998. "The Paradox of Redistribution and Strategies of Equality". *American Sociological Review*. vol. 16.

Kwon, H.-J. ed. 2005. *Transforming the Developmental Welfare State in East Asia*. Palgrave/UNRISD.

Lessenich, S. 2005. "'Frozen Landscapes' Revisited: Path Creation in the European Social Model". *Social Policy & Society*. 4;4.

Lin, Ka. 1999. *Confucian welfare cluster: a cultural interpretation of social welfare*. University of Tampere.

Myles, J. & J. Guadagno. 2002. "Political Theories of the Welfare State". *Social Science Review*. march.

Olsen, G. M. & J. S. O'Connor. 1998. "Understanding the Welfare State: Power Resources Theory and Its Critics". in J.S. O'Connor and G.M. Olsen (eds.). *Power Resources Theory and the Welfare State*. Toronto: University of Toronto Press.

Oxley, Howard, Jean-Marc Burniaux, Thai-Thanh Dang & Marco Mira d'Ercole. 1997. "Income Distribution and Poverty in 13 OECD Countries". *OECD Economic Studies*. No. 29.

Schut, J. M. W. et. al. 2000. *On Worlds of Welfare: Institutions and their effects in eleven welfare states*. Social and Cultural Planning Office(SCP). April.

Titmuss, R. M. 1974. *Social Policy: An Introduction*. Allen & Unwin.

Torfing, J. 1998. *Politics, Regulation and the Modern Welfare State*. Macmillan Press.

Wilensky, H. L. & C. Lebeaux. 1958. *Industrial Society and Social Welfare*. Russcl Sage Foundation.

Wilensky, H. L. 1975. *The Welfare State and Equality: Structural and Ideological Roots of Public Expenditures*. University of California Press.

8

민주화·세계화 '이후' 생활세계의 변화와 시민참여적 대안
──풀뿌리 민주주의를 중심으로

김정훈
(성공회대 민주주의와 사회운동연구소·사회학)

1. 문제 제기

우리 사회는 1987년 6월을 기점으로 본격적인 민주화의 길을 겪고 있다. 민주화에 대한 평가가 어떠하든 간에 1987년 이후 민주주의는 우리 사회의 주류 패러다임으로 자리잡았으며, 이를 명시적으로 거부하는 세력은 없다. 이와 마찬가지로 1990년대 이후 우리 사회는 본격적으로 세계화를 겪게 되었다. IMF에서 알 수 있듯이 세계화는 그 성격과 관계없이 우리의 삶 자체에 벌써 깊숙이 개입해 있다. 비록 세계화에 반대한다고 하더라도, 세계화라는 현상이 우리 삶의 중요한 부분이라는 사실을 부정할 수 없는 상황이 되었다.

민주주의가 우리 사회의 주류 패러다임으로 정착했다는 것이 민주주의의 발전을 보장하는 것은 아니다. 서구의 민주주의와 신생 민주주의 국가의 민주주의가 다르듯이 나라마다 민주주의의 정착과정 및 형태는 다양하기 때문이다. 또한 세계화가 부정할 수 없는 하나의 경향이라고 하더라도 세계화의 영향이 나라마다 일정한 것은 아니다. 따라서 문제는 우리의 현실에서 어떤 민주주의가 나타나고 있으며, 또한 어떤 세계화가 나타나고 있는가 하는 점이다.

민주화와 세계화 이후의 삶을 사고하는 데 있어 간과하지 말아야 할 것은, 그것이 필연적인 경향이라기보다는 다양한 세력 간의 갈등에 의해 다양한 결과를 만들어 낸다는 점이다. 민주화와 세계화 이후의 삶에서 생활세계가 주목받는 것은 바로 이 때문이다. 그것이 현재 우리의 삶에 구체적인 영향을 미치고 있기 때문에 이러한 현상을 단순히 무시하고 현실과 동떨어진 대안을 제시해서는 안 되지만, 그것의 성격과 효과가 미리 정해진 것이 아니라 다양한 관계의 의해 규정되는 것이라면 새로운 상상력이 요구된다.

후발 민주주의 국가이며 또한 강요된 세계화를 겪고 있는 우리가 서구의 한계를 극복하면서 동시에 주체적 세계화를 할 수 있는 대안은 있는가? 우리가 달성하고자 하는 민주주의가 단순히 서구 민주주의를 추격하는 것이 아니라면, 또한 우리가 추구하고자 하는 세계화가 단순히 시장논리의 극대화가 아니라면, 과연 이러한 이중적 과제를 달성할 수 있는 대안은 존재하는 것인가?

이 글은 이러한 물음에서 시작한다. 서구의 대의민주주의를 완성하면서 동시에 그것의 관료제적 한계를 극복하는 것, 또한 일방적인 시장주의적 세계화에 저항하면서 동시에 세계시민으로서 살아가는 것, 이것이 가능한가를 묻는 것이 이 글의 질문이다.

이 글은 이 질문에 대한 대답을 찾기 위해 생활세계에서 출발한다. 민주주의가 무엇보다 정치영역의 문제이며, 또한 세계화가 무엇보다 경제적 세계화라는 사실은 부인하지 못할 문제이다. 따라서 민주화, 세계화 이후의 새로운 대안은 무엇보다 정치와 경제라는 체계의 영역에서 찾아야 한다. 그러나 이러한 문제의식이 타당함에도 불구하고, 이 글은 체계를 변화시킬 주체는 생활세계에서 형성된다는 점에 주목한다.

이 글은 또한 우리의 현실에서 출발한다. 우리의 현실에서 생활세계의 변화를 통해 체계를 변화시킬 수 있는 대안은 어떻게 형성될 수 있는가? 우리 사회의 많은 문제에도 불구하고 생활세계라는 관점에서 출발하여 민주화를 정체시키거나 부정적인 방식으로 결빙시키려는 경향을 저지시키면서 세계화의 부정적인 경향을 막을 수 있는 대안은 어떻게 형성될 수 있는가? 이 글이 주목하고자 하는 것은 바로 이 점이다.

생활세계의 관점에서 보면 민주화, 세계화 이후의 새로운 대안은 풀뿌리 민주주의라 할 수 있다. 또한 한국의 관점에서 보면 지역의 민주화라고 할 수 있다. 즉, 풀뿌리 민주주의에 기반한 지역공동체의 형성이 민주화, 세계화 이후의 새로운 대안모델이라고 할 수 있다. 세계사적으로 풀뿌리 민주주의에 기반한 지역공동체의 형성이라는 대안은 다양한 곳에서 실험되고 있다. 브라질 포르투 알레그리의 참여예산제나 인도 케랄라주의 인민계획캠페인(People's Planning Campaign) 등 성공한 모델들은 또 다른 세계화에 의해 전세계적으로 급속히 퍼지면서 각 나라에 맞은 다양한 방식으로 실험되고 있다. 그러나 이러한 성공에도 불구하고 새로운 대안양식은 체계화되지 못했다는 한계를 가지고 있다. '대안은 없다'가 아니라 '너무 많은 대안이 있다'라는 관점이 맞을 수는 있지만 중요한 것은 아직 이러한 너무 많은 대안들이 정교화되지 않았다는 점이다.

따라서 이 글은 새로운 대안의 가능성을 특히 한국에서 나타나고 있는 다양한 시도에서 찾고자 한다. 이는 무엇보다 풀뿌리 민주주의가 지역기반의 민주주의이기도 하지만, 또한 우리 사회에서도 세계사적인 다양한 운동들을 흡수하면서 생활세계의 변화를 통해 사회전체를 개조하려는 다양한 흐름들이 나타나고 있기 때문이다. 이러한 다양한 시도들은 우리에게 적합한 새로운 대안모델을 만드는 중요한 자원이 될 수 있을 것이다.

이 글은 먼저 민주화 세계화 이후의 민주화와 세계화가 생활세계를 어떻게 변화시키는가를 살펴보고, 이를 기반으로 한국 사회의 생활세계, 특히 지역사회의 변화와 그 특성을 살펴보고, 새로운 대안을 검토하고자 한다.

2. 민주화·세계화 이후의 생활세계의 변화

민주화와 세계화의 상호작용은 사회변화를 추동한다. 민주화와 세계화를 근대세계의 발생과 함께 시작된 것으로 파악한다면, 제3세계 국가들의 세계화는 민주화 이전에 이미 존재했고, 민주화 이후에도 제3세계의 민주주의 발전에 기여했다. 예를 들어, 한국 민주주의의 발전에 있어 글로벌 스탠다드로서의 민주주의에 대한 규범적 요구는 박정희의 '한국적 민주주의'로 상징되는 권위주의체제를 붕괴시키는 중요한 자원이었다. 또한 세계화가 운동세력의 세계화를 의미하는 것이라면, 세계화는 단순히 민주적 담론의 세계화를 넘어 실질적인 운동의 지원의 지원이라는 형태로 한 국가의 민주주의 혹은 글로벌한 수준의 민주주의에 기여했고, 이런 의미에서 세계화는 민주화 이후의 민주주의에도 긍정적인 영향을 미친다. 세계화를 어떻게 이해하느냐에 따라 달라질 수 있지만, 근대 민주주의의 발전과정은 프랑스 혁명정신의 세계화 과정(Therborn 1885) 혹은 해방적 근대의 확산과정(Wallerstein 1995)으로 이해될 수 있다. 또한 세계화를 최근의 현상이라고 하더라도 최근에 자본의 세계화와 함께 나타나고 있는 초국적 사회운동조직의 확산은 세계화 과정이 단순히 자본의 이해만을 대변하지 않음을 보여주고 있다.[1]

---

1) 세계화와 초국적 사회운동의 관계는 다양하지만 적어도 국제적 상호작용은 사회운동간, 사회운동과 국가 간, 그리고 국가 간의 상호작용에 의해 다양한 관계로 귀결된다. 이에 관해서는, Donatella della Porta & Hanspeter Kriesi(1999) 참조.

세계화가 민주주의에 긍정적인 영향을 미치는 것이 사실이기는 하지만 역으로 세계화는 민주주의에 아주 부정적인 영향을 미치기도 한다. 세계화가 현실의 가장 중요한 경향의 하나인 신자유주의적 세계화를 의미한다면, 세계화는 민주화와 양립불가능하거나 혹은 그것을 저해하는 것으로 이해될 수 있다. 세계화가 국가 간의 치열한 경쟁을 의미하고, 이것이 생존경쟁에서 실질적 민주주의의 후퇴를 낳는 '아래로의 경쟁'으로 귀결된다면 민주화 이후의 민주주의는 민주주의의 실질적 토대인 경제적 평등을 저해함으로써 민주화의 진전을 가로막는 가장 중요한 요소로써 인식될 수 있다.

이렇게 민주화와 세계화는 다양한 방식으로 이해될 수 있고, 또한 민주화와 세계화의 맞물림은 나라마다 특수하다. 일찍이 복지국가가 이루어진 서구의 경우 신자유주의로 상징되는 세계화가 복지수혜를 상당부분 감소시킬지라도 기존의 관성으로 인해 실질적 민주주의의 급격한 축소를 막을 수 있는 반면, 우리와 같이 민주화와 세계화가 동시에 이루어지는 경우에는 세계화로 인해 민주화의 토대가 잠식되는 결과를 낳을 수도 있다(최장집 2005). 이러한 상황의 차이는 각 나라가 갖고 있는 정치제도의 차이, 혹은 세력관계의 차이에 기인하는 것이고, 따라서 민주화와 세계화의 상호작용을 구체적인 수준에서 탐색하는 것은 중요한 의미를 갖는다.

1) 민주화 이후의 민주주의와 생활세계의 변화

생활세계 혹은 시민사회의 개념[2] 역시 구체적인 수준에서 탐색되어야

---

[2] 생활세계와 시민사회는 다른 이론적 기반을 가진 개념이다. 그러나 하버마스적 생활세계 개념은 시민사회와 같은 개념으로 활용될 수 있다. 하버마스적 시민사회론자들은 하버마스의 이론을 국가, 경제, 시민사회의 3분 모델로 파악하고, 생활세계와 시민사회를 같은 개념으로 사용한다(Cohen and Arato 1992). 하버마스는 여전히 시민사회보다는 생활세계 개념이 보다 유용하다고 주장하지만, 생활세계 개념에 사회운동의 개념이 없다는 이들의 비판을 받아들여 시민사회를 생활세계에서 공적영역과 사적 영역을 매개하는 영역으로 개념화한다(Habermas 1996, ch. 8). 이러한 이론적 배경에 입각해 이 글에서는 생활세계와

한다. 서구사회에서 생활세계는 근대 세계의 등장과 함께 등장했다는 점에서 근대화를 늦게 이룬 제3세계와 비교할 때 시간적 차이를 갖고 그런 의미에서 특정한 경로의존성을 갖는 개념이다. 그러나 서구에서는 68혁명 이후, 그리고 제3세계에서는 민주화 이후, 민주주의의 심화라는 관점에서 생활세계 개념이 새롭게 부각되고 있다는 점에서 보면, 그 개념은 동시성에 따른 동일한 의미를 가진 개념으로 인식할 수 있다(Cohen and Arato 1992; 김정훈 2001).

선진국의 맥락에서 볼 때, 생활세계 개념이 새롭게 주목을 받게 된 이유는 관료제화 때문이다. 사회 민주주의적 타협으로 상징되는 사회운동의 제도화와 복지국가로 상징되는 국가영역의 확대는 관료제화를 낳고 이로 인해 국가는 새로운 사회적 갈등에 대해 민감성을 상실하게 된다. 이에 대한 저항이 바로 68혁명이고 이를 기반으로 태동한 것이 새로운 사회운동이다. 이러한 서구의 맥락에서 생활세계 개념은 새롭게 주목받게 된 것이다.

민주화 국가들에 있어 생활세계의 발견은 다른 맥락을 갖는다. 1980년대에 불기 시작한 '제3의 민주화 물결'(Huntington 1991), 즉 제3세계 국가들에서의 민주화 열풍과 동구 사회주의의 민주화는 권위주의적 국가에 대한 저항임과 동시에 노동자가 중심이 되지 않은 민주화라는 새로운 현상을 제공했다. 이 새로운 현상을 설명하는 맥락에서 생활세계는 새롭게 주목되게 된 것이다.

생활세계가 발견되고, 발전되게 하는 시대적 상황의 차이에도 불구하고, 양 사례는 국가에 대한 저항이었다는 점에서, 그리고 민주화가 생활세계를 기반으로 발생하였다는 점에서 같은 성격을 갖고 있다. 이러한 동일성으로 인해 서구 사회과학계는 생활세계의 개념을 새롭게 발견하였으며, 이는 정치 혹은 경제와 관계를 맺으면서도 독립적인, 새로운 자율적 영역의 발견이었다.

시민사회를 같은 개념으로 사용한다.

소통적 합리성에 입각한 자율성의 영역으로서의 생활세계의 발견은 이 영역에서 시민들의 정체성이 형성되고 또한 사회문제에 대한 공론화가 이루어진다는 점에서 현대 민주주의의 활성화를 위한 새로운 영역의 발견이라는 동일성을 갖는다. 그러나 이러한 동일성에도 불구하고 서구적 의미의 생활세계와 민주화 이후의 사회에서의 생활세계는 다른 의미를 갖고 있다. 즉, 서구에서의 생활세계는 그것이 민주주의의 원천이기 때문에 '생활세계의 식민화'를 막아야 한다는 의미, 즉 자기방어적 의미를 갖지만, 제3세계에서의 생활세계는 단순한 방어의 의미를 넘어 정치와 경제를 개혁해야하는 의미를 동시에 갖는다. 다시 말해서 서구에서 중요한 것이 체계의 논리, 즉 권력의 논리와 화폐의 논리에 포섭되지 않는 소통적 합리성의 영역을 보호하는 것이라면, 민주화 이후의 사회에서는 정치와 경제를 합리화, 민주화하면서 동시에 생활세계를 변화시켜야 하는 이중적 의미를 갖고 있다.[3]

민주화 이후의 민주주의 사회가 정체를 이루는 것은 그 사회가 이중적 과제를 갖고 있기 때문이다. 즉, 생활세계가 민주화되기 위해서는 다른 두 영역의 민주화가 동시에 이루어져야 한다. 즉, 정치의 민주화가 이루어지지 않는다면 생활세계는 지속적으로 권력의 감시하에 있을 것이며, 동시에 경제의 민주화가 이루어지지 않는다면 생활세계는 지속적으로 자본의 포로가 될 뿐이다. 그러나 생활세계 자체의 민주화는 이러한 체계의 문제를 넘어선다. 생활세계의 민주화는 주체의 재구성을 통해 정치를 재구조화하고, 경제를 재구조화한다. 다시 말해서 제도정치의 수동적인 객체에 머물렀던 시민

---

3) 서구에서의 '자기제한적 급진주의' 전략이 서구에서조차 타당한 전략인가에 대한 많은 논쟁이 있고, 하버마스 혹은 하버마스적 시민사회론자들에 대한 많은 비판은 이 지점에 놓여있는 것으로 보인다. 이러한 비판이 타당한 것이라 하더라도, 사회적 균열과 정치적 균열이 어느 정도 일치하고 복지국가로 인해 경제적 불평등이 어느 정도 완화된 서구의 사회와 그렇지 못한 민주화 이후의 민주주의 사회 간에 커다란 차이가 있다는 것은 인정되어야 할 것이다. 옛 동구 사회주의 국가들의 다양한 색깔혁명이 부패로 귀결되고, 사회적 양극화가 심화되는 현상을 보면 이들 민주화 이후의 민주주의 국가들은 서구에 비해 정치와 경제를 민주화하면서 동시에 생활세계를 민주화해야 하는 이중적인 과제를 가졌다고 할 수 있다.

들을 정치의 주체로 재구성함으로써 대의민주주의의 한계를 극복하고, 단순히 소비자이며 노동력 제공자였던 시민을 주체로 재구성함으로써 자본주의 체제의 한계를 극복하려 한다. 이런 점에서 생활세계의 민주화는 사회 전반의 민주화뿐 아니라 사회 전체를 재구조화하는 전략이다.

민주화 이후의 민주주의 사회가 단순히 과거의 복지국가를 복원하거나 그것을 추격하는 것이 아니라면 그것의 출발점은 당연히 생활세계이고, 이는 권력과 자본의 포섭에서 벗어난 영역에서 새로운 민주주의의 가능성을 발전시켜 나간다는 것을 의미한다. 그리고 이러한 생활세계의 영역에서 출발하는 다양한 실험들을 참여민주의, 혹은 풀뿌리 민주주의라고 부를 수 있다.

멀리 브라질의 포르투 알레그리의 참여예산제[4]에서 가까이 일본의 가나가와 네트[5]의 실험에 이르기까지 다양하게 나타나는 실험들을 관통하는 가치는 무엇보다 민주주의의 핵심 가치인 '자기 결정'이다. 기존의 근대 대의정치하에서, 정치적, 경제적 불평등으로 인해 훼손되었던 자기결정의 가치가 실제적으로 실현되도록 하는 것이 참여민주주의 혹은 풀뿌리 민주주의를 주장하는 다양한 실험의 핵심이다. 그리고 이러한 자기 결정의 원리는 보충성의 원리에 따라 지역을 통해 나타난다. 물론 운동이 지역공동체를 넘어서서 벌어지기도 하지만 생활세계의 민주화, 즉 시민의 주체화를 핵심으로 한다는 점에서 주로 지역공동체를 중심으로 이루어진다.

생활세계의 민주화는 주민들이 스스로 주체가 되어 자신을 둘러싼 문제

---

4) 1988년 브라질 노동자당이 주도한 좌파연합이 포르투 알레그리 시정부를 장악하면서 시민이 시예산안 계획에 참여하는 제도를 정착시켰는데, 이후 이 제도는 전세계에 퍼져 나가면서 새로운 민주주의의 모델로 인식되고 있다. 이에 관해서는 마이옹 그레, 이브 생또메(2005) 참조. 참여예산제는 한국에 소개되어 광주 북구, 울산 동구, 청주시, 안산시에서 실행되거나 실행을 준비하고 있다. 이에 관해서는 하승우(2005) 참조.
5) 가나가와네트는 생활협동조합운동에서 출발하여 지방의원까지 배출한 일본의 풀뿌리 운동이다. 한국의 풀뿌리 운동, 특히 정치참여를 생각하는 풀뿌리 운동에 많은 영향을 주고 있으며 최근에는 활발한 교류도 이루어지고 있다. 이에 관해서는 초록정치연대(2005), 요코다 카즈미(2005) 참조.

에 대해 스스로 결정할 때 이루어진다. 따라서 이렇게 주민들을 주체화하고, 스스로의 문제를 해결하게 하는 다양한 흐름들을 풀뿌리 운동이라 부를 수 있다. 그리고 풀뿌리 운동은 무엇보다 주민들의 삶의 거점 지역을 통해 발생한다. 따라서 풀뿌리 운동은 지역운동과 일치하지는 않지만 대부분 지역공동체에 뿌리내린 지역운동의 형태를 띤다.6)

2) 세계화 이후의 민주주의와 생활세계의 변화

세계화는 다양한 영역에서 우리의 삶을 변화시킨다. 세계화에 관련해서 우리가 주목해야 하는 것은 세계화가 무엇보다 경제적인 현상이기는 하지만 세계화는 또 다른 차원, 즉 정치적 세계화와 문화적 세계화라는 또 다른 차원을 갖고 있다는 점이다. 또한 주목해야 하는 것은 세계화가 초국적 자본의 관점에서 특정한 방향으로 진행되고 있지만 이것에 반대하는 반세계화 경향이 존재한다는 점이다. 즉, 세계화에 저항하는 영역으로서의 사회운동의 세계화라는 새로운 경향이 존재한다는 점이다.7)

세계화의 핵심 추동력인 신자유주의적 세계화는 생활세계의 식민화, 나

---

6) 신사회운동이 생활세계에 위치하면서 정체성의 변화를 추진하고, 또한 풀뿌리 조직형태를 취한다는 점에서 풀뿌리 민주주의와 풀뿌리 운동은 신사회운동의 연장선상에 있다. 그러나 그린피스의 예에서 볼 수 있듯이 운동의 세계화는 그 이상인 풀뿌리적 조직형태와는 다른 형태를 가질 수밖에 없다. 많은 초국적 사회운동단체들이 회원들의 직접 참여보다는 보고서 작성, 성명발표 등의 운동레퍼토리를 택하고, 대변형 행동주의를 택할 수밖에 없는 것은 운동의 범위가 확장되는 데 따른 필연적인 현상이다(Rucht 1999). 초국적 사회운동이 생활세계의 변화뿐 아니라 정치, 경제적 변동을 가져오는 중요한 주체라는 점을 부정할 수는 없지만, 풀뿌리 민주주의의 발전을 직접적으로 발전시키는 것은 지역에 뿌리내린 풀뿌리 운동이라 할 수 있다.

7) 1999년 11월 WTO 2차 각료회담이 있었던 시애틀에서 시작된 반세계화 시위는 이후 다보스, 프라하 등으로 이어지면서 최근 부산에 이르기까지 다양한 운동을 낳고, 이러한 운동은 반세계화 세력 간의 연대인 세계사회포럼으로 연결되기도 하였다. 또한 세계화 과정은 단순히 초국적 운동만을 만드는 것이 아니라 세계화에 반대하는 일국적 운동을 촉발시키기도 한다. 세계화 과정이 일국적일 뿐 아니라 초국적인 수준에서 사회운동을 동원하는 구조 및 동학에 관해서는 Smith & Johnson(2002) 참조.

아가 생활세계의 파괴를 가져온다. 이는 두 차원의 양극화를 포함하는데 먼저, 계급 간 양극화를 통해 생활세계를 철저히 화폐의 논리에 종속시킨다. 세계화는 일국 내에서 사회적 하층계급의 민주주의적 권리와 생존권을 약화시킴으로써 '20대 80의 사회'를 낳는다. 이는 세계적으로 부의 대부분이 선진국에 독점되고, 제3세계는 외채가 확대되는 전 지구적 20대 80의 사회와 연관되어 있다. 미국을 중심으로 한 소수의 선진국에 의해 국제통화기금과 세계은행이 주도되고, 국제투기자본의 투기가 제어되기는커녕 보장되는 형태로 진행된다는 점에서 신자유주의적 세계화로 인한 생활세계의 파괴는 부정적인 현상으로 인식될 수밖에 없다.

신자유주의적 세계화가 낳는 또 다른 양극화는 지역적 양극화로 인한 생활세계의 파괴이다. 신자유주의적 무한경쟁은 경쟁력 있는 공간을 특화시키고, 그렇기 못한 공간을 슬럼화하거나 관광지화한다. 전 세계적 차원에서 공간의 불균등한 재배치가 이루어지는 것이다. 예를 들면, 상해, 도쿄와 경쟁하기 위해 서울 및 수도권이 특화되고 그 이외의 공간은 서울시민을 위한 여가공간으로 재배치가 이루어진다. 이러한 지역적 양극화는 경쟁력 없는 지역공동체를 해체하고, 지역공동체를 무한 생존경쟁에 뛰어들게 함으로써 생활세계를 자본의 논리에 철저히 종속시킨다. 자본유치로 상징되는 지역발전을 위한 아래로의 경쟁은 지역공동체를 신개발주의 공동체로 전환시킴으로써 풀뿌리 민주주의 발전을 저해하는 요인으로 작용하는 것이다.

신자유주의적 경제적 세계화가 정치의 세계화 및 국민국가의 약화를 가져오는 것은 사실이지만 그것이 곧바로 국민국가의 소멸을 낳는 것은 아니다. 글로벌 이슈의 발생에 의해 국가 간 상호의존이 높아지고 그로 인해 국가능력, 형태, 자율성, 국가의 권위 및 정당성이 위협받고 있는 것은 사실이지만, 그것이 곧바로 국가의 소멸을 가져오지 않는 것(McGrew 1992)처럼, 정치적 세계화가 생활세계의 변화에 부정적인 영향을 미치기만 하는 것은 아니다. 이 역시 두 차원에서 그러하다. 먼저, 세계적 수준에서 세계화에 대항하는 초국적 사회운동을 발생시킨다. 시장의 세계화와 글로벌 이슈의 발생은 일개 국민국가의 힘으로는 감당할 수 없는 문제를 발생시키며, 이는 초국적인 국가 간 조직만을 발생시키는 것이 아니라 초국적인 사회운동을 발생시킨다. 초국적 사회운동은 세계화 시대의 세계 시민사회에서 새로운 변화의 동력으로 작동할 수 있다는 점에서 생활세계의 변화에 긍정적인 의미를 갖는다.

국민국가의 구조변동은 또한 지역공동체를 새롭게 재구성할 기회를 제공한다. 기존의 '국민국가는 큰 일을 하기에는 너무 작고, 작은 일을 하기에는 너무 큰 조직'이기 때문에 상황변화에 맞추어 스스로를 변화시킬 수밖에 없다. 이러한 국가의 능력 및 기능의 변화는 중앙집권제하에서 국가에 종속되었던 지역의 자율성의 공간을 개방함으로써 지역은 새로운 정치의 단위로서 민주주의를 심화시킬 수 있는 기회의 공간이 된다. 전세계적 거버넌스 체제의 형성을 요구하는 '의제 21'은 그 실행의 문제점에도 불구하고, 단순히 지역 환경문제를 해결하는 것을 넘어 지역이 주민들의 자율적인 통치공간이 되어야 함을 선언하는 것으로 이해될 수 있다. 세계화의 흐름으로 인해 지역은 중앙정부로부터 자율성을 회복함과 동시에 지방정부의 독단적 통치로부터 벗어날 수 있게 된 것이다. 따라서 지역은 새로운 주체에 의한 새로운 정치의 장소라는 의미를 갖게 된다.[8]

경제적 세계화는 '지역성'을 부각시킴으로써 생활세계에 새로운 변화를 가져온다. '글로컬라이제이션'(glocalization, Robertson 1992)이라는 개념에서 알 수 있듯이 경제적 세계화가 곧바로 문화적 세계화를 낳는 것은 아니다. 다국적 기업들의 현지화 진략은 오히려 지역적인 민족정체성을 강화시킬 수도 있다. 또한 이러한 지역화는 일국적 수준에서도 나타날 수 있다. 경쟁

---

8) 지역의 재발견은 세계화 추세와 함께 지역의 세계화라는 현상을 낳는다. 예를 들어, 세계화에 대한 반세계화 경향을 대표하는 세계사회포럼은 2003년 3회 포럼을 제외하고는 포르투 알레그리에서 열렸고, 포르투 알레그리는 '다른 세계의 중심'으로, '또 다른 민주주의의 수도'로 스스로를 선언했다(마리옹 그레·이브 샹또메 2005).

을 위한 전략이 오히려 지역적 정체성을 강화할 수도 있기 때문이다. 최근 우리나라의 각 지역마다 경쟁적으로 개최하고 있는 지역단위 '축제'는 이러한 경향을 잘 보여준다. 물론 지역단위 축제가 대부분 지역개발이라는 관점에서 개최되기 때문에 자본의 논리에 포섭되었다고 할 수 있지만, 이는 지역정체성을 특화하려는 시도를 담을 수밖에 없다는 점에서 새로운 정체성을 형성시키는 효과 역시 갖는 것이다.

세계화는 생활세계를 변화시킨다. 비록 신자유주의적 세계화가 생활세계를 파괴시키는 효과를 갖는 것은 분명한 사실이지만, 그러한 경향을 상쇄할 수 있는 반대경향 역시 나타나고 있음에 주목해야 한다. 그것이 바로 아래로부터의 반세계화 운동이며, 또한 지역을 중심으로 한 운동이라 할 수 있다.

3. 민주화·세계화 이후의 민주주의와 한국 사회

1987년 민주화로 인해 한국 사회는 민주화 이후의 민주주의 사회가 되었고, 1997년 IMF 경제 위기를 통해 완전히 세계화 경향에 포섭되었다. 이로 인해 민주화 이후의 한국 사회는 민주화와 세계화라는 두 변수의 상호작용을 통해 특정한 발전경로를 겪게 되었고, 이러한 발전경로는 한국 민주주의의 절차적 민주주의로의 제한과 생활세계의 자본에 의한 포섭이라는 결과로 귀결되고 있다.

한국 민주주의가 절차적 민주주의로 한계지워진 데는 1987년의 민주화의 성격이 타협에 의한 민주화(임혁백 1994, 10장)라는 성격에 기인한다. 즉, 이른바 '87년 체제'9)의 기본적인 성격으로 인해 한국 민주주의는 그 발전에

---

9) 최근에 한국 사회를 분석하는 개념으로 '87년 체제'라는 개념이 널리 사용되고 있다. 이 개념은 아직 논쟁의 여지가 많은 개념이지만 적어도 1987년에 형성된 특정한 성격을 갖는 체제로 사용될 수는 있을 것 같다. 윤상철(2005)은 1987년 체제를 초기 민주화 이행 이후 질적으로 지체된 민주주의체제로 정의하고 있다. 이 글에서는 이런 정도의

한계가 있었다고 할 수 있다. 그러나 한국 민주주의 발전의 진전을 가로막는 데는 세계화 또한 중요한 변수로 작용했다. 신자유주의적 세계화를 무비판적으로 받아들이면서 사회적 양극화는 심화되었고, 이는 실질적 민주주의의 발전을 저해함으로써 민주주의의 토대를 침식하는 결과를 가져왔다(최장집 1995).

이러한 관점에 따라 민주화 이후의 한국 민주주의를 추적하는 기존의 연구들은 국가수준의 민주화 문제에 대해 집중했다. 즉, 민주주의에 대한 평가가 어떠하든 간에 절차적 민주주의 혹은 실질적 민주주의를 중심에 둔 사고에 입각해 있다. 그러나 이는 근대 대의민주주의에 따른 문제의식이고, 그것을 넘어서는 생활정치의 중요성을 인식하지 못한 것이었다. 문제는 실질적 민주주의의 확대, 이를 통한 민주주의의 토대 확보가 중요하지 않다는 것이 아니라 그러한 문제의식만으로는 민주주의 발전에 한계가 있다는 것이다. 즉, 실질적 민주주의를 향상시키기 위해서라도 생활에서의 민주주의, 즉 풀뿌리 민주주의가 정착되어야 한다. 생활세계라는 개념 자체가 말해주고 있듯이 민주주의를 발전시키는 중요한 원천이 바로 생활세계이며, 이러한 생활세계의 풀뿌리 민주주의가 발전할 때 새로운 민주주의의 자원이 형성될 수 있는 것이다.

이러한 관점에 입각하면, 1987년 민주화 이후, 한국 민주주의의 진전을 가로막는 요소는 사회적 양극화로 대변되는 실질적 민주주의의 미정착과 토호정치로 대변되는 풀뿌리 민주주의 미성숙으로 요약될 수 있다. 이러한 문제의식은 1987년 이후 거시적 수준에서 정치적 수준에서 어느 정도 민주화가 되었음에도 불구하고, 미시적 수순에서 삶의 질의 수준에서 민주주의는 왜 발전하지 못하고 있는가 라는 문제에 대한 해답을 제공한다.

또한 이러한 문제제기는 지역분단구조로 굳어진 87년 체제하의 한국의 정치구조는 왜 기존의 틀을 극복하지 못하는가 라는 문제에 대한 해답을

의미로 사용한다.

제공한다. 한국의 정치가 고비용, 저효율구조라는 비판을 받으면서도 지역주의와 부패에 기생하는 것은 아래로부터의 토대가 부족하기 때문이다. 한국의 중앙정치는 지역 토호와의 이해관계를 통해 스스로 재생산되고 있고, 이러한 풀뿌리 민주주의의 미성숙은 87년 체제를 지속적으로 재생산하고 있는 것이다. 따라서 87년 체제를 재구성하기 위해서는 지역이라는 생활세계에서 토호정치가 극복되고 주민이 주인이 된 정치가 이루어질 때, 다시 말해서 시민들이 시민으로서의 자기정체성을 회복하여 아래로부터의 민주화를 이룰 때 가능해 질 수 있다.

1) 지역공동체의 현실

민주주의의 심화를 위해서는 미시적 수준의 민주주의, 생활 단위에서의 민주주의, 즉 생활정치와 참여민주주의가 이루어져야 한다. 그리고 생활정치와 참여민주주의가 이루질 수 있는 가장 중요한 단위는 시민들이 구체적으로 자신의 삶을 영위하고 있는 지역이고, 지역에서의 주민자치가 이루어질 때 민주주의는 발전할 수 있다.

이러한 생활정치, 풀뿌리 민주주의라는 문제의식으로 우리의 현실을 접근한다면 최근 핵심이 되고 있는 지방분권의 문제가 왜 그 문제의식의 정당성에도 불구하고 시민들의 삶의 질 향상으로 나타나기보다는 지역기득권 세력과 토건업자들의 이익에 봉사하게 됨으로써 지방자치의 가치를 훼손하는 것으로 나타나는지를 이해할 수 있다. 따라서 문제는 제도적인 의미의 분권이 아니라 자치라 할 수 있다. 자치역량이 확대될 때, 다시 말해서 풀뿌리 민주주의가 발전할 때 지방분권도 제대로 이루어질 수 있다는 것이다.

한국 사회는 오랜 권위주의 정권의 영향으로 '서울공화국'으로 상징되는 중앙집중화의 문제를 가져왔고, 이는 권위주의 정권을 극복하려는 사회운동의 경우에도 마찬가지이다. 지방자치제도마저 중단된 상태에서 한국 사회의 민주화를 요구하는 세력들은 민주화의 진전을 위해 전국적 관심이 집중된 운동을 해왔고, 이러한 경향은 1987년 이후 민주화가 이루어진 후에도 여전히 나타난다.

이러한 상황에서 1991년 부활된 지방자치제는 생활정치, 풀뿌리 민주주의를 발전시킬 수 있는 결정적인 계기가 되었지만, 과거의 관성으로 인해 수많은 한계를 노정하고 있다. 지방자치가 분권이라는 요소와 함께 자치라는 요소를 함께 갖고 있음에도 불구하고, 지방분권은 물론 지방자치가 제대로 이루어지지 못하는 것이 현실이다.

지방자치는 분권과 자치를 핵심으로 한다. 즉, 지방자치체의 단체자치, 그리고 주민에 의한 주민자치가 핵심이다. 그런데 생활세계의 민주화라는 관점에서 보면, 보다 중요한 것이 주민자치이다. 중앙정부가 아무리 지방정부에 권력을 이양한다고 하더라도 주민자치가 이루어지지 못한다면, 그것은 소수의 지역 토호세력에 의한 자치가 될 뿐 지역주민 전체의 자치가 될 수 없기 때문이다. 현재 한국은 바로 이러한 상황, 즉 주민자치가 없는 단체자치만이 이루어지고 있다.

이러한 현실은 다음의 측면에서 확인할 수 있다. 첫째, 현재 지방정치는 거의 일당 독재로 이루어지고 있다. 현재 대전을 제외하고는 15개 광역자치단체는 단체장과 의회 다수당이 같기 때문에 전혀 견제장치가 발동하지 못하고 있다. 예를 들어, 경상북도는 한나라당이 전체 57석 중 55석(96.5%)를 차지하고 있으며, 경남은 94%, 경기는 87.5%, 서울은 84%를 차지하고 있다. 따라서 이러한 상황에서 단체장의 의사는 아무런 반대 없이 실행되고 있다. 예를 들어, 서울의 경우 단체장이 조례의 88%를 제안했지만, 부결은 한 건도 없었다(한겨레, 2005. 7. 2.).

둘째, 일당독재의 경우만큼 심각한 것이 토호정치이다. 현재 한국의 지방자치는 주민들의 의사와 무관하게 일부 지역기득권집단들의 전횡이 이루어지고 있다. 민선 3기 지방위원 4,094명 중 기초의원 3,485명의 직업별 분류를 보면 농축산업 718명, 상업 524명, 건설업 230명으로 소위 지역 유지가 42%를 차지하는 반면, 전문직은 경우 1.2%를 차지하고 있다(한겨레 2005. 7. 2.). 이런 현상은 주민의 입장을 대변할 수 있는 시민운동가나 전문성을 발휘할 수 있는 전문가들의 지방의회로의 진입이 차단되고 있음을 보여주는 것이다. [그림 8-1]의 통계표는 이러한 현상에 광역의원도 예외가 아님을 보여주고 있다.

[그림 8-1] 2002년 지방의원 직업별 분류

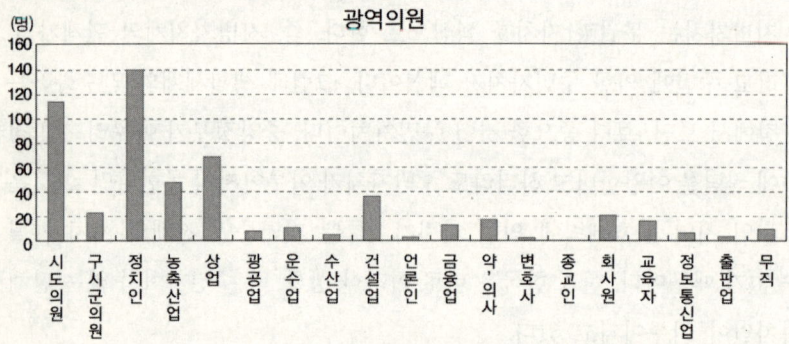

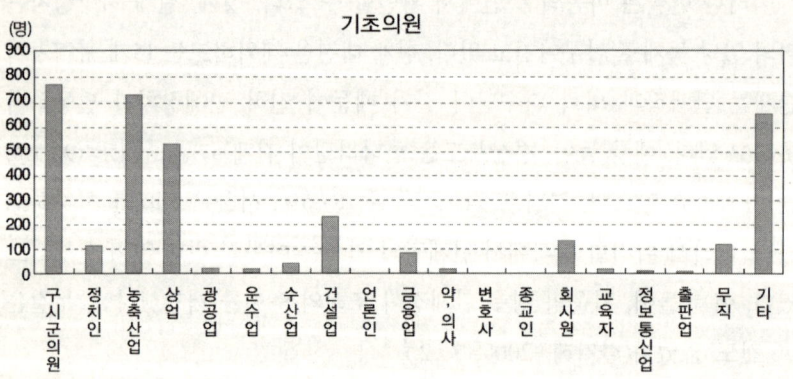

자료: 이우종. 2002.

셋째, 이렇게 견제 없는 토호정치가 이루어지니 지방자치단체의 부패가 심각할 수밖에 없다. 1991년 지방자치제가 실시된 이래 단체장과 지역의원의 비리가 갈수록 증가하고 있는 것은 통계를 통해서도 확인할 수 있다. 예를 들어, 지방단체장 중 비리처벌이 1기 23명, 2기 59명, 3기 60명으로 총 142명이며, 기초의원 형사처벌은 1기 164명, 2기 82명, 3기 224명, 4기 293명으로 총 763명에 이르고 있다(한겨레 2005. 7. 2.).

넷째, 토호정치의 가장 큰 문제점은 주민자치의 토대가 되는 생활세계의 민주화가 전혀 이루어지지 못하고 있다는 점이다. 현재 지역은 권위주의 시대부터 이어온 관변단체에 의해 장악됨으로써 풀뿌리 민주주의가 아니라 풀뿌리 보수주의를 재생산하는 기반이 되고 있다. 새마을운동, 자유총연맹, 바르게살기운동협의회 등 관변단체를 통한 토호정치의 재생산구조를 살펴보면, 2003년 6·13선거에서 새마을 출신은 전체 4,415명 중 637명을 당선시켜 14.5%를 차지하고 있고 전체 지방의원 중 30%가 관변단체 출신이다(한겨레 2005. 6. 28.). 이러한 관변단체는 막대한 보조금을 통해 안정적인 재생산구조를 갖추고 있다(이병국 2005).[10]

다섯째, 이러한 결과, 지방자치의 중요성에도 불구하고 지방자치에 대한 주민들의 관심은 점차 사라지고 있다. 이는 지방자치선거에 대한 낮은 투표율로 나타난다. 최근의 지방선거를 보면, 한국은 1995년 지방선거에서 68.4%이던 것이 1998년 52.7%, 그리고 최근의 2002년에는 48%로 급속히 하락하고 있음을 보여주고 있다. 일본이 99년의 지방선거에서 60% 정도의 투표율을 보여주었음을 비교해 볼 때 이는 상당히 낮은 투표율이라 할 수 있고, 다른 유럽의 나라들과 비교해서도 그러하다(이종수 2002). 이는 지방자치가 주민자치로서의 성격을 갖지 못하기 때문에 주민들의 관심이 낮아지고, 이로 인해 주민자치의 토대가 사라지는 것으로 이해할 수 있다.

한국의 지방자치가 단지 주민자치에 있어서만 문제가 있는 것은 아니다.

---

10) 관변단체에 대한 보조가 끊어지지 않는 것은 관변단체가 기존 정당들의 선거에 활용되기 때문이다. 이러한 사슬구조를 통해 한국 정치의 후진성이 재생산되고 있는 것이다.

지방자치 이후 줄어들어야 할 국고보조가 1995년의 22.2%에서 2005년 35.2%로 늘어나고, 이와 대비되게 지방정부의 재정자립도는 63.5%에서 56.2%로 낮아졌다는 점에서 알 수 있듯이 주민자치를 위한 제도적 여건마저도 좋아지지 않고 있다. 그러나 지금과 같은 현실에서 지방분권이 획기적으로 늘어난다고 하더라도 그것이 주민자치와 직접적으로 연결되지 않을 것이라는 점은 명확하다. 풀뿌리 민주주의라는 관점에서 볼 때, 보다 중요한 것은 주민들의 주체적 자기 결정이고, 이런 점에서 한국 민주주의의 심화를 위해서는 풀뿌리 민주주의를 활성화하기 위한 새로운 운동의 필요성이 논의되는 것이다.

2) 지역공동체와 지역운동

1991년 지방자치제 실시 이후 한국에서 지역운동은 비약적으로 성장했다. 언론의 관심을 받지는 못했지만, 예산감시 및 참여 운동, 정책과정에서의 참여 운동, 선거에서의 다양한 유권자 운동, 주민발의 등의 직접 민주주의 운동, 각종 공동체 운동, 교육 운동 등 다양한 조직에서 다양한 활동을 하고 있다. 앞에서 언급했듯이 아직 지역 전체를 움직일 수 있는 힘은 없지만, 지난 20여 년간 그 토대가 구축되었다고는 말할 수 있을 것이다. '토호-관료연합'이 주도권을 행사하는 상황에서 이만한 성과를 거두었다는 것은 비약적 성장이라고 해도 지나침이 없을 것이다.

이제까지 나타난 한국에서의 지역운동은 크게 세 가지 영역에서 이루어졌다고 할 수 있다. 지역의 주요 현안에 대한 운동, 제도개선 운동, 생활공동체 운동이 그것이다.[11] 첫째, 지역의 주요 현안에 대한 운동은 지역운동의 가장 기본적인 형태로 사실상 지역운동이라는 개념이 발생하기 이전부터 자연발생적으로 발생했던 운동이라 할 수 있다. 이러한 운동은 민주화 이전

___
11) 분류는 천선혜(2005)를 따랐고, 범주나 사례는 이 글을 기본으로 수정, 보완하였다.

부터 나타났던 철거반대투쟁이나 공해추방 운동과 같은 형태에서부터 골프
장 반대투쟁이나 러브호텔 반대투쟁에 이르기까지 아주 다양한 형태로 나타
나고 있다. 최근에 가장 큰 주목을 받은 부안방사성폐기물처리장 반대운동
은 이러한 현안대응운동의 성격을 잘 보여준다고 할 수 있다. 지역운동의
발생사적 관점에서 볼 때, 현안대응운동은 자연발생적이고 그런 의미에

[표 8-1] 현안중심운동의 사례

사 례	지 역	주요 단체	방 법	결 과
부안 방사성 폐기장 유치 주민투표	충남 부안	의용소방대, 자율방범 대 등 지역의 자원조직 의 자발적 결합. 전국 시민운동의 협조.	시위, 토론회 주민투표	참여민주주의의 성숙, 주민투표를 스스로의 힘 으로 관철, 방폐장 철회
고양시 백석동 주민투표	경기도 고양	백석동 입주자 대표협 의회, 고양시민회, 고 양여성민우회	청원서제출 주민투표	주민투표제도 관철
러브호텔 반대운동	경기도 고양	주민들의 자발적인 '고양시 러브호텔 및 유흥업소 난립 저지공 동대책위원회' 구성. 고양여성민우회	정보공개소 송, 집회, 서 명운동, 지방 세 납세 거 부운동	건축법과 도시계획법 개 정 조례개정. 운동의 결과로 기초의원 배출
성미산 지키기 운동	서울 마포	공동육아협동조합 마포두레생활협동조 합	서명운동, 농 성	다양한 지역공동체로 발 전

서 일회적 성격의 운동으로 마감되거나 혹은 운동이 끝났을 때 새로운 조직
을 발생시키기도 한다. 또한 기존의 지역운동조직이 현안운동을 이끌기도
하지만 역으로 순전히 지역주민의 자발싱에 뿌리박은 운동으로 발생할 수도
있다. 현안에 대응하는 지역주민운동은 지역운동의 가장 초보적인 단계이지
만 이를 통해 주민들의 자각이 일어나고 이것이 새로운 주민정체성 형성에
기여한다는 점에서 중요한 의미를 갖고 있다.

둘째, 제도개선운동은 지방자치가 시행되고 나서부터 본격적으로 나타난

운동이다. 지방의회에 조례제정권이 주어지고, 조례 제정 및 개정을 통해 시민의 삶을 개선할 수 있다는 사실들이 알려지면서 다양한 제도개선 운동들이 나타나고 있다. 대표적으로 부천의 담배자판기 설치 금지운동이 담배자판기 설치제한 조례로 나타나면서 제도개선 운동의 가능성을 확인한 후 지역운동들은 보육조례, 학교급식조례 등과 같이 보다 다양한 영역에서 조례 개정을 통해 삶의 질을 개선하려는 노력을 하고 있다. 제도개선 운동은 앞의 현안 중심적 운동과는 달리 단순히 대응적인 행동이 아니라 대안적 성격을 갖는 것으로, 지역주민이 정책의 대상에서 정책의 주체로 새롭게 등장했음을 의미함과 동시에 지역운동이 보다 장기적이고 조직적으로 성장하고 있음을 보여주는 사례이다. 제도개선 운동은 외국의 다양한 사례들에 대한 경험을 참조하면서 참여예산제와 같이 보다 능동적인 조례제정 운동으로 발전하고 있다. 그러나 앞에서 언급했듯이 조례를 제정하는 지역정치가 토호정치에 의해 장악되어 있기 때문에 이 운동이 성과를 맺는 데는 한계를 보이고 있다.[12)]

셋째, 생활공동체 운동은 가장 발전된 형태의 운동으로 기존의 삶 자체를 새롭게 변화시키려는 대안적 삶의 방식을 보여주는 운동이다. 공동육아, 방과후 학교 같은 문화공동체에서 차병원, 생활협동조합과 같은 경제 공동체, 그리고 하천 살리기, 녹색아파트 만들기 같은 생태공동체 운동에 이르기까지 아주 다양한 형태로 나타나고 있다. 생활공동체 운동은 제도개선 운동과 함께 단순히 대응적인 운동을 넘어서는 것으로 이러한 운동은 생활세계 자체를 개혁함으로써 새로운 대안을 만들려는 대안공동체 운동의 성격을 갖고 있다.

---

12) 제도개선운동은 뒤에서 언급할 마을 만들기의 세 요소 중의 하나인 자치공동체 운동이라 할 수 있다. 그러나 자치공동체운동은 포르투 알레그리가 보여주는 것처럼 자치세력이 제도정치를 장악할 때 가장 효과적일 수 있다. 이런 점에서 한국의 자치공동체 운동은 근본적인 한계를 지니고 있다.

[표 8-2] 제도개선운동의 사례

사 례	지 역	내용 및 방법	결 과
담배자판기 설치 금지 조례	부천	청소년의 담배자판기 이용을 막기 위해 시작. 시의회 청원 서명운동, 가두시위, 언론홍보	1997년 7월 담배자판기 설치제한 조례제정 조례제정운동의 가장 대표적인 운동으로 이후 운동에 영향을 미침.
주민투표 조례	인천(부평)	부평미군부대 이전 여부에 대해 주민투표로 확인. 전국 최초의 주민발의 조례제정	2002년 구의회의 재의결까지 거쳤으나 최종적으로 대법원에서 패소
보육조례	과천, 인천, 수원, 군포, 안양, 부산, 광주, 서울 외	보육센터의 확대, 방과후 보육의 활성화, 보육위원회의 역할 강화, 보육정보센터의 설립	2002년 5월 과천을 시작으로 많은 지역이 제정되었거나 현재 진행중
학교급식 조례	전남, 인천, 서울, 경기	우리 농산물 사용 직영화, 무상급식 확대	조례제정운동으로 이어지고 있고, 가장 광범위한 운동으로 확산
시민참여 기본조례	청주, 안산	위원회 구성 시 공모제나 추천제 예산참여위원회 개설	2004. 9. 3 제정 2005. 1. 5 제정

[표 8-3]에서 알 수 있듯이 우리나라에서도 생활세계를 바꿈으로써 삶의 질을 바꾸려는 운동들이 아주 다양하게 나타나고 있다. 또한 구체적인 사례로 들어갈 때 한 운동단체가 위에서 분류한 하나의 운동만을 벌이는 것이 아니라 아주 다양한 운동, 즉 종합적 운동을 펼치고 있다. 이는 이러한 운동들은 무엇보다 생활세계를 변화시키려는 운동이기 때문에 일상의 영역에서 벌어지는 다양한 활동에 동시적으로 개입할 수밖에 없기 때문이다. 이는 한국의 풀뿌리 운동만이 아니라 세계적으로 풀뿌리 운동이 보여주는 중요한 특색이다.13)

---

13) 이러한 운동적 성격은 기존의 중앙중심의 시민운동과 큰 차이를 보인다. 1987년 민주화 이후 형성된 중앙중심의 시민운동은 무엇보다 부문운동중심의 운동이었다. 이에 비해 풀뿌리 운동들은 복지, 환경, 자치 등 다양한 영역을 동시적으로 수행하는 특징을 갖고 있다.

[표 8-3] 생활공동체 운동의 사례

형 태	내 용	사 례	방 법
경제 공동체	협동조합 지역화폐 공동체사업 자활후견활동	인사동 작은 가게 살리기 운동 부평문화의 거리 조성 마포 차병원 홍대 주변 클럽문화거리 강원도 태백 철암마을 - 관광마을 　만들기 인천 계양구 효성동 - 공동체마을 　만들기	마을축제 거리축제 담장 없애기 마을 걷기대회 사랑의 쌀 나누기 생협 영화제 개최 어린이 도서관 개관
문화 공동체	공동육아 방과후 학교 대안학교 마을도서관 놀이터 만들기 마을축제 벼룩시장 동아리 활동 자치센터프로그램	관악현대아파트 - 지하주자창을 　주민문화공간으로 올림픽선수촌아파트 - 지하상가 　를 주민공간으로 부산 금생마을 북촌 한옥마을 능곡주공아파트 - 놀이터 만들기	마을축제 거리축제 미울가꾸기 놀이터 만들기 도서관 만들기 소모임활동 다양한 문화프로그램
생태 공동체	자전거도로 녹색아파트 샛강 살리기 숲 지키기 꽃길 가꾸기 벽화 그리기	중계주공아파트 - 녹색아파트 만 　들기 대구 삼덕동 - 골목 만들기 사당동 양지공원 - 주차장 반대하 　고 마을 공원으로 용두동 꽃길골목 정릉 차 없는 골목 금호동 학마을 - 환경마을 만들기	생태조사 설문조사 주민탐방 주민교육토론회 쓰레기 투기 단속

　이렇게 다양한 운동의 성격을 보여주는 한국의 지역운동을 조직의 목표와 조직의 구조에 따라 분류한다면 조직의 목표에 따라 주장형(advocacy) 운동과 서비스형 운동, 그리고 조직의 성격에 따라 실무자중심형 운동과 회원중심형 운동으로 구별할 수 있다.

　지역운동을 이렇게 이해할 때 어느 운동이 반드시 나은 운동이라고 말할 수 없으며, 또한 어느 운동을 지향해야 한다고 할 수도 없다.[14] 운동의 목적

---

14) 한국에서 풀뿌리 운동을 강조하는 세력들은 지역운동을 주민대변형 운동과 주민참여적

에 따라 조직방식과 운동의 범위는 달라지기 때문이다. 다만, 지역운동이 궁극적으로 시민자치를 지향하고, 또한 대안적 삶을 지향한다면 지역운동은 보다 참여적이고, 대안적인 운동형태가 바람직하다고 할 수 있을 것이다. 이런 관점에서 볼 때, 한국의 지역운동이 갖는 한계는 그것이 보다 풀뿌리 지향적이지 못하다는 점이다. 즉, 회원중심형 조직들이 아직 제대로 활성화 되어 있지 못하다는 점이다.[15]

[표 8-4] 조직의 목표와 구조에 따른 지역운동의 분류

		조직의 목표	
		주장형	서비스
조직의 성격	실무자 중심형	주장 - 실무자 형 예) 광역단위 시민운동단체	서비스 - 실무자형 예) 자활센터, 시민교육운동
	회원 중심형	주장 - 회원형 예) 다양한 현안대응운동	서비스 - 회원형 예) 다양한 생활 공동체운동

생활세계의 변화를 통해 삶의 질을 개선하고, 정치 및 경제를 변화시키려 는 다양한 지역운동들은 앞에서 언급했듯이 매우 다양한 방식으로 나타나고 있지만, 아직은 그 규모에 있어서 상당히 소수이고 또한 체계적인 이론이나

운동으로 구분하고, 특히 주민참여적 운동을 강조한다(이호 2002, 2005). 이러한 관점은 기본적으로 올바르지만 지역에서조차 다양한 운동이 나타나고 있는 현실에서 주민참여 적 운동만을 강조하는 것은 주민자치의 발전을 위해 한계가 있는 것으로 보인다. 풀뿌리 운동은 단순히 참여가 아니라 다양한 참여이고, 네트워크이다. 이런 관점에서 보면 운동의 목표 및 범위에 따라 다양한 조직이 필요한 것으로 생각된다. 위의 인식으로 인해 최근에 첨예하게 논쟁이 되는 지점이 풀뿌리 운동의 지방선거 참여와 같은 이슈인 데, 문제는 운동과 정치 사이에는 단절이 있고, 또한 정치가 단순히 주민대변형인 것만 도 아니라는 점이다. 문제는 상당히 다층적이기 때문에 풀뿌리 운동을 단순히 정의하기 는 상당히 어렵다.
15) 현재 광역을 중심으로 할 때 풀뿌리 중심적인 조직이 발전된 곳은 오히려 서울이다. 서울은 광진주민연대, 마포연대, 구로시민센터 등 구를 중심으로 회원중심형 지역주민 조직이 발달한 반면, 다른 지역에는 회원중심형 조직보다는 실무자중심형 조직이 보다 발달해 있다. 이에 대한 소개로는 시민자치정책센터 홈페이지 참조.

네트워크를 형성하고 있지는 못하다. 이런 의미에서 각 운동의 고유한 성격을 보존하면서도 동시에 운동의 고립분산성을 탈피하려는 시도들이 다양하게 나타나고 있다.

　이러한 운동들 중에서 마을 만들기 네트워크는 주목해볼 만한 시도이다.16) 이들은 지역공동체를 "지역주민의 삶의 질 향상을 목표로 하는 공생의 공동체"로 정의한다.17) 이들은 신자유주의의 '시장적 세계화'에 대한 대응인 '공동체적 세계화'를 위한 방법으로 지역공동체를 주장하고 있다. 이들이 말하는 지역공동체는 세 가지 공동체적 운동이 상호교차하면서 만들어지는 지역을 의미한다. 즉, 협동조합운동, 생태관광, 자활후견운동 등과 같은 경제공동체, 공동육아 방과후 학교, 대안학교, 동네도서관과 같은 문화공동체, 그리고 주민자치센터 활동, 주민자치학교 활동, 조례제정, 주민참여와 같은 자치공동체 운동이다.

　경제공동체는 신뢰와 협동에 기반한 삶의 안정적인 토대형성과 지속가능성을 실현하는 것이고, 문화공동체는 다양성에 기반한 통합과 개개인에 내재한 창조적 능력의 구현, 자치공동체는 자신이 살고 있는 지역과 삶의 문제에 대한 자기결정권(자치)의 확보를 의미한다. 이를 위해서는 3가지 과제가 구현되어야 하는데 마을의 발전계획을 세우기 위해서는 의제 만들기가 이루

---

16) 마을 만들기 네트워크에 주목하는 것은 앞에서 언급했듯이 이 운동이 이전의 시민운동의 핵심적 특징이었던 부문중심운동에서 지역중심의 종합운동으로의 전환을 명확히 보여주고 있기 때문이다. 이들은 다양하게 발전했던 운동, 즉 협동조합 운동, YMCA/YWCA, 지방의제, 주민자치센터, 생태공동체, 대안교육 운동, 주민자치 조례운동, 자활후견활동 등의 운동과 이들의 네트워크를 '지역공동체를 기반으로 한 통합 네트워크'로 질적 전환시킨다는 목표를 갖고 있다는 점에서 한국 사회운동에 있어 중요한 전환적 인식을 보여준다. 한국의 사회운동, 특히 시민운동이 전국적 부문운동에서 지역적 종합운동으로 전환해야 함에 관해서는 김정훈(2004) 참조. 그리고 마을 만들기 네트워크의 목표와 활동에 관해서는 마을 만들기 네트워크(2005) 참조. 이하의 마을 만들기에 관한 설명은 위의 문헌을 참조했음.

17) 이들에 따르면 이러한 지역공동체는 과거의 목가적인 농촌공동체만을 의미하는 것이 아니라 도시에서도 만들어질 수 있고, 또한 도시와 농촌의 공생을 추구하면서 동시에 지역과 국가, 지역과 도시의 공생을 추구하는 공동체를 의미한다.

어져야 하고, 실천주체를 위해서는 주체 만들기가 있어야 하며, 마을공동체의 체계를 형성하기 위해서는 조직 만들기가 있어야 한다. 이는 지역공동체가 이루어지기 위해서는 주민들의 참여로 이루어지는 지역공동체 운동이 있어야 한다는 것을 의미하는 것으로 이를 통해 새로운 주체를 건설할 수 있다는 것이다.

이러한 마을 만들기 네트워크의 노력이 얼마나 성공적일지는 모르는 일이다.[18] 그러나 중요한 것은 이러한 시도들이 무엇보다 주민들을 행동의 대상이 아니라 주체로 만들려고 한다는 점에서 풀뿌리 민주주의의 원칙에 입각해 있으며, 이들이 이러한 변화를 통해 무엇보다 생활세계를 변화시키고 이를 통해 정치 및 경제를 변화시키려 한다는 점에서 민주화, 세계화 이후의 민주주의를 진전시키는 중요한 동력이 될 수 있다는 점이다.

4. 지역공동체와 풀뿌리 민주주의를 위하여

민주화와 세계화는 이전과 다른 삶을 사람들에게 강요하고 있다. 바로 이런 점에서 새롭게 변화하는 세계화의 추세를 제대로 읽으면서 또한 그것의 부정적인 요소들을 제어할 수 있는 새로운 방향을 찾아내는 것이 중요한 일이다. 이 글은 민주화, 세계화 이후의 사회에서 정치와 경제를 변화시키는 것도 중요하지만 그것을 가능하게 하는 원천으로서 생활세계의 변화가 중요

---

18) 현재 마을 만들기 네트워크가 추구하는 이상에 어느 정도 근접한 지역공동체가 마포연대를 중심으로 한 다양한 공동체의 시도라 할 수 있다. 1994년 공동육아로 시작한 이들은 경제공동체로 마포두레생협, 동네부엌, 성미산차병원신협, 문화공동체로는 마포 FM, 우리마을 꿈터, 대안학교인 성미산 학교, 성미산 풍물패, 마포스밴드를, 자치공동체로는 마포연대, 마포 희망나눔지원단, 마포청년회를 운영하고 있다. 이에 관해서는 김종호(2005), KYC 외(2005) 참조. 그러나 이들의 노력에도 불구하고 성미산 공동체는 아직 마포구에서도 고립된 섬으로 존재하고 있다는 점에서 마을공동체 운동의 미래가 어떻게 될지는 미지수라 할 수 있다.

하며 그러한 변화를 이끄는 운동이 풀뿌리 민주주의를 가능하게 하는 운동이라는 점을 지적하였다. 또한 세계사적으로 뿐만 아니라 우리 사회에서도 생활세계를 변화시킴으로써 지역사회를 변화시키고 이를 통해 민주주의를 확대, 심화시키는 운동들이 발전하고 있다는 점도 지적하였다.

민주화와 세계화는 복합적인 과정이고 그런 의미에서 그 미래는 열려 있다. 그것은 우리 사회도 예외는 아니다. 우리 사회가 세계사적 경향으로부터 벗어날 수는 없겠지만, 보다 바람직한 민주주의, 보다 인간적인 세계화를 경험할 수는 있을 것이다. 그리고 그러한 방향으로 나아가는 데 있어 가장 핵심적인 요소 중의 하나는 바로 지역을 기반으로 한 풀뿌리 민주주의의 발전이다.

지금까지 우리 사회에서는 앞에서 언급했던 다양한 풀뿌리 운동들이 여론의 주목을 받지도 못했고, 학문적 지원도 받지 못했지만 상상할 수 없을 만큼 다양한 운동으로 성장하였다. 이러한 풀뿌리 운동의 성장은 근대 민주주의 한계를 극복하면서 동시에 세계화의 한계를 극복하는 자양이 될 수 있을 것이다. 그러나 지금까지의 이러한 성장에도 불구하고, 아직 한국의 풀뿌리 운동은 많은 한계를 갖고 있다. 이를 극복하기 위해서는 여러 가지 제도개선들이 이루어져야 하고 다양한 운동들이 성장해야 하지만, 특히 중요한 것은 자치공동체를 발전시키기 위한 다양한 운동 및 제도 개선들이 고려되어야 한다. 한국 지역 사회의 가장 큰 문제가 토호정치라면, 풀뿌리 민주주의가 발전하고 아래로부터의 민주주의가 성숙하기 위해서는 토호정치를 대신하는 자치공동체의 성숙이 무엇보다 중요하기 때문이다.

참고문헌

김정훈. 2001. "진보적 시민사회 형성을 위한 이론적 탐색". 유팔무·김정훈 편.『시민사
　　회와 시민운동 2』. 한울.
김정훈. 2004. "한국 시민운동의 역사와 쟁점".『기억과 전망』. 여름. 통권 7호.
김종호. 2005. "공동체적 지역화를 위한 실천방안-성미산 지역공동체의 활동을 중심으
　　로". 마을만들기 네트워크 주최.『3번째 대화모임: '마을만들기 네트워크의 지
　　역공동체 실천방안을 위하여' 자료집』. 4월 22~23일.
마리옹 그레, 이브생또메. 2005. 김택현 옮김.『새로운 민주주의의 희망』. 박종철 출판사.
마을만들기 네트워크. 2005. "마을만들기네트워크 창립문건 초안". 마을만들기 네트워
　　크 주최.『3번째 대화모임: '마을만들기 네트워크의 지역공동체 실천방안을 위
　　하여' 자료집』. 4월 22~23일.
민주화 운동기념사업회. 2004.『2004년 학술심포지엄: '지역민주화와 지역권력, 지역운
　　동' 자료집』. 7월 16일.
시민자치정책센터. 2002.『풀뿌리는 느리게 질주한다-자치운동의 현재와 미래』. 갈무리.
요코다 카쓰미. 2004. 나일경 옮김.『어리석은 나라의 부드러우면서 강한 시민』. 논형.
윤상철. 2005. "87년 체제의 정치지형: 과도한 불안정성".『창작과 비평-함께하는 시민행
　　동 공동심포지움: '87년체제의 극복을 위하여-헌법과 사회구조의 비판적 성찰'
　　자료집』. 7월 15일.
이병국. 2005. "새마을운동중앙회, 바르게살기운동협의회, 한국자유총연맹, 국민운동단
　　체 지원현황". 분권과 자치를 위한 수도권네트워크, 보조금 제도개선네트워크
　　공동주최.『3대 관변단체 육성법 폐지와 공정한 민간단체 지원을 위한 토론회
　　자료집』. 9월 1일.
이우종. 2002. "6.13지방선거의 당선자 분석".『자치의정』. 25호.
이종수. 2002. "6.13지방선거의 특징과 과제".『자치의정』. 25호.
이호. 2002. "주민자치, 주민자치운동의 현황과 과제". 시민자치정책센터 지음.『풀뿌리
　　는 느리게 질주한다-자치운동의 현재와 미래』. 갈무리.
이호. 2005. "풀뿌리 운동과 지역정치운동". 초록정치연대 주최『2006지방선거에 대한
　　입장토론회 자료집』. 4월 19일.
임혁백. 1994.『시장, 국가, 민주주의』. 사회비평사.
천선혜. 2005. "주민자치운동에 대한 평가와 전망". (사)경기시민사회포럼, 서울시민연
　　대, 민주개혁을 위한 인천시민연대 공동개최.『수도권 지방자치 토론회: '지방
　　자치 10년, 평가와 전망' 토론회 자료집』. 6월 23일.
초록정치연대. 2005.『가나가와네트워크 초청토론회: '일본 초록 지역정치운동의 경험,
　　전망, 시사점' 자료집』. 5월 16일.
최장집. 2005.『민주화 이후의 민주주의』. 후마니타스
크리스찬 아카데미 편. 1995.『주민자치, 삶의 정치』. 대화출판사.
크리스찬 아카데미 한국 사회교육원 엮음.『일본 시민운동과 지방자치』. 한울.
하승우. 2004.『참여를 넘어서는 직접 행동』. 한양대학교 출판부.

하승우. 2005. "시민참여, 어디까지 가능하고 무엇에 초점을 맞춰야 하는가?". (사)경기시
　　민사회포럼, 서울시민연대, 민주개혁을 위한 인천시민연대 공동개최. 『수도권
　　지방자치 토론회: '지방자치 10년, 평가와 전망' 자료집』. 6월 23일.
한영혜. 2004. 『일본의 지역사회와 시민운동』. 한울아카데미.
KYC. 시민의 신문 편. 2005. 『풀뿌리가 희망이다. 도시 속의 희망공동체 11곳』. 시금치.

Cohen J. and Arato, A. 1992. *Civil Society and Political Theory*. Cambridge: The MIT Press.
Habermas. 1996. *Between Facts and Norm*. translated by William Rehg, Cambridge: The MIT Press.
Huntinton, Samuel P. 1991. *The Third Wave: Democratization in The Late Twentieth Century*. Norman
　　and London: University of Oklahoma Press.
Rucht. Dieter. 1999. "The Transnationalization of Social Movements: Trends, Causes, Problems."
　　in Donatella della Porta, Hanspeter Kriesi and Dieter Rucht (eds.). *Social Movement in a*
　　Globalizing World. New York: St. Martins Press.
Della Porta Donatella and Hanspeter Kriesi. 1999. "Social Movement in a Globalizing World: An
　　Introduction". in Donatella della Porta, Hanspeter Kriesi, and Dieter Rucht(eds.). *Social*
　　Movement in a Globalizing World. New York: St. Martins Press.
McGrew. 1992. "Global Society?". Stuart Hall and David Held and Anthony McGrew(eds.).
　　Modernity and Its Futures. Cambridge: Polity Press.
Robertson, Roland. 1992. *Globalization: Social Theory and Global Culture*. London: Sage publications.
Smith, Jackie and hank Johnson(eds.). 2002. *Globalization and Resistance*. Lanham: Rowman and
　　Littlefield Publishers.
Therborn, G. 1995. *European Modernity and Beyond-The Trajectory of European Society, 1945-2000*.
　　London: Sage Publication.
Wallerstein, I. 1995. *After Liberalism*. New York: New Press.

9

지속가능한 사회와 생태민주주의

허상수
(성공회대 사회문화연구원 · 사회학)

1. 문제 제기

한국 사회는 지난 10년 동안 식민지, 전쟁, 독재체제를 경험하였다. 그러나 이런 역경과 시련을 거치면서도 국민들은 나름대로의 경제성장과 민주화를 달성하였다. 경제성장을 위한 산업화는 급격한 자연파괴와 환경오염을 초래하였다. 일본 제국주의로부터의 '해방'은 점령군인 미국 군대의 영향력 확대와 함께, 국토공간의 분할을 초래하였다. 그 후 반세기가 지난 지금, 밖으로 눈을 돌리면 동서냉전의 붕괴와 '현존 사회주의 국가'의 몰락, 정보화와 세계화의 진전은 근대국가의 위상 재정립과 시민사회의 등장에 대한 새로운 해석을 요구하고 있다.

특히 20세기 말에 지구촌 사회에서 제시된, 생태위기에 대처하기 위한 지구환경의제나 국제환경체제에 파트너로서 참여하거나 경제, 정치, 사회 및 환경정책의 구상과 실현에 지속가능성의 이념에 대한 개념과 정의에 대한 인식이 부족하였고, 그 추진체계는 형식적이고 피상적이었다.

그동안 한국 사회의 구성원들은 국토개발과 경제성장 우선의 지배이념이나 가치관을 확산시키는 데는 능하였으나 이를 해소하거나 극복할 환경이념이나 생태윤리는 부재하였고, 경제와 환경보호시스템의 통합에는 실패하였다. 여기에는 자율과 참여가 고려되지 않은 정책 집행과 사후적이고 개별적인 정책관리, 공급 확대의 고비용-저효율의 경제구조, 글로벌 데모크라시에 대한 관심과 책임과 책무, 거버넌스를 위한 노력이 부족하였다는 데서 큰 원인을 찾을 수 있을 것이다.

'생태위기'는 환경위기와 인구폭발, 자원 부족/에너지 위기로 나타나고 있다. 대기오염은 전 지구적 차원의 환경위기를 야기하고 있다. 예를 들어, 지구온난화를 일으킨다는 '온실가스'로 인한 더운 공기가 대기권의 화학적 균형을 위협하고 있다. "온실효과는 이미 시작되었고, 점점 악화되고 있다." 이제 "온실효과는 21세기의 가장 중대한 경제적, 정치적, 환경적, 인간적 문제"이다(미 상원의원 티모시 위스 1988. 7. 29.). 만약 이런 주장과 예측대로 문제가 악화된다면 겨울에는 폭풍과 폭설, 여름에는 가뭄과 홍수가 지역과 대륙을 가리지 않고 빈발하게 될 가능성이 적지 않다.

이런 환경위기는 인류가 지금까지 익숙하게 받아들여 온 기존 관점의 전환을 강제하고 있다고 말할 수 있다. 인류에게 확인된 생태환경문제는 사회를 바라보는 관점의 근본적인 전환을 가져오게 한 중요한 계기였다. 자본주의와 사회주의의 대립에 따른 모순과 갈등이 동구 국가와 소비에트연방의 붕괴를 통해 새로운 양상으로 전환되었고, 이 빈 공간을 전 지구적 생태위기라는 새로운 문제가 차지하게 되었다. 생태위기는 이 시대 인류에게 새롭게 주어진 과제임에 틀림없다.

과거에는 착한 행위를 하면 선한 결과를 가져올 수 있다고 생각해 왔다.

그래서 자유와 민주, 평화와 정의에 대한 선의지(善意志)를 결집시켜 독재와 반(反)평화세력에 대항해 왔고 그것을 통해서 결국에는 모두가 평등하게 잘 살 수 있는 사회를 건설할 수 있다는 생각을 갖고 실천해 왔다. 그러나 오늘날의 생태계의 위기는 이러한 사고에 근본적인 사활이 있음을 보여주고 있다. 우리가 그동안 착한 것이라고 생각해온 행위가 우리 스스로를 자멸하게 만드는 행위라는 것을 인식하게 된 것이다. 선한 의지가 선한 결과를 반드시 가져오지는 않는다는 것을 뼈저리게 깨닫게 된 계기가 된 것이다.

인간의 경제행위는 자본주의 사회에서 정당한 것이었고, 잘 사는 것, 풍요로운 삶을 누리는 것은 선한 것이었다. 그러나 바로 그 선한 의지가 오늘날 환경위기를 초래하게 된 원인이 된 것이다. 나아가 신자유주의 세계화는 지속가능성의 위협으로 대두하고 있다. 자본주의적 세계화는 경제위기의 해소가 아니라 전 지구적 생태위기를 구조적으로 야기하는 불안정성을 제공하고 있다.

이제 한국 사회의 경우 지난 반세기 동안 누적된 지속불가능한 경제개발의 악순환 구조를 타파하고, 지식정보 시대에 대비하고, 세계화 시대의 자연환경 회복능력의 극대화를 위한 선진화 작업이 필요하다. 나아가 민주주의의 진전과 지방분권화에 따른 새로운 정책 입안과 집행체제가 마련되어야 한다. 따라서 한편으로 세계화의 물결과 다른 한편으로 민주주의 공고화는 기성의 현존하는 제도적 프레임의 변형을 통한 국민국가, 민족경제, 그리고 민주주의의 재구축은 생태적 대안에 대한 성찰이라는 프리즘을 통한 것이어야만 지속가능한 것일 수 있다.

따라서 지구촌 사회와 한국 사회는 국가와 민주주의에 대한 새로운 대안의 가능성을 요청하고 있다. 국가와 민주주의의 대안적 재구축의 원리를 구성하기 위해서 선행해야 할 작업은 대안 패러다임의 기본 주장들을 검토하는 것이다. 대안 패러다임의 하나로 여기에서는 생태주의 또는 생태민주주의(eco-democracy)를 설정하고자 한다.

2. '지속가능한 발전' 명제에 대한 비판적 고찰과 종합

1) '지속가능한 발전' 명제의 등장

환경위기와 전 지구적 차원의 생태위기를 극복하기 위한 기존 논의의 결정판은 '지속가능한 발전론'이다. 자연환경과 사회, 생태계와 인간의 새로운 관계 재정립을 위한 지속가능한 발전론의 형성과정을 통해 국가형태의 변화가능성과 민주주의의 발전경로를 구상해 볼 수 있다. 왜냐하면 민주주의의 발전과 국가 형태의 변화를 통해서만 지속가능한 발전은 보장될 수 있기 때문이다.

지속가능한 발전에 대한 아이디어는 1970년대 초 국제환경개발기구(IIED; International Institute for Environment and Development) 설립자인 워드(B. Ward)가 환경보호와 경제개발을 밀접하게 연계시킬 필요성을 강조하게 되면서 처음 시사되었다.

경제성장과 환경보전의 상충관계를 해결하려는 시도가 유엔(UN)에 의해 시도되었다. 1980년 국제자연보호연합(IUCN; International Union for the Conservation of Nature and Natural Resources)은 유엔환경계획(UNEP; UN Environment Program)과 세계야생생물기금(WWF; World Wilds Fund)의 협력 아래 '세계(자연자원)보전전략'(WCS; World Conservation Strategy)이라는 보고서를 통해 처음으로 '환경적으로 건전하고 지속가능한 발전'(ESSD; Environmentally Sound and Sustainable Development)이라는 개념을 제시하였다. 이 보고서는 "자원보전이 경제발전에 기여할 수 있으며 동시에 경제발전을 통해 자원보전의 목적을 달성할 수 있다고 주장함으로써 경제성장 우선론과 환경보호 우선론은 서로 조화될 수 있는 개념이라고 규정하였다"(오호성 1993, 356). 이 세계보전전략에는 '보존과 개발의 통합' 이외에도 '인간욕구의 만족, 평등과 사회정의의 달성, 사회적 자결과 문화적 다양성의 제공,

생태적 완전함의 유지' 등 지속가능한 발전을 위한 넓은 범주의 요구사항들에 대응하는 전략과 도구들의 집합을 정의하고 있다.

그 후 1984년 국제연합에서 발족한 세계환경발전위원회(UNWCED; The World Commission on Environment and Development)가 1987년 발간한 브룬트란트 보고서(Brundtland Report)『우리 공동의 미래』에서 '지속가능한 발전'을 "우리의 미래/다음 세대의 욕구를 충족시킬 수 있는 능력을 위태롭게 하지 않고—필요로 하는 자연환경의 여건을 훼손함 없이—현 세대의 욕구를 충족시키는 수준의 발전"이라고 정의하여 이후 지구환경레짐의 정립에 기초를 마련하였다(UNWCED 1987, 43; 세계환경발전위원회 1994, 36~37). 그 후 지속가능한 개발과 관련된 여러 가지 개념과 정의를 정리해 보면 다음과 같다(Pearce 1989).

- 경제성장이란 일인당 실질소득이 시간이 지남에 따라 계속 증가하는 것을 의미하지만 이러한 추세가 성장의 지속가능성을 의미하는 것은 아니다.
- 지속가능한 경제성장이란 일인당 실질소득이 계속 증가함과 동시에 그 증가는 공해나 자원 문제와 같은 생태적, 물리적 부작용이나 빈곤 및 사회혼란과 같은 사회적 문제를 야기하지 않는 것이어야 한다.
- 지속가능한 발전이란 자연자본과 인위적 자본 간의 대등한 변환을 통하여 혹은 천연의 부가 감소함 없이 일인당 효용이나 복지가 계속적으로 증가함을 의미한다.

이 발전모델은 "인간과 자연 간의 균형회복에 중점을 두고 있으며 그 기본적 요건은 다음과 같다. 첫째, 각 생태학적 지역에 식량, 주택, 건강 교육 등의 기본적 욕구를 충족시키는 자원개발을 실시할 것 둘째, 생활의 질을 향상시키는 데 공헌할 것 셋째, 자연자원은 미래의 세대를 고려하여 사용할 것 넷째, 인간 활동이 환경에 미치는 부정적 영향을 폐기물의 재이용으로 완화할 것 다섯째, 광합성에 의하여 태양에너지를 변화시키는 자연의 능력에 의존할 것 여섯째, 환경친화적인 특수 기술을 개발할 것 등이다"(김병완 1994, 341).

다시 말하면 '지속가능한 발전'이란 자연환경을 훼손하기보다는 영원토록 혹은 매우 장기적으로 보존할 수 있는 수준으로 자연을 사용하면서 인간의 물질적 효용이나 복지를 증진시켜 나가는 것이라고 말할 수 있다. 따라서 이런 개념에 의거한 넓은 의미의 지속가능한 발전전략은 인간과 자연 간의 조화를 제고하는 것이어야 하며, 이를 실행하기 위해서는 사회의 각 분야가 그에 걸맞은 조건과 모습, 즉 다음과 같은 일곱 가지 제도와 시스템을 갖추어야 할 것이다(UNWCED 1987. Ch. 12).

- 시민/국민들이 의사결정과정에 효율적으로 참여하는 정치제도
- 자립적이고 지속가능한 토대 위에서 경제적 잉여 또는 부가가치와 새로운 기술적 지식을 창출하는 경제시스템
- 조화롭지 못한 발전에서 야기되는 긴장을 해결할 수 있는 사회제도
- 개발과 함께 생태계 보존의 의무도 동시에 고려하는 생산시스템
- 지속적으로 새로운 해결책을 모색하는 과학기술시스템
- 무역과 금융시스템을 지속가능한 방향으로 강화하는 국제경제제도
- 유연하고 자기교정적 자세로 움직이는 행정제도

국제연합 경제개발위원회의 지구정상회담에서 생태적인 역효과 없이 경제와 사회의 개발을 유지하는 것을 어떻게 보장할 것인가에 대한 논의 이후 지속가능 개발을 실현하기 위한 구체적인 행동강령인 '아젠다 21'이 채택되었다. 아젠다 21에는 환경, 사회, 경제, 윤리측면의 지속가능성 목표가 설정되어 있다. 다른 연구에서는 지속가능한 발전 방향을 ① 환경적으로 지속가

능한 규모, ② 사회적으로 공평한 분배, ③ 경제적으로 효율적 배분으로 제시하고 있다(Daly 1991).

아젠다 21에는 사회경제 7개 부문으로, 개발도상국의 지속가능한 발전을 촉진하기 위한 국제협력, 빈곤퇴치, 소비행태의 전환, 동태적 인구문제와 지속가능성, 인간보건의 보호 증진, 지속가능한 인간 정주 개발 증진, 의사 결정에서의 환경보호와 경제 개발, 사회의 통합을 들고 있다. 나아가 자원보존 및 관리를 위한 14개 부문으로 대기보전, 토지자원의 통합적 기획 및 관리, 산림황폐 방지, 사막화 및 한발 퇴치, 지속가능한 산지개발, 지속가능한 농업 및 농촌개발, 생물다양성 보전, 생명공학의 환경안전관리, 해양 및 해양생물자원 보호, 담수자원의 질과 공급 보호, 유해화학물질의 환경안전관리, 유해폐기물의 불법교역방지와 환경안전관리, 고형 및 하수폐기물의 환경청정관리, 방사성폐기물의 환경안전관리 등 주요 현안들이 모두 망라되어 있다. 끝으로 주요 집단의 권한 부여와 역량 강화의 필요성을 들고 9개 주요 집단(여성, 아동/청소년, 원주민, 민간단체, 산업계, 과학계, 지방정부, 노동조합, 농민)의 목표를 들고 있다:

- 지속적 균형발전을 위한 여성활동
- 지속가능한 개발을 위한 아동과 청소년의 역할
- 주민과 주민 공동체 역할의 인식 강화
- 민간단체의 역할 강화
- 지방정부의 역할
- 노동자와 노동조합의 역할 강화
- 산업계: 기업가 정신
- 과학계, 기술계, 공학계
- 농민의 역할 강화

그리고 이런 전 지구적 협치의 연장선에서 "모든 나라는 발전을 위한 지구적 파트너십(global partnership for development)을 강화한다"고 천명하면서, 2000년 9월 UN 총회에서 채택된 7가지 새천년 발전 목표(MDG; Millenium Development Goals)는 2015년까지 달성되어야 할 것으로 마감일을 정하였다:

- 극심한 빈곤과 기아 퇴치: 2015년을 목표로 절대빈곤층과 안전한 식수를 마실 수 없는 인구를 현재의 절반수준으로 낮춘다.
- 보편적 초등 교육 달성: 전체 아동의 초등교육을 완전 보급한다.
- 성 평등과 여성 권한 강화를 추진: 교육의 남녀균등 기회를 보장한다.
- 아동 사망률 감소: 5세 이하 아동의 사망률을 2/3로 낮춘다.
- 임산부 건강 개선: 출산사망률을 3/4로 낮춘다.
- 후천성 면역결핍증(HIV/AIDS), 말라리아와 다른 질병들을 퇴치: 면역결핍증, 말라리아 등의 질병으로부터 보호한다.
- 환경지속가능성 보장: 슬럼화된 도시에 대한 지원을 확대한다.

그러나 이런 지속가능한 발전론에 대한 문제제기와 비판이 제기되고, 이에 대한 대안체제가 논의되면서 지속가능한 발전론은 경제성장, 환경보전, 사회통합의 결합이라는 발전된 모델로 나아가고 있다. 여기에는 국제연합 지속가능발전위원회(UNCSD; UN Commission on Sustainable Development), 각국 정부의 지속가능발전위원회(NCSD; National Commission on Sustainable Development), '아젠다 21'과 같은 이행전략과 추진에 대한 성과와 한계에 대한 평가에 기초한 것이다.

세계환경회의 역사와 관련해 1960년대, 1970년대, 1980년대, 1990년대, 2000년대 주요 환경회의의 주제와 쟁점을 살펴볼 필요가 있다. 1960년대에는 환경문제에 대한 심각성의 인식과 인구문제의 등장, 1970년대는 환경문제 원인과 해결방안에 대한 선·후진국 간의 논란, 1980년대는 경제성장과 환경보호의 조화를 위한 지속가능한 발전에 대한 논의, 1990년대는 이행방안에 대한 국제적 합의, 2000년대는 세계화와 정보화를 통한 전 지구적 대안의 모색 등을 특징으로 한다고 말할 수 있다.

국제사회에서 지구헌장 제정캠페인을 전개할 당시 주요 목표(2002년 World Summit Sustainable Development 총회 이전의 목표)는 다음과 같다.

- 공유된 가치와 지구적 윤리에 대한 세계적 대화 증진.
- 지속가능한 발전을 위한 기본적인 윤리원칙을 위한 간결하고 고무적인 비전을 제시해 주기 위한 지구헌장 초안 작성.
- 지구헌장의 가치에 대한 인식과 이행, 실행을 증진하여 민중 조약으로서의 지구헌장을 전 세계에 걸쳐 전달.
- 2002년 유엔 총회에서 지구헌장에 대한 지지를 확보.

2) 지구헌장의 국제적 흐름

1972년 인간환경회의(UNCHE)에서 '생태 보장개념'이 처음 태동하게 되었다. 상기한 브룬트란트 보고서(UNWCED, 1987)를 통해 지구촌 사회의 모든 국가들을 지속가능한 발전으로 유도하기 위한 법적 구속력을 가질 수 있는 새로운 원칙들을 구상할 것을 권고하게 되었다.

1992년 브라질 리우데자네이루에서 개최된 지구환경정상회의에서 UNCED가 제안한 '지구헌장'은 미국 등 선진강대국의 반대로 기각되고, 대안적으로 구속력이 약한 리우선언이 채택되었다. 이에 대항하여 46개 세계 민간단체들은 "민중의 조약"을 마련하고 후속단체로 지구위원회를 구성하게 되었다. 1995년 지구위원회와 국제 녹십자(IGC)는 네덜란드 정부의 후원으로 지구헌장을 구체화하기 시작하였다. 1997년 리오+5 회의에서 지구헌장위원회(The Earth Charter Commission)가 구성되어 지구헌장 첫째 초안 (Benchmark Draft I)이 발표되었다.

1999년 4월, 지구헌장 둘째 초안(Benchmark Draft II)이 발표되었고 국제 온라인 포럼이 개최되었다. 1999년 10월에는 각국 캠페인 대표자가 참여하여, 국제 지구헌장 온라인 포럼이 개최되었다. 1999년 12월, 각국 캠페인 위원회에 최종 협의결과를 보고하였고, 2000년 3월, 지구헌장위원회 지구헌장 최종 문서가 발표되었다. 2000년 5월에는 국제연합 새천년포럼(UN Millennium Forum)에서 지구헌장 권고안이 채택되었고, 6월에는 네덜란드 헤이그에서 지구헌장 발족식이 개최되었으며, 이후 여러 나라에서 다양한 형태의 지구헌장 채택 및 교육, 홍보 활동이 세계적으로 진행되었다. 2001년 7월에도 지구헌장 온라인 포럼이 개최되었다. 그러나 2002년 9월, 리오+10 지속가능 발전에 관한 세계총회(WSSD)에서는 지구헌장이 채택되지 못하였으나 지속가능한 발전 교육을 위한 주요 자료("Educating for Sustainable Living with the Earth Charter!")로 인정되었다(Type II Partnership).

세계환경발전위원회(UNWCED 1987, 1994) 보고서 『우리 공동의 미래』는 제1부에서 공동의 문제로 인류의 미래가 위협받고 있으며 이제 지속가능한 발전을 향해 공동의 문제인식과 진단이 필요하며 국제 경제의 역할을 강조한다. 제2부에서는 인류가 직면한 공동의 도전에는 인구와 인간자원, 식량의 안정적 확보(잠재력을 지속하는 길), 생물종과 생태계(발전을 위한 자원), 에너지(환경과 발전을 위한 선택), 산업(더 적은 원료로 더 많은 생산물을), 도시의 도전을 들고 있다. 그래서 어떻게 공동의 재산을 관리할 것인가라는 질문을 던지면서, 평화, 안보, 발전 그리고 환경에 대한 중요성의 인식과 함께 이제 공동행동을 향하여(제도와 법의 변화를 위한 제안) 나아가야 한다고 역설하고 있다.

이상의 논의로부터 우리는 생태위기 극복을 위한 다양한 방안을 [표 9-1]와 같이 예시하여 정리해 볼 수 있다.

[표 9-1] 생태위기 극복을 위한 다양한 방안들(예시)

환경운동 차원	자연보호(보존)운동 환경보호(보존)운동 생명운동
환경윤리(철학) 차원	인간중심주의(anthropo-centrism) 　- 객관적 인간중심주의 　- 주관적 인간중심주의 생물중심주의(bio-centrism)
	비인간중심주의 　- 감각중심주의(patho-centrism) 　- 전체론(holism)
환경-사회이론	기술중심주의 환경중심주의
환경-정치이론 차원	생태중심주의 　- 사회생태론 　- 심층생태론

이후 많은 나라에서 여러 학자들에 의해 지속가능한 발전에 관한 연구가 진행되어 왔다. 예를 들면, Coomer, Allen, Tietenberg, Brundtland, Clerk and Munn, Repetto, Baroier, Brown, et al., Tolba, Pearce, et al., Turner, Barbier, McCormick, Braat, Norgaad 등이 있고 IUCN(WCS), WCED, OECD 등에서도 ESSD에 관한 정의를 내리고 있다(정회성 2002, 74~105). 즉, 지속가능성의 개념에 대하여 경제사회학적 관점, 자연과학적 관점(생태학, 생태경제학 등), 경제학적 관점 등 다양한 해석이 가해지고 있다([표 9-2] 참조).

이와 같은 주류 담론에 대한 문제제기도 진행되어 왔다. 예를 들면, 문순홍의 연구가 있다(문순홍 1998). 그리고 지속가능발전의 개념에 대한 사회학적 연구와 비판도 있다(정대연·패트릭 뮬린즈 편저 2003; 이홍균 2002). 이를 통해 지속가능한 발전 개념과 원리, 철학과 이론은 1987년 논의 이후 일정한 변화와 진화를 겪고 있다고 말할 수 있다.

국내에서는 지속가능한 발전 연구와 관련하여 지금까지 환경부, 환경정

[표 9-2] 지속가능한 발전에 관한 다양한 정의들

정의 출전	자연조건을 중시한 정의			세대간 공평성으로부터의 정의			보다 고차적 관점에서의 정의	
	생물다양성	환경용량에서의 생활	천연자원의 보전	사전적인 환경과 경제의 배려	경제성장 지속	세대간의 공평성	세대간의 공평성, 생활수준의 향상	사회, 인권, 문화 등의 가치, 활동
1. Coomer		○			○			
2. Allen						○	○	
3. IUCN(WCS)	○		○	○				
4. Tietenberg	○	○					○	
5. Brundtland			○	○			○	○
6. Clerk & Munn				○			○	
7. Repetto			○			○		
8. Barojer			○		○		○	○
9. Brown, et al.				○	○		○	○
10. Tolba			○		○		○	○
11. Pearce, et al.		○			○		○	
12. Turner			○		○			
13. WCED	○	○	○			○	○	
14. Barbier			○		○			
15. OECD			○			○		
16. McCormick		○			○			
17. Braat		○			○			
18. Norgaad						○	○	○

자료: 노융희. 1993. 10. 26. "세계질서와 환경문제". 프레스센터 환경문제 세미나.

책평가연구원, 지속가능발전위원회 등에서 유의미한 주요 연구들이 정회성 등에 의해 진행되어 왔다는 것을 확인할 수 있다(PCSD 2001; 2003). 특히 '국가지속가능발전전략 기본구상' 연구는 제1부에서 한국 사회의 지속가능성 평가 및 국가지속가능발전의 비전과 전략을 통해 분야별 경제사회환경정 책의 종합 평가, 국가지속가능발전 전략의 목표와 원칙, 주요 정책 과제를 제시하고 있다. 이에 따라 제2부에서 부문별 지속가능성 진단과 발전전략의 기본구상을 들고 있는데 여기에는 농업, 산림, 해양·수산, 경제·산업, 국토・도시, 교통, 환경관리, 사회・복지부문이 있다. 제3부에서는 지속가능 발전 추진체계 및 지원제도의 진단과 발전방안으로 조직, 예산, 교육 및 인적 교류, 법과 제도 평가를 시도하고 있다.

환경부는 환경정책평가연구원의 연구용역을 통해 국가환경종합계획이나 추진전략을 수립하고 있음을 확인할 수 있다(한국환경정책평가연구원 2000; 2003). 특히『새천년 국가환경비전 추진전략』이라는 에코밀레니엄 국가비전 연구 워크숍 자료집을 보면 국가 환경비전과 추진전략, 환경비전과 환경윤리, 국토환경관리, 경제산업부문, 환경친화적 과학기술발전전략, 지구촌 환경보전을 선도하는 환경선진국가 건설, 공공부문에서의 환경경영 체계 구축 등에 관한 국내 논의가 잘 소개되어 있다.

이 연구 외에 미국, 영국, 독일, 경제협력기구(OECD) 등의 지속가능한 국가발전 전략 연구보고서나 관련 연구 등이 국내에 소개되어 있다. 영국은 국가 차원에서 1993년과 1999년에 지속가능발전 전략을 구상, 이행해 오고 있다(UK Government 1993, 1999). 그리고 경제협력기구에서는 꾸준하게 관련 연구작업을 진행하여 개별 국가 차원의 소극적 대응에 대하여 나름대로 중요한 기여를 하고 있다고 평가할 수 있다(OECD 2002). 여기에는 지속가능한 발전을 위한 국가 전략의 필요성, 국가발전에 대한 전략적 접근을 위한 기회에 대한 논의와 함께 환경과 발전에 대한 도전이 열거되어 있다. 여기에는 지속가능한 발전의 주요 도전으로 경제 불평등과 정치 불안, 극심한 빈곤, 영양실조, 질병, 주변화, 인구성장, 소비, 에너지 사용, 기후변화, 질소 부하, 자연자원 파괴, 생물 다양성 상실, 공해, 물 부족 증가, 도시문제, 사회적, 경제적, 환경문제의 상호작용 등이 있다.

그리고 지속가능성 지표 연구와 관련한 연구가 있다(UNCSD 1997; 유럽연합 2001; 환경부 2000).『WSSD 이행계획에 대한 국가대응전략 연구: 자료집』에는 세계지속가능발전정상회담(World Summit on Sustainable Development, 2002), 요하네스버그선언과 이행계획과 관련하여 지속가능발전과

WSSD 국내외 동향이 중앙정부, 지방정부, 산업부문, NGO, 여성계를 중심으로 검토되고 있다(PCSD 2003). 여기에는 WSSD 이행계획 관련 후속과제로서 빈곤퇴치, 지속가능하지 못한 소비 및 생산형태(패턴) 변화, 자연자원기반 보호 및 관리, 세계화 시대 지속가능발전, 건강과 지속가능 발전, 이행수단, 지속가능발전을 위한 제도 틀, 파트너십, 추진전략과 과제 등이 논의되고 있다.

국내 연구와 관련하여 지속가능발전을 국가 수준이나 도시차원, 또는 경제부문에서 검토한 주목할 만한 연구들이 진행된 것을 알 수 있다(문순홍 외 2003). 문순홍 등의 『한국 사회의 생태학적 대안발전을 위한 녹색국가 이론 및 모델정립』 연구는 근대화 과정에 대한 성찰과 생태적 대안발전론 정립, 녹색화를 위한 국가의 역할과 국가의 녹색화 과제 도출, 한국 사회에 적합한 녹색국가 비전과 전망 탐색을 목적으로 한다. 이를 위하여 이론과 사례연구를 통해 정치생태학, 성찰적 근대화, 생태근대화, 생태발전, 지탱가능한 발전론 등을 분석의 이론적 자원으로 활용하고 있다. 특히 국내 사례연구로 국민의식 및 가치체계의 변화 분석을 통하여, 근대적 제도 양식의 특성과 변화과정 분석, 물리적 환경 조건의 변화과정 분석. 근대적 도시화와 도시환경의 지속불가능성, 지속가능한 발전과 후기근대적 도시환경전략, 지속가능한 발전개념의 재구성과 새로운 도시화 과정을 정리해내고 있다.

지속가능한 국가발전 전략과 관련한 기존 연구에 대한 평가를 보면, 첫째, 참고문헌 등 근거나 자료 소개 없이 작성된 개조식 서술이 많다. 둘째, 국가정책의 기조를 전환시킬 만한 충분한 주장과 논거 제시가 아쉽다. 셋째, 지속가능한 발전에 대한 근본적 이해를 바탕으로 한 일관된 논의체계가 필요하다는 점 등이다. 이런 연구에 관하여 추후 정리해야 할 논점으로는 국가 지속가능발전 전략 연구는 기존의 '기본구상 연구'로 충분한 것인가?, 국가발전 전략은 WSSD 이행계획과 사실상 동일한 것인가?, 생태위기 극복과 민주주의 발전 가능성, 이를 통한 국가 형태의 변화 여부일 것이다.

3. 지속가능한 민주주의와 녹색국가의 가능성

지속가능한 국가발전을 위한 민주주의와 녹색국가의 가능성을 검토하기 위해서 먼저 생태론에 대한 비판적 고찰과 종합을 시도할 필요가 있다. 왜냐하면 기존의 세계관, 인간관, 과학기술문명관에 대한 성찰을 통해 제안된 생태론에 대한 비판적 고찰이 요청되고 있기 때문이다. 예를 들면, 성선설과 성악설, 유기체적 세계관과 기계론적 세계관 등이 있다. 이에 따라 생태론은 근본생태론(심층생태론), 영성생태론, 사회생태론 등으로 나뉘어 볼 수 있다. 이것들은 자기중심적 윤리, 인간중심적 윤리, 생태중심적 윤리에 기반하고 있으며 이들 사이에 나름대로의 정치적 갈등이 존재하고 있는 것이 사실이다. 과학적 사회주의(마르크스주의)와 아나키즘, 기술결정론과 과학기술의 사회적 구성주의, 동양철학과 주류 종교, 페미니즘 등 이들 생태론을 논의하는 다양한 문화적 기반들이 존재한다. 그리고 한국에서 제안되고 있는 생명문화, 생명사상 등도 검토될 수 있다.

1) 생태주의론

(1) 심층생태론

심층생태론이 무엇인가에 대해서는 안 네스와 죠지 세션즈가 '심층생태론의 기초로 잠정 제시된 핵심적인 용어와 구절들'이라는 8개의 테제(platform)를 읽으면 분명해진다. ① 지구상의 인간과 인간 이외의 생명의 복리와 빈영은 그 자체로 가치―소위 내재적 가치 또는 고유한 가치―를 지닌다. 이 가치들은 인간 이외의 생명의 세계가 인간의 목적을 위해 얼마나 유용한가 하는 문제와는 별개의 것들이다. ② 생명 형태의 풍부함과 다양성은 이 내재적 가치의 실현에 기여하는 동시에 그 자체로 가치를 지닌다. ③ 인간은 생명유지의 필요 충족 이외에는 생명의 풍부함과 다양성을 훼손할 권리가 없다. ④ 인간의 생명과 문화의 번영은 인구의 대대적 감소와 양립한다. 인간 이외의 생명이 번창하려면 인구 감소가 요구되는 것이다. ⑤ 오늘날 인간은 인간 이외의 존재에 대해 지나치게 개입하고 있으며, 이로써 상황이 급속도로 악화되고 있다. ⑥ 따라서 정책의 변화가 요구된다. 기본적인 경제적, 기술적, 이데올로기적 구조에 영향을 미칠 이 정책은 현재의 상황을 매우 다른 상황으로 변모시킬 것이다. ⑦ 이데올로기의 변화라는 것은, 우리가 더 이상 생활수준 향상에 집착하기보다 삶의 질에 대한 올바른 인식(즉, 내재적 가치에 대한 인식)을 더 중시하게 된다는 의미를 담고 있다. 이렇게 될 때 우리는 '큰 것'과 '위대한 것' 사이에 가로놓인 간극을 깊이 깨닫게 될 것이다. ⑧ 이상의 논지에 동의하는 자는 요구되는 변화를 직·간접적으로 도모할 의무를 지닌다(Naess 1973).

정치적 생태학의 원리는 사회와 자연생태계의 관계를 재검토하고 재형성하는 과정에 기인한다. 정치적 생태학의 거시적 목표는 환경의 '지구적' 파괴 과정을 제도와 정책의 개혁을 통하여 효율적으로 저지하고 관리하고 궁극적으로 환경의 이상향인 '녹색 유토피아'(Green Utopia) 또는 '생태 유토피아'(Ecotopia)를 이룰 수 있다고 본다. 정치적 생태학이란 일련의 이론적 전제와 사고틀 및 환경보전 운동을 포괄하여 지칭하며, 다음과 같은 원리를 포함하고 있다. 첫째, 생태적 철학은 대체로 인간 의식과 자연을 직접적으로 연계함으로써, 종래의 양대 정치 이데올로기인 자본주의와 사회주의(마르크스주의)를 비판한다. 둘째, 인간 의식의 진화, 지식과 사회과학의 발전 및 생태학적 의식의 자각을 통하여 정치생태학은 사회체제에 근간을 둔다. 셋째, 후기 현대주의가 기존의 사회문화적 조건을 급진적으로 탈피하려는 감수성을 지니고 생태학적 상황을 단순히 인지하는 데 비하여, 정치생태학은 사회와 자연과의 균형을 이루고 지속 가능한 관계를 유지하고자 능동적이고 창의적으로 움직인다. 이에 따라 정치생태학은 단순한 녹색운동보다는 좀 더 본질적인 생태학적 사회문화를 만들려고 한다. 넷째, 정치적 생태학은 환경보전에 관한 도덕성과 윤리를 중시할 뿐만 아니라 사회의식과 제도로서 그 심미적 역할이 크다. 다섯째, 정치생태학자들에 의하면, 현대의 정치사상을 지배해 온 계몽주의, 보수주의, 개인주의, 신우익 정치 및 녹색운동 등은 기존의 사회체제에 지나치게 물화되어 있는 것이 문제라고 주장한다.

(2) 사회적 생태론

녹색정치사상은 환경보전을 위한 정치·경제·사회적 합의를 도출하고 이를 실현하려는 이념, 제도 및 정책과정을 포괄한다. 즉, 생태주의를 정치적 이데올로기화한 새로운 패러다임이라 할 수 있겠다. 녹색정치의 기본 사상인 정치적 생태학은 단순한 환경주의와는 구분된다. 환경주의가 관리적 차원에서 기존 제도·체제·정책의 개혁을 요청하는 데 비하여, 녹색정치는 좀 더 혁명적인 이데올로기로서 기존의 것들을 본질적으로 변환시키려는 실천적 당위성을 지니고 있다. 녹색정치 사상의 정치적 핵심 기조를 살펴보면, 신생태 패러다임(neo-ecological paradigm)과 사회적 생태학의 철학을 들 수 있는데 여기에는 변증법적 자연주의와 생태학적 다양성을 강조하는 흐름이 있다.

환경보전을 중시하는 정치사상으로는 정치적 생태학과 녹색정치 사상을 들 수 있다. 이밖에도 환경 가치, 윤리 및 행정을 통한 문제 해결을 중시하는 흐름이 존재하고 있다. 이 견해는 펠케의 생태주의 원칙을 재구성하면서, 현재 상태에 대한 진단, 새로운 정치사회 구성 원칙, 그리고 새로운 삶의 양식 등에 대해 이렇게 말하고 있다:

첫째, 현재 상태에 대한 진단:
① 장기적 또는 단기적으로 지구상의 생명체의 생존의 긴급성을 인식한다.
② 인류는 다른 생물종과 지구생태계에 대하여 겸손해야 한다.
③ 세계와 그 안에 사는 생명체의 장기적 미래에 대해서 관심을 갖는

확대된 시간관을 갖는다.

④ 인간 사회는 좀 더 지속적인 기술적, 물리적 기초 위에서 재구성되어야
한다. 현재 인간의 삶의 방식 가운데 여러 측면은 근본적으로 일시적인
것임을 인식해야 한다.

둘째, 새로운 정치사회 구성 원칙:

① 모든 형태의 생명에 대한 존중과 동시에 복잡한 생태적 그물망이 정치
적으로 중요하다.

② 민족주의적이거나 고립주의적이기보다는 전 지구적 관점을 취한다.

③ 정치권력의 분권화와 인구의 분산화를 선호한다.

④ 매사에 자율과 자치를 지향하며 좀 더 민주적이고 참여적인 정치과정
과 행정구조를 만들려고 노력한다.

셋째, 새로운 삶의 양식:

① 기술이나 '근대성'을 거부하는 것은 아니지만 단순한 삶을 추구한다.

② 인간 욕구 앞에서의 과도한 소비를 혐오한다(이것은 극단적으로는 금
욕주의의 형태를 띤다).

③ 예방의학, 식이요법, 운동 등이 인간의 건강의 유지와 향상에 미치는
중요성을 강조하면서 인간의 삶의 질과 건강에 관심을 갖는다.

④ 계절과 생활환경, 기후와 자연물의 아름다움을 인식한다.

⑤ 사람을 평가할 때 솜씨, 예술성, 노력, 성실성 등의 비물질적 기준을
사용한다.

2) 지속가능한 발전론 이후의 논의: 지속가능한 사회론

1990년대 중반 새로운 함의의 '지속가능한 발전' 개념이 대두되었다. 새

로운 대체개념들에는 '약한 지속가능성(weak sustain-ability)과 강한 지속가능성(strong sustain-ability)', '지속가능한 사회'(sustainable society), 그리고 '생태적 근대화'(ecological modernization) 등이 있다.

(1) 약한 지속가능성과 강한 지속가능성

'약한 지속가능성과 강한 지속가능성' 양자 모두 자원을 아래 네 범주로 개념화하였다.

- 인간이 만든 자본은 공장, 도로 등 경제활동과 관련이 있는 자본이다.
- 자연자원은 자연이 인간에게 제공하는 재생불가능 자원 및 재생가능 자원이다.
- 인적 자본은 지식, 기술 등이다.
- 사회적 자본은 문화, 제도, 협동행위, 규범, 의사결정에 참여 등이다.

약한 지속가능성은 지속가능한 발전론의 연장선에서 미래 세대의 중요성을 강조한다. 미래 세대는 현 세대보다 경제발전의 조건이 나빠져서는 안 된다. 네 범주의 자원은 하나의 복합적 총체로 존재하기 때문에 상호 대체적으로 이용될 수 있다. 개별 자원이 고갈되어도 자원은 상호 대체적이기 때문에 복합적 총체로서의 자원은 시간이 경과하여도 불변적이기에 네 범주의 자원은 그 만큼 많이 이용해도 괜찮다. 따라서 약한 지속가능성은 지속가능한 발전에 대해 인간중심적 개념이라는 것이다.

한편 강한 지속가능성은 지속가능한 발전론에 대한 대안을 겨냥하고 있나. 네 범주의 자원은 상호 보완관계이지 대체관계가 아니기 때문에 자연자원은 적극적으로 보전되어 미래 세대에 넘겨 주어야 한다. 따라서 강한 지속가능성은 지속가능한 발전에 대해 생태중심적 개념이다.

(2) 지속가능한 사회

　자연과 경제의 존재양식은 사회의 여러 요소들에 의해서 영향을 받는다. 그러므로 사회의 여러 요소들이 지속가능하지 않으면 자연과 경제가 지속가능할 수 없다. 그럼에도 불구하고 WCED의 지속가능한 발전 개념과 정의, 약한 지속가능성, 강한 지속가능성은 지속가능한 발전의 개념에 자연과 경제, 두 요소만 포함시키고 있기에 단일 차원 개념이다.

　따라서 지속가능한 발전은 자연과 경제, 그리고 자연과 경제의 지속가능성에 영향을 주는 사회적 요소들까지 포함하여 다차원적으로 접근해야 한다. 다차원 개념으로서의 지속가능한 발전은 자연과 경제를 포함하여 전체 사회의 지속가능한 발전을 뜻하기에 '지속가능한 사회'(sustainable society)라고 개념화된다. 지속가능한 사회에서 중요시되는 요소들은 아래와 같다:

- 자연: 자연의 지속가능성
- 경제: 경제의 지속가능성
- 인구: 집합체로서의 총인구와 행위자로서의 개인
- 문화: 풍요성과 편리성을 추구하는 소비자 성향보다는 자연의 가치와 중요성을 인정하면서 인간과 자연이 공존해야 한다는 환경주의 가치체계의 문화풍토
- 기술: 경제적 생산 활동에 적용되는 자원추출 과정, 생산과정, 재화와 용역의 유통과정, 소비과정에서 배출되는 기체, 액체, 고체 형태의 각종 폐기물의 배출과 처리에 필요한 청정기술
- 사회구조: 계층 간, 지역 간 빈부격차가 생산 활동을 동기화하기 때문에 불평등한 사회구조의 개선
- 세계질서: 환경협약 등을 통한 국가 간 협동체계

　따라서 이러한 지속가능한 사회의 요건은 새로운 생태체제의 건설로 나

아갈 수밖에 없다. 그래서 지속가능한 사회는 과거를 반추하며 미래를 준비하는 사회여야 한다. 지속가능한 사회는 자연과 인간과 사회가 공존할 수 있는 체제여야 한다. "지속가능성 없이는 지구적 공평성(global equity)도 없다"(볼프강 작스 2003).

(3) 생태적 근대화

영국에서 발원한 18세기 산업혁명 이후 물질적 풍요와 문화적 다양성, 기계문명생활의 편리성 증대의 대가로 자연은 주변 지역이나 개별 나라 차원에서 광범위하게 오염·파괴되어 환경문제가 발생하였다. 자연의 오염·파괴는 그 자체로 끝나는 것이 아니라 지구에서 인간의 생존 자체를 위협하는 수준이다. 특히 자연의 오염·파괴가 인간의 삶에 미치는 영향은 장기적 시간 경과 이후에 주로 나타나기 때문에, 산업화가 시작된 지 250년이나 지난 1960대에 와서 비로소 서구사회 인간은 환경문제의 심각성을 인식하게 되었다(정대연 외 2003).

18세기 산업혁명 이후 사회발전의 과정을 농업사회와의 차이점에 기초하여 근대화라고 부른다. 근대화의 골자를 크게 네 차원에서 요약하면 정치적으로는 민주화, 경제적으로는 산업화, 사회적으로는 도시화, 문화적으로는 집단주의에서 개인주의로 사회구조 및 사회구성원리가 전환되는 과정이다. 환경문제는 근대화 과정 가운데서도 직접적으로 산업화의 부산물이다. 이때문에 1960년대 이후 선진공업국에서는 환경문제 해결 및 예방을 위해 국제기구를 중심으로 활동이 시작되었고, 학문 분야에서도 로마클럽 보고서 『성장의 한계』 빌간 이후 산업화에 대한 비관론과 낙관론의 논쟁이 일어났고, 지속가능한 발전의 이념까지 대두되었다. 또한 1960년대와 1970년대에 영국과 미국 등 선진국에서 정부조직에 환경부서를 설립하기 시작하여 지금은 모든 나라가 환경부서를 설립하였다. 이와 더불어 오늘날 정부는 환경정책을 모든 국가정책의 최상위에 두고 있고, 기업은 정부의 환경정책의 규제와 자발성에 기초하여 녹색경영을 추진하고 있고, 시민단체들의 사회운동 가운데 환경운동이 사회적으로 가장 큰 비중을 차지하고 있고, 일반 시민들도 높은 수준의 환경주의 가치체계를 가지고 일상생활에서 친환경적 행동을 추구하고 있다.

이처럼 환경문제는 근대화의 여러 과정 가운데 직접적으로 산업화의 부산물이기 때문에 지속가능한 발전의 이념, 정부의 환경정책, 기업의 녹색경영, 시민단체들의 환경운동, 일반 시민들의 환경에 대한 인식과 행동이 모두 자연과 경제의 관계에 초점이 맞추어져 있다. 그러나 근대화의 경제적 요소 외에 정치적 요소, 사회적 요소, 문화적 요소 모두 환경문제의 해결 및 예방에 초점을 둔 근대화 추진이 필요하다. 이것을 생태적 근대화(ecological modernization)라고 할 수 있다.

생태적 근대화는 1985년 후버(1985)에 의해 처음으로 제시된 후, 1990년대 후반에 와서 사회과학 분야에서 세계적으로 관심을 받기 시작하였다. 후버(1985, 20)는 환경문제가 산업사회 출현에서 필연적인 단계이지만 더욱 발전된 기술을 개발하여 생산양식의 전환을 통해 대처해야 한다고 보면서, 이것을 초산업화(super-industrialization)라고 부르면서, 더럽고 추한 산업 애벌레를 생태적 나비로 전환시키는 것이 생태적 근대화의 정신이라고 주장하였다. 이 주장은 곧 생태적 근대화란 발전된 기술개발을 통해 산업화를 추진하면서 환경에 대한 부하를 최소화시키는 산업화임을 뜻한다. 이렇게 보면 생태적 근대화의 초기 개념도 자연과 경제 두 요소에 초점을 두었다. 예컨대 자연자원 이용과 오염배출에 기초한 생태적 세금제도 도입 등을 통해 경제가 자연에 주는 충격을 최소화함으로써 생태적 근대화를 달성해야 한다는 주장이 대두되었다(Lundqvist 2000).

1980년대 이후 지난 20년 동안 생태적 근대화에 대한 연구는 많은 관점이 전개되었다. 그 관점은 크게 세 단계로 요약될 수 있다. 첫 번째 단계는 1985년부터 1980년대 후반까지이고, 두 번째 단계는 1980년대 후반부터

1990년대 중반까지이며, 세 번째 단계는 1990년대 중반 이후 오늘날까지이다. 각 단계의 핵심적 관점들은 아래와 같이 요약될 수 있다(Hills et al. 2003).

첫 번째 단계의 관점들은 환경개선을 위해 기술개혁의 중요성을 강조하면서, 기존의 시장원리와 정부의 역할에 대해 비판적 태도를 취했다. 그리고 환경문제 발생의 원인으로서 인간활동과 사회적 경쟁에는 비중을 두지 않고 사회체제에 초점을 두었다. 이 때문에 국가적 차원에 1차적으로 분석에 초점을 두었다.

두 번째 단계의 관점들은 기술혁신 역할의 중요성보다는 제도적 차원과 문화적 차원에 대한 강조와 더불어 국가와 시장 역할의 균형을 강조하였다.

세 번째 단계의 관점들은 환경문제의 출현과 해결에 대한 과학과 기술의 역할이 바뀌어야 하고, 생태적 재구조화와 개혁을 위한 주축으로써 시장과 경제 주체들의 중요성이 증대되어야 한다고 보고 있다. 국가의 역할도 환경규제의 명령-통제에서 비규제적이고, 융통성이 있고, 합의적인 역할로 전환되어야 한다고 보고 있다. 사회운동의 위치, 역할, 이념도 주변적인 것에 머물 것이 아니라 환경개혁에 대한 공공 및 사적 의사결정에 관여하는 것으로 바뀌어야 한다고 보면서, 사회운동은 경제적 이해관계와 환경을 둘러싼 이해관계를 완전히 부정하는 것이 정당한 것이라고 보는 새로운 실천과 이념으로 바뀌어야 한다고 강조하고 있다.

이처럼 1980년대 이후 많은 학자들이 생태적 근대화에 대한 관점을 최근까지 제시했지만 관점의 차이는 시기별로 크게 위와 같은 세 가지 범주로 구분될 수 있다. 첫 번째 단계의 관점들이 생태적 근대화 달성을 위해 제시하고 있는 구체적인 주요 방안들을 검토해보면 청정기술, 생산과정에 자원 투입의 수준을 줄이기 위해 재활용 및 재생자원 이용 등을 통해 쓰레기와 오염배출을 감소하여 생산원가도 줄이자는 것으로 함축된다(Simonis 1989). 이러한 방안은 곧 생태적 근대화의 대상이라고 할 수 있다. 두 번째 단계의 관점들은 생태적 근대화의 대상을 목전의 대상과 장기적 대상으로 구분해야 하고, 목전의 대상과 장기적 대상 간의 메커니즘도 고려해야 한다는 주장을 펴고 있다(Hills et al. 2003). 쓰레기 배출 감소, 재생자원 이용, 재활용 등을 통한 탈물질화가 목전의 대상이다. 자원보전, 청정생산 등이 장기적 대상이다. 이 대상들은 상호 연관적 맥락 속에 있다. 이 때문에 세 번째 단계의 관점들은 생태적 근대화의 대상들의 메커니즘과 생태적 근대화의 달성 간의 관계를 강조하고 있다. 이를 한 마디로 '생태의 경제화'(economizing the ecology)와 '경제의 생태화'(ecologizing the economy)라고 표현하고 있다.

위와 같은 생태적 근대화의 관점들도 결국 지속가능한 발전의 관점처럼 경제와 지연 두 요소에 초점을 두고 있다. 그러나 지속가능한 발전은 생산과정의 통제를 통해 환경문제를 개선 및 예방해야 한다는 관점이지만(Noorman et al. 1998), 생태적 근대화는 위에서 알 수 있었던 바와 같이 생산과정뿐만 아니라 소비과정까지도 포함시키고 있다(Lundqvist 2000)는 점에서 지속가능한 발전의 관점과 구별된다. 특히 소비과정은 직접 환경을 오염·파괴시키기도 하지만 생산을 유도함으로써 간접적으로도 환경을 오염·파괴시킨다. 소비는 재화와 용역의 구매를 통해 일어나는 행동으로서 하나의 문화적 현상이다. 따라서 생태적 근대화는 일반 시민들이 소비가 환경에 주는 영향의 중요성을 인식하고 친환경적 행동을 전개하는 문화적 풍토가 조성되어야 한다는 관점이다.

생태적 근대화의 관점은 최근 국가의 조직 문제까지 확대되고 있다. 즉, 환경에 대한 가치체계와 환경의 대상을 국가조직의 각 기구에 도입하여 정부의 모든 업무가 환경관리 체제를 제도화시킬 필요가 있음을 강조하고 있다. 룬트퀴스트(Lundqvist 2000)는 이것을 한 마디로 정부구조와 과정의 생태주의화(ecologization of government structure and processes)라고 부르고 있다. 이것은 곧 정부는 부서에 따라 업무와 정책이 다르지만 그 업무와 정책은 환경을 오염·파괴시키지 않는 방향으로 의사결정이 이루어져야 한다는 관점이다.

이렇게 볼 때 생태적 근대화는 1960년대 환경에 대한 인식이 대두된 후 경제와 자연의 관계에만 초점을 두고 있기에 환경문제에 대한 대응이 적절하지 못했다고 입장을 취하면서, 오늘날 인간에 대한 환경의 도전을 위기로 볼 것이 아니라 새로운 차원에서 근대화를 추진하는 기회로 삼자는 관점이라고 할 수 있다. 근대 사회가 추진해온 근대화의 네 요소들—정치적으로 민주화, 경제적으로 산업화, 사회적으로 도시화, 문화적으로 개인주의화—은 하나의 틀로 통합적으로 진행되기보다는 개별적으로 진행되거나 또는 개별적 진행과정에서 간접적으로 서로 영향을 주고받았다. 그러나 생태적 근대화는 근대화의 이 네 요소를 환경이라는 명제하에 통합시켜 상호 유기적 관계의 틀 속에서 진행되어 한다는 관점이다.

(4) 생태보장

생태보장(ecological security)은 국가안전보장(national security), 사회보장(social security)과 같이 생태보장을 인류 생존과 안전, 행복의 핵심요소로 파악하는 데서 논의의 출발을 삼고자 한다. 1990년대부터 '지속가능한 발전' 개념의 한계를 지적하며 지속가능한 사회론을 전개하였던 피레이지(D. Pirages)는 생태보장을 위한 10단계의 첫 번째로 장기적 관심과 시각을 들고 있다(Pirages and DeGeest 2004, 230).

생태보장이라는 용어는 에너지안보나 식량안보, 환경안보, 사회보장과 같이 국가안위와 직결된 사안으로 이해되어야 한다. 어느 것을 임의로 선택한다든지 시간을 두고 대상을 고려해야 하는 것과는 질적으로 다른 것으로서 해당 사회에서 빈드시 존재, 유지, 보전되어야 하는 것을 의미한다. 그래서 생태보장은 국가 핵심기반체제 유지와 발전과 직결된다. 여기에서 국가 핵심기반이란 에너지, 정보통신, 사이버망, 금융, 수송, 보건의료, 원자력, 식수와 용수, 주요산업단지 등의 분야로 재난 등의 원인에 의해 국민의 안위, 국가경제 및 정부 핵심기능에 중대한 영향을 미칠 수 있는 인적, 물적 기능

체계를 말한다고 행정자치부 국가위기관리 기본지침은 밝히고 있다. 여기에서 생태보장의 주요 대상의 일부가 국가 핵심기반을 이루고 있다.

에너지안보는 화석연료의 고갈 등 자원 확보난, 원자력 등 환경재난형 에너지 문제를 해결하거나 극복할 필요성을 제기한다. 식량안보는 쌀 등 주곡의 자립을 위한 농경지 확보와 관리, WTO나 FTA 등 새로운 경제환경에서 안전한 농산물의 확보에 주목하는 것이다.

나아가 인구문제나 보건의료체제의 정비 등에도 불구하고 예상되고 있는 출산 인구 감소문제와 빠른 노령화 사회로의 진입 등 국가안위와 직결된 사안의 중대성은 다른 사안과 같이 유사한 비중으로 취급될 수 없는 절체절명의 과제이다. 이밖에도 식수와 용수 오염 및 맑은 물의 부족으로 인한 물 문제, 환경재난이나 자연재해에 대한 종합적 대책을 위한 상황 설정을 생태보장 문제로 취급할 필요가 있다.

이제 생태보장은 생태 패러다임과 자연관의 대전환에 의해 존중되어야 한다.

3) 대안으로서의 생태사회국가와 생태민주주의

새로운 대안적 생태사회체제의 세 차원은 정치, 경제, 사회에 걸쳐 있다. 대안적 정치체제는 분권, 페미니즘, 참여, 거버넌스를 필요조건으로 한다. 제도적 혁신은 새로운 역사적 의제가 새로운 제도 속에 뿌리내려야 한다. 예를 들면, 첫째, 국제연합 환경계획(UNEP) 대신 세계보건기구(WHO)나 국제노동기구(ILO)와 같이 세계환경기구(WEO; World Environment Organization)의 창설 둘째, 국제연합지속가능발전위원회(UNCSD)를 확대개편, 강화한 지구지속가능발전위원회(GCSD; Global Commission on Sustainable Development)로의 재구성, 국제중재법원(ICA; International Court of Arbitration)의 창설 셋째, 탈중심적으로 조직된 국제재생가능에너지기구

(IREA; International Renewable Energy Agency)의 창설을 통하여 새로운 지구 협치체제(Global Governance)가 확립되어야 한다. 한 마디로 현재 수준의 국제연합 등 관련기구의 한계와 문제점은 극복, 해결되어야 한다. 이와 같은 전 지구적 협치기관의 창설을 위해서 개별 국가에서 생태민주주의세력은 생태사회체제를 구축하여야 한다. 그래서 무지개 연대(rainbow solidarity) 또는 적녹동맹(green and red alliance)을 통해 생태정치(eco-politics)의 제도화는 피할 수 없는 대세를 이루게 될 것이다. 생태국가의 출현은 과도기 형태로 민주적 환경관리국가(democratic environmental managing state)를 넘어 작은 정부(small government)를 통해 실현될 것이다.

이 경제체제는 제로성장, 지역화, 생물학적 관리, 전 지구적인 지속가능한 발전을 통해 구성되어야 한다. 지속가능성의 핵심사안의 하나로 에너지체계의 생태적 전환이 요구된다. 나아가 물 수급의 생태적 전환 등도 검토해야 한다. 사회체제는 자율, 직접행동 등을 통해 역동적인 조건을 창출해야 한다.

4) 한국형 지속가능한 사회발전 이론의 모색

한국의 주류사회는 지속가능한 발전 개념의 적응과정에 일정한 위기가 예상된다고 우려하고 있다. 즉, 겉으로는 지속가능한 발전을 운위하고 있지만 속으로는 현실 적용가능성에 대하여 사시를 뜨고 쳐다만 보고 있다. 일부 국민은 새로운 사회구성의 원리로 지속가능한 발전 개념을 충분하고 풍부하게 이해하고 있지 않은 탓에 지속가능한 사회발전에 대한 비전이나 전략을 구상하고 있지 못하다. 그래서 지속가능한 사회에 대한 회의와 두려움이 존재하고 있다.

따라서 지속가능한 발전 이념에 대한 확고한 이해와 설명이 수반되어야 한다. 지속가능한 발전의 개념에 대한 논의와 철학적 이해를 강조하는 이유도 지속가능한 발전의 개념이 지닌 복합성, 추진상의 어려움, 다양한 이해당사자들의 각축 등을 미리 이해하고 이를 극복하기 위한 사전 정지작업이 필요하기 때문이다. 문제는 이런 난점과 장애에도 불구하고 지속가능한 발전을 위한 시급성과 추진의 당위성을 피할 수 없다는 점이다. 그러므로 사태의 심각성을 인지하고 위험을 회피하면서 사회성원들의 동의와 참여를 통해 경험과 지식과 정보를 공유하면서 지속가능한 발전을 도모해야 한다. 한국 사회가 직면하고 있는 새로운 위기는 새로운 발전과제를 요구하고 있다.

한국 사회가 직면하고 있는 지속불가능한 생태위기는 다중적 차원에 걸쳐 있다. 현재의 생태위기는 일부 계층이나 정부부처와 일부 기관의 환경의식 결여나 무대책에서 생겨난 것뿐만이 아니라 누적된 생태위기와 경제위기의 결합에 의한 폭발 상황이라는 데 그 문제의 심각성이 있다.

지속가능성의 개념과 유기적으로 연결되지 않은 현재의 경제운용 방식은, 생태위기뿐만 아니라 농업과 지방공동체의 위기, 노동의 위기를 구조화시키며, 심화되고 있는 중이라고 진단된다. 실업의 만연, 산업공동화, 기술인력난, 전통적 서비스업종의 과잉 등 고질적인 경제문제가 경기침체와 함께 답습되고 있다. 그리하여 이론적 의미에서 중산층의 존재기반은 이미 붕괴되었으며, 이를 만회하기 위한 '부동산 경제'와 '지방토호 경제'로 이전하는 것이 현재의 신자유주의 정책이 발생시키고 있는 생태위기의 한 실체라고 말할 수 있다.

따라서 새로운 개혁과제는 한국형 국가지속가능발전을 위한 정책방향의 새로운 설정을 필요로 한다. 새로운 개혁과제로서의 지속가능한 대한민국 발전 전략은 기존 정책으로부터의 과감한 탈피와 새로운 차원으로의 진입을 통해서만 달성할 수 있을 것이다. 이를 위해서 과거 경제성장주의로부터의 청산과 모든 국가정책의 생태적 전환은 불가피한 선택이다. 이를 통해 대한민국은 지속가능한 선진사회로의 진입로를 확보하고 전진할 수 있을 것이다.

경제위기담론이 반복적으로 회자되면 최고 권력층이나 정책 결정자들은 생태보장에 대한 의지나 환경보전의식, 중앙정부의 확고하고 지속가능한 발전 비전을 지탱하기 어렵게 되고 쉽사리 개혁피로증상을 보이면서 후퇴하게 된다. 이를 극복하기 위해서는 지속가능한 발전을 추진할 수 있는 체계와 이를 담당할 추진력과 전략적 장기계획을 쥐고 있는 핵심집단이 만들어져야 한다. 즉, 이들은 환경과 경제가 상호보완적이며 상보적 관계를 지닐 수 있을 뿐만 아니라 인간과 자연의 공존이 인간사회의 발전에도 큰 도움이 된다는 '생태적 진보'에 대한 신념이나 인식을 튼튼하게 지녀야 한다.

따라서 경제위기에 대한 지나친 우려는 지속가능한 발전을 추구하는 데 도움이 되지 않는다. 오히려 이런 위험상태에서 활로를 열어갈 수 있는 기회를 포착하고 새로운 발전의 계기를 만들어가야 할 것이다. 그러기 위해서는 사회성원들과의 신뢰 형성과 정보 공유, 공통된 인식이 전제되어야 한다. 그동안 시장에서의 일부 소수 산업자본가들이나 개발지상주의자의 발호에 의하여 위기담론이 증폭되면서 과거 고성장시대로의 향수나 복귀만이 위기극복의 대책이라는 주장은 그나마 제시되었던 환경부문의 최소한의 공약이나 정책의 집행을 가로막아 시민사회와 국가 간에 불필요하고 소모적인 논쟁을 불러왔고 많은 사회적 비용을 들여왔던 것이다. 예를 들면, 기업 환경의 변화에도 불구하고 기업이 도덕적 해이나 윤리적 오류를 범할 경우, 회복하기가 어려운 난처한 상황에 빠질 수 있을 것이다. 따라서 지속가능한 경영은 어떤 '선택'의 문제가 아니라 생존을 위한 '필요조건'에 가깝다고 지적할 수 있다.

이제 생태위기의 원인 진단과 문제의 뿌리를 밝히는 데 인색하지 않아야 한다. 문제 상황에 대한 엄중한 사실 규명과 확인은 문제 해결과 밝은 미래상을 구축하는 지름길을 마련해 줄 것이다.

사회발전의 비전과 대안을 수립하게 위해서는 무엇보다도 목표를 명료하게 제시하여야 한다. 그래서 비전 피라밋(Vision Pyramid)을 세워 거대 비전(Grand Vision)과 목표 비전(Target Vision)을 구별하고 이를 위한 핵심가치(Core Value)를 추려내어야 한다.

지속가능한 국가발전을 위한 거대 비전으로 "지속가능한 일류 문화국가(사회)"를 내걸고 목표 비전으로 '지속가능한 선진 한국 사회'를 제시한다. 사회성원들의 참여와 동기부여를 위한 합의 형성의 기초가 될 핵심가치로는 형평성과 연대성과 통합성을 들었다. 그래서 지속가능한 일류 문화국가는 많은 국민들이 높은 수준의 자유와 인권, 삶의 질을 누리고 경제적이고 문화적인 창조력을 보유하는 나라로서 국민의 자긍심이 높고 꿈과 희망이 있는 나라를 의미한다. 일과 학습 그리고 여가의 조화 속에 자아를 실현하고, 세계시민으로서의 인류 보편의 가치를 구현하는 것이 선진문화국가의 참모습이다.

지속가능한 한국 사회를 위한 주요 목표는 첫째, 자연과 인간이 상생하는 생태공동체 실현에 있다. 둘째, 참여민주주의(participation democracy)의 실현을 넘어 심의 민주주의(deliberative democracy)를 추구하며, '생태적 경제기적'을 달성하는 데 있다. 셋째, 지속가능한 사회 발전을 추구하는 생태적 현대화와 국가(민족)안보와 생태(인간)보장을 동격화하는 국정이념의 생태적 전환이 필요하다. 그리하여 생태순환사회와 지속가능한 질적 경제발전, 민족통합과 세계평화체제를 실현한다.

(1) 생태순환사회

생태순환사회는 자원순환 사회경제체제를 구현함으로써 가능하다. 이를 위해서 '위험사회'를 넘어 '안전한 사회, 건강한 사회, 더 나은 지역혁신사회'를 건설해야 한다. 지속가능한 균형발전사회야말로 생태순환사회로 나아가기 위한 지름길을 제공한다. 따라서 사회구성원리를 생태적 순환으로 전환해야 한다. 이와 함께 생태순환사회에서는 환경정의가 실현되어야 하며 생명윤리가 존중되어야 한다. 왜냐하면 이 사회의 구성원리는 순환성, 다양성, 관계성에 기초하기 때문이다.

지속가능한 사회 실현을 위한 권리는 기본권으로 보장되어야 한다. 생태적 권리(Ecological Rights)의 확립은 자원순환사회의 구성요소의 기초를 이룬다. 국가는 생태순환사회를 건설, 유지하기 위하여 생태보장체제를 유지하여야 한다. 예를 들어, 국가는 나무 가지 하나에 손을 댈 경우에도 상당한 이유와 근거를 갖고 이를 행해야 하며 베어 낸 만큼 나무를 심는 것과 같은 생태보장의 자세를 견지하여야 한다.

(2) 지속가능한 질적 경제 발전

빈곤 퇴치는 지속가능한 발전의 1차적 목표를 이룬다. 경제성장은 빈곤경감에 중요한 수단을 제공한다. 그러나 경제성장만이 빈곤퇴치를 보장하는 것은 아니기 때문에, 지속가능한 질적 경제발전으로 나아가기 위한 과정은 지속가능한 발전의 기본원칙을 준수하고 지속가능한 성장과 환경경영, 지식경영을 전개하는 데서 찾아야 한다. 따라서 경제성장 드라이브를 걸게 된다면 그보다 더 큰 강도와 속도와 밀도로 각 경제부문은 사전에 생태적 전환을 수반해야 한다는 점을 명심하여야 한다. 아울러 중소기업을 하기 좋은 입지와 조건을 구비하여 혁신적 기업가 정신을 고취시키고 시장의 투명성을 확보하면서 기업의 사회적 책임성도 선진국 수준으로 높여야 한다.

(3) 민족통합과 평화체제

생태순환사회를 건설하면서 지속가능한 질적 경제발전을 이루기 위한 대전제는 이 지역안정과 남북한 간 민족통합, 세계평화체제의 구축에 있다. 아무도 이 불가피한 대전제조건을 훼손하여서는 안 된다. 인권을 보장하고 동북아시아, 태평양지역에서의 세력 간 균형은 매우 중요한 사안이다. 지속가능한 발전을 부정하는 사람들은 과거의 지식에 지나치게 의존하고 있기 때문에 오늘날의 문제들을 풀 수 없다. "민주주의는 힘의 축이며 민주주의와 결합되지 않은 어떤 평화도 지속가능할 수 없다." 민주주의와 권리 수호는 항구적인 평화를 보장하는 절대 명제이다.

"평화는 매우 근본적이며 인간의 지고한 권리이다. 평화 없이는 교육이나 표현의 자유, 정의 등과 같은 어떤 다른 권리도 무의미하다." 인류의 미래를 위해서는 오직 항구적인 평화만이 바람직하다. 정의는 다이내믹하고 시·공간 속에서 날마다 자라는 창조물과 같은 것이다. 시민사회가 발전하면 사회 정의 또한 발전할 수 있을 것이다.

4. 논의의 요약: 결론을 대신하여

이 글의 의의는 국가와 민주주의의 대안적 재구축의 원리를 생태적 관점에서 검토하였다는 데 있다. 지속가능한 발전론을 넘어 생태적 근대화를 추구하고 생태보장을 통해 환경보전과 경제성장과 사회통합을 국가가 책임져야 하는 이유로는 개발연대의 종식을 통해 성장패러다임을 청산하고, 환경-경제-사회의 통합을 넘어 생태패러다임으로 전환하는 것이 시대적 화두와 백성들의 살 길이기 때문이다. 그래서 무지개 연대 또는 적녹동맹을 통해 생태정치의 제도화는 피할 수 없는 대세를 이루게 될 것이다. 생태국가의 출현은 과도기 형태로 민주적 환경관리국가를 넘어 작은 정부를 통해 실현될 것이다. 그것은 참여민주주의와 숙의민주주의를 넘어 생태민주주의의 만개를 통해서만 실현될 것이다.

참고문헌

개러드 포터, 자넷 윌시 브라운, 이해찬 역. 1994.『세계환경정치: 그린라운드란 무엇인
　　가』. 돌베개.

과학기술중심사회추진기획단 과학기술부. 2004.『국가기술혁신체계(NIS) 구축방안』.

곽승준. 2004. "댐 건설시 환경비용 측정 방법론 및 사례연구".

구승회. 1995.『에코필로소피: 생태 환경의 위기와 철학의 책임』. 새길.

구승회. 2001.『생태철학과 환경윤리』. 동국대학교 출판부.

권혁범. 2000.『민족주의와 발전의 환상: 개인지향 에콜로지 정치의 모색』. 솔.

김광임 외.『한국의 환경 50년사』. 한국환경기술개발원.

김병완 외. 2004.『지속가능한 지역발전을 위한 환경거버넌스 구축방안』. 환경부 연구용
　　역 보고.

김성오, 김규태 엮음. 1993.『일하는 사람들의 기업』. 나라사랑.

김정욱. 2000.『새천년 환경위기와 생존대안』. 푸른미디어.

김종철 외. 1991.『녹색평론』녹색평론사.

김종철 외. 1993.『녹색평론선집 1』. 녹색평론사.

김종철. 1999.『시적 인간과 생태적 인간: 인간, 흙, 상상력에 관한 에세이』. 삼인.

김지하. 1992.『생명』. 민음사.

김지하. 1996.『생명과 자치』. 솔.

김진현. 2002. "지속가능한 발전의 개념적 고찰".『외법논집』. 12권. 한국외국어대 법학
　　연구소.

김형석. 2001. "지속가능발전모형에서의 기술진보의 역할". 연세대 경제학 석사학위논문.

나카무라 오사무. 전운성 역. 2000.『왜 경제학은 무한한 자연을 전제로 하는가』. 한울.

니콜라스 루만 지음. 이남복 옮김. 2002. "현대사회는 생태학적 위협에 대처할 수 있는
　　가".『루만의 생태학적 커뮤니케이션』. 백의.

니콜라스 앨버리 외 편. 이한중 옮김. 2003.『지구를 입양하다: 세상을 바꾸는 아이디
　　어』. 북키앙.

데이비드 페퍼. 이명우 외 옮김. 1989.『현대환경론』한길사.

데이비드 헬드, 앤터니 맥그루, 데이비드 골드블라트, 조너선 페라턴 지음. 조효제 옮김.
　　『전 지구적 변환』. 창작과비평사.

데자르뎅(J. R. Des Jardins). 김영식 옮김. 1999.『환경윤리-환경윤리의 이론과 쟁점』자작
　　나무.

도닐드 워스터 외. 문순홍 편역. 1995『지속가능한 사회를 향한 생태전략』. 나라사랑.

도성달 외. 2002.『과학기술시대의 삶의 양식과 문화』. 울력.

레스터 브라운. 한국생태경제연구회 옮김. 2003.『에코 이코노미』. 도요새.

로빈 애트빌드/구승회 옮김. 1997.『환경윤리학의 제문제』. 따님.

루크 마텔. 대구사회연구소 환경연구부 옮김. 1998.『녹색사회론: 현대 환경의 사회이론
　　적 이해』한울.

마리아 미스 반다나 시바 외 2000.『에코페미니즘』창작과 비평사.

마이클 레드클리프트 1993. 강현수 외 옮김『발전과 환경위기: 새로운 환경 이념의 모색』. 한울.

마이클 레드클리프트 테드 벤튼/이기홍 외 옮김. 1997. 『지구환경과 사회이론』. 한울.

마이클 앨버트 지음. 김익희 옮김. 2003. 『파레콘: 자본주의 이후, 인류의 삶』. 북로드.

머레이 북친. 구승회 옮김. 1995. 『휴머니즘의 옹호: 반인간주의, 신비주의, 원시주의를 넘어서』. 민음사.

모드 발로, 토니 클라크 지음. 이창신 옮김. 2002. 『블루 골드: 지구의 물을 약탈하는 기업들과의 싸움』. 개마고원.

문순홍 문태훈 구도완 정규호 등. 2003. 『한국 사회의 생태학적 대안발전을 위한 녹색국가 이론 및 모델정립』. 학술진흥재단 중간보고서.

문순홍. 1992. 『생태위기와 녹색의 대안』. 나라사랑.

문순홍. 1998. 지속가능한 사회를 향한 생태전략 시론. 문순홍 편 역. 『지속가능한 사회를 향한 생태전략』. 나라사랑.

문순홍. 2000. 『생태학의 담론』. 솔.

밀브레스 이태건 외 역. 2001. 『지속가능한 사회: 새로운 환경패러다임의 이해』. 인간사랑.

바람과물연구소편. 2002. 『한국에서의 녹색정치, 녹색국가』. 당대.

박영은. 2004. 『현대와 탈현대를 넘어서: 한국적 현대성의 이론적 모색』. 역사비평사.

박원훈 외. 2002. 『한국의 환경비전 2050』. 그물코.

박이문. 2002. 『환경철학: 문명의 여객선을 타고 항해하는 인간의 책임』. 미다스북스

박재묵 외. 2004. 『우리 눈으로 보는 환경사회학』. 창작과비평사.

브라운(L. R. Brown). 김범철·이승환 역. 1990. 『지구환경보고서』. 따님.

세계생명문화포럼-경기2003. 『21세기 문명의 전환과 생명문화』. 경기도.

세계화국제포럼. 이주명 옮김. 『더 나은 세계는 가능하다: 세계화, 비판을 넘어 대안으로』. 필맥.

수잔 스트레인지 지음. 양오석 옮김. 2001. 『국가의 퇴각: 세계 경제 내 권력의 분산』. 푸른길.

슈마허(E. F. Schumacher). 이상호 역. 2002. 『작은 것이 아름답다 - 인간중심의 경제를 위하여』. 문예출판사.

시민환경연구소. 2004. 『환경기술 혁신을 위한 전략 및 시스템에 대한 연구』. 과학기술정책연구원.

신용하 편. 1985. 『공동체 이론』. 문학과지성사.

알랭 리피에츠. 박지현 외 역. 2002. 『녹색희망』. 이후.

앤드루 돕슨(A. Dobson). 정용화 옮김. 1983/1990. 『녹색정치사상』 민음사

울리히 벡. 홍성태 옮김. 1997. 『위험사회: 새로운 근대(성)를 향하여』. 새물결.

울리히 벡. 홍윤기 옮김. 1999. 『아름답고 새로운 노동세계: 세계시민사회를 위한 비전』. 생각의 나무.

유리 아파나셰프 편. 한겨레사회연구소 역. 1989. 『다른 길은 없다: 개혁파가 그리는 소련 사회주의의 청사진』. 거름.

유엔(UNCED). 조형준·홍성태 역. 1987/1994. 『우리 공동의 미래』. 새물결.

유정길. 1993. "생태적 지속가능한 사회로서 계획공동체의 모색". 『서원과 연대』. 5호.

유정길. 1993. "인간과 자연이 하나 된 삶을 추구하는 공동체- 야마기시가이(山岸會)".

『녹색평론』. 12호.

유정길. 2001. "생태공동체와 대안사회운동". 『한국불교환경교육원 2001 토론회 자료집』. 한국불교환경교육원.

유진 오덤. 이도원 옮김. 2001. 『생태학』(제3판) 사이언스북스.

이남곡. 1992. "새로운 세계를 향한 우리의 인식과 실천방향". 『서원과 연대』. 2호.

이상호. 2004. "생태친화적 경제와 한국 경제의 지속가능성". 한국 사회경제학회. 『사회경제평론』. .

이이다 데츠나리 지음. 제진수 옮김. 2002. 『에너지민주주의: 바람과 물과 태양 그리고 사람이 만드는 녹색미래』. 이후.

이정전 편. 1995. 『지속가능한 사회와 환경』. 박영사.

이정전. 1996. 『녹색정책: 환경도 살리고 경제도 살리고』. 한길사.

이홍균. 2002. "지속가능한 발전 개념 비판". 『한국 사회학』. 한국사회학회.

장회익. 1992. "우주생명과 현대인의 암세포적 기능". 『녹색평론』. 2호. 녹색평론사.

장회익. 1998. 『삶과 온생명 : 새 과학문화의 모색』. 솔.

정규호. 2001. "환경문제 심화에 따른 생태적 공동체에 관한 연구". 서울대 환경대학원 석사학위 논문.

정대연. 패트릭 뮬린즈 편저. 2003. 『환경과 지속가능한 발전』. 제주대학교 출판부.

정영근. 이근. 2003. "지속가능발전지표의 지수화 연구". KEI 연구보고서.

정회성 외. 2003. "환경정책의 불평등 해소를 위한 정책강안 개발에 관한 연구". 환경부 용역 연구보고서.

정회성. 2002. 『지속가능한 사회를 향한 환경규제정책의 발전방향』. 한국환경정책평가연구원.

제레미 브레처 외. 이덕렬 역. 2003. 『아래로 부터의 세계화: 연대의 힘』. 아이필드.

조지 리치. 김종덕 옮김. 1999. 『맥도날드 그리고 맥도날드화: 유토피아인가 디스토피아인가』 시유사.

존 드라이젝 지음. 최승 외 옮김. 『환경문제와 사회적 선택: 정치경제생태론』. 신구문화사.

존 벨라미 포스터. 조길영 옮김. 1996 『환경혁명: 새로운 문명의 패러다임을 찾아서』. 동쪽나라.

지구환경대책기획단. 1992. 『21세기 지구환경 실천강령: 리우 지구환경회의 문서 국문본』.

지속가능발전기업협의회 외. 2003. "노무현정부의 과제와 지속가능발전 전략". 『새정부 정책과제 토론회 자료집』.

지속가능발전위원회(PCSD). 2001. 6. 『국가 지속가능발전전략 수립을 위한 분야별 작업지침 자료집』.

지속가능발전위원회(PCSD). 2001. 9. 『의제 21 국가실천계획 검토보고서』.

지속가능발전위원회(PCSD). 2003. 6. "국가 지속가능 발전전략 기본구상 연구 보고서".

지속가능발전위원회(PCSD). 2003. 6. 『WSSD 이행계획에 대한 국가대응전략연구 자료집』.

채수일. 1993. "문명의 새로운 대안으로서의 공동체 운동". 『월간 해인』. 해인사 출판부.

채수일. 1994. "지속가능한 성장이란 무엇인가 - 그린피스 대 기업연합간의 논쟁". 『월간 환경운동』.

천정웅. 1995. 『지구 환경 레짐의 정치경제학』. 한울.

최병두. 1999. 『환경갈등과 불평등: 한국 환경문제의 재인식』 한울.

최병두·홍인옥·강현수·안영진. 2003. "지속가능한 발전과 새로운 도시화: 개념적 고찰". 학술진흥재단 보고서(대한지리학회지).

카프라(F. Capra). 1982. 이성범 외 역. 『새로운 과학과 문명의 전환』. 범양사.

캐롤린 머천트. 허남혁 옮김. 2001. 『래디컬 에콜로지』. 이후.

캔터(R. M. Kanter). 김윤 역. 1983. 『공동체란 무엇인가』. 심설당.

크리스찬 아카데미/박원훈 외. 1997. 『국민을 위한 환경정책의 기본방향 연구』. 한국환경민간단체진흥회.

토다 기요시. 김원식 옮김. 1996. 『환경정의를 위하여』. 창작과 비평사.

포펜스 외(O. Popence, C. Popence). 이천우 역. 1993. 『세계의 공동체 마을』. 정신세계사.

프리초프 카프라. 강주헌 옮김. 2003. 『히든 커넥션: 나와 세상을 바꾸는 새로운 힘의 패러다임』. 휘슬러.

한국미래정부연구회/박재창 외. 2002. 『국가환경 지속가능성 지수 제고방안에 관한 연구』. 환경부 용역보고.

한국행정학회/ 박재창 외. 2001. "새천년 녹색정부 구현을 위한 국가환경행정체계 정립에 관한 연구". 환경부 용역 보고서.

한국환경정책평가연구원. 1996. 『한국환경 50년사』.

한국환경정책평가연구원. 2000. "새천년 국가환경비전 추진전략". 『에코밀레니엄 국가비전연구 2차 Workshop 자료집』.

한국환경정책평가연구원. 2002. "주요정책 및 계획의 사전검토기준 및 방법에 관한 연구".

한국환경정책평가연구원. 2003. 12. 『국가환경종합계획 기본틀 마련』.

한국환경정책평가연구원/ 최상기 외. 1999. 『각종 영향평가제도의 통합방안에 관한 연구』. 환경부 용역보고.

한스 요나스/이진우 옮김. 1994. 『책임의 원칙: 기술시대의 생태학적 윤리』. 서광사.

한용섭. 2004. 국가전략접근법. 세종연구소 제2차 정책토론회.

헬무트 안하이어, 메어리 칼도어, 말리스 글라시우스 공저. 조효제 외 옮김. 2004. 『지구시민사회: 개념과 현실』. 아르케.

호세 루첸베르거. 2000. 『지구적 사고, 생태학적 식생활』. 생각의 나무.

화이트(William Foote Whyte). 김성오 역. 1992. 『몬드라곤에서 배우자: 자본주의의 부정의와 사회주의의 비효율을 넘어선 정의와 효율의 통일』. 나라사랑.

환경부. 1996. 『환경비전 21: 환경보전장기종합계획 1996~2005』.

환경부. 2000. 10.. 『국가환경성평가지표 개발 적용 연구: 국가지속가능개발지표 개발 최종보고서』. (주) 에코프론티어.

후루사와 코유. 1993. 탈(脫)성장사회로 가는 시나리오. 『녹색평론』. 12호. 녹색평론사.

Bookchin, M.. 1987. *The Modern Crisis*. Toronto Univ. Press. Canada.

Burdge, Rabel J. et al. 1994. *A Conceptual Approach to Social Impact Assessment*. Social Ecology Press.

Carew-Reid, Jeremy, Robert Prescott-Allen, Stephan Bass and Barry Dalal-Clayton. 1998. *Strategies for National Sustainable Development: A Handbook for their Planning and Implementation*.

Chalinder, Paula, Alicia Herbert, Paul Steele and Pete Shelley(DID), Barry Dalal-Clayton and Steve Bass(IIED), and Mick Foster(CAPE ODI). 2000. *Strategies for Sustainable Development: Can country-level strategic planning frameworks achieve sustainability and eliminate poverty?* Discussion paper by the SD Unit(DFID), IIED, and CAPE ODI.

Cheldelin, Sandra, Daniel Druckman and Larissa, (eds). 2003. *Conflict: From Analysis to ntervention.* continuum.

Chung, Chin-Seung and Jin Park. 2003. *National Visions and Strategies.* KDI School of Public Policy and Management, OECD and World Bank.

Cosbey, Aaron. 2004. *Lessons Learned on Trade and Sustainable Development: Distilling Six Years of Research from the Trade Knowledge Network.* IISD.

DAC. 1996. *Shaping the 21st Century: The Contribution of Development Co-operation.* OECD.

Dalal-Clayton, Stephen Bass, Barry Sadler, Koy Thomson, Richard Sandbrook, Nick Robins and Ross Hughes. 1994. "National Sustainable Development Strategies: Experience and Dilemmas". *Environmental Planning Issues.* No. 6. IIED.

Dalal-Clayton, Barry, Krystyna Swiderska and Steve Bass. 2002. "Stakeholder Dialogues on Sustainable Development Strategies: Lessons, Opportunities and Developing Country Case Studies". *.Environmental Planning Issues.* No. 26. IIED.

Darren Swanson and Laszlo Pinter(IISD), Francois Bregha(Stratos), Axel Volkery and Klaus Jacob. 2004. *National Strategies for Sustainable Development: Challenges, Approaches and Innovations in Strategic and Co-ordinated Action.* Based on a 19-country Analysis. IISS and DGTZ.

EU. 2001. *Sustainable Development Index.*

Germany. 2000. *Report Perspective For Germany: Our Sustainable Development.*

Heidbrink, Kathrin and Stephan Pauus. 2000. *Strategies for sustainable development in thicket of national planning processes.* GTZ Pilot Project PVI .

ICLEI 2001. "Local Authorities Self Assessment of Local Agenda 21: Accelerating Local Sustainability(LASALA)-Evaluating European Local Agenda 21 Process-Volume II". *Identification of Good LA 21 Processes.* Report of the LASALA Project Team on Good Practice Selection and Analysis.

Mol, Arthur P. J. and David Sonnenfeld. 2000. "Ecological Modernization Around the World". *Environmental Policies.* 9(1). Spring.

Naess, Arnes. 1973. 'The Shallow and the Deep, Long-Range Ecology Movement'. *Inquiry.* Vol. 16. Spring.

OECD. 2001. *Sustainable Development Strategies: Practical Guidance for Development Co-operation.*

_____. 2002. *Sustainable Development Strategies: A Resource Book.* with UNEP. Earthscan.

_____. 2002. *Governance for Sustainable Development: Five OECD Case Studies.*

O'Riordan, T. 1981. *Enviromentalism.* Pion. Ltd. London.

Pirages, Dennis. 1995. "Beyond Environmentalism: Creating a More Sustainable World". *Journal of Green Cross Korea.*

UK DEFRA. 2003. "Achieving a better quality of life: Review of progress towards sustainable development". *Government annual report 2002.*

UK Government. 1993. *Sustainable Development: The UK Strategy.*

UNCSD. 1997. *Sustainability Index*(46 items).

US PCSD. 1996. 6. *Sustainable America.* Report.

10

자유화 · 세계화 이후 운동정치의 대안

이광일
(성공회대 민주자료관 · 정치학)

1. 들어가는 말

1987년 6월 항쟁과 7~8월 노동자 투쟁의 결과 제한적이지만 한국에서도 자유주의적 개방과 제도적 수준에서의 민주화가 진전되어 왔다. 또한 이러한 변화와 맞물려 구소련 등 동구권이 해체되면서 전후 지속된 냉전체제의 영향력 또한 현저히 약화되었다. 이미 68년 전 세계를 가로질러 일어난 혁명이 자본주의 사회체제와 구사회주의 체제의 긴장과 모순에 대해 이의를 제기하였으나, 그것은 기존의 문제점을 극복한 새로운 사회로의 발전을 담보하지 못한 채, 반동적 방향으로 귀결되었다.[1] 그 결과 태어날 때부터 세계적인 성격을 내재하고 있던 자본주의는 명실상부한 세계체제로서 자신의 모습을 드러내었다. 그리고 이러한 변화는 지금 '신자유주의 세계화'(neo-liberal globalization)로 구현되고 있다.

---

1) '68년 혁명'의 세계사적 의미와 개괄은 조지 카치아피카스(1999; 2000) 참조.

하지만 세계화는 일국적, 지구적 수준에서 국가와 인류의 번영을 가져올 것이라는 그 추진세력들의 선전과는 달리, 더불어 사는 인간관계의 확대, 더 나아가 그것의 지향으로서의 '꼬뮨'의 도래에 기여하기보다 다양한 영역에 존재하는 기존의 비대칭적, 억압적 사회관계들을 더욱 악화시키면서 대립과 적대, 그에 따른 갈등과 투쟁을 조장하고 있다. 물론 세계화를 어떻게 볼 것인가의 문제는 그렇게 간단하지 않다.

그럼에도 불구하고 부정할 수 없는 것은 지금 이러한 변화를 추동하는 핵심 동력이 바로 '신자유주의'라는 사실이다. 신자유주의는 기존의 사회관계들을 자본이 압도적으로 우위를 점하는 관계로 재편하고 그것을 재생산하기 위해 국가, 자본, 나아가 일부 시민운동 등을 포함한 모든 수단들을 동원한다.[2] 따라서 글로벌 신자유주의는 사회경제적 문제일 뿐만 아니라 정치적이다. 이것은 이른바 사회경제적인 관계들에 이미 권력관계가 내재되어 있다는 의미의 소극적인 차원에서가 아니라, 글로벌 신자유주의가 목적의식적으로 정치적 기획을 가지고 있다는 점에서 그렇다. 그 결과 사회정치적으로 중요한 권위는 소수의 글로벌 자본, 국가관료 그리고 그들의 이데올로기에 집중되고 있다. 이렇게 하여 세계화는 대중의 자기결정을 축소, 박탈함으로써 정치로부터 대중을 더욱 소외시켜 민주주의를 심각하게 훼손하고 있다. 물론 이 과정에서 합리성, 그에 근거한 투명한 정치의 구현 등이 이른바 개혁과제로 제기되지만, 기본적으로 그것은 시장합리성을 유일척도로 한다는 점에서 '지배자와 피지배자의 동일성'을 원리로 하는 민주주의와 긴장을 유발할 수밖에 없다. 이러한 상황에서 기존 제도정치는 오히려 '제도의 이점'을 누리며 새로이 발생하는 문제들을 자기 내부로 진입시키지 못함으로써 그 한계를 드러내고 있다. 이른바 정당정치의 위기이다.

---

2) 신자유주의와 NGOs와의 관계에 대해서는 페트라스(James Petras 1997) 참조. 한국에서도 시민운동을 '신자유주의의 하위 파트너'로까지 규정하고 있다. 이에 대해서는 정종권 (2000) 참조.

이러한 상황의 도래는 주로 일국적 수준에서 성장해온 기존의 운동정치 또한 더 이상 과거의 패러다임에만 머물 수 없음을 강하게 시사해 준다. 세계화의 진전으로 국민국가의 역할과 기능은 변하고 있으며 일국적 수준의 정치, 경제시스템으로 포괄될 수 없는 문제들이 점차 전면에 대두되고 있다. 따라서 맑스주의 등 비판사회과학의 세례를 받은, 주로 일국 중심의 전략과 목표를 가지고 출발한 운동정치 또한 이러한 변화에 주목하지 않을 수 없게 되었다.

이런 맥락에서 신자유주의는 그 어느 때보다 계급 문제를 중요하게 부각시키고 있다. 이제 계급은 현실적으로 일국적 수준에서뿐만 아니라 지구적 차원에서 동시에 고민되어야 한다. 이에 따라 연대의 범위는 더욱 확대되고 그 요구 또한 더욱 강해지고 있다. 어느 국가도 이주노동자, 전쟁과 평화의 문제 등으로부터 자유스럽지 못하다. 물론 연대는 단지 노동자계급에만 국한되지 않는다. 인간 일반의 존재를 위협하는 문제들, 즉 환경, 생태, 반전, 평화, 소수자 문제 등은 각 계급, 계층의 민주주의에 대한 확신과 결속, 그리고 실천적 연대 없이는 해결될 수 없는 사안들이다. 생산현장에서 재생산되는 노자 간의 관계가 여전히 이 사회의 모순들 가운데 핵심적이기는 하지만, 그 존재의 규정성이 노동운동의 우위를 보장해 주는 것은 아니다. 바로 이러한 맥락에서 계급과 더불어 '자율을 통한 연대'는 운동정치의 새로운 방향을 모색하는 데 있어 여전히 놓을 수 없는 화두이다.

이러한 맥락에서 이 글은 비록 불균등하지만 자유화, 세계화의 진전으로 변화된 상황에 직면해 있는 운동정치의 과거 궤적을 비판적으로 성찰해 보고 향후 재편의 방향에 내해 고찰하고자 한다. 물론 이 과정에서 대안을 제시하는 것은 매력적이지만, 그것은 모델의 제시와 동일시될 수 없다. 왜냐하면 그 미래의 상은 현재의 사회관계들 속에 내장된 모순을 매개로 끊임없이 재구성되는 것으로, 결코 어느 하나로 고정될 수 없기 때문이다.

2. '자유화'와 '세계화' 시대의 역설: 자유의 풍요와 민주주의의 빈곤

1987년 6월 항쟁은 군부와 자유주의 정치세력들 사이의 타협 이후 한국의 정치지형을 규정해 왔다고 해도 과언이 아니다. 이른바 '87년 체제'가 그것이다. 하지만 그 결과물인 '6.29협약'은 정치적 자유화를 핵심으로 하는 것이었지 결코 기존의 비대칭적인 사회관계들을 해소, 극복하기 위한 적극적인 민주화 초치를 담고 있지 않았다.[3] 이미 이 협약에서 신군부파시즘과 전면에서 대결하였던 혁명적 민주주의를 시시하는 세력들을 포함한 진보적이고 급진적인 정치세력들은 배제되어 있었다.

물론 과거 신군부파시스트 지배시기에 이른바 자유주의 좌·우파를 상징했던 김영삼과 김대중이 3당 합당, DJP연합으로 집권하면서 정치적 자유화는 진전되었으나, 그것은 파시스트지배체제에 대한 그동안의 대중투쟁을 고려할 때, 일부 논자들이 평하듯 괄목할 만한 성과는 아니었다. 이런 맥락에서 이들 자유주의 정치세력의 집권과 자유화의 진전 과정은 한편으로 극우적인 반공규율사회(anti-communism regimented society)로 인해 '진보적인 세력'으로까지 과잉평가된 자유주의 정치세력이 원래 자신의 모습을 찾아가는 과정이었고, 다른 한편 이들과 반독재투쟁 내지 반파시스트 투쟁을 함께 했던 진보적인 정치세력들이 자신의 독자적인 정체성을 찾아가는 과정이기도 하였다.

하지만 자유주의 정치세력들의 민중운동에 대한 영향력은 매우 뿌리 깊은 역사를 가지고 있는 것으로 그것은 1980년대 이후 운동정치의 '급진적 민족주의 세력'을 매개하면서 이른바 '비판적 지지'의 형태로 지속되었다.

---

3) '6.29협약'이라는 용어는 신군부와 자유주의 정치세력이 직접 협상을 통해 합의한 것은 아니지만, '6.29선언'에 대해 자유주의 정치세력이 사후 동의하였다는 점에 주목한 것이다. 이에 대해서는 이광일(2005) 참조.

한국전쟁 이후 '운동진영' 최초의 전국적 상설조직이라고 평가되기도 한 전국민족민주운동연합(전민련)이 1989년 1월에 건설되었으나 이 조직마저도 이들의 영향력으로부터 자유롭지 못했다.[4] 이러한 양상은 1997년 IMF 위기와 김대중 정권의 등장 이후 이른바 자유주의좌파들이 신자유주의로 자신들의 노선을 정립하면서 약화되기 시작하다가 노무현정권의 등장으로 급격히 소멸되기에 이르렀다. 이것은 사회진보와 관련하여 자유주의 정치세력들의 중심적 역할이 마감되었음을 의미하는 것인데, 이와 관련 이들 자유주의 정치세력들은 스스로를 "미래를 개척하는 정치세력이 아니라 과거를 마무리하는 세력"이라고 규정한 바 있다.

그런데 이러한 변화는 매우 중요한 쟁점과 결부되어 있는데, 그것은 민주주의가 완성된 지점에 이르렀다는 이들의 주장이다. 민주주의를 어떻게 보는가라는 점은 근대 자본주의사회로의 이행 이후 끊임없이 논쟁이 되어왔지만, 그것은 '엘리트주의적 민주주의 발상'과 '인민주의적 민주주의 발상'으로 크게 대별되었다. 외견상 이 양자 모두는 인간의 이성에 대한 신뢰와 믿음을 공유하고 있지만, 주지하다시피 거기에서의 인간은 '역사적 인간'이었다.

따라서 엘리트민주주의 발상을 근거로 한 자유주의자들에게 노동자, 농민 등 대중은 '천박한 감성'에 좌우되는 세력으로, 따라서 이성의 세례를 받아야 하는 계몽과 교육의 대상이었다. 이 발상은 민주주의와 관련하여 대중이 할 수 있는 역할은 기껏해야 선거의 후보자 명부에 오른 엘리트들 가운데 하나를 선택하는 것 이상이 될 수 없다는 인식이 지배하고 있었다. 따라서 이들에게 선거 이외의 방식을 통한 대중의 정치 행동은 압력행위 이상의 수준을 넘지 않았다. 그것도 제도의 빈곤 속에서 혹은 그것이 역기능하면서 일시적으로 발생하는 '병리적 현상'으로 간주되었다. 이런 맥락에서 이들에게 선거의 정례화를 통한 의회와 정부의 구성은 민주주의의 '완성'을

---

4) 이에 대해서는 이광일(2006) 참조.

의미하였다.

이와 달리 '인민주의적 민주주의 발상'은 민주주의를 형식화하거나 고정시키지 않는다. 이 발상에서 민주주의는 '지배자와 피지배자의 동일성'이고, 거기에서 선거를 통한 권리의 행사는 바로 그러한 목적을 위한 하나의 수단일 뿐이다. 따라서 이런 의미에서 선거행위를 민주주의와 동일시하는 최소주의적 민주주의 발상이나, 이러한 범주로부터 벗어나지 못하는 여타의 발상은 하나의 이데올로기라고 할 수 있다. 물론 여기에서 중요한 것은 선거 그 자체를 선험적으로 부정하는 것이 아니라, 그것이 민주주의 그 자체가 아니며 많은 형식 가운데 하나라는 사실이다.

이런 의미에서 이 발상을 현재적 의미로 새롭게 해석한다면 '지배자와 피지배자의 동일성'을 방해하는 사회관계 내부의 비대칭성, 억압성을 해소, 극복하고자 하는 모든 목적의식적 시도가 바로 민주주의 운동에 포함되며 따라서 그것은 상이한 영역에서 다양한 형태의 운동을 통해 표현된다. 바로 이러한 맥락에서 제도 밖에서 전개되는 운동정치는 대중의 직접 참여를 동력으로 한다는 점에서 제도정치에 비해 더욱 포괄적이며 근본적이다. 따라서 엘리트민주주의 발상이 전제하듯, 운동정치는 '좁은 의미의 정치', 즉 제도정치의 외부에 있지 않다. 양자는 '정치와 경제,' '국가와 사회'의 형태 분리를 강제하는 근대 자본주의 사회관계가 표현하는 두 가지 상이한 범주에 대응한 '정치들'일 뿐이다. 따라서 민주주의 운동은 이 양자 사이에 놓여 있는 경계를 제거하고자 하는 끊임없는 시도이기도 하다.

이 지점에서 특히 주목해야 할 것은 '형식적(혹은 절차적) 민주주의'와 '실질적 민주주의'의 양자가 시간적 우선성이 있는 것처럼 간주하는 발상에 대한 재고이다. 형식적 민주주의가 달성된 이후에 실질적 민주주의가 가능하다는 발상은 분리 불가능한 민주주의를 형식과 내용으로 분리시켜 놓는 것이다. 역사적으로 재구성되는 민주주의 자체는 이미 '형식과 내용'의 결합물이다.

그런데 이러한 발상이 여전히 커다란 이의 제기 없이 수용되고 있는 현실은 제도정치의 특권화를 위한 엘리트민주주의의 발상이 얼마나 강한 헤게모니를 지니고 있는가를 확인시켜 준다. 따라서 이러한 상황은 민주주의를 확장시키는 데 기여한다기보다 오히려 지체의 원인이 되고 있다. 다른 한편 이러한 발상은 국가권력의 장악을 목표로 하는 진보적이고 급진적인 운동의 흐름에 의해 강화된 측면이 없지 않다. 왜냐하면 진보적인 급진운동세력의 제도정치로의 진입은 외견상 제도정치세력의 대표성이 확장되는 것을 의미하지만, 다른 한편 그와 같은 이분법적 경계를 문제시하지 않은 채, 반복되는 제도 내의 활동은 결과적으로 그 경계의 완고성을 조장할 수 있기 때문이다.

이런 맥락에서 엘리트민주주의의 최소주의적 관점에서 본다면, 한국의 민주주의는 여전히 미비한 측면이 없지 않지만 이미 실현되었다고 평가할 수 있다. 예측가능한 정기적 선거절차의 안착과 그에 따른 정부와 의회의 구성에 대한 합의는 1987년 6월 항쟁 이후 네 번의 선거를 거치며 안착되어 불가역적인 것으로 보인다. 하지만 이미 살펴본 것처럼 그와 같은 절차의 과정이 '더 많은 민주주의'(more democracy)를 담보하는 것이 아니라는 사실은 그와 같은 진전에도 불구하고 상이한 사회관계들을 매개로 긴장과 모순이, 그에 따른 갈등과 대결이 지속되어 온 역사에 의해 뒷받침된다.[5] 1991년의 5월 투쟁과 1997년 노동자 총파업은 신군부와 자유주의 정치세력의 협약에 의한 '제한된 민주화'와 여전히 '생산현장에서 재생산되는 비대칭적 사회관계들'에 대한 의미 있는 문제제기였다. 그것은 1987년 6월 항쟁 이후 한국 사회가 민주화되었다는 일반적 평가에도 불구하고, 여전히 재생산되고 있는 불균등한 사회관계의 핵심이 어디에 자리 잡고 있는지를 극명하게 확인시켜 주었다.

그런데 이 지점에서 간과하지 말아야 할 것은 정치적 자유화를 핵심으로

---

5) '더 많은 민주주의'는 운동의 발전과정에서 추가되는 요구목록의 양적인 증가를 가리키는 개념이라 할 수 있다. 이에 대해서는 월러스타인(I. Wallerstein 2002) 참조.

하는 일련의 민주화 과정이 일국의 경계를 넘어서는 세계화 혹은 지구화의 급속한 진전과 맞물려 진행되었다는 것이다. 지구화에 대해서는 각기 상이한 의견들이 제출되고 있지만, 지구화 그 자체를 반대하는 논의는 그리 많지 않다. 물론 이것이 지구화가 필연적으로 수용될 수밖에 없다는 것을 의미하는 것은 아니다. 중요한 것은 지금 그것이 어떤 계급 및 정치세력들에 의해, 어떤 사회관계들의 조성을 목표로 추동되고 있는가이다. 이런 맥락에서 문제의 핵심은 현재 진행되고 있는 지구화가 애초부터 지구적 성격을 내장하고 있던 자본의 헤게모니에 의해 추동되고 있으며 바로 그것이 지금 '신자유주의 세계화'로 나타나고 있다는 점이다.6)

1987년 이후 한국 사회에서 진전된 정치적 개방이 바로 이 '신자유주의 세계화'와 맞물려 진행되었음을 이해하는 것은 매우 중요하다. 그것은 그간 진행된 정치적 자유화가 왜 민주주의의 진전으로 이어지지 못하는가를 설명해주는, 왜 그것이 오히려 대중 참여를 배제하면서 민주주의의 위기를 강화시키고 있는지를 밝혀주는 구조적인 요인이기 때문이다. 한국 사회에 신자유주의가 수용된 시기에 대해서는 다양한 이견이 있으나 대체로 전두환 정권 시기에 시장개방과 자본자유화를 통해 도입되다가 IMF 관리체제를 계기로 들어선 김대중 정권 시기에 전면화되었다고 할 수 있다. 이것은 라틴 아메리카 등 여타 탈식민지사회에서 확인되듯 신자유주의가 권력의 성격과 형태에 관계없이 작동하며 오히려 자유주의 정치세력들의 집권과 더욱 친화력이 있음을 보여준다. 특히 라틴아메리카에서의 세팔주의(Cepalismo)처럼 이들 자유주의 정치세력 가운데 민중의 삶에 관심을 가지는 '비판적 자유주의 세력'이 신자유주의로 귀의하게 됨으로써 이 과정은 마무리된다.7)

---

6) 자본의 지구적 성격은 이미 맑스 이래로 확인된 바 있다. "부르주아지는…가장 미개한 국민들까지도 문명 속으로 잡아당긴다.…부르주아지는 모든 국민들에게 망하고 싶지 않거든 부르주아지의 생산양식을 취하라고 강요하며…한마디로, 부르주아지는 자기 자신의 형상을 따라 하나의 세계를 창조하고 있다"(맑스·엥겔스 1998, 9).

7) 라틴아메리카의 경우는 라몬 그로스포구엘(1998) 참조.

그런데 이와 관련하여 상기해야 할 것은 신자유주의의 관철 이전에도 한국의 국가와 자본은 한편으로 국민국가의 상대적 자율성의 토대를 강화해 나갔지만, 다른 한편 그것은 '초대에 의한 상승'이 상징하듯 자본주의 세계 체제에 긴밀히 포섭되어 있었으며, 냉전을 매개로 한 초국적인 반공동맹의 일원으로서 가능하였다는 점이다(이광일 2003). 이것은 한국 사회가 상대적으로 신자유주의를 늦게 수용하였음에도 불구하고 그것을 전면화시킬 수 있었던 구조적 틀이 이미 내재되어 있었음을 의미하는 것이다. 특히 동구권의 붕괴로 냉전체제가 해체되어 군사전략적 적대와 긴장이 완화되자 분단국가로서 누린 이점들 또한 신자유주의 세계화의 압력을 피해 갈 수 없게 되었다. 전후 국제관계를 규율했던 브레튼 우즈 체제의 흔적인, 국민국가의 자율성은 이제 더 이상 과거와 같은 양식으로 작동할 수 없게 되었다. 그리고 이미 지적한 바대로 1997년 IMF 위기는 이러한 경향을 전면화시킨 결정적 계기가 되었다.

이렇게 하여 '글로벌 신자유주의'는 완고하게 보였던 '국민국가,' '국경'이라고 하는 것을 재구성하기 시작하였다. 특이 자유주의정치세력이 집권하자 이른바 정경유착의 청산을 목표로 시행된 시장의 자유화는 개혁이라는 이름으로 급속히 진행되었다. 이렇게 하여 국가, 국경은 자본의 운동에 더욱 종속되었다. 브레튼 우즈체제 시기에 그것이 복지국가든, 발전국가든 그 형태 및 기능과 무관하게, 그리고 그 현실 모습과 무관하게 이론적으로 용인되었던 국민국가의 상대적 자율성은 급속히 약화되었다. 이미 초국적 자본이 국경을 잠식하는 상황에서 국민국가의 역할은 이제 더 많은 자본을, 더 오래 자신의 영토에 고정시기는 깃으로 변했다. 이러한 목표를 위해 해외자본의 투자를 규율했던 각종 법적, 제도적 규제 장치가 철폐되었다. 노동의 유연화라는 이름 아래 숙련, 비숙련의 노동을 자유롭게 고용할 수 있는 탄력적 노동조건을 제공해야 했다. 바로 이것이 국가경쟁력의 제고와 지구적 차원에서 전개되는 무한경쟁에서의 승리를 담보하는 유일한 수단으로 간주되었다. 이렇게 하여 신자유주의 경쟁국가(neo-liberalist competitive state)가 한국 사회에서도 그 모습을 드러내었다.[8]

그런데 신자유주의에 의해 추동되는 이러한 지구적인 수준의 변화는 자유라는 언술의 일반화, 풍요에도 불구하고 민주주의의 기반을 더욱 약화시켰다. 물론 일국적, 지구적 수준에서의 그 양상은 차별적이며 불균등적이다. 그것은 단순히 공간적 수준에서의 시장의 확장을 의미하는 것일 뿐만 아니라, 다양한 사회관계들 속에서 기존의 비대칭성을 더욱 심화시켰고 그런 의미에서 민주주의를 위협하는 것이었다. 동구권의 자본주의체제로의 포섭 이후 전면화된 '신근대화 전략' 이후 이른바 '절차적 민주주의'는 급속히 확장되었지만, 그에 비례하여 '실질적 민주주의', 대중의 정치참여와 자기결정의 영역은 오히려 축소되고 있다. 물론 자본에 직접적으로 적대적이지 않은 영역들, 이른바 전 국민의, 전 인류가 공동으로 직면한 문제라고 운위되는 환경 등 시민운동영역의 활동은 어느 정도 보장되고 있으나, 그것은 이러한 흐름들이 자본의 자기실현을 조직적으로 문제시하지 않을 경우에만 가능한 것이 현실이다. 오히려 자본은 이러한 의제들을 자신들의 대중적 이미지 개선에 적극적으로 활용하였다.

민주주의의 빈곤과 관련하여 무엇보다 글로벌 신자유주의가 고용형태의 변화와 노동시장의 구성을 변화시켰다는 점에 주목할 필요가 있다. 노동자 가운데 비정규직이 50%를 넘어서고 있으며 이 가운데 여성노동자들이 다수를 차지하고 있다. 시간강사와 각종 연구프로젝트에 관여하고 있는 고급 지식인들 또한 이로부터 자유스럽지 못하다. IT산업 강국, 문화산업의 발전 등이 이야기되고 있지만, 그러한 업종에서조차 비정규직은 일상화되고 있으며 이직률 또한 높다. 그리고 그 내부의 사회경제적 차이는 더욱 커지고 있다. 이들의 임금은 동일 직종에 근무하는 정규직 노동자들에 비해,

---

8) 제솝은 이를 '슘페테리안 근로국가'로 일반화시키고 있는데, 이에 대해서는 B. Jessop(2002) 참조.

50~60%선에 이른다.

그런데 문제는 여기에 그치지 않는다. 더욱 심각한 것은 이들이 한 사회의 구성원으로서 자신들의 권리를 주장할 수 있는 제도적 틀로부터도 배제되고 있는 현실이다. 이들은 자신들의 정치적 의지를 모을 수 있는 그 흔한 노동조합조차 지니고 있지 못하다. 이들이 참여할 수 있는 제도적인 틀은 거의 어디에도 존재하지 않는다. 심지어 민주적 조직노동운동 안에서조차 이들이 숨 쉴 수 있는 공간은 여의치 않다. 이를 매개로 노동운동 내부의 분절은 더욱 심화되고 있으며 바로 이것이 글로벌 신자유주의시대 자본의 정치가 도달하고자 하는 목표이다. 이런 맥락에서 한국 사회 또한 1987년 이후 진전된 엘리트민주주의, 최소민주주의는 신자유주의와 맞물리며 오히려 '더 많은 민주주의'를 유명무실한 것으로 만들고 있다.

이처럼 군부독재 혹은 군부파시즘에 대한 투쟁의 과정에서 얻은 정치적 개방, 자유화는 이른바 문민정부, 국민의 정부 등 자유주의 정치세력의 집권 이후 신자유주의가 추동하는 세계화와 맞물리면서 그 어느 때보다도 민주주의를 위협하고 있다. 지금 민주주의는 권력과 부, 각종 이권을 지닌 소수의 세력이 사회경제적, 정치적으로 중요한 결정권을 독점하는 구조로 재편되며 위기에 처해 있다. 나머지 다수는 그로부터 배제되어 자신이 '지배자이면서 피지배자'라는 사실조차 실질적으로 인정받지 못한 채 지배의 대상으로 전락해 가고 있다. 즉, 자유의 풍요에도 불구하고 민주주의의 빈곤이라는 역설이 벌어지고 있으며 바로 여기에 신자유주의 시대 민주주의 위기의 비밀이 숨어 있다.

3. 진보운동의 궤적: 정체성의 정치와 한계

한국에서 진보운동, 민주주의 운동의 성격들, 그 위상들을 검토하고자 할 때 다음과 같은 것들에 주목할 필요가 있다. 첫째, 서구와 달리 자본주의 산업화가 압축적으로 진행되어 왔다는 점 둘째, 그 과정은 한국전쟁을 경과하며 구축된 반공분단체제에 규정되었다는 점 셋째, 이러한 구조가 권위주의, 혹은 파시즘권력의 주도 아래 재생산되어왔다는 점이다. 이러한 요인들의 종착은 한국 사회에서 운동정치가 전면에 나서는 구조를 자연스럽게 만들었다.

하지만 그 주요 대립은 권력으로부터 배제된 자유주의 정치세력 및 그들을 지지하는 사회세력들과 냉전분단체제에 근거하고 있는 극우, 파시스트세력들 사이에 형성되었다. 이러한 정치적 대립선은 기본적으로 지금도 지속되고 있다. 물론 1980년 5·18민중항쟁을 거치면서 급진적인 운동세력이 의미 있는 주체로 등장하였지만, 이들 또한 이러한 기본 대립축으로부터 자유롭지 못하다.

군부파시즘의 지배시기에 한국의 사회운동은 자유주의자, 혁명적 민주주의자, 사회주의자들이 때로는 협력하고 때로는 긴장관계에 빠져 갈등하면서 반독재투쟁 혹은 반파시즘투쟁을 전개하였다. 하지만 이 과정에서 헤게모니를 행사한 것은 1970년대 초 대중경제론과 평화통일론을 내세우며 그 모습을 드러내기 시작한 자유주의좌파, 이른바 비판적 자유주의자들이었다. 양적으로 성장한 노동자계급을 사회정치적으로 대변할 수 있는 진보세력이 부재한 상황에서 이들은 노동자계급에게 자신들의 영향력을 확산시켰고 정치적으로 독점자본 중심의 '발전동맹'(development alliance)에 대항하여 그것에 비판적으로 개입하는 '분배동맹'을 구성하고자 시도하였다. 1971년 대통령선거는 바로 이러한 두 정치적 프로젝트가 제도 안에서 대결한 것이었고 결국 후자의 패배와 함께 그 결과는 유신체제로 이어졌다.

그렇지만 유신체제라는 파시스트체제의 등장으로 인한 자유주의 좌파 중심의 분배동맹의 좌절이 그들의 사회정치적 영향력의 약화로 이어진 것은 아니었다. 특히 1970년대 교회를 중심으로 구성된 재야는 제도 내 자유주의 정치세력들의 대중적 헤게모니를 뒷받침하는 힘이 되었다. 이들의 헤게모니는 반독재, 혹은 반파시즘 투쟁을 위한 최대다수자 반대연합을 구축한다는 점에서 볼 때, 의미 있는 것이었으나, 다른 한편 진보정치세력의 시민권이 부정되고 있는 상황에서 진전된 것이기에 진보적인 운동의 발전에 부정적인 결과를 초래하였다. 무엇보다 반공분단체제가 강제하는 협소한 이데올로기 지형 속에서 이러한 정치상황의 조성은 대중의 뇌리에 자유주의적 사회관과 국가관을 운동정치가 추구해야 할 최상의 것으로 착근시킴으로써 이후 그 경계를 넘는 데 커다란 장벽이 되었다.

자유주의자들에게 애초 국가와 시민사회는 분리되어 있으며, 국가는 불편부당한 객체였다. 국가는 시민사회의 사적인 이해를 조정하고 공적인 권위로 가치를 분배하는 주체로 설정되었다. 가치의 권위적 배분이 그것이다. 따라서 이들에게 억압적인 노동통제, 종속형 독점자본주의로의 발전에서 필연화된 '정경유착', 인권탄압 등은 국가와 시민사회의 분리, 정치와 경제의 분리가 지켜지지 않고 권위주의 국가, 혹은 파시즘 국가가 그 경계를 무너뜨리면서 시민사회를 집어삼킨 결과였다. 따라서 모든 문제들의 근원은 이 '비정상적인 국가'로 환원되었고 따라서 그 해결 또한 물리적으로 시민사회를 집어삼킨 국가를 제자리로 돌려놓으면 되는 것이었다. 이른바 '정상국가'로의 회귀가 그것이다. '무엇이 정상적인 것인가'라는 것에 대해서는 많은 논란이 있을 수 있으나 이미 지적했듯이 이 개념은 최소민주주의 실현과 친화성을 지니고 있다.9)

이러한 상황에서 1979년 10.26 사태 이후 신군부의 등장과 그 집권과정에서 자유주의 세력들의 패배를 보며, 특히 1980년 5.18 민중항쟁 시기에 무기력하였던 자유주의 정치세력들의 영향으로부터 벗어나 조직, 이념의 수준에서 독자적인 운동을 추구하고자 하였던 진보적인 운동세력들이 등장하였다.

---

9) 이런 맥락에서 '민주화 이후'에는 '비정상성'이 아니라 '정상성'에 대한 투쟁이 더욱 중요하게 부각된다. 이에 대해서는 조희연(2005) 참조.

그러나 대중은 여전히 이들의 발상과 행태를 1970년대 재야를 이해하는 방식으로 바라보았다. 대중은 산업화 과정에서 성장한 노동자계급, 진보적이고 급진적인 세력들이 조직한 이 운동 또한 '정치'라는 사실을 아직 이해하지 못하였다. 여전히 대중은 진보적인 세력들이 추구하는 바가 비판적 자유주의 정치세력들의 목표를 넘어 나가는 것이었음에도 불구하고 그것을 여전히 자유주의적인 맥락에서, 이른바 1970년대 '양심적 재야'라는 차원에서 이해하였다. 그들은 양 세력이 어떻게 다른지 이해하지 못했으며 그것은 당연한 것이기도 했다. 오랫동안 자유주의 정치세력의 그늘에서 그들의 지지와 지원을 받았던 노동운동 활동가들조차도 이 새로운 운동의 발상과 행태를 선뜻 받아들이기에는 아직 낯설었다.

1980년대 진보운동세력들은 이러한 의미에서 세 가지 문제를 고민해야 했다. 첫 번째는 파시스트 지배권력과 그들을 지지하는 '조합주의적인 자본'과의 대결을 통해 정치적 자유, 나아가 일반 민주주의를 실현시켜야 하는 것이었다. 두 번째는 이를 위해 자유주의 정치세력과 연대하면서도 그들과 자신들이 이야기하는 민주주의가 어떻게 다른지를 대중들에게 설득시키는 것이었다. 마지막으로 자신들이 추구하고자 하는 운동의 목표, 즉 자본의 극복과 '사회주의적 꼬뮨'에 대한 상을 대중들에게 설득시키고 그 과정에서 그들을 정치적 주체로 세워야만 했다. 그리고 이러한 운동의 과제를 실현하기 위해 이들은 자유주의정치세력의 영향력으로부터 벗어나 이념, 조직의 독자성을 확보하고자 했다.

하지만 이 과제는 쉽게 이루어지지 않았다. 그 본질적 이유는 냉전분단체제에서 진보운동세력의 대중적 영향력이 매우 취약한 때문이었지만, 다른 한편 자유주의 정치세력의 대중 장악력이 강했기 때문이기도 하다. 비록 1980년대 중반을 지나면서 노동자들이 노동해방, 인간해방을 외치기 시작하였지만, 대체로 그것은 그들의 경험적 삶의 반영이었다. 그러한 구호와 언술들은 계급으로서의 발전과정에서 드러난 자기 존재에 대한 인식의 심화를 표현하는 것이었다기보다 생산현장에서 가해지는 억압과 착취에 대항해 인간적 대우와 기본적인 삶을 이어갈 수 있는 물질적 보상 등을 염두에 둔 자연스러운 표현이었다. 이런 맥락에서 그와 같은 대중의 요구와 희망은 질적으로 새로운 것이 아니었다. 그것은 내용적으로 1970년대 이후 민중에 대한 관심을 보이며 분배를 강조해온 비판적 자유주의 정치세력이 주장했던 목록들과 비교할 때, 크게 차이나는 것은 아니었다.

'재야', 특히 그 가운데 해방 이후 분단과 전쟁을 경과하면서 반공보수세력으로 자신을 구성한 기독교 안의 자유주의 세력들은 노동자계급의 성장에 대응하여 이른바 도시산업선교를 강화하였으며 그 중심에 노동선교가 있었다.[10] 이들은 한편으로 '가난한 자들을 위한 선택'을 통해 교회 안 주류의 완고한 보수적 성격에 대응하면서, 다른 한편 자신의 프로젝트를 대중 속에서 구체화시킬 수 없었던 자유주의 정치세력의 발상을 대신 실천하는 '정치적 전도사'의 역할을 하였다. 또한 그것은 제도 내 자유주의 정치세력이 내세운 분배중심의 '대중경제론'을 실천하는 것이기도 했다. 이른바 1970년대 민주노동조합운동은 직·간접적으로 이들의 영향력 아래 놓여 있었다. 냉전분단체제와 파시스트지배 구조에 규정되어, 진보가 사회정치적 활동의 공간을 확보할 수 없었던 상황에서 가난한 대중들과의 접촉은 교회를 중심으로 한 이들 재야세력을 진보 그 자체로 인식하게 하는 결정적인 계기가 되었다.

이런 맥락에서 1980년대 진보운동세력이 제도 안팎의 자유주의세력들과 함께 반파시즘 투쟁을 전개한 것은 특이한 것이 아니었다. 파시즘에 대한 공동의 투쟁은 최소한의 민주주의, 나아가 일반 민주주의를 위한 가장 기본적인 연대였다. 특히 학생운동 출신들, 일부 노동자들로 구성된 진보운동세력은 물리적 억압기구들을 내세운 신군부파시즘에 대한 전투적 투쟁을 회피하지 않았다. 그들은 노동현장으로 들어갔고 시위, 점거를 통해 대중에게

---

10) 산업선교의 성서적 근거, 조직현황, 특성 등에 관해서는 『기독교사상』(1979. 11) 참조.

가해지는 열악한 사회경제적, 정치적 상황이 자본과 신군부파시즘의 합작품이라는 것을 직접 전달하고자 하였다.

그렇지만 이러한 반파시즘 투쟁의 와중에 진보세력에 장애가 되었던 것 또한 자유주의 정치세력들의 행보였다. 이들은 1970년대와 달리 급진적이고 진보적인 세력들이 대중의 관심과 지지 속에서 점차 성장하자 사회정치적으로 수세에 처하게 된 파시스트 권력과 정치적 접점을 찾으며 타협을 시도하였다. 개헌을 매개로 민중운동진영의 장외투쟁이 점차 고조되던 시기에 국회에서 여야 사이에 개헌합의가 이루어지면 그에 따르겠다는 1986년 4.30 청와대회담, 1987년 6월 항쟁 시기 '6.29 협약' 등이 대표적이다. 애초 이들의 목표는 집권이었기 때문에 그것을 위한 경쟁방식, 즉 대통령직선제가 도입되자 이들에게 여타 민주주의 요구목록들은 부차적인 것이 되었다. 특히 민중의 절대적 생존권이 어느 정도 해소되었다는 변화된 상황은 이들을 자유롭게 하였다. 1980년 초반을 지나면서 그와 같은 문제는 진보운동세력들의 과제로 넘어가 있었다. 이렇게 하여 제도 밖에 있던 자유주의 정치세력들은 권력경쟁의 게임규칙이 만들어지는 것과 함께 급속히 제도 안으로 유입되면서 자신들에게 부여되었던 과잉개혁성, 나아가 과잉진보성을 털어버릴 수 있게 되었다. 따라서 자유주의 정치세력들과 파시스트 세력들의 타협이었던 6.29 협약 이후 운동정치세력은 이제 '더 많은 민주주의,' 그와 맞물려 있는 새로운 사회—사회주의 사회—로의 이행을 고민해야 하는 상황에 직면하였다. 그것은 정치적으로 자유주의 세력과 분별되는 정체성을 구성해 가는 과정이었다.

그런데 1990년을 전후로 하여 진보운동세력은 이러한 외적인 대결에 더하여 두 가지 내적인 문제에 직면하였고 그것은 새로운 정체성을 구성하는 데 커다란 장애가 되었다. 첫 번째는 이들이 주로 '소비에트 맑스주의'와 '민족주의적 맑스주의'에 의존하고 있었다는 사실이고, 두 번째 문제는 사회주의 블록이 붕괴되면서 급진운동 자체의 대안과 관련하여 그 미래가 매우 불투명하게 되었다는 점이다.

첫 번째 문제와 관련하여, '소비에트 맑스주의'가 국가를 자본가 계급의 집행도구로 인식하였다는 점에 주목하는 것이 중요하다. 국가에 대한 자본의 지배력을 부정할 수 없지만, 이 발상은 국가 자체가 노동과 자본의 관계를 핵심으로 하는 사회관계들, 그 내부의 모순을 매개로 한 투쟁의 응축물이라는 사실을 간과하였다. 이런 맥락에서 '소비에트 맑스주의'로부터 영향을 받은 급진적인 정치운동은 실천적인 측면에서 노동자계급주의의 방향으로 나아갔고, 다양한 영역에서 재생산되는 억압적이고 비대칭적인 관계들을 소홀히 다루었다. 처음에 이러한 현상은 반파시즘 투쟁의 중요성, 자유주의 세력들에 대한 정체성 확립이 무엇보다 중요한 과제였기 때문에 용인되었지만, 이른바 '민주화 이후'에도 능동적으로 재구성되지 못함으로써 그 결과 다른 운동과의 연대, 대중적 영향력 제고에 커다란 장애가 되었다. 다른 한편 주체사상에 영향 받은 '민족주의적 맑스주의' 흐름은 국가의 성격이 외부의 힘 - 미국으로 상징되는 제국주의 - 에 의해 규정된다고 봄으로써 모든 긴장과 갈등의 근원을 민족문제로 해소해버리는 경향을 증폭시켰다. 이것은 민족 간의 긴장과 대립을 매개로 자유주의 정치세력들과의 연대를 강화해야 한다는 발상을 옹호하는 근거가 되면서 오히려 진보운동의 독자적인 정체성 구성에 장애가 되었다. 뿐만 아니라, 민족주의를 민주주의에 종속시키지 않음으로써 '저항적 민족주의'가 '억압적 민족주의'의 다른 한 면이될 수 있고, 실제 그렇게 기능할 수 있음을 애써 간과하였다. 그리고 이러한 우려는 무엇보다 글로벌 신자유주의가 전면화되면서 현실로 드러났다. 즉, 이 발상은 세계화의 심화와 맞물려 국가경쟁력과 민족의 존재 이유가 더욱 강조되면서 호소력을 지니는 것처럼 보이지만, 다른 한편 국가, 민족의 경계를 넘어 민주주의의 보편성이 실현될 수 있는 물적 조건이 구성되고 있는 상황에 착목하지 못함으로써 이른바 '닫힌 민족주의'를 넘지 못하고 있다.

두 번째 문제로 '미래의 대안'과 관련하여 진보운동은 사회주의블록의 붕괴 이후 그에 상응하는 대안을 제시하지 못하였고, 그 결과 다양한 형태로 자기 모습을 변화시키며 현실에 적응해 갔다. 그 하나는 그동안의 발상과 행태를 '자기 반성'하며 보수주의, (신)자유주의로 귀의하는 흐름을 지적할 수 있다. 이른바 '운동의 청산'이 그것이다. 다음은 국가, 자본 등 거시적인 문제로부터 미시적인 영역으로 후퇴한 다양한 시민운동, 소공동체운동으로의 전환이다. 환경운동연합, 참여연대 등에는 과거 진보를 표방한 운동조직의 구성원들이 상당수 포진되어 있는데, 대개 이 운동들은 이념적으로 자본, 국가 그 자체를 문제시하기보다 '정상적 자유주의'에, 혹은 그것의 확장에 친화성을 지니고 있다.

마지막으로 '외부로부터의 국가포위 및 붕괴'라는 기존의 전략을 포기하고 제도 안에 진보정당을 구축하여 사회변화를 추구하는 흐름이다. 이것은 민주노동당, 희망사회당 등 진보정당의 흐름으로 표현되고 있다.

그렇지만 급진운동의 정체성을 재구성하는 것과 관련하여 더욱 중요한 것은 운동정치로 상징되는 진보운동의 과제가 어떤 모델을 제시하거나 그것을 옹호하는 것에 있지 않다는 점을 인식하지 못했다는 점이다. '진보에는 비판만 있고 대안이 없다'는 우려의 소리는 이미 제도화된 관계들 속에 진입한 '정치세력들'에게는 의미 있는 비판이 될 수 있어도 운동정치와는 거리가 먼 것이었다. 물론 이러한 인식이 기존의 사회형태, 국가형태 가운데 바람직스러운 것은 무엇이며 또 어떠한 정책을 선택할 것인가의 문제들을 부정하거나 회피하는 것은 아니다. 다만 특정한 모델은 또 다른 경계를 낳고 그것은 결국 진보의 상상력을 고갈시킬 수 있다는 점에서 경계해야 한다는 것이다. 특히 그와 같은 비판이 구체적인 정책의 산출을 염두에 둔 것이라면 더 말할 것도 없다. 무엇보다 소비에트 블록의 붕괴 이후 모델을 찾아 헤맸던 진보운동의 시행착오는 바로 이 점을 분명히 확인시켜준 바 있다. 거기에는 민주주의가 한 세대 안에 끝나지 않는 끊임없는 역사의 과정이며 그 끝에 언제 다가올지 모르는 꼬뮨이 있다는 점이 망각되거나 간과되었다.

즉, 민주주의, 꼬뮨을 위한 역사에 종말은 없다.

지난 시기, 특히 1980년대 이후 진보운동에 의한 '새로운 국민국가'와 미래의 사회상, 아니 정확히 이야기한다면 미래의 사회관계들에 대한 성찰과 모색은 파시즘의 극복, 자유주의적 발상 및 실천에 대한 비판과 그것을 넘어 나아가고자 하는 저항, 투쟁과 함께 진행되어 왔다. 하지만 진보운동의 주요 흐름은 오히려 자유주의가 설정해 놓은 경계와 규칙 안에서 권력의 획득, 경제적 분배의 문제에 매달리며 수동적으로 대응해 왔던 것이 현실이다. 그 결과 진보운동이 주요한 목표로 규정해 왔던 '정체성의 정치'는 한편으로 노동자 대중운동의 성장, 진보정당의 제도 내 진출 등 일정한 성과를 거두었음에도 불구하고 '차이의 정치'에 대한 예에서 확인할 수 있듯이 미래를 위한 새로운 사회관계들의 구성이라는 수준에서 볼 때에는 여전히 해결되지 않은 많은 난제들을 남겨두고 있다. 물론 그 책임이 과거의 관성처럼 '급진운동의 경직성'에 대한 비판으로 환원될 수 없음은 물론이다. 왜냐하면 이미 급진운동은 과거 비판의 주요 목록이었던 노동자 계급에 내재된 혁명성과 운동의 중심성에 대한 옹호 여부와 무관하게 현실적으로 자신들이 여러 운동세력 가운데 하나라는 점을 부인하지 않고 있기 때문이다. 그리고 바로 이러한 변화된 인식과 상황은 이들에게 운동정치의 재구성을 강하게 요구하고 있다.

4. 운동정치의 재구성: '적대'와 '차이', 그리고 민주주의

이미 지적했듯이 운동의 목적과 미래는 일차적으로 모델을 설정하는 것에 있지 않다. 운동에서 어떤 정형화된 모델은 사회관계가 재구성된 결과일 뿐이다. 이런 맥락에서 과거 운동정치가 드러낸 한계를 넘어 그것이 향후 어떤 과제를 중심으로 어떻게 재구성되어야 하는지를 살펴보는 것은 중요하다.

첫째, 지금은 물론 향후에도 진보운동의 가장 중요한 관심사는 자본의 지배 문제이다. 특히 컴퓨터, 정보통신 등 과학기술혁명에 의해 추동되고 있는 글로벌 신자유주의의 도래는 자본지배의 문제를 공간적으로 확장시켰을 뿐만 아니라, 그것에 대한 상이한 인식 여부와 무관하게 모든 계급, 계층들에게 이 문제를 우회할 수 없는 사안으로 만들고 있다. 자본에 의해 추동되는 '지구촌 사회'가 도래한 것이다. 이것은 자본의 문제가 노동과의 관계에서뿐만 아니라 여타 다양한 사회관계들 속에서도 중요한 계기로 자리 잡게 되었음을 의미한다.

그렇다면 이 문제를 어떻게 해소, 극복해야 하는지 고민해야 한다. 이와 관련하여 1980년대 중반 이후 급성장한 노동운동, 그것에 중심을 두고 있는 급진적 운동정치의 인식과 행태를 '동일성의 정치,' '적대의 정치'로 규정하며 비판적으로 접근하는 견해에 주목하는 것은 중요하다. 이미 알고 있듯이 이러한 비판은 과거 소비에트 맑스주의에 영향을 받은 급진적 노동운동이, 즉 그에 근거한 운동정치가 모든 문제를 자본과 노동 사이의 계급모순이나 자본과 단일하게 융합된 국가권력의 문제로 환원시키려는 경향을 강화시키면서 다양한 영역에서 구성되는 여타 사회관계들, 거기에서 발생하는 긴장과 모순, 그리고 실천을 자본과 노동 사이의 모순과 투쟁에 환원, 종속, 위계화시켰다는 점에 주목한다는 점에서 의미를 지니고 있다(N. Poulantzas 1980 참조). 이른바 '동일성의 정치,' 특히 '적대의 정치'는 환경 및 생태, 여성, 소수자 등이 주목하는 '차이의 정치'를 부정하거나 형식화시켰다는 비판이 그것이다.

하지만 이러한 비판이 지니는 의미에도 불구하고 이제는 그것을 객관화시켜 볼 시기가 되었다. 먼저 급진적인 운동정치의 핵심인 '적대의 정치'에 대한 비판은 그것이 대상으로 하는 자본의 문제를 우회하여 '차이의 정치'가 실현될 수 있다는 것을 보증하는 것은 아니다. 그것은 바로 객관적 현실이기 때문이다. 즉, '차이의 정치'는 자본을 문제시하는 '동일성의 정치'의 외부에 그것과 병립하여 무관하게 존재할 수 없다. 만일 그것이 가능하다면, 이 경우 '차이의 정치'는 자유주의 정치로 귀결되거나 '윤리의 정치,' '규범의 정치'가 된다. 그 결과 거기에는 '관조적인 비판'만이 있을 뿐이다. 이와 같은 점은 바로 그 동일성조차도 고정되어 있는 것이 아니라 재구성되는 것이라는 문제의식으로 이어진다. 자본주의 사회에서 '적대의 정치'의 핵심 인 노동과 자본의 비대칭적 관계, 그들을 특징짓는 경계, 즉 동일성은 끊임 없이 재구성된다. 그것은 이들 양자 사이의 '적대'에 의해서만이 아니라, 차이의 정치가 주목하는 그들을 둘러싼 다양한 사회관계들에 의해 영향을 받으면서 변화한다.

이런 맥락에서 '동일성'은 '차이'를, '동일성의 정치'는 '차이의 정치'를 그 이면으로 하면서 재구성된다. 양자는 논리적, 분석적 수준에서 하나의 범주들로 분리될 수 있을지 몰라도, 현실의 운동 속에서는 그 시·공간적 불일치에도 불구하고 서로 분리되어 재구성될 수 없다. 물론 이것이 '적대의 정치'와 '차이의 정치' 사이에 존재하는 현실에서의 비대칭성을 부정하는 것은 아니다. 바로 그러한 비대칭성을 포함한 양자의 관계가 '고정'되어 있는가, 아니면 끊임없이 앞으로 변화하는가의 문제, 심지어 후퇴하는가의 문제가 바로 현실 운동 속에서 풀어야 할 과제라는 점을 강조하는 것이다. 즉, 동일성 일반에 대한 반대는 문제의 핵심이 아니며 정작 중요한 것은 다른 동일성에 맞서는 그 어떤 동일성을 닫아두려고 하는가의 여부이다(『자율평론』, 13호 참조). 과거 운동이 양자의 경계를 높이고 이를 절대화시키는 방향을 강화시켰다고 한다면, 그것은 오히려 이러한 양자의 변증법을 형식화시킨 결과였음을 직시할 필요가 있다. 그 결과 자본의 지배력이 시·공간적으로 심화·확대되고 있는 글로벌 신자유주의 시대에 새로운 사회관계들을 목표로 하는 근본적 문제 제기는 여전히 빈약하다. 거기에서 '적대의 정치'를 대표하는 계급정치와 '차이의 정치'는 여전히 서로의 외부에 존재하는 것처럼 보인다.

그럼에도 불구하고 양자의 관계에 대한 이해는 점차 심화되어 왔다. '적대의 정치'를 상징하는 주체로 평가되는 1980년대 중반 이후 형성된 급진적 노동운동 및 운동정치는 다양한 비판에 직면하여 '차이의 정치'를 수용하고자 노력하고 있다. 이제 환경 및 생태, 여성, 소수자 문제 등은 형식적이라는 비판이 없지는 않지만, 더 이상 이들에게 자본의 극복을 위한, 권력을 장악하는 과정에서 필요한 하나의 수단으로 인식되지 않고 있다. 물론 기존의 제도, 권력 구조 안에서 그와 같은 문제들을 해결하는 것이 가능한가라는 질문은 또 다른 차원에서 고민해야 할 문제이다. 하지만 이러한 변화는 그 인정 여부와 무관하게, 자본주의 소유관계가 부여하는 착취대상으로서의 노동자 계급의 객관적 위상이 곧 그 운동의 중심성과 헤게모니를 보장해 주는 것은 아니라는 것을 인정한다는 점에서 매우 커다란 변화이다. 바로 이런 맥락에서 보면 지금 급진 노동운동과 운동정치는 '차이의 정치'가 제기하는 쟁점들을 자기 문제로 수용하는 데 결코 인색하다고 평가할 수만은 없다.

그렇다면 이제 이 지점에서 한 가지 검토해야 할 문제가 있다. 그것은 '차이의 정치'가 제기하는 '구성적 차이'라는 맥락에서 이들은 자본에 대해 어떤 인식과 정치적 태도를 지니고 있는지 성찰하는 문제로 모아진다.[11] 왜냐하면 실제 자본을 문제시하지 않으면서 단지 차이를 인정하는 것은 '자유주의 정치학'을 수용하는 것과 다르지 않으며 그것은 새로운 것이 아니기 때문이다.

그동안 '차이의 정치'에 근거한, 혹은 그것과 같은 맥락의 운동들은 1980년대 중반 이후 성장한 급진적 노동운동과 그것을 토대로 한 진보 정치운동의 오류와 한계를 지적하고 비판하는 네거티브 전략을 구사하면서 자신들의

---

11) '구성적 차이'는 "자신이 타인들과의 관계 속으로 들어가 다른 것이 될 수 있는 기회, 또는 가장 단순하게는 다른 것을 통해 자신을 표현할 수 있는 기회"라고 규정된다. 이 개념에 대해서는 이진경(2005, 108~113) 참조.

입지를 강화시켜왔던 반면, 그에 대한 대안을 제시하고 실천하는 포지티브 전략에 중점을 두지 않았다. 즉, 이들은 자본과 노동의 모순이 중심적이고 지배적이라는 발상과 그로부터 기인하는 실천운동의 오류에 대해 비판하면서, 즉 다른 한편 그러한 비판의 뒤에서 자본의 지배문제를 우회하는, 그것에 대해 침묵하는 전략으로 일관해 온 측면이 없지 않았다. 그리고 그 비판의 본질적 핵심은 기존의 노동운동, 진보정치조차도 자본과 함께 성장주의, 발전주의를 공유하고 있다는 것이었다.[12] 그렇다면 이제 너무도 익숙한 질문을 던져야 한다. 과연 자본이 강제하는 사회관계를 우회하여 '차이의 정치'가 재생산, 더 나아가 확대재생산될 수 있는가?

이미 지적한 것처럼 자본지배의 가장 퇴영적 형태인 글로벌 신자유주의는 노동에 대한 공세는 말할 것도 없고 환경 및 생태, 여성, 소수자 문제 등을 악화시키는 가장 핵심적인 장애가 되었다. 신자유주의가 강제하는 생산현장 및 노동시장에서의 유연화 전략은 비정규직, 그 가운데서도 일하는 여성들의 노동을 착취하는 구조를 확대재생산하고 있다. 경제발전의 만병통치약처럼 이야기되는 자유무역협정, 자유무역지대의 설치는 국가경쟁력으로 포장된 자본의 이윤 논리 아래 환경 및 생태문제를 더욱 종속시키고 있다. 이주노동자 문제는 지구촌이라는 말이 무색할 정도로 오직 국가, 민족, 인종을 매개로 한 자본의 재생산에 기여하는 한도 내에서만 주목을 받을 뿐이다. 이주노동자뿐만 아니라 취학 연령이 된 그들의 자녀는 학교교육을 받을 수 없는, 아동의 교육받을 권리가 부정되는 기본권의 사각지대에 있다. 즉, '계급 이하의 계급'을 구성하고 있다(케빈 그레이 2005 참조). 이미 이주노동자의 문제는 국경을 가로지르는, 국경 내부의 문제가 되어 버렸다. 이처럼 이제 자본의 문제는 노동이 담당해야 할, 더 이상 그들만의 문제가 아니다.

따라서 이제 '차이의 정치'는 지금까지 그래왔던 것처럼 급진적 노동운동,

---

12) 대표적인 것은 급진적 생태운동 계열이다. 이에 대해서는 에곤 베커·토마스 얀(2005) 참조.

운동정치에 비판의 무게를 두기보다 자본과의 관계를 고민하고 그것을 극복하기 위한 대안 모색으로 그 중심을 옮길 필요가 있다. 자본이야말로 '적대의 정치,' '유일 척도의 정치'를 강제하는 강력한 구조적 힘이다. 바로 이것이 '적대의 정치'로 호명된 기존 맑스주의 운동과 '차이의 정치'가 연대할 수 있는 가장 기본적인 출발점이다. 바로 이에 대한 자기정립과 실천이 드러날 때, '적대의 정치'에 비판적인 '차이의 정치'가 자유와 다원성을 존중하지만, 실제로 자유주의 혹은 다원주의와 다르다는 것을 확인시켜 줄 수 있게 될 것이다. 왜냐하면 자본이야말로 차이를 차별로 재생산하고자 하는 유일 척도의 강력한 힘이기 때문이다.

그렇다면 이제 두 번째의 문제에 대해 고민해야 한다. 이른바 '적대의 정치'와 '차이의 정치'는 무엇을 근거로 연대할 수 있는가? '유일 척도의 부정'과 관련하여 이들에게 중요한 연대의 고리는 역시 민주주의 문제인데, 이에 대한 양자의 시각은 상당한 긴장을 노출해 왔던 것이 사실이다. 과거 '적대의 정치'에서 민주주의는 자본지배를 합리화하는 정치지배체제로 인식되었다. 물론 이 때 민주주의는 역사 특수적이기 때문에 그것은 자본의 역사적 운동과 맞물려 변화되는 대상이다. 역사적으로 그것은 '프롤레타리아트 독재'라는 민주주의를 정점으로 하여 소멸된다. 이에 대해 '차이의 정치'는 민주주의를 적극적으로 규정하기보다 오히려 지금까지의 '역사적 민주주의'가 어떤 용어, 어떤 개념으로 부르든 민주주의 외부에 또 다른 타자를 설정하며 자신의 동일성을 구성해 왔다는 점에서, 그 또한 극복해야 할 대상으로 본다(김정한 2005, 22~29 참조).

전자의 발상에 근거할 때, 민주주의는 부르주아 민주주의 혹은 프롤레타리아 민주주의처럼 계급지배체제를 의미한다는 점에서 국가의 해체, 소멸과 함께 그 운명을 같이 한다. 따라서 '차이'는 계급 속에 용해됨으로써 의미 있는 지위를 갖지 못한다. 후자의 입장에서 보면, 민주주의는 비대칭적이고 억압적인 사회관계들을 재생산시키는 또 다른 '동일성'이다. 하지만 동일성은 하나의 범주로 존재하는 단수가 아니라는 점에서 '차이의 정치'에는 다양한 동일성의 계기들이 수평적으로 존재할 뿐, 현실에 존재하는 그들의 비대칭적인 관계구조, 그것이 맞물려 재생산되는 특정 사회의 억압적 메커니즘은 간과된다. 따라서 다양한 사회관계들이 위계구조로 존재한다는 현실을 인정하는 것이 그것을 해소, 극복하기 위한 운동의 과정에서 '차이의 정치'를 배제하는 것을 의미하는 것은 아니라는 점을 인식하는 것이 중요하다.

그렇다면 민주주의를 어떻게 구성할까? 이미 언급했듯이 그 출발은 '지배자와 피지배자의 동일성'이라는 명제로부터 출발한다. 엘리트민주주의의 흐름에 대한 비판인 이러한 규정에서 지배자, 피지배자의 대상은 계급일 수도 있고 '차이의 정치'가 주목하는 다양한 집단일 수도 있다. 이 규정은 애초 소농체제를 물적 근간으로 한 규정이지만, 여전히 다음과 같은 중요한 의미를 지니는 것으로 새롭게 해석할 수 있다.

첫째, 이 규정은 민주주의를 선거와 같은 제도, 법 등으로 보는 발상의 한계를 극복할 수 있게 한다. 여기에서 그것은 '동일성'을 위한 하나의 수단이며 그러한 목적을 위한 기제는 다양하다. 특히 대중의 직접적인 참여와 행동은 이를 위해 가장 중요한 수단이다.

둘째, 이 규정은 민주주의가 결코 완성될 수 없는, 현실 속에서 끝없이 재구성된다는 것을 보여준다. 왜냐하면 현실의 역사적 사회관계 속에서 '지배자와 피지배자의 동일성'은 존재할 수 없는 운동의 최종목표이기 때문이다. 따라서 여기에서 민주주의는 '전술적인 것'이 아니라 '전략적인 것'이다. 그것은 진보운동이 목표로 하는 억압과 차별이 극복된 '꼬뮨'으로 다가가는 데 있어 가장 중요한 핵심 기제이자 꼬뮨 그 자체임을 의미한다. 이러한 인식은 형식(절차적) 민주주의와 내용(실질적) 민주주의를 둘러싼 논쟁을 새롭게 볼 수 있는 계기를 마련해 준다. 사실 이 둘 모두는 '지배자와 피지배자의 동일성'이라는 원리를 구현하기 위한 수단들이지 목적 그 자체가 아니다. 혹은 하나는 수단이고 다른 하나는 목적이 아니다. 특히 여전히 이 사회의 문제를 전면에서 제기하고자 하는 급진 노동운동, 운동정치는 바로 그러한 이유 때문에 다른 운동과의 연대를 위해 민주주의에 대한 좀 더 변화된 인식이 요구된다. 물론 이것이 그것을 물질적으로 규정하는 자본관계를 운동의 중심으로부터 밀어내는 것은 아니다. 다만 자본관계는 그야말로 모든 사회구성원들의 재생산과 관련해 핵심적인 부분이지만, 그럼에도 불구하고 그 모순으로부터 야기되는 긴장과 갈등, 그것의 해소와 극복은 다양한 세력들이 직·간접적으로 개입하는 실천의 과정에서 그 향방이 규정될 수밖에 없는 것이 현실이기 때문이다.

그런데 중요한 것은 이미 지적하였듯이 이렇게 해석된 민주주의가 과거와 같이 하나의 국가, 국경 안에 한정될 수 없다는 것이다. 지구화의 가장 중요한 특징은 형식적인 조항으로만 치부되던 민주주의의 보편성을 현실 속에서 구체화시킬 수 있는 물적 조건들을 조성하고 있다는 점이다. 즉, 신자유주의가 추동하는 지구화는 억압과 착취, 빈곤의 문제를 구조화시키고 각 지역이 지니는 문화적 차이 등을 시장 속으로 균질화시키는 부정적 측면이 없지 않지만, 다른 한편 국민국가 내에서 형식적 구호에 지나지 않았던 보편적 가치들을 현실적인 것으로 만드는 조건 또한 강화시키고 있다.[13] 이에 따라 피부, 인종, 국가, 성, 종교에 관계없이 차별받지 않는다는 민주주의 원리의 상징인 국제적 인권협약의 내용은 이제 진정 실현시켜야 할 과제로 부각되고 있다. 애초 자본이 지구적인 성격을 지니고 있었다면, 민주주의 또한 마찬가지이다. 이런 맥락에서 이주노동자의 인권 문제는 이제 어느 한 나라에만 해당되는 것이 아니다. 이러한 변화와 관련하여 국제 연대라는 개념을 일상 속에서 쉽게 접할 수 있는 상황은 하나의 국가를 단위로 한 운동정치의 내용과 형식에 대한 고민이 이제 지구적 수준으로 확장되고

---

13) 하비(David Harvey 2000, 2001: 제5장) 참조. '지구화'가 오히려 진보운동에 긍정적인 환경 또한 조성하고 있다는 발상에 대해서는 하르트와 니그리(Micheal Hardt & Antonio Negri 2000) 참조.

있음을 보여주고 있다는 것이다. 그리고 세계화가 조성하는 이러한 변화된 조건이 현실의 사회관계들을 어떤 민주주의로 재구성시킬 것인지 여부는 많은 부분 사회관계들과 그 모순을 목적 의식적으로 해소, 극복하고자 하는 운동정치의 대응에 달려 있다.

5. 새로운 야만과의 대결: 계급, 자율을 통한 연대

이미 살펴본 바대로 극단적인 경쟁과 이윤추구에 추동되는 신자유주의 세계화는 그 어느 때보다 인간과 인간의 관계를 더욱 억압적이고 비대칭적으로 만들 뿐만 아니라 인간과 자연의 관계 또한 더욱 악화시키고 있다. 따라서 이제 자본의 문제는 단지 노동자계급, 노동운동에만 관련된 것이 아니라 생태문제를 포괄하는 여타 사회관계들, 그에 근거한 사회운동들에도 더 이상 방관할 수 없는 내부의 문제가 되고 있다. 특히 한국 사회처럼 '발전국가'(development state)를 매개로 급속한 자본주의 산업화를 경험한 이후 바로 신자유주의에 노출된 경우, 그 심각성은 더욱 넓고 깊다.

신자유주의는 발전국가를 비판하면서 '무한한 자유를 담고 있는 시장'을 절대화하고 국가를 악의 근원으로 삼으면서 마치 권력, 정치와 무관한 듯한 언술을 구사하지만, 그 어느 때보다 국가권력과 융합되어 자본의 힘을 절대화하면서 민주주의를 위협하고 있다.[14] 이것은 신자유주의의 역사적 궤적 속에 각인되어 있으며, '시장'이 민주주의, 따라서 정치와 분리될 수 없음을 다시 한 번 확인시켜 주고 있다. 물론 확대된 정치적 자유, 법, 제도의 정비에

---

14) 이른바 발전국가의 역할은 "국내 기업을 해외 경쟁으로부터 보호하고 생산적 투자를 위해 그들에게 저금리의 자본을 제공하며 국내투자를 위해 필요한 자본이 해외로 빠져나가지 못하게 막고 어떻게든 노동비용을 낮추어 국민적 자본이 세계시장에서 경쟁하는 것을 도와주는 것"으로 요약할 수 있다(윌리엄 K. 탭 2001, 156). '종속적 신자유주의'의 특징에 대해서는 이성형(2001, 50~55) 참조.

따른 절차적 합리성의 증대가 강조되고 있다. 그리고 이것은 이른바 '전근대적 관계들'의 변화, 특히 발전국가의 산물로 인식되고 있는 '정실자본주의'(crony capitalism)의 합리화를 자극한다는 점에서 '개혁'의 의미를 지니는 것으로 주장되기도 한다.

그렇지만 그것은 일면적인 과잉평가이다. 실제 내용을 보면, 압도적인 자본의 논리 속에서 당사자에게 영향을 주는 '공익적 사안'조차 그 당사자들인 노동자, 농민, 빈민 등 사회적 약자들, 소수자들의 의사는 거의 배제된 채, 소수 권력자들, 자본가들, 관료들에 의해 그 방향과 내용이 결정되고 있음을 확인하는 것은 어렵지 않다. 최근 한국 사회에 대한 글로벌 자본의 지배 문제, 이른바 '삼성공화국'은 이러한 현상을 집약적으로 보여주고 있다. 그렇게 하여 자유는 풍요로우나 그것은 소수의 '일등국민'만이 누리는 자유일 뿐이다. 오히려 자유가 이야기되면 될수록 민주주의의 실현은 더욱 비현실적인 것이 되고 있다. 이것이 바로 신자유주의 시대 정치의 역설이다. 권위주의, 혹은 군부파시즘이 공개적 독재를 통한 테러로 최소 민주주의마저 부정하였다면, 신자유주의는 개혁이라는 타이틀을 단 '시장합리성'을 통해, 나아가 그것을 가치판단의 유일척도로 내세우며 아래로부터의 대중참여 기제를 애초에 봉쇄시키고 있는 것이다. 그리고 그것을 매개하는 것이 이미 지적한 바대로 '신자유주의 경쟁국가'이다.

그런데 문제는 이러한 상황의 존재 그 자체에 있지 않다. 신자유주의가 현실의 사회관계들을 더 분절시키고 사회세력들의 비대칭성을 더욱 심화시키고 있다는 사실 그 자체보다 더 문제가 되는 것은 그것을 해소, 극복할 수 있는 기제, 사회적 관계들이 여전히 미약하다는 것이다. 이른바 '공적인 영역'조차 '사적인 영역'으로 전화시켜야만 경쟁력을 키울 수 있고, 바로 그것이 국가생존의 지름길이라고 확신하는 기존의 지배적인 정치세력들과 자본에 의해 법, 제도가 민주적으로 변화될 가능성은 거의 없는 것으로 보인다. 따라서 그러한 법, 제도의 변화를 강제할 사회관계들을 재구성하는 것이 핵심적인 관건이며 바로 이것이 급진적인 운동정치가 풀어야 할 과제이다.

지금 신자유주의가 비정규직노동자, 이주노동자 등 노동자 대중에 대한 극단적인 착취와 민주주의의 고정화를 통해 비대칭적이고 억압적인 사회관계들을 극단화시키고 있지만, 이 현실은 한편으로 '자연스러운 것'으로 수용되고 있다. 그리고 이러한 흐름은 탈냉전 이후 유일강국 미국의 '무장한 세계화'(armed globalization)에 의해 뒷받침되고 있다. 그리하여 20세기 벽두에 나타난 제국주의 시대의 야만은 21세기 글로벌 신자유주의를 통해 '신제국주의 시대의 야만'으로 재구성되고 있다. 극소첨단기술을 통해 시현되고 있는 이 야만은 일국적, 지구적 수준에서 수많은 사람들에게 존재론적인 차원에서 인간 이하의 삶을 강요하고 있을 뿐만 아니라, 규범적 차원에서 기존의 비대칭적 사회관계를 현실로 받아들일 것 또한 요구하고 있다. 그나마 대중을 위무하던 '시장낙관주의'조차 '시장 현실주의'에 그 자리를 넘겨주었다. 즉, 자유시장체제가 대중들에게 행복과 변영을 약속해 줄 것이라는 오랜 낙관주의는 지금 그 한계를 명증하게 드러내고 있지만, 오히려 시장은 이 세상이 존재하는 유일한 방식이며 따라서 더 이상 그 이외의 대안은 존재하지 않는다는 시장현실주의가 지배력을 행사하고 있다. 거기에 '인간의 얼굴을 한 자본'은 존재하지 않으며 '또 다른 대안의 세계'는 불가능하다.

이러한 현실은 운동정치와 관련하여 매우 중요한 함의를 지니고 있다. 20세기 전반 제국주의 시대에 파시스트세력들이 '파시즘과 민주주의' 가운데 택일을 강요하였듯이, 이제 이 새로운 제국주의는 "신자유주의에 찬성이냐, 반대냐"라는 선택지를 강요하면서 또 다른 '야만의 시대'를 구조화시키고 있다. 극소첨단정보기술에 의해 움직이는 이 시대는 인간의 자율성을 근본적으로 통제, 억압하는 이른바 '매트릭스'(matrix)를 꿈꾸고 있다. 이런 맥락에서 전자 민주주의에 대한 관심은 그것이 현실의 비대칭적 사회관계들 속에서 작동한다는 전제 위에서만 의미를 지닌다.

과거 진보운동, 특히 사회주의운동은 이러한 파시즘의 강제에 대해 "야만

이냐, 사회주의냐"라는 선택지를 가지고 대응하였지만, 그 운동의 성과로서의 역사적 사회주의는 붕괴되어 거의 흔적을 찾을 수 없다. 이러한 결과는 이미 그 사회주의가 운동으로서의 의미를 상실한 채 화석화되어 하나의 제도로 고정되었기 때문에 발생한 것이지만, 그것은 그 과정에 능동적으로 개입할 수 없었던 일국적, 지구적 수준에서의 급진적 노동운동, 정치운동의 후퇴를 전제로 한다. 이미 살펴본 바대로 한국 사회도 예외는 아니다. 신자유주의가 지구적 수준에서 강제하는 이 야만은 파시즘이 최소 민주주의를 부정하는 테러독재를 통해 그 자신을 받아들이도록 강요했던 것에 비해, 자기 스스로를 합법적 시장을 통해 구현하면서, 바로 그 시장에서 노동을 상품으로 내다팔 수밖에 없는 노동자 등 대중에게 권위를 강요한다는 점에서 차이를 지니고 있다.

그렇다면 이 새로운 제국주의가 강제하는 이와 같은 상황을 넘어나가기 위해 무엇을 할 수 있는지 살펴볼 필요가 있다. 이미 지적하였듯이 지금 그 어떤 정형화된 모델을 제시하는 것은 불가능하며 그것이 바람직스러운 것도 아니다. 과거와 비교할 때, 한편으로 변혁의 주체와 관련, 20세기 운동을 주도했던 노동자계급의 혁명성 또한 자명한 것으로 받아들여지지 않고 있다. 다른 한편 노동운동의 대안이었던 사회주의로의 이행과 그것을 위한 전략들은 무의미하다고 선언할 수는 없지만, 기존 국가사회주의 블록의 붕괴로 인해 그 가능성은 급격히 약화되었다. 이것은 하나의 대안으로서 사회주의 그 자체를 부정하는 것이 아니라 그 진실 여부와 무관하게 '역사적 사회주의'가 대중에 직간접적으로 각인시켰던 공포, 부정적 기억들을 극복하는 것이 매우 중요한 과제라는 점을 부각시킨다(콜린에이즈·레오파니치 1998, 56~57 참조).

그렇다고 시민을 주체로 한 하나의 모델로서의 참여사회, 참여민주주의에서 가능성을 찾는 것은 더 쉽지 않은 것으로 보인다. '소극적 시민'이 아닌 '적극적 시민'이 재구성되어야 한다고 하지만,[15] 이들은 노동계급의 혁명성보다 더 모호한 현실순응적 성격들을 지니고 있기 때문이다. 또한 시민운동은 자본에 적대적이라기보다는 그 경계 안에서 개혁을 추구하는, 심지어 신자유주의의 하위 파트너라는 비판을 받을 만큼 자본운동의 구심력에 취약하기 때문이다. 만일 '노동 없는 민주주의의 위기'에 주목한다면, '적극적 시민'의 구성이 문제해결의 핵심축이 되지 못할 수 있다는 점을 인정하는 것에 인색할 필요가 없다. 이러한 맥락에서 신자유주의 문제에 대한 관심과 실천의 제고를 중심으로 하는 시민운동의 급진화 요구가 시사하는 바는 더 크다(조희연 2005, 140~142 참조).

이런 불투명한 상황에서 대안의 모색은 구체적인 모델이 아니라 운동의 기본원칙을 확인하고 설정하는 것으로부터 시작할 수밖에 없다. 따라서 문제의 핵심은 무엇을 매개로 이 야만과 대결할 것인가로 집약되는 바, 그 화두는 계급투쟁과 연대이다.

먼저 계급투쟁과 관련, 글로벌 신자유주의, 그것을 뒷받침하는 무장한 세계화가 불균등하게 관철시키는 지구적 수준의 수탈과 억압은 국가주의, 민족주의를 매개로 관철되고 있다는 점에 주목할 필요가 있다. 그 결과 국민국가와 지구적 수준에서 '하나의 국가에 두 국민'이, '하나의 세계에 두 세계인'이 현존하게 되었다. 바로 이러한 현실 속에서 국가주의와 민족주의를 넘어서기 위해 무엇보다 요구되는 것이 계급투쟁들이다. 계급이야말로 살아 숨 쉬는 역사적 실체이며, 그것을 국가나 민족에 종속시키는 순간, 시장을 통해 자본이 강제하는 위계화된 억압적 사회관계들을 해소, 극복할 수 있는 가능성은 닫혀버리고 만다. 지구화에 대한 비판이 국민(민족)국가를 지지하는 비판으로 바뀌면 신자유주의가 추동하는 '지구화'에 대한 저항은 가장 반동적인 세력들에게 굴복하게 되는데, 보호주의, 민족의 자급자족, 그리고 '민족화폐'의 역사는 언제나 세계시장의 역사였고 이것은 지금도 더욱 그렇

15) '소극적 시민'은 급진주의 이념이나 행태로, '적극적 시민'은 현실성 있는 이념과 프로그램의 모색으로 특징지워진다. 이에 대해서는 최장집(2005) 참조.

기 때문이다(워너 본펠드·세르지오 띠쉴러 2004, 34).

이 때 연대는 계급투쟁의 다른 한 면을 구성한다. 이것은 국민국가 내부의 연대뿐만 아니라 국제연대를 포함한다. 특히 글로벌 신자유주의의 지배 아래에서 국제연대는 더욱 절실한 것으로 다가온다. 사실 이것은 낯설지 않다. 노동자계급 운동의 국제주의는 맑스 이후 계속 제기되었고 그것의 민족주의, 국가주의에의 종속은 한편으로 두 차례의 세계전쟁과 파시즘의 승리로 귀결되었다. 다른 한편 국제주의의 빈곤은 아이러니하게도 미래의 희망으로 평가되었던 구(舊)소비에트 등 사회주의 국가들의 실패로 이어졌다.

이처럼 글로벌 신자유주의라는 새로운 야만에 대응하기 위해 계급 투쟁, 국내 및 국제 연대 또는 국제주의는 서로 떨어질 수 없는 중요한 두 축이다. 그것이 분리되어서는 글로벌 신자유주의에 대항할 수 없다. 연대를 형식화하는 계급투쟁은 조합주의적인 노동자계급주의로 나아가게 되거나 조직이기주의적인 운동으로 전락할 가능성이 크다. 이것은 지난 1980년대 이후 급진운동의 한계를 넘어서고자 하는 성찰의 결과이기도 하다. 특히 국제연대는 민족주의와 국가주의를 넘는 것을 가능하게 하는 필연적 수단이라고 할 때 가장 핵심적이다. 일국적, 지구적 수준의 연대를 통한 다양한 저항의 틀을 만들 때만이 신자유주의의 지배로부터 벗어날 수 있는 통로를 확보할 수 있다. 그리고 이러한 계급투쟁과 국제주의는 단지 주관적인 욕망의 표현이 아니다. 1997년 IMF 관리체제의 등장을 계기로 급증한 비정규직 노동자 및 '중간층'의 하향 분해를 핵심으로 하는 사회양극화, 1970년대 중반 이후 진행된 신자유주의와 맞물린 지구적 수준에서의 '빈곤의 세계화'는 반신자유주의 연대가 운동주체들의 주관적 판단과 의지에 의한 것이 아니라 객관적인 물적 조건에 의해 추동되고 있음을 보여주는 것이다.

그럼에도 불구하고 계급투쟁과 연대를 향한 대중의 결집에 대해 낙관할 수만은 없다. 오히려 현실은 민족주의, 국가주의를 매개로 한 '조합주의적 계급투쟁'이 압도하고 있다. 일국적, 지구적 수준의 다양한 영역에서 전개되는 상이한 실천들, 그들 운동의 불균등한 발전과 협력의 이면에 존재하는 긴장들은 계급투쟁과 연대를 향한 구심력을 약화시키고 글로벌 신자유주의를 향한 원심력으로 작용하고 있다. 바로 그렇기 때문에 앞에서 지적하였던, 글로벌 신자유주의가 운동의 발전을 위해 조성하는 긍정적인 조건들에 대한 낙관은 그 반대경향의 측면에서 재고될 필요가 있다. 이것은 모두가 그러하듯 글로벌 신자유주의 또한 긍정적인 혹은 부정적인 사회관계들을 매개로 관철되는 변증법적인, 복합적 과정이라는 전제 위에서 출발한다.

특히 네그리와 하트(2002)가 글로벌 신자유주의 속에서 '제국'을 향한 긍정적 조건들을 확인하며 그것이 '불가피한 길'이라는 점에 무게중심을 두었을 때, 그것은 '제국'이 배태한 '꼬뮨'이라고 할 미래의 목표에 의해 뒷받침되지만, 다른 한편 그와 같은 발상은 오래된 과거의 기억을 떠올리게 한다. 즉, '본원적 축적'이나, 제국주의가 식민지에 강제하는 자본의 논리, 강탈의 역사적 의미에 대한 해석이 그것이다(데이비드 하비 2005, 135~173 참조). 그것은 잔혹함에도 불구하고 일국 내에서, 국제적 수준에서 진보를 위한 '불가피한 길'로 이해되었으며 역시 그 끝에도 '꼬뮨'이 있었다. 이와 마찬가지로 지금 글로벌 신자유주의 또한 수탈과 잔혹한 역사를 보여주지만, 네그리와 하트(2002)에게서 그것은 '진보'를 위한 지구적 수준의 객관적 토대를 조성한다는 것에 의해 일정하게 상쇄된다. 바로 이러한 공통성은 이 발상이 현실의 모순과 투쟁 속에서 배태된 '미래의 싹'을 너무 과잉 평가하여 객관적인 현실을 통해 미래를 보기보다 그 미래 속에 너무 현실을 종속시키고 있는 것은 아닌가라는 우려로 이어진다. 물론 이러한 우려를 불식시키기 위해 제국주의 시대를 넘어 나아갈 필연적 중심주체로 설정되었던 노동자계급, 그것의 정치적 총화인 (전위)정당 및 유일 척도로서의 그들의 지위가 부정되면서 활력을 지닌 '다중'(multitude)과 '자율적 네트워크'로 교체된다.[16]

---

16) 다중, 자율적 네트워크에 대해서는 조정환(2005) 참조.

하지만 그렇다고 해도 문제는 고스란히 남는다. 현존하는 이러한 다양한 실천들이 시·공간적으로 불균등하게 발전할 뿐만 아니라 그 모두가 진보라는 하나의 큰 방향으로 나아가지 않는다는 점, 그리고 향후에도 그것을 확신할 수 없다는 점이 그러한 발상을 낙관적으로만 볼 수 없게 만든다. 글로벌 신자유주의에 대한 반대운동들 가운데는 보수적이거나 심지어 반동적일 수 있는 저항들이 없지 않다. 여전히 자본과의 타협을 전제로 하는 사민주의적 모델은 그것의 역사적 실패에도 불구하고 강력한 현실의 '모델'로 존재하며, 농민운동도 민족주의와 국가주의로부터 벗어나지 못하고 있는 것이 현실이다. 바로 이러한 이유로 이러한 지향, 저항들은 운동의 지평을 확장시키는 데 장애가 되기도 한다. 그리고 무엇보다 그 반대편에는 유일척도의 지위를 포기하기는커녕 그것을 확장시키고 강제하는, 오히려 '다중'과 '자율적 네트워크'라는 반대의 발상마저도 변형하여 그 활력을 제거하면서 자신의 일부로 만드는, 그리하여 그 헤게모니를 확대재생산하고자 하는 힘이 존재하는데, 지금 글로벌 신자유주의로 자신을 드러내고 있는 자본이 그것이다.

바로 이러한 상황에서 대안의 모색은 다음의 두 가지 문제에 대해 다시 가다듬을 것을 요구한다. 첫째, 이제 노동자계급의 혁명성 등을 인정하는 것과 무관하게 그 어떤 실천도 유일척도이고자 하는 자본을 우회해서는 의미 있는 성과를 거둘 수 없다는 것을 자기화하라는 것이다. 이것을 전제하지 않는 생태, 환경운동, 농민운동, 다양한 형태의 자치운동, 소공동체 운동, 소수자운동 등은 결국 상이한 시·공간 속에서 부분적인 성과를 거둘지 모르지만, 비대칭적이고 억압적인 사회관계들의 해소, 극복이라는 차원에서는 오히려 각 영역들 사이의 분절을 더욱 심화시키는 결과를 초래할 것이다. 이것은 자본이 일상 속에 더욱 밀착되어 있는 것을 의미할 뿐만 아니라, 이로 인해 이 모든 영역들이 유기적으로 연결되어 있으며 한 영역의 여타 부문에 대한 파급효과 또한 증폭되고 있음을 보여준다.

두 번째의 문제는 자본의 극복과 밀접히 연관되어 있는 민주주의, 꼬뮌이 성취될 수 있는 그 어떤 모델이 아니라 운동을 매개로 끊임없이 재구성되는 상이한 사회관계들의 총화, 그 자체라는 점을 자기화해야 한다는 것이다. 바로 이런 맥락 속에서 '(국가)권력으로 무엇을 할 수 있는가'라는 질문도 의미를 지닌다.

하지만 더욱 문제가 되는 것은 '국가권력으로 무엇을 할 수 있는가'라는 문제 제기보다 국가와 사회를 대당으로 놓는 다양한 발상 그 자체이다. 오히려 억압적이고 비대칭적인 사회관계들의 재생산은 그람시(A. Gramsci)가 통찰한 국가와 시민사회의 결합, 이른바 '통합국가'에 의해 이루어진다는 점에서, 혹은 거시권력과 미시권력의 융합이 만들어내는 산물이라는 점에서 양자를 대당으로 놓는 그 어떤 실천도 결국 그들의 헤게모니를 강화시켜주는 것으로 귀결된다는 것을 의미한다.

바로 이러한 점 때문에 민주주의, 꼬뮨은 제도와 비제도의 경계를 끊임없이 문제시하는, 완성될 수 없는 운동 그 자체이다. 진보운동의 대안이 하나의 모델로 환원될 수 없는 이유도 여기에 있다. 물론 이것이 이미 지적한 바대로 현실의 문제로부터 거리를 두자는 것을 의미하지 않는다. 현실의 사회관계들은 다만 운동에 의해 재구성될 때 존재 가치가 있을 뿐이다. 또한 그럴 때만이 숨 쉴 수 있는 "또 다른 세계가 가능하다."

참고문헌

김정한. 2005. "현실민주주의와 정치적 행위". 『정치비평』. 상반기.

데이비드 하비. 2005. 『신제국주의』. 한울.

라몬 그로스포구엘. 1998. "케팔주의에서 신자유주의로: 라틴아메리카에서 개념적 전향
    에 대한 세계체제론적 비판". 『발전주의 비판에서 신자유주의 비판으로: 세계
    체제론의 시각』. 공감.

맑스 · 엥겔스. 1998. 『공산주의 선언』. 박종철 출판사.

에곤 베커 · 토마스 잔. 2005. "성장이냐, 발전이냐". 『정치생태학』. 당대.

워너 본펠드 · 세르지오 띠쉴러. 2004. "무엇을 할것인가". 『무엇을 할 것인가』. 갈무리.

윌리엄 탭. 2001. 『반세계화의 논리』. 말.

이광일. 2003. "자유주의에서 신자유주의로의 전화: 민주주의의 축소와 국가물신의 심
    화". 『정치비평』. 하반기.

이광일. 2005. "87년 대선과 민주화 운동: 분열인가 발전인가". 『기억과 전망』. 가을.

이광일. 2006. "전국민족민주운동연합의 해소원인과 역사적 의미". 『사회과학연구』 제
    14집 2호.

이성형. 2001. 『신자유주의의 빛과 그림자-라틴아메리카의 정치와 경제』. 한길사.

이진경. 2005. "맑스주의에서의 차이와 적대 문제". 『맑스, 왜 희망인가』. 메이데이.

정종권. 2000. "시민운동에 대한 비판적 평가". 『경제와 사회』. 45호(겨울).

조정환. 2005. 『제국기계 비판』. 갈무리.

조지 카치아피카스. 1999. 『신좌파의 상상력』. 이후.

조지 카치아피카스. 2000. 『정치의 전복』. 이후.

조희연. 2005. 『비정상성에 대한 저항에서 정상성에 대한 저항으로』. 아르케.

최장집. 2005. "사회적 시민권 없는 한국 민주주의". 『위기의 노동』. 후마니타스

케빈 그레이. 2005. "계급 이하의 계급으로서의 한국의 이주노동자". 『위기의 노동』. 후
    마니타스

콜린 에이즈 · 레오 파니치. 1998. "공산당선언의 정치적 유산". 보리스 까갈리츠키 외.
    『선언 150년 이후』. 이후.

"특집: 이것이 산업선교의 실상이다". 『기독교사상』. 1979. 11.

"국제주의인가, 야만인가: 발리바르 인터뷰". 『자율평론』. 13호.

Jessop, B. 2002. *The Future of the Capitalist State*. Cambridge: Polity Press.

Harvey, David. 2000. *Spaces of Hope*. Edinburgh Univ. Press; 데이비드 하비. 『희망의 공간: 세
    계화, 신체, 유토피아』. 한울. 2001.

Wallerstein, Immanuel. 2002. "A Left Politics for an Age of Transition." *Monthly Review*. January.

Petras, James. 1997. "Imperialism and NGOs in Latin America." *Monthly Review*. December.

Hardt, Micheal · Antonio Negri. 2000. *Empire*. Harvard Univ. Press; 『제국』. 이학사. 2002.

Poulantzas, N. 1980. *State, Power, Socialism*. London: Verso.

글쓴이 약력

신영복 ybshin@skhu.ac.kr

현재 성공회대 석좌교수로, 서울대 경제학과 및 동 대학원 경제학과를 졸업했다. 숙명여대 경제학과 강사를 거쳐 육군사관학교 경제학과 교관으로 있던 중 1986년 통일혁명당 사건으로 구속되어 무기징역형을 선고받았다. 복역한 지 20년 20일 만인 1988년 8월 15일 특별가석방으로 출소, 1989년부터 성공회대 사회과학부 교수로 재직하다가 2006년 정년퇴임을 했다.

저서로는 감옥으로부터의 사색, 나무야 나무야, 더불어 숲, 신영복의 엽서, 나의 동양고전 독법 강의 등이 있으며, 역서로는 사람아 아! 사람아, 노신전(공역), 중국역 대시가선집(공역) 등이 있다.

조희연 chohy@skhu.ac.kr

현재 성공회대 사회과학부 교수 겸 민주주의와 사회운동연구소 소장 겸 민주자료관 관장으로, 학술단체협의회 상임공동대표를 맡아 활동하고 있다. 서울대 사회학과를 졸업했고, 연세대 사회학과에서 석사 및 박사 학위를 받았으며, 미국 남가주대 (USC) 한국학 객원교수와 영국 랑카스터 대 교환교수를 지냈다.

주요 논저로는 『비정상성에 대한 저항에서 정상성에 대한 저항으로』(저), 『한국의 민주주의와 사회운동의 동학』(편저), 『한국의 정치사회적 저항담론과 민주주의 동학』(편저), 『한국의 정치사회적 지배담론과 민주주의 동학』(편저), 『국가폭력 민주주의 투쟁 그리고 희생』(편저), 『한국의 민주주의와 사회운동』(저), 『한국의 국가 · 민주주의 · 정치변동』(저) 등이 있고, 다수의 논문들이 있다.

홈페이지 : http://dnsm.skhu.ac.kr

김호기 kimhoki@yonsei.ac.kr

현재 연세대 사회학과 교수로, 참여연대 정책위원장을 지냈으며, 한국 사회학회와 한국산업사회학회 회원으로 활동하였다.

주요 논저로는 『한국 사회의 주요 쟁점과 국가관리』(공저), 『우리는 실패에서 희망을 본다』(공저), 『한국정치의 보수와 진보』(공저) 등이 있고, "이념구도와 이념논쟁의 사회학", *Changes in Ideological Terrain and Political Consciousness in South Korea* 외 다수의 논문이 있다.

조현연 hycho@skhu.ac.kr
현재 성공회대 민주주의와 사회운동연구소 부소장 겸 사회문화연구원 연구교수·민주자료관 운영위원으로 있으며, 한국외대 대학원에서 정치학 석사 및 박사 학위를 받았다. 학술단체협의회 정책위원장, 민주노동당 정책위원회 부위원장 등을 지냈으며, 민주노동당 부설 진보정치연구소 부소장으로 활동하고 있다.

주요 논저로는 『한국 현대정치의 악몽-국가폭력』(저), 『국가폭력 민주주의 투쟁 그리고 희생』(공저), 『20세기 한국의 야만』(공편저) 등이 있고, "한국의 민주화 과정과 정치적 보수지배체제의 재편", "진보정당의 수권 전략과 '현실주의적 유토피아'의 길" 외 다수의 논문이 있다.

구갑우 kwkoo@kyungnam.ac.kr
현재 북한대학원 교수이며, 서울대 대학원에서 정치학 석사와 박사 학위를 받았다. 한국정치연구회 연구위원, 한국정치학회와 한국국제정치학회 회원으로 활동하고 있다.

주요 논저로는 『북한연구의 성찰』(공저), 『남북한 관계론』(공저), 『새로운 북한 읽기를 위하여』(공저), 『한반도 평화보고서』(공저) 등이 있으며, "탈냉전, 세계화, 탈근대 시대의 국제관계학", "한반도 평화체제 수립과 동아시아 다자 간 안보협력에 관한 연구", "남북한 관계에 대한 메타이론적 접근" 외 다수의 논문이 있다.

이광희 khlee@kipa.re.kr
현재 한국행정연구원 정책평가센터 수석연구원으로 있으며, 서울대 정치학과 대학원에서 석사와 박사 학위를 받았다. 서울대 사회과학연구원 한국정치연구소 연구원으로 활동을 하였다.

주요 논저로는 『한국의 지방자치와 민주주의』(공저), 『6·13 지방선거 평가』(공저) 등이 있으며, "지방자치단체의 주민참여입법", "사회적 일자리 창출의 쟁점과 과제" 외 다수의 논문이 있다.

오건호 mrokh@naver.com

현재 민주노동당 국회 전문위원 및 한국철도노조 비상임 연구위원으로 있으며, 서울대 사회학과 대학원에서 석사와 박사 학위를 받았다. 민주노총 정책연구원 연구원, 심상정의원실 정책보좌관 활동을 하였다.

주요 논저로는 "기간산업 사유화의 문제점과 공공적 발전 모색", "노조운동: 신자유주의 시대 사회공공성투쟁의 성격과 의의", "구조조정과 노동: 한국철도의 구조적 문제와 민영화방안에 대한 비판적 검토", "민영화 전후 영국 철도산업의 단체교섭제도 변화와 노사관계", "영국 신보수주의 노동정책, 그리고 노동조합운동의 변화와 과제" 외 다수의 논문이 있다.

노대명 dmno@kihasa.re.kr

현재 한국보건사회연구원 연구위원으로 있으며, 한국정치연구회 연구위원으로 활동하고 있다. 인하대 정치외교학과를 졸업하고 프랑스 파리 2 대학에서 박사학위를 받았다.

주요 논저로는 『균형적 복지국가』(공저), 『제3의 길은 없다』(공역), 『IMF 이후 한국의 빈곤』(공저) 등이 있으며, "외환 위기 이후 한국의 빈곤", "근로빈곤계층과 자활지원정책의 과제", "사회연대은행 발전방안에 대한 고찰" 외 다수의 논문이 있다.

김정훈 kjhandam@hanmail.net

현재 성공회대 민주주의와 사회운동연구소 연구교수 겸 사이버NGO 자료관 부관장으로 있으며, 한신대 학술원 연구교수 겸 민주사회정책연구원 연구교수로 활동하였다. 연세대 사회학과를 졸업했고, 동 대학원에서 사회학 박사 학위를 받았으며, 한국산업사회학회 운영위원을 역임하였다.

주요 논저로는 『시민사회와 시민운동 2』(공편저) 등이 있으며, "한국전쟁과 담론정치", "세계화와 통일민족주의", "1960년대 이후의 한국 사회 민주화와 사회민주주의", "분단체제와 민족주의", "시민사회와 계급정치" 외 다수의 논문이 있다.

허상수 hurss@mail.skhu.ac.kr

현재 성공회대 사회문화연구원 연구위원으로, 한국산업사회학회, 한국과학기술학연구회 회원으로 활동하고 있다. 제주대 농화학과를 졸업하고, 성균관대 사회학과 석사 및 고려대 사회학과 박사 학위를 받았으며, 한국 사회과학연구소 연구기획위원, 참여연대 정책위원 등을 지냈다.

주요 논저로는 *For the Truth and Reparations*(편저), 『한국 민주주의와 사회운동의 동학』(공저) 등이 있으며, "노자관계의 변동과 전망", "한국 민주주의와 노동운동" 외 다수의 논문이 있다.

이광일 nanjangi@orgio.net

현재 성공회대 민주자료관 연구교수로, 한국정치연구회에서 연구위원으로 활동하고 있다. 성균관대 정치외교학과를 졸업했고, 동 대학원에서 정치학 석사 및 박사 학위를 받았다.

주요 논저로는 『20세기 한국의 야만 2』(공편저), 『국가폭력, 민주주의투쟁 그리고 희생』(공저), 『저항, 연대 기억의 정치』(공저) 등이 있고, "대선과 정치구조의 변화: '보수 대 진보의 대립'은 가능한가", "'우리 안의 파시즘론'을 비판한다", "민주화 이행, 80년대 '급진노동운동의 위상' 그리고 헤게모니" 외 다수의 논문이 있다.

민주화·세계화 '이후' 한국 민주주의의
대안 체제 모형을 찾아서

초판 1쇄 발행 2006년 11월 20일
초판 2쇄 발행 2007년 7월 30일

저　자 / 신영복·조희연 편

펴낸곳 / 함께읽는책
펴낸이 / 양소연
주　소 / (152-790) 서울시 구로구 구로3동
182-13 대륭포스트타워 Ⅱ 1205호
전　화 / 02-2082-0260
팩　스 / 02-2082-0263
Nanum@ncbook.co.kr

가　격 / 13,000원
ISBN : 89-90369-41-X (04340)